百年革命家书

中共中央宣传部宣传教育局 编

中 华 书 局

图书在版编目(CIP)数据

百年革命家书/中共中央宣传部宣传教育局编. —北京:中华书局,2021.10(2023.2 重印)
ISBN 978-7-101-15212-8

Ⅰ.百… Ⅱ.中… Ⅲ.革命烈士-书信集-中国 Ⅳ.I266

中国版本图书馆 CIP 数据核字(2021)第 094595 号

书　　名	百年革命家书
编　　者	中共中央宣传部宣传教育局
责任编辑	欧阳红　刘冬雪　吴冰清　杜艳茹
装帧设计	毛　淳
责任印制	管　斌
出版发行	中华书局
	(北京市丰台区太平桥西里 38 号　100073)
	http://www.zhbc.com.cn
	E-mail:zhbc@zhbc.com.cn
印　　刷	三河市中晟雅豪印务有限公司
版　　次	2021 年 10 月第 1 版
	2023 年 2 月第 6 次印刷
规　　格	开本/710×1000 毫米　1/16
	印张 25¾　插页 8　字数 320 千字
印　　数	64001-84000 册
国际书号	ISBN 978-7-101-15212-8
定　　价	68.00 元

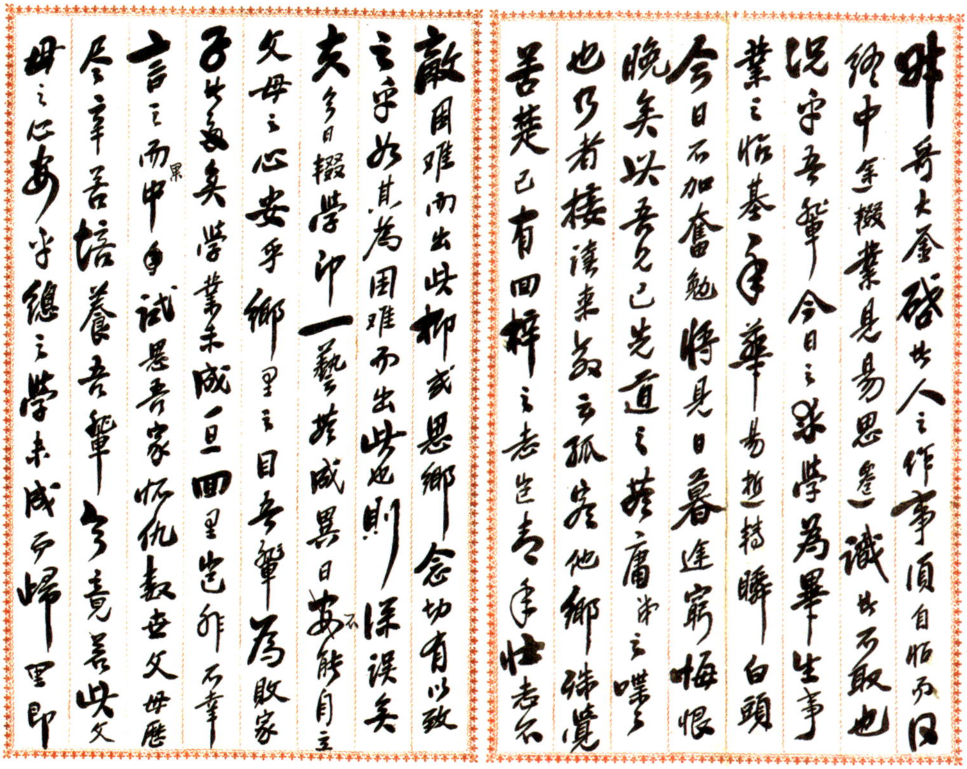

季步高致兄长（节录），1922—1924 年

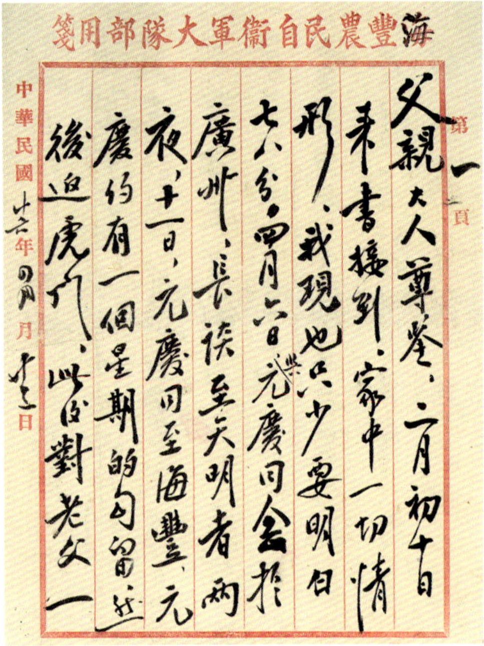

海豐農民自衛軍大隊部用箋

第一頁

父親大人尊鑒：二月初十日來書接到，家中一切情形，我現也只少要明白七八分。四月六日與元慶同去於廣州，長談至天明者兩夜，十一日，元慶同至海豐，元慶約有一個星期的勾留，然後返虎門，此係對老父一

中華民國十六年五月十三日

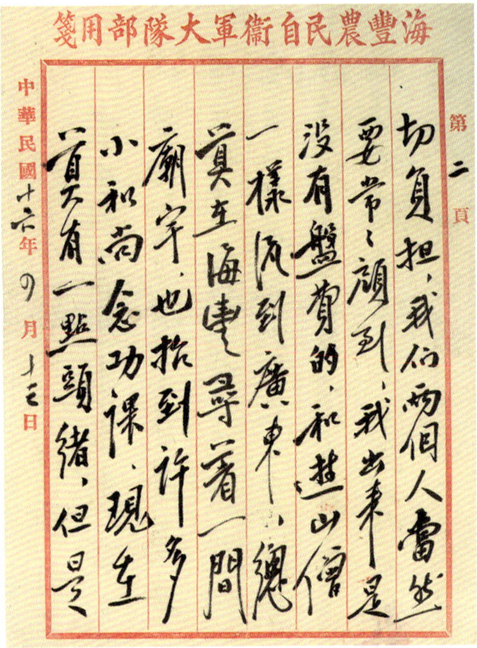

海豐農民自衛軍大隊部用箋

第二頁

切負担，我們兩個人當然要常常顧到，我出來是沒有盤費的，和甚遊山僧一樣流到廣東，總算在海豐尋着一間廟宇，也招到許多小和尚念功課，現在算只有一點頭緒，但日是

中華民國十六年五月十三日

吴振民致父亲（节录），1927 年 5 月 13 日

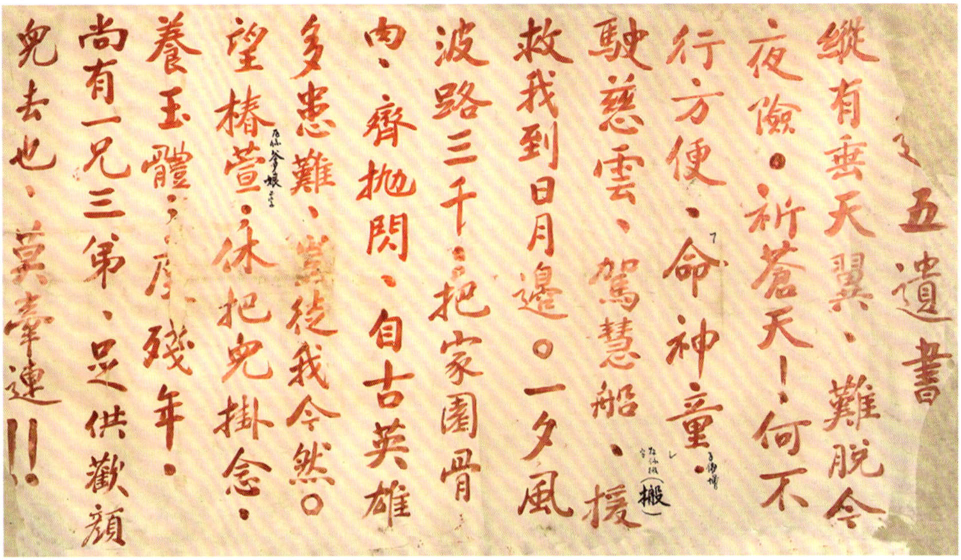

五 遺書

縱有垂天翼、難脫今夜險。祈蒼天！何不行方便、命神童、駛慈雲、駕慧船、援(搬)救我到日月邊。一夕風波路三千。把家園骨肉、齊拋閃、自古英雄多患難、嘗徒我今然。望椿萱、休把兒掛念。養玉體、度殘年。尚有一兄三弟、足供歡顏兒去也、莫牽連!!

王孝锡给父母亲的遗书，1928 年 12 月 29 日

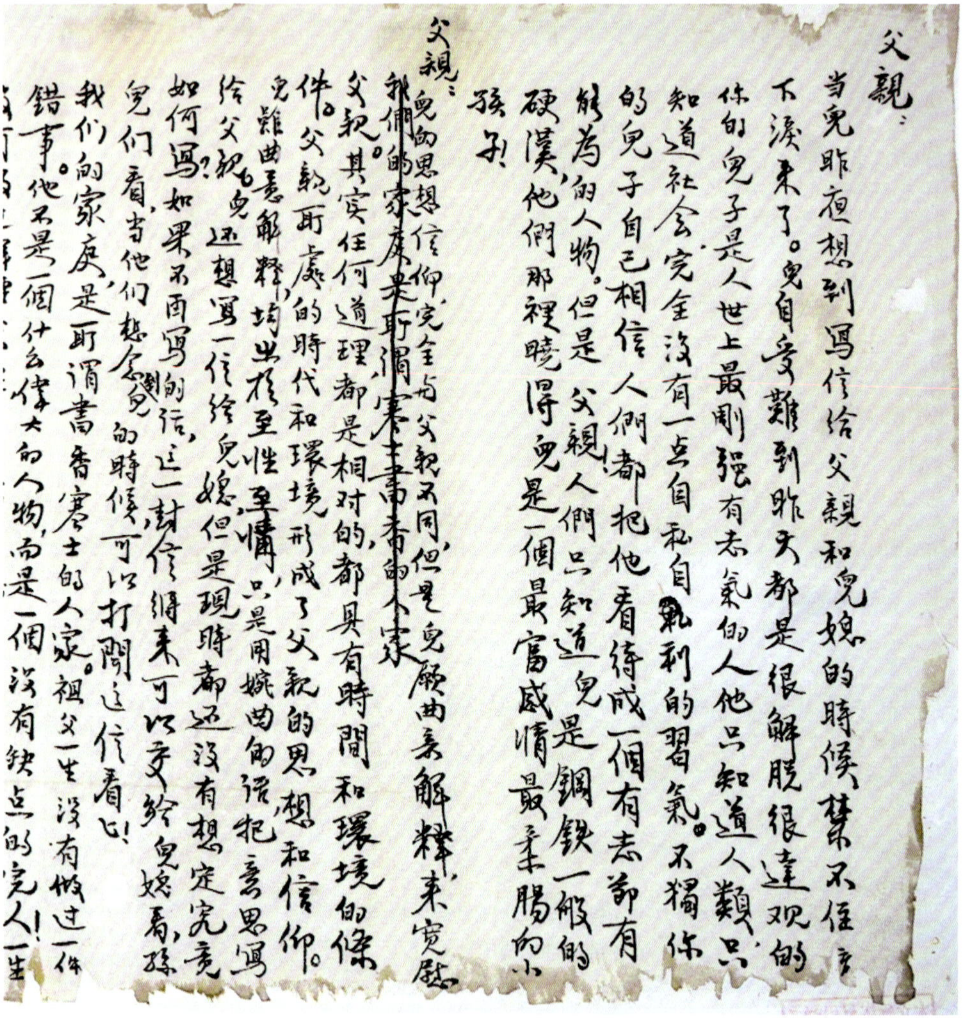
父親：
当兒昨夜想到写信給父親和兒媳的時候，禁不住
下淚来了。兒自受難到昨天都是很解脫很達观的
你的兒子是人世上最刚强有志氣的人他只知道人類只
知道社会完全沒有一点自私自利的習氣。不獨你
的兒子自己相信人們都把他看待成一個有志節有
能為的人物。但是父親，人們只知道兒是鋼鐵一般的
硬漢，他們那裡曉得兒是一個最富感情最柔腸的
孩子！
父親：
兒的思想信仰，完全与父親不同，但是兒願曲来解釋，来宽慰
你們的家庭是所謂寒士書香的人家
父親，其实任何道理都是相对的，都具有時間和環境的條
件。父親所處的時代和環境形成了父親的思想和信仰。
兒雖曲意解釋，均出於至性至情，只是用婉曲的話把意思写
給父親。兒还想写一信給兒媳，但是现時都还没有想定究竟
如何寫？如果不西写的信，这一封信得来可以交給兒媳看，孫
兒们看，当他们想念到兒的時候，可以打開这信看看！
我们的家庭是所謂書香寒士的人家。祖父一生沒有做过一件
錯事。他不是一個什么偉大的人物，而是一個沒有缺点的完人！一生

王德三给父亲的遗书（节录），1930 年 11 月 22 日

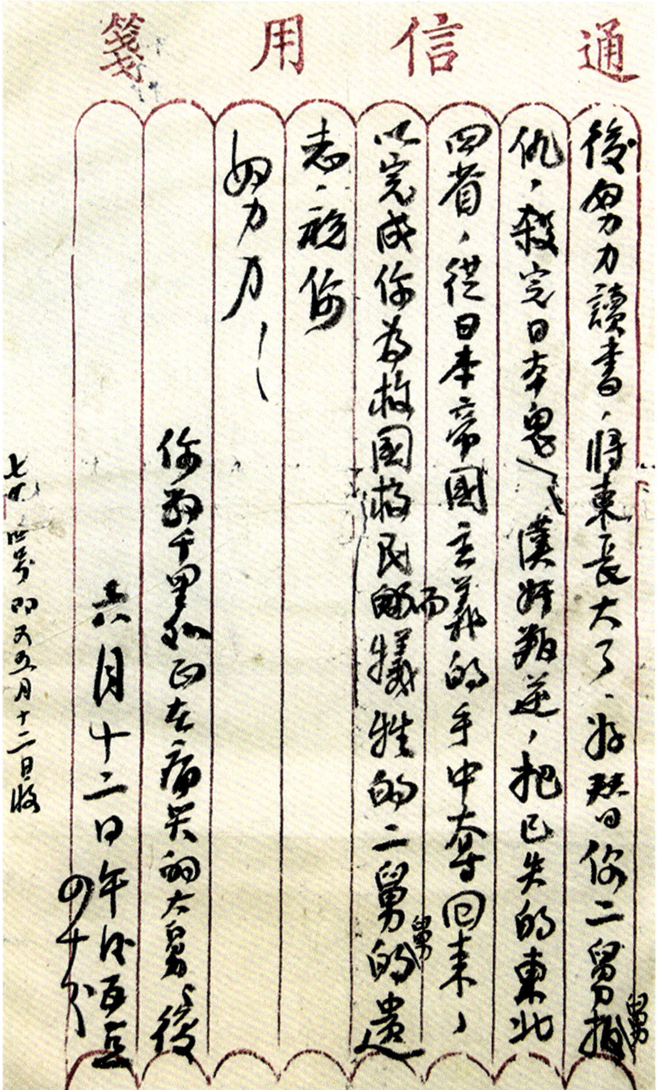

通信用箋

後努力讀書，將來長大了，好替你二舅報仇，殺完日本鬼子、漢奸叛逆，把已失的東北四省，從日本帝國主義的手中奪回來，以完成你爲救國救民而犧牲的二舅的遺志，務須努力！

你的千里外的在病床的大舅，復

六月十二日午後五点四十分

周执中致外甥（节录），1933 年 6 月 12 日

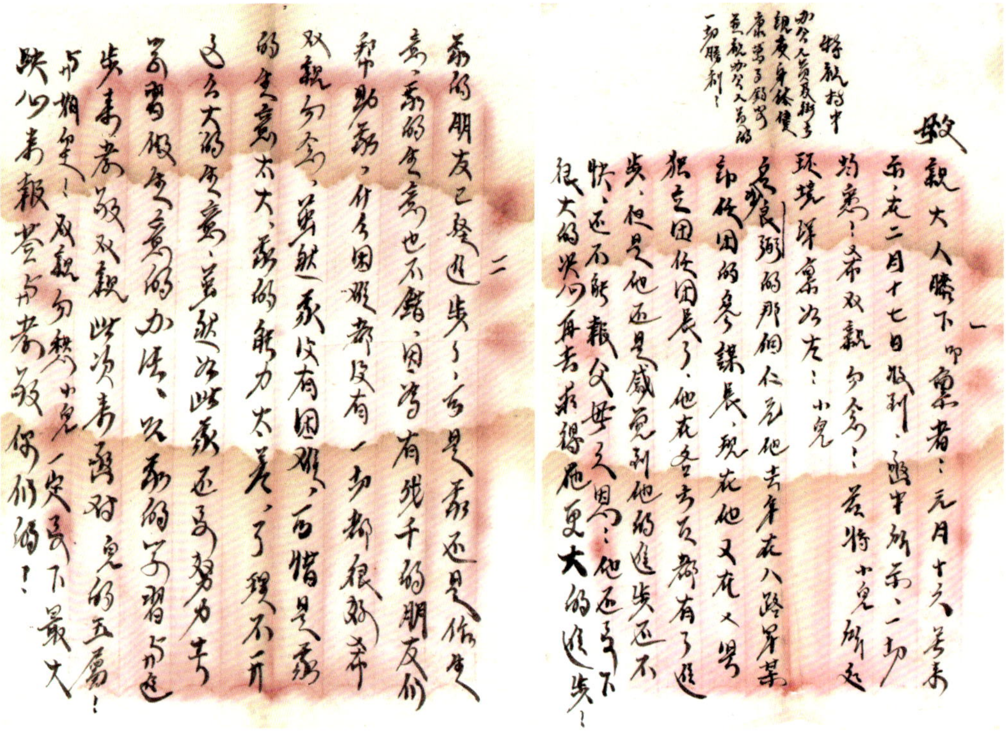

致
親大人膝下 叩禀者：元月十六日兒來
示，在二月十七日收到。路中所示一切
均悉。又希雙親勿念。茲將小兒所處
環境詳禀於左：小兒
是跟隨的那個人是他去年在八路軍某
師作團的參謀長，現在他又在太岳
獨立團作團長了，他在各方面都有了進
步，但是他還是感覺到他的進步還不
快，還不能報父母之恩。他還要下
很大的決心再去求得更大的進步！

二
兒的朋友已經進步了，可是兒還是作生
意，兒的生意也不錯，因為有幾千的朋友們
幫助兒，什麼困難都沒有，一切都很好，希
雙親勿念。雖然兒沒有困難，可惜是兒
的生意太大，兒的能力太差，料理不開
這麼大的生意，雖然如此兒還要努力去
學習做生意的辦法，以兒的學習與進
步來孝敬雙親。此次來函對兒的鼓勵！
與期望！雙親勿念，小兒一定要下最大
決心來報答與孝敬你們的！

郝济民致父母亲（节录），1945 年 3 月 30 日

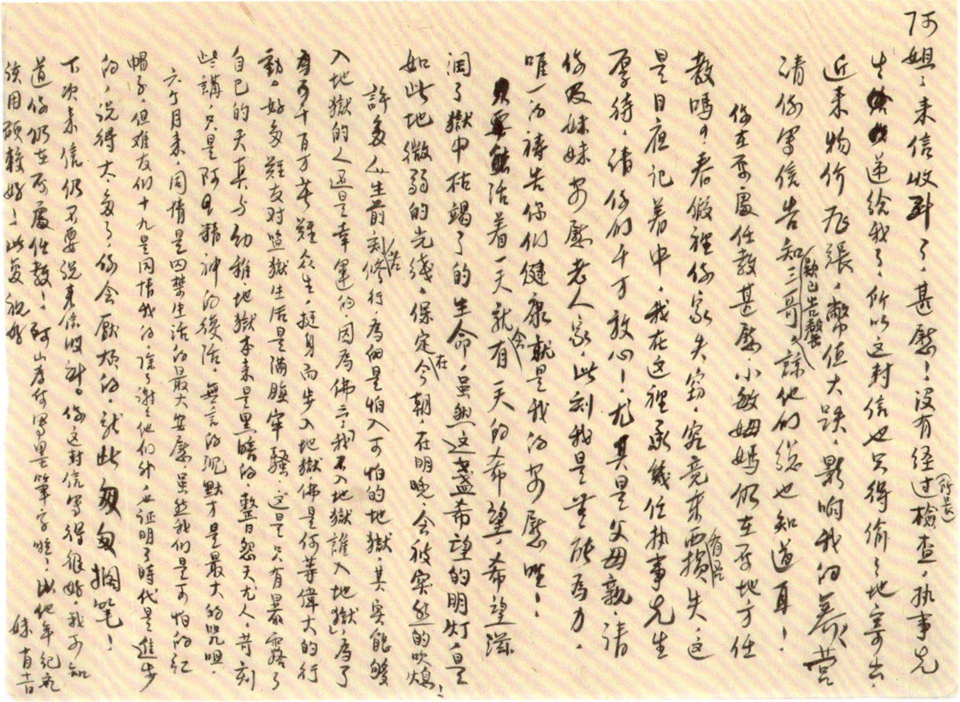
珂姐：来信收到了，甚慰！没有经过（行长）检查，执事先生特地递给我了，所以这封信也只得偷偷地寄出。
近来物价飞涨，币值大跌，影响我们的营养。
请你写信告知三哥（我已告罄），谅他们总也知道了！
你在那处任教甚么？小敏妈妈仍在那地方任教吗？暑假里你家失窃，究竟东西（有没有）损失？这是日夜记着中。我在这里承钱任执事先生厚待，请你们千万放心！尤其是父母亲，请你及妹妹安慰老人家，此刻我是尚能为力。唯一的祷告你们健康，就是我的安慰呢！
只要能活着一天就（会）有一天的希望。希望滋润了狱中枯竭了的生命，虽然这盏希望的明灯是如此地微弱的光线，保定（在）今朝，在明晚，会被寒风的吹熄！
许多人生前刻（苦）修行，为的是怕入可怕的地狱，其实能够入地狱的人还是幸运的，因为佛云：我不入地狱谁入地狱，为了身受千百万苦难众生，挺身而步入地狱，佛是何等伟大的行动。好多难友对监狱生活是满腹牢骚，这只只有暴露了自己的天真与幼稚，地狱本来是黑暗的，整日怨天尤人，并刻些讲，只是阿Q精神的后继，无言的沉默才是最大的咒咀。
六个月来，同情是囚禁生活的最大安慰，虽然我们是可怕的红帽子，但难友们十九是同情我的，除了谢谢他们外，亦证明了时代是进步的，说得太多了，你会厌烦的，就此匆匆搁笔！
下次来信仍不要从东信收到。你这封信写得很好，我不知道你仍在那处任教！！阿山为何写黑笔字呢？！此地年纪亦该用功读好！此复祝好
妹 有吉

冯和兰致姐姐，1947 年 10 月 11 日

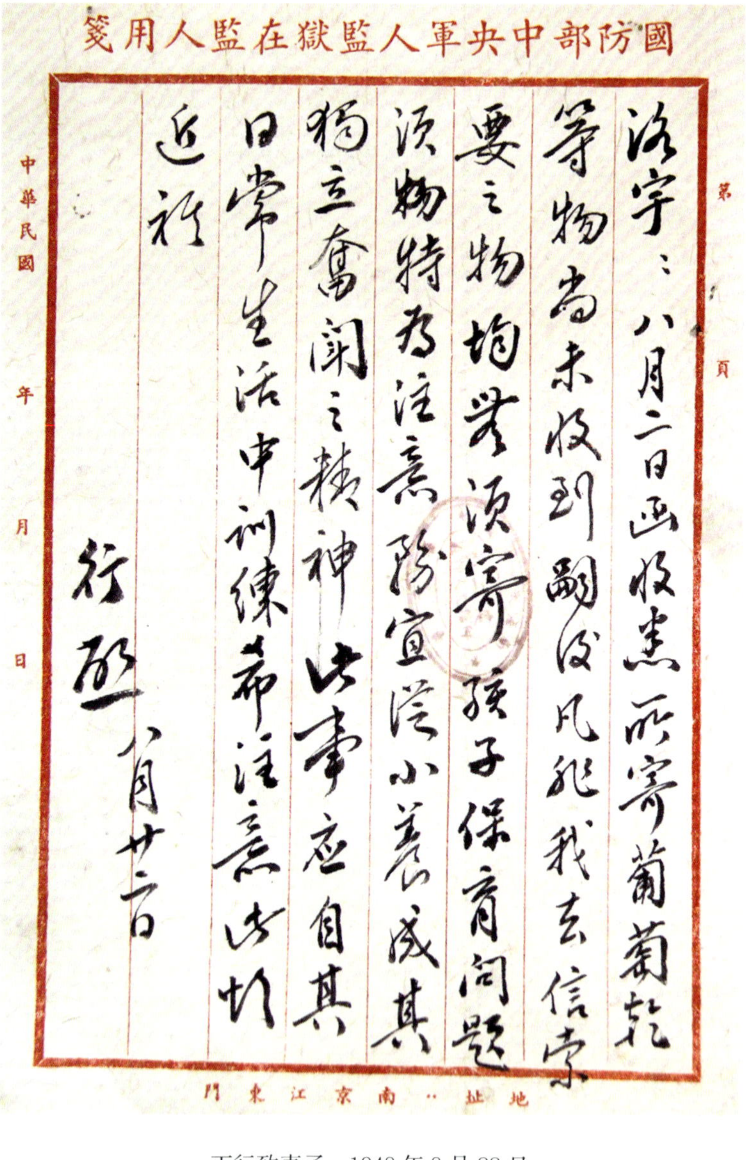
國防部中央軍人監獄在監人用箋

第　頁

治宇：八月二日函收悉，所寄葡萄乾等物尚未收到。關於凡兒我去信索要之物均無須寄。孩子保育問題須物特為注意，務宜從小養成其獨立奮鬥之精神，此事應自其日常生活中訓練，希注意為切。

近祈

行　啟

八月廿二日

中華民國　年　月　日

地址：南京江東門

丁行致妻子，1948年8月22日

出 版 说 明

为隆重庆祝中国共产党成立 100 周年，传承红色基因，厚植家国情怀，弘扬优良家风，培养担当民族复兴大任的时代新人，中宣部宣教局会同有关地方和部门搜集整理了 100 封革命英烈家书，汇编成册。

这些家书展示了革命英烈坚定的理想信念和浓厚的家国情怀，再现了中国共产党的艰苦奋斗历程，感人至深、引人深思、催人奋进。图书按照家书写作时间顺序编排，每封家书附家书手稿影印件、革命英烈简介和家书注解，是加强革命传统教育、爱国主义教育和青少年思想道德教育的生动教材。

中共中央宣传部宣传教育局

2021 年 8 月

凡　例

一、收录范围。本书以具有较高的思想境界、高尚的革命情操，以及较好的现实教育意义为标准，收录新民主主义革命以来革命英烈的家书、遗书。所选内容主要来自中国国家博物馆、中国人民革命军事博物馆、中国人民抗日战争纪念馆、中国人民大学家书博物馆、晋冀鲁豫烈士陵园、晋察冀边区革命纪念馆、东北烈士纪念馆、上海市龙华烈士陵园、南京雨花台烈士纪念馆、甘肃省博物馆、重庆红岩革命历史博物馆、重庆中国三峡博物馆、湖北省博物馆、湖北省恩施土家族苗族自治州博物馆、湖南雷锋纪念馆、长沙杨开慧纪念馆，以及河北、山西、内蒙古、辽宁、黑龙江、上海、江苏、浙江、福建、江西、湖北、湖南、广东、重庆、四川、贵州、云南、陕西、甘肃等省、市、自治区的宣教部门和部分烈士亲属、原所在部队的藏品。

二、编排次序。本书收录家书100封，按家书写作时间先后排序。每封家书附家书手稿影印件，个别家书有缺页。

三、家书标题为编者所加，统一为《×××致×××》或《×××给×××的遗书》，标题下用圆括号标出家书写作时间，统一采用公历纪年。节录的家书，在标题后用圆括号括注“节录”二字。

四、校勘及标点。因家书作者文字水平不同，语言习惯各异，家书原文中有些语句欠规范。在不影响理解文意的前提下，除应加注释及某些辨识不清的词句以外，一般能够读通的家书原文不作改动，尽可能保持家书的原貌。

家书中的（ ）为原文所有；原文中的错字、别字、异体字等，用〔 〕在其后标出正字；缺字、漏字，用〈 〉在其后标出补充的内容；衍字用［ ］表示；模糊不清和难以辨认的字用□表示；编者节略的部分用“（略）”表示。

各地所藏英烈家书数量庞大，但家书手稿收藏情况复杂，存在收录不均衡的遗憾。书中的英烈是无数有名或无名英烈的代表，谨向在百年革命征程中牺牲的英烈们致敬，并向他们的后人致以最深切、最诚挚的祝福。

目 录

1 张太雷致妻子（节录）

（1921 年 1 月）

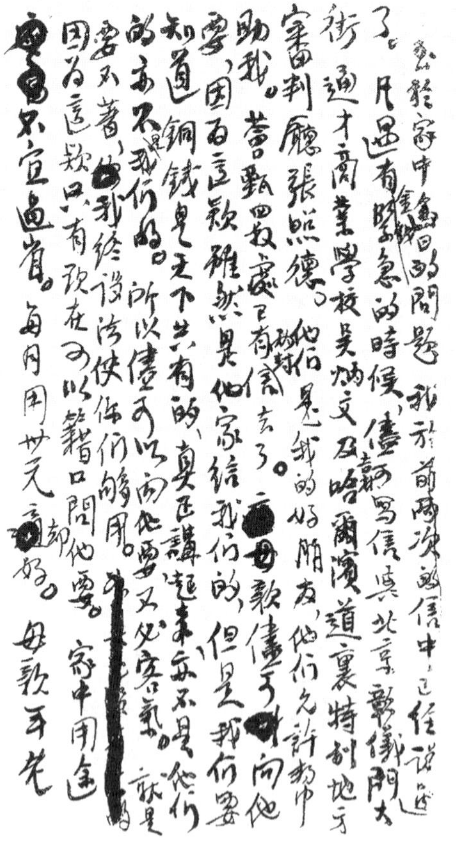

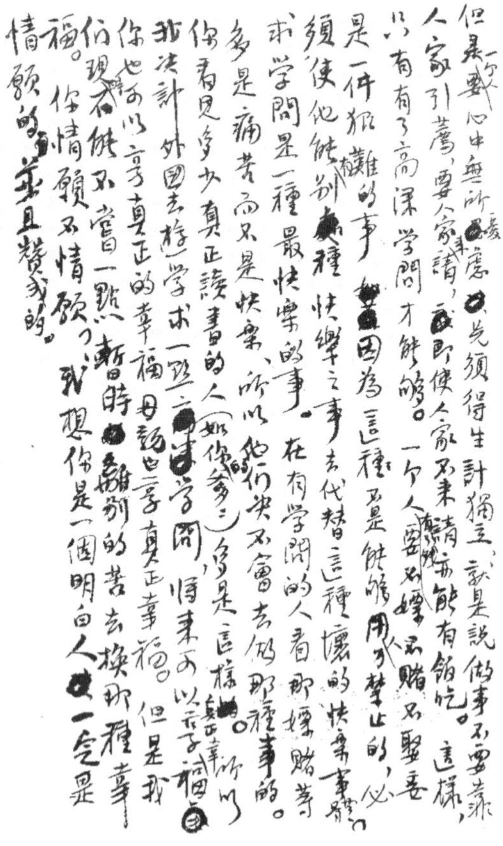

亦應當吃好一點，穿好一點。你可勸勸母親說不要過省。不然我在外如何安心呢？！快計不要憂沒有錢，吳南如等一定可以替你們想法子。如若再沒有法子的時候，我也可以回來的，不過白走一趟罷了。

你可以趁這個時期中用一點功。你一定要進学堂的。所費亦不甚多。你第一要選擇你所最喜長的功課，学習了可以使你獨立。我想你学刺繡及圖畫一定是好的。刺繡要学那新式的刺繡，如繡花卉人物山水之類。圖畫学了是最有趣的。再者圖畫與刺繡是有極大關係的。因為刺繡配顏色等一定要會圖畫的才會弄得好。我想你於這兩樣課都是很善長的並且很歡喜的。這兩樣東西很有用處，你学好了這兩樣，你很可以自立了；那時你是一個獨立的女子了。比較那種女子祇做男子的附屬品要榮耀得多呵。你可以尋先生学習這兩種功課。我想常州女学堂一定有好先生。你不要怕費錢。要錢你可以对吳南如張照慈写信要。我現在正找報館裏的通信員之事，倘若我着了，可以有四五十元的進款，所以你們決計不要愁錢。除掉学習刺繡圖畫之外，你還要学一點普通常識，尤其對於如何教育子女，是要研究的。歷史地理理科，如是你應當懂一點的，國文亦要多讀新的白話文，可以多看小說如水滸，西遊記，紅樓夢等等。還要多看雜誌與報紙。

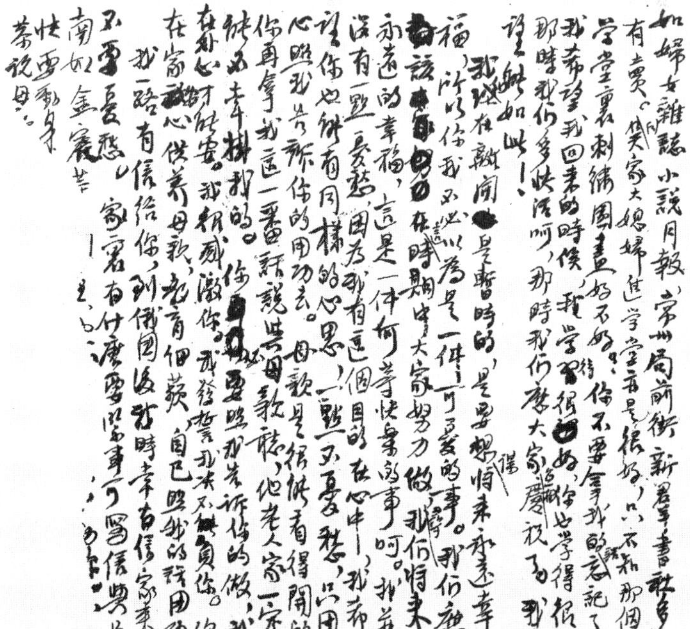

如婦女雜誌，小說月報，常州局前街新群書社多有出賣。吳家大媳婦進的学堂是很好，只不知那個学堂裏刺繡圖畫好不好？你不要拿我的話忘記了，我希望我回來的時候，我学得很好，你也学得很好，那時我們多快活呵，那時我們教大家慶祝了。我希望能如此！

我現在離開你是暫時的，是要謀將來永遠幸福，所以你我不必以為是一件可憂的事。我們應該在這時期中大家努力做我們將來永遠的幸福，這是一件何等快樂的事呵。我並沒有一點憂愁，因為我有這個目的在心中。我希望你也能有同樣的心思，一點不要憂愁，只用心照我告訴你的用功去。母親是很能看得開的，你再拿我這一番話說與母親聽，他老人家一定能如此幸福我的。你要照我告訴你的做，我在外心才能安。我很感激你，我發誓我決不辜負你。你在家安心供養母親，教育細蘋，自己照我的話用功。

我一路有信給你，到俄國後我時常有信寄家來，不要憂愁。家裏有什麼要緊事可寫信與吳南如，金震若。

快要動身，
恭祝母安。

[illegible]

[illegible]

张太雷（1898—1927）

江苏武进（今属常州市）人。1915年考入北京大学，同年冬，转入天津北洋大学法科学习。1919年，在天津参加五四运动。1920年，加入北京共产党早期组织。1921年，赴莫斯科，任共产国际远东书记处中国科书记。多次陪同共产国际代表会见李大钊、陈独秀等，参与创建中国共产党。1922年，参与创建中国社会主义青年团。1925年，担任共青团第三届中央执行委员会总书记。1927年，参加八七会议，当选为临时中央政治局候补委员。后任中共广东省委书记、中共中央南方局书记等职。同年12月11日，参与领导广州起义，在指挥战斗中壮烈牺牲，时年29岁。

（略）

我此次离家远游并没有什么□□，你们也不必对于我有所牵挂。我觉得现在我做事，总不能说可以长久。今天不知明天如何。这样，心境不能安定，心境不安定是如何痛苦呵！我想最好能自己独立生活，不要人家能操纵我的生活。所以我立志要到外国去求一点高深学问，谋自己独立的生活。我先前本也有做官发财的心念，所以我想等明年去考高等文官考试，但是我现在觉悟：富贵是一种害人的东西。做了官，发了财，难保我的道德不坏。常常在官场中混，替那些不好的人在一起，嫖赌娶妾的事情或不能免。倘若是这样了，非特我的身体、道德要坏，恐怕家里要受莫大的苦处。你也看见多少做官的发财的人们多嫖赌娶妾，倘若我做了官，发了财，我自己也不能保不替他们一样的做坏事。惟有求得高深的学问，既可以自己独立谋生，不要依靠他人，这样不就用不着恐惧失去饭碗，心境自然也就安定，心境安定是寿长的最要紧的事，又可以保持我清洁的身体、高尚的道德，不致于像那些做官的发财的人一样嫖赌娶妾做坏事。我觉悟着做官发财替福气是完全相反背的，因为做官发财的总是嫖赌娶妾的。就是不嫖、不赌、不妾，他们的心境亦决不会安定的，因为做了知县想做知府，赚了二百块钱一月，又想三百，他们的欲望决不会满足。欲望多的人决不会长寿和安乐的，所以我说做官发财决不是福气。真正的福气是心广体胖；心广体胖一定要心中无所忧虑，要不嫖、不赌、不娶妾。但是一个人要心中无所忧虑，先须得生计独立，就是说做事不要靠人家引荐、要人家来请，即使人家不来请亦能有饭吃。这样，只有有了高深学问才能够。一个人有了钱要不嫖、不赌、不娶妾，是一件狠〔很〕难的事，因为这不是能够用人力禁止的，必须使他能有别种快乐之事去代替这种坏的快乐事体。求学问是一种最快乐的事。在有学问的人看，那嫖赌等多是痛苦而不是快乐，所以他们决不会去做那种事的。你看见多少真正读书的人（如你的爹爹）多是这样。所以我决计外国去游学求一点学问，将来可以享真正幸福，你也可以享真正的幸福，母亲也享真正幸福。但是我们现时不能不尝一点暂时离别的苦去换那种幸福。你情愿不情愿？我想你是一个明白人，一定是情愿的，并且赞成的。

至于家中过日的问题，我于前两次的信中已经说过了。凡遇有金钱紧急的时候，尽可写信与北京彰仪门大街通才商业学校吴炳文及吉林哈尔滨道里特别地方审判厅张照德。他们是我的好朋友，他们允许帮助我。荟甄四叔处已有两封信去了。母亲尽可向他要，因为这款虽然是他家给我们的，但是我们要知道，铜钱是天下共有的，真正讲起来，亦不是他们的，亦不是我们的。所以尽可以向他要，不必客气。

就是要不着，我终设法使你们够用。因为这款只有现在可以借口问他要。家中用途不宜过省，每月用卅元却好。母亲年老，亦应当吃好一点，穿好一点。你可劝劝母亲说不要过省，不然我在外如何安心呢？决计不要忧没有钱，吴南如等一定可以替你们想法子。如若再没有法子的时候，我也可以回来的，不过白走一趟罢了。

你可以趁这个时期中用一点功。你一定要进学堂的，所费亦不算多。你第一要选择你所最善长的功课，学习了可以使你独立。我想你学刺绣及图画一定是好的。刺绣要学那新式的刺绣，如绣花卉、人物、山水之类。图画学了是最有乐趣的。再者，图画与刺绣是有极大关系的。因为刺绣配颜色等一定要会图画的才会配得好。我想你于这两种课都是很善长的，并且很欢喜的。这两样东西很有用处。你学好了这两样，你很可以自立了。那时你是一个独立的女子了，比较那种女子只做男子的附属品，要荣耀得多呵。你可以寻先生学习这两种功课。我想常州女学堂里一定有好先生。你不要怕费钱。要钱你可以对吴南如、张照德写信要。我现在正找报馆里的通信员之事，倘若找着了，又可以有每月四五十元的进款，所以你们决计不要愁钱。除掉学习刺绣、图画之外，你还要学一点普通常识，尤其对于如何教育子女，是要研究的。历史、地理、理科是你应当懂一点的；国文只要多读新的白话文，可以多看小说如《水浒》《西游记》《红楼梦》等等。还要多看杂志与报纸，如《妇女杂志》《小说月报》，常州局前街新群书社多有卖。同吴家大媳妇进学堂亦是很好，只不知那个学堂里刺绣、图画好不好？你不要拿我的话忘记了，我希望我回来的时候，我学得很好，你也学得很好，那时我们多快活呵，那时我们应大家互相庆祝了。我希望能如此！

我们现在离开是暂时的，是要想谋将来永远幸福，所以你我不必以为是一件可忧的事。我们应该在这时期中大家努力做，寻我们将来永远的幸福，这是一件何等快乐的事呵。我并没有一点忧愁，因为我有这个目的在心中，我希望你也能有同样的心思，一点不忧愁，只用心照我告诉你的用功去。母亲是很能看得开的，你再拿我这一番话说与母亲听，他〔她〕老人家一定能不牵挂我的。你必要照我告诉你的做，我在外心才能安。我很感激你，我发誓我决不负你。你在家安心供养母亲，教育细蘋，自己照我的话用功。

我一路有信给你，到俄国后我时常有信家来，不要忧愁。家里有什么要紧事可写信与吴南如、金宸等。（略）

这是张太雷1921年1月写给妻子陆静华的一封家书。

当时，张太雷受委派将赴莫斯科。临行前，他给妻子写下了这封家书。

由于党的各项工作还处于秘密开展阶段，张太雷不可能将此次去俄国的真实意图告知妻子，只是写道："去求一点高深学问，谋自己独立的生活。"他通过浅显易懂的道理，对比做官发财的害处与求得高深学问的好处，进一步向妻子解释了自己前去求学的原因。所求的学问就是为人们"谋将来永远幸福"。

张太雷即将"离家远游"，家中生计提前做了安排，叮嘱"家中用途不宜过省"，"决计不要忧没有钱"。他又殷殷嘱咐妻子"用一点功"，进学堂学习一些功课与知识，做一个"独立的女子"，而不是"只做男子的附属品"。字里行间体现出对家人的关切之情，男女平等的观念跃然纸上。

2 向警予致侄女

(1921年4月29日)

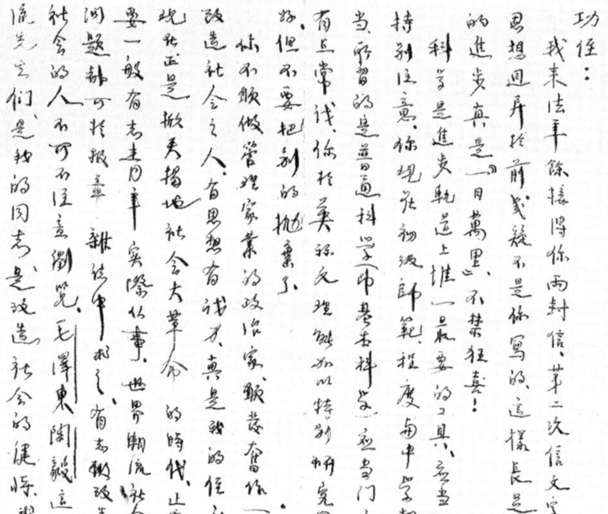

功侄：

我来法年余，接得你两封信，第二次信文字思想迥异于前，几疑不是你写的，这样长足的进步，真是一日万里，不禁狂喜！

科学是进步轨道上唯一最要的工具，应当特别注意。你现在初级师范，程度与中学相当，所习的是普通科学（即基本科学），应当门门有点常识，你于英语文理能加以特别研究固好，但不要把别的抛弃了。

你不愿做管理家业的政治家，愿奋做一改造社会之人，有思想有识力，真是我的侄女！现在正是掀天揭地社会大革命的时代，正需要一般有志青年实际做事。世界潮流，社会问题，都可于报章杂志中求之，有志于改造社会的人不可不注意浏览。毛泽东、陶毅这一流先生们，是我的同志，是改造社会的健将，我

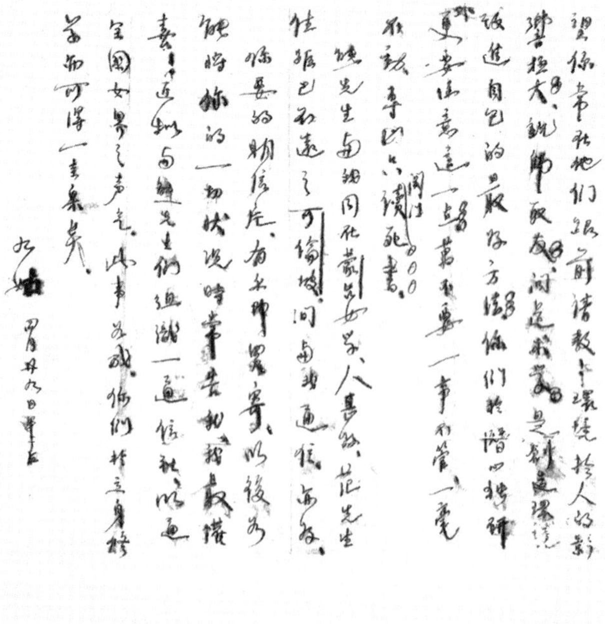

望你常和他们接近，请教。环境于人的影响极大，能得良友，则是我常说的创造环境、改造自己的最好方法。你们于课外更要注意这一点，万不要一事不管，一意孤行，专以闭门读死书。

陶先生与钢同在蒙养女学，人甚好，范先生性格也不远了，可与陶毅通信，商榷。你要的物件，有和珅罗寄，以后当随时将你的一切状况时常告我，我最欢喜。近与向先生们组织一通信社，以通全国女界之声气，此事若成，你们于立身学问可得一大益矣。

九姑

四月廿九日半夜

向警予（1895—1928）

女，土家族，原名向俊贤，笔名振宇，湖南溆浦人。1919年秋，加入新民学会。同年底，赴法国勤工俭学，1921年底回国。1922年，加入中国共产党。同年7月，在中共二大上当选为中央候补委员，后任中共中央妇女部长。1923年，在中共三大上当选为中央委员，任中共中央妇女运动委员会书记。1924年国共合作期间，在国民党上海执行部工作，参加领导工人运动。1925年，在中共四大上继续当选中共中央委员，在五卅运动中参与领导上海各界女工的斗争。同年秋，赴莫斯科中山大学学习。1927年回国后，先后在武汉总工会、中共汉口市委宣传部和湖北省委工作。1928年，在汉口法租界被捕，英勇就义，时年33岁。

功侄：

我来法年余，接得你两封信，第二次信文字思想迥异于前，几疑不是你写的。这样长足的进步，真是“一日万里”，不禁狂喜！

科学是进步轨道上惟一最要的工具，应当特别注意。你现在初级师范，程度与中学相当。所习的是普通科学（即基本科学），应当门门有点常识。你于英、算、文、理能加以特别研究固好，但不要把别的抛弃了。

你不愿做管理家业的政治家，愿发奋作一改造社会之人，有思想有识力，真是我的侄侄！现在正是掀天揭地社会大革命的时代，正需要一般有志青年实际从事。世界潮流、社会问题，都可于报章杂志中求之。有志做改造社会的人，不可不注意浏览。毛泽东、陶毅这一流先生们，是我的同志，是改造社会的健将。我望你常在他们跟前请教！环境于人的影响极大。亲师取友，问道求学，是创造环境改进自己的最好方法。你们于潜心独研外，更要注意这一点。万不要一事不管，一毫不动，专门只关门读死书。

熊先生与我同在蒙台女学，人甚好。范先生住距巴不远之可伦坡，间与我通信，亦好。

你要的明信片，有钱即买寄。以后如能将你的一切状况时常告我，我最欢喜！近拟与熊先生们组织一通信社，以通全国女界之声气。此事如成，你们于立身修学亦可得一圭臬矣。

九姑

四月廿九日早后

这是向警予1921年4月29日写给侄女向功治的家书。

1919年底，向警予赴法国勤工俭学。在法国留学的一年多时间里，向警予接到侄女向功治的两封家书，得知其在学习、思想上的状况。向警予感到侄女在文字、思想上进步迅猛，不禁狂喜，于是写下了这封回信。

向警予写道，“科学是进步轨道上惟一最要的工具”，提醒侄女要特别注意，对于基础科学“应当门门有点常识”。对于侄女“不愿做管理家业的政治家，愿发奋作一改造社会之人”的理想，向警予夸她“有思想有识力”，但还需要从实际处做起，多浏览报章杂志，多向毛泽东等改造社会的健将请教。因为“亲师取友，问道求学，是创造环境改进自己的最好方法”，而“一事不管，一毫不动，专门只关门读死书”万万不可取。向警予在这封信中体现出贴近现实、博览群书、改造社会的学习观，彰显了革命志士开阔的视野和追求科学、改造社会的博大胸怀。

3 熊雄致姐夫

（1921 年 11 月 23 日）

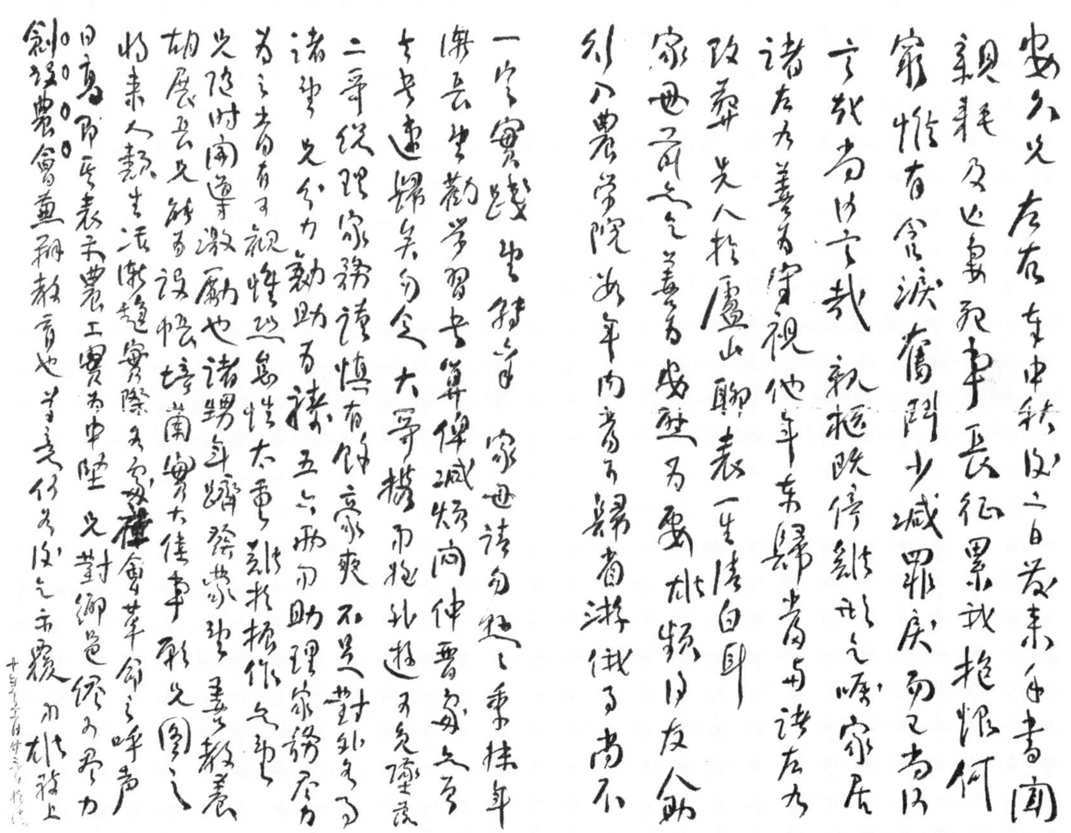

熊雄（1892—1927）

江西宜丰人。早年参加辛亥革命，加入中华革命党。后赴法国勤工俭学，参与发起筹建旅欧中国少年共产党，并在德国和苏联留学，并加入中国共产党。1925年回国后，任黄埔军校政治部副主任。1927年广州反革命事变后被秘密逮捕，5月中旬遇害，时年35岁。

安久兄左右：

奉中秋后二日发来手书，闻亲耗及亡妻死事，长征累我，抱恨何穷。惟有含泪奋斗，少减罪戾而已，尚何言哉！尚何言哉！亲柩既停鸡形，乞嘱家居诸左右善为守视。他年东归，当与诸左右改葬先人于庐山，聊表一生清白耳。

家母前亦乞善为安慰为要。雄频得友人助行，入农学院，数年内当不归省。游俄事尚不一定实践，望转禀家母，请勿悬悬。季妹年渐长，望劝学习书算，俾减烦闷。仲晋处亦曾去书速归矣，勿念。大哥携弟侄外游，可免坠落。二哥总理家务，谨慎有余，豪爽不足，对外各事，诸望兄分力襄助为祷。五、六两弟，助理家务，尽力为之，当有可观，惟恐怠性太重，难于振作，亦望兄随时开导激励也。诸甥年跻发蒙，望善教养。胡展长兄能为设帐培兰，实大佳事，愿兄图之。将来人类生活渐趋实际，各处社会革命之呼声日高，即其表示，农工实为中坚。兄对乡邑尽可尽力创设农会，兼办教育也。尊意何如？后乞示复。

弟雄敬上

十年十一月廿三日于法

这是熊雄 1921 年 11 月 23 日写给姐夫李思治的家书。

李思治是熊雄的三姐夫，于 1921 年中秋节后给熊雄写了一封信，告知熊妻去世的消息。当时熊雄尚在法国留学，不能回家，遂给李思治写了这封回信。

熊雄首先表达了不能回家悼念亡妻深深的遗憾和愧疚，“惟有含泪奋斗”。他告知姐夫，此次出国留学“数年内当不归省”，请姐夫好好安慰母亲，督促小妹学习书算，帮助家中兄弟处理家务，培养诸外甥。国外的见闻、学习，让熊雄认识到工农的力量，他在信中展望：“将来人类生活渐趋实际，各处社会革命之呼声日高，即其表示，农工实为中坚。”熊雄鼓励姐夫尽力创设农会，兼办教育。体现出一个优秀的革命者为了革命事业，暂将个人悲伤与家庭利益置于身外的奉献精神与坚定不移的革命意志。

4 郑佑之致妻妹

（1922 年 11 月 25 日）

幺妹：我看見你激烈的性情，過人的聰慧，和近來感受壓迫的痛苦，我已決定你是一個改造社會的得力人了，所以我極想帮助你，引你到革命的路上去！今天接着你的來信，我愈覺我的料想不錯。老幺的智識不高，因爲他還是童子，但是他想帮助你的心很切，你慢慢的指導他，他將來必可極力帮助你成一个革命黨！你哥哥呢，他本來的天分很高，事事都懂得，趣不過他的腦筋被銀錢閉塞了，所以他這樣做，你也不必過於怪他，因爲他有了婦人，又得了幾個兒女，所以他不得不這樣做，依得說來，他這宗行爲，完全是自私自利，公理上到也說不過去，不過他既被銀錢所迷，實不能輕易擺脫，你既比他覺悟得早，正該要憐他，助他，使他覺悟，也才是改造社會者的態度。——以後不必向他爭鬧

吃不吃牛肉，與守舊是無關係的，你與媽寸嘴，我也不能責備你，我也不必問你的原因，但是你要防着外人談你的壞話，所以我勸你在家裏的時候，事事要平和一點才好！我說這話，並不是怕這一般頑固老朽（我是甚麼都不怕的了），你是才出來的人，學識既少，胆氣必弱，恐怕將來人人反對你，把你這一點上進的志氣銷滅了。遭人謗讟，是免不脫的

就拿你寫給我的信來說，本來寫信一事是很平常的，稍微有點智識的人，都不至於說，但是這般反對的人，必定大大說你不然，將來或許還要亂說你一些，這一層我不得不預先警告你。

我的爲人，你哥哥他們是曉得的，近來大家都說我是共産黨（其實我是青年團不是共産黨）了，這也不要緊，他

既說我是共產黨，我就自認是共產黨。但是，共產黨
是正大光明的，是不怕人的，講到親戚上的感情，我是極
願幫助他們的；講到實行上的主張，我是不將就那个的。
他們若是要看我的信，你儘可以拿給他看。他說我要邀
這一般青年男女入共產黨，我硬是邀這一般青年男女
入共產黨！他說我要打滅私有財產，我硬是要打滅私有
財產！隨便甚麼古先聖賢的話都壓我不下了。他們的思
想根本上與我們不相容，這一層你也要曉得！
今帶來中國共產黨宣言一份、女子參政之研究一份、精神講
話一般（這三種書可以隨便看）、兩個工人談話一本（這是鼓吹無政府主義的，你要留心，並不是完全都對）、民治
報二張，你可查收。
你說你小時「父親的教育不嚴」（六行），這話錯了！凡是
父母教育兒女，必定要曉得兒女的「個性」，「因勢利導」，
引他到正路上去，才是對的。並不是說教育兒女一定要
嚴。口口說教育兒女要嚴的人，就是不懂教育的老[illegible]。
你父親雖說對待你們是愛惜（很），但是比我做起那兇神惡
煞的估住你們打罵你們是高明萬倍的了。自然一味愛惜
會慣壞了你們；但是你父親，並不是一味愛惜的。你若說你
父親不開通，未做得有好多好榜樣給你們學；這是不錯
的，說他不嚴那就大錯了（錯在一个嚴字）！你要曉得我說「嚴
過」的話，並不是說來使你喜歡的，你具有這个激烈的
性情，將來你若是當教習，你就要好好記着教育的好方法，
並不在嚴與不嚴；
你的信寫得很好，你么弟讀了這幾年書都趕不倒你，
並且有些地方連你哥哥都說不到這麼透澈動人的。你
好生操習，將來必可成為新文學家。敘府的老先生也往
不久了。你考考看，各自做的話，不怕得一定考得上女教習！（內面有幾个）
你說「我受這些艱難完全是舊社會……的過惡」，這話
很對！你既認清楚了，就當要打破他，改造他，免得他
又去害年幼的人。

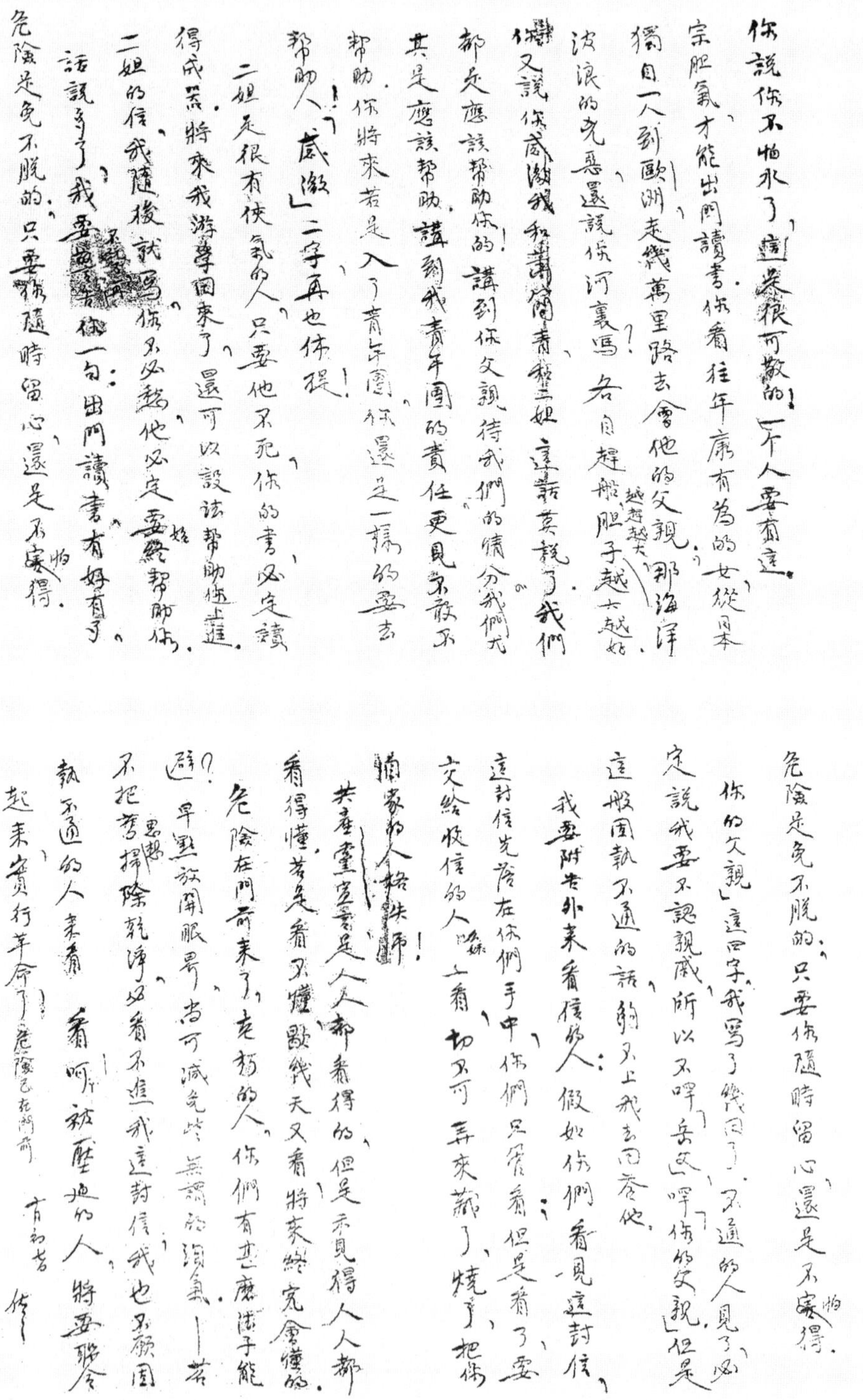

你說你不怕水了，這是很可敬的！一个人要有這
宗胆氣才能出門讀書。你看往年康有為的女從日本
獨自一人到歐洲走幾萬里路去會他的父親，那海洋
波浪的兇惡還說你河裏嗎？各自趕船，胆子越大越好。
你又說你感激我和蕭備青二姐，這話莫說了！我們
都是應該幫助你的！講到你父親待我們的情分，我們尤
其是應該幫助。講到我青年團的責任，更是不敢不
幫助。你將來若是入了青年團，你還是一樣的要去
幫助人！「感激」二字再也休提！
二姐是很有俠氣的人，只要他不死，你的書必定讀
得成器。將來我游學回來了，還可以設法幫助你上進。
二姐的信，我隨後就寫，你不必耽他，他必定要始終幫助你。
話說多了，我要勸告你一句：出門讀書有好有了，
危險是免不脫的，只要你隨時留心還是不怕得。

危險是免不脫的，只要你隨時留心，還是不怕得。
「你的父親」這四字，我寫了幾回了，不通的人見了，必
定說我要不認親戚，所以不呼「岳丈」，呼「你的父親」，但是
這般固執不通的話，夠不上我去回答他。
我要附告外來看信的人：假如你們看見這封信，
這封信先落在你們手中，你們只管看，但是看了要
交給收信的人看，切不可弄來藏了、燒了，把你
蔣家的人格失掉！
共產黨宣言是人人都看得的，但是不見得人人都
看得懂。若是看不懂，歇幾天又看，將來終究會懂的。
危險在門前來了，老朽的人，你們有甚麼法子能
避？早點放開眼界，尚可減免些無謂的悶氣——若
不把舊思想掃除乾淨，也看不進我這封信，我也不願固
執不通的人來看。看呵！被壓迫的人將要聯合
起來實行革命了！危險已在門前
十月初七
仲

郑佑之（1891—1931）

字自申，笔名尤痴，四川宜宾人。1915年，参加护国讨袁运动。1922年，加入中国社会主义青年团，后加入中国共产党。1924—1928年，赴川南宜宾创建中共宜宾特支，并在川南地区发动工农群众，组织农民武装，领导农民暴动，多次打败反动军阀进攻，有“川南农王”之称。1931年12月，因叛徒出卖被捕，在重庆英勇就义，时年40岁。

幺妹：

我看见你激烈的性情、过人的聪慧和近来感受压迫的痛苦，我已决定你是一个改造社会的得力人了。所以我极想帮助你，引你到革命的路上去！今天接着你的来信，我愈觉我的料想不错。老幺的智识不高，因为他还是童子；但是他想帮助你的心很切，你慢慢的指导他，他将来必可极力帮助你成一个革命党人！你哥哥呢，他本来的天分很高，事事都懂得起。不过他的脑筋被银钱闹昏了，所以他这样做，你也不必过于怪他。因为他有了妇人，又得了几个儿女，所以他不得不这样做。依得说来，他这宗行为，完全是自私自利，公理上到〔倒〕也说不过去，不过他既被银钱所迷，实不能轻易摆脱。你既比他觉悟得早，正该要怜他、助他，使他觉悟，也才是改造社会者的态度——以后不必向他争闹。

吃不吃牛肉，与守旧是无关系的。你与妈寸嘴，我也不能责备你，我也不必问你的原因，但是你要防着外人谈你的坏话！所以我劝你在家里的时候，事事要平和一点才好！我说这话，并不是怕这一般顽固老朽（我是甚么都不怕的了）。你是才出来的人，学识既少，胆气必弱，恐怕将来人人反对你，把你这一点上进的志气销灭了（遭人诽谤是免不脱的)。

就拿你写给我的信来说，本来写信一事，是很平常的，稍微有点智识的人，都不至于说。但是这般反对的人，必定大大说你不然，将来或许还要乱说你一些，这一层我不得不预先警告你。

我的为人，你哥哥他们是晓得的。近来大家都说我是共产党（其实我是青年团，不是共产党）了，这也不要紧，他既说我是共产党，我就自认是共产党。但是，共产党是正大光明的，是不怕人的。讲到亲戚上的感情，我是极愿帮助他们的；讲到实行上的主张，我是不将就那个的。他们若是要看我的信，你尽可以拿给他看。他说我要邀这一般青年男女入共产党，我硬是邀这一般青年男女入共产党！他说我要打灭私有财产，我硬是要打灭私有财产！随便甚么古先圣贤的话，都压我不下了。他们的思想，根本上与我们不相容，这一层你也要晓得。

今带来《中国共产党宣言》一份，《女子参政之研究》一份，《精神讲话一般》（这三种书可以随便看），《两个工人谈话》一本（这是鼓吹无政府主义的，你要留心，并不是完全都对），《民治报》二张，你可查收。

你说你小时“父亲的教育不严”，这话错了！凡是父母教育儿女，必定要晓得儿女的“个性”，“因势利导”，引他到正路上去，才是对的；并不是说教育儿女一定要严，口口说教育儿女要严的人，就是不懂教育的老腐败。你父亲虽说对待你们是很爱惜，但是，比我做起那凶神恶煞的估住你们，打骂你们，是高明万倍的了。自然，一味爱惜，会惯坏了你们；但是你父亲，并不是一味爱惜的。你若说你父亲不开通，未做得有好多好榜样给你们学，这是不错的，说他不严，那就大错了（错在一个严字）。你要晓得，我说“赎过”的话，并不是说来使你喜欢的。你具有这个激烈的性情，将来你若是当教习，你就要好好记着，教育的好劣，可并不在严与不严。

你的信写得很好，你幺弟读了这几年书，都赶不倒〔到〕，并且有些地方，连你哥哥都说不到这么透澈动人的（此二字将来或许招人揣议）。你好生操习，将来必可成为新文学家。叙府的老先生也住不久了，你考学堂，各自做白话，不怕得，一定考得上（内面有几个女教习）。

你说“我受这些艰难，完全是旧社会……的过恶”，这话很对！你既认清楚了，就当要打破他，改造他，免得他又去害年幼的人。

你说你不怕水了，这是很可敬的！一个人要有这宗胆气，才能出门读书。你看往年康有为的女，从日本独自一人到欧洲，走几万里路去会他〔她〕的父亲，那海洋波浪的凶恶，还说你河里吗？各自赶船，胆子越赶越大，越大越好。你又说你感激我和萧简青和二姐，这话莫说了，我们都是应该帮助你的。讲到你父亲待我们的情分，我们尤其是应该帮助。讲到我青年团的责任，更见不敢不帮助。你将来若是入了青年团，你还是一样的要去帮助人！“感激”二字，再也休提！

二姐是很有侠气的人，只要他〔她〕不死，你的书必定读得成器。将来我游学回来了，还可以设法帮助你上进。二姐的信，我随后就写，你不必愁，他〔她〕必定要始终帮助你。

话说多了，我要不说了。再警告你一句：出门读书，有好有歹，危险是免不脱的；只要你随时留心，还是不怕得。

“你的父亲”这四字，我写了几回了。不通的人见了，必定说我要不认亲戚，所以不喊“岳父”，喊“你的父亲”。但是这般固执不通的话，够不上我去回答他。

我要附告外来看信的人：假如你们看见这封信，这封信先落在你们手中，你们只管看；但是看了，要交给收信的人（幺妹）一看，切不可弄来藏了，烧了，把你自家的人格失吊。

《共产党宣言》是人人都看得的，但是未见得人人都看得懂。若是看不懂，歇几天又看，将来终究会懂的。

危险在门前来了，老朽的人，你们有甚么法子能避？早点放开眼界，尚可减免些无谓的淘气——若不把旧思想扫除干净，必看不进我这封信；我也不愿固执不通的人来看。看呵！被压迫的人，将要联合起来实行革命了！危险已在门前！

十月初七日

佑之

这是郑佑之1922年11月25日写给妻妹赵一曼的家书。

赵一曼，原名李坤泰，是郑佑之妻子的幺妹。1921年冬，赵一曼要外出求学读书，同大哥吵得天翻地覆，气得大病一场，感到非常苦闷。郑佑之对她进行安抚劝导，鼓励她在家自修，并经常通过书信予以帮助和指导。在帮助、指导赵一曼学习科学文化知识的同时，郑佑之还寄去一些进步书籍报刊，启发她的革命思想、妇女解放思想。

在家书的开头，郑佑之即指出，看到赵一曼激烈的性情、过人的聪慧和近来感受压迫的痛苦，认为她必定是一个改造社会的好苗子，所以极想帮助赵一曼，引她走上革命的道路。接着，他帮助赵一曼分析了家中各亲人的情况，指出应如何正确处理与家人的关系，以免人人反对。

由于政治主张、思想的不相容，赵一曼家人反对她与郑佑之往来。郑佑之正大光明地阐述了自己的主张和立场，写道："我就自认是共产党。但是，共产党是正大光明的，是不怕人的。"郑佑之在面对亲友的不解和旧思想的束缚时，并未动摇，表现出了共产党人坚定的理想信念。

郑佑之还大大赞扬了赵一曼在学习和思想认识上的进步，鼓励她打破旧社会，改造旧社会。信末，郑佑之坚定而有力地呐喊道："被压迫的人，将要联合起来实行革命了！危险已在门前！"展现出共产党人一往无前的革命精神。

5 季步高致兄长

（1922—1924 年）

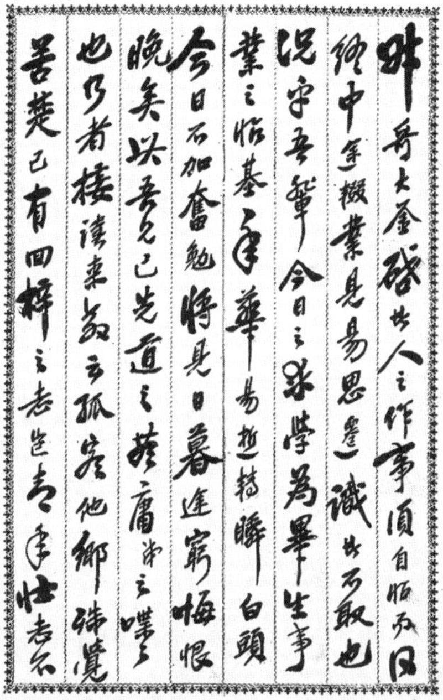

手稿1

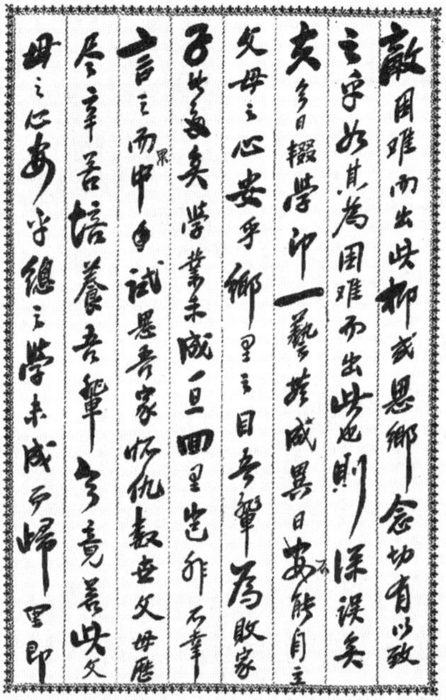

手稿2

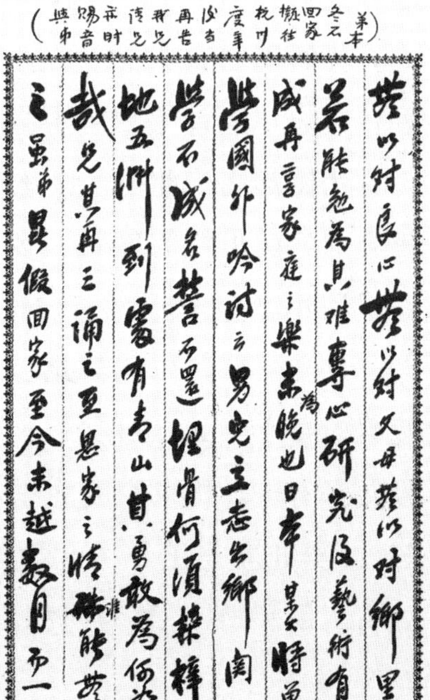

手稿3

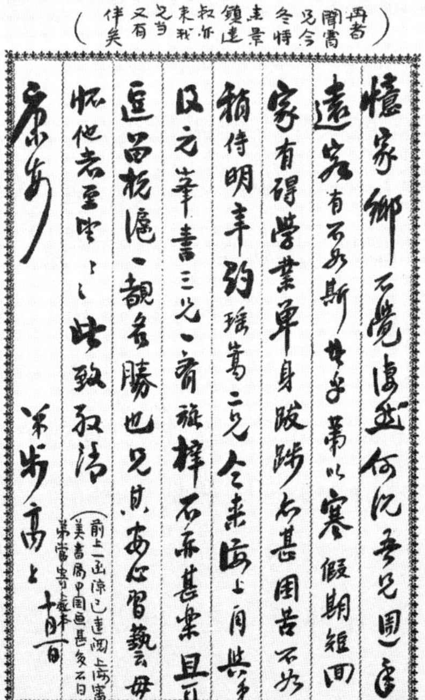

手稿4

季步高（1906—1928）

又名大纶，号凌云，笔名布高，浙江龙泉人。1922 年，考入上海大学。1925 年，考入黄埔军校，并加入中国共产党。1926 年，到中华全国总工会省港罢工委员会工人纠察队负责训育处工作。1927 年，参加广州起义。曾任中共广州市委委员、广州市委书记、广东省委候补委员兼兵委书记。1928 年 7 月，赴香港向省委汇报工作时，不幸被港英当局逮捕，后被引渡到广州。同年冬，在红花岗英勇就义，时年 22 岁。

升哥大鉴：

启者，人之作事须自始而及终，中途辍业，见易〔异〕思迁，识者不取也。况乎吾辈今日之求学，为毕生事业之始基，年华易逝，转瞬白头，今日不加奋勉，将见日暮途穷，悔恨晚矣！此吾兄已先道之，无庸弟之喋喋也。乃者接读来教，云孤客他乡，殊觉苦楚，已有回梓之志，岂青年壮志不敌困难而出此，抑或思乡念切有以致之乎？如其为困难而出此也，则深误矣！夫今日辍学，即一艺无成，异日不能自立，父母之心安乎？乡里之目吾辈为败家子者多矣。学业未成，一旦回里，岂非不幸言之而果中。试思吾家怀仇数世，父母历尽辛苦，培养吾辈，今竟若此，父母之心安乎？总之，学未成而归里，即无以对良心，无以对父母，无以对乡里。若能勉为其难，专心研究，及艺术有成，再享家庭之乐，未为晚也。日本某大将留学国外，吟诗云："男儿立志出乡关，学不成名誓不还。埋骨何须桑梓地，五洲到处有青山。"其勇敢为何如哉！兄其再三诵之。至思家之情，谁能无之？虽弟暑假回家至今未越数月，而一忆家乡，不觉凄然，何况吾兄周年远客，有不如斯者乎？第以寒假期短，回家有碍学业，单身跋涉亦甚困苦，不如稍侍〔待〕明年，约瑶、嵩二兄同来海上，再与弟及元、峰、书三兄一齐旋梓，不亦甚乐，且可逗留杭、沪，一睹名胜也。兄其安心习艺，毋怀他志，至望至望。此致，敬请

康安！

前上一函，谅已达阅。上海审美书局中国画甚多，不日弟当寄上数本。

弟本冬不回家，拟往杭州度年后，当再告我兄，请兄亦时赐音与弟。再者，闻霄兄今冬特来景镇，达叔亦来，我兄当有伴矣[①]。

弟步高上

十月一日

这是季步高1922—1924年在上海读书时，写给兄长季步升的一封家书。

季步高在上海求学，受到蔡和森、恽代英、张太雷等人的影响，开始接受马克思主义。兄长季步升来信，流露出辍学回乡的念头。为了劝导兄长，季步高写下这封回信。

季步高在信的开头直截了当地表达自己为人做事的观点："作事须自始而及终，中途辍业，见异思迁，识者不取也。"指出："吾辈今日之求学，为毕生事业之始基……今日不加奋勉，将见日暮途穷，悔恨晚矣！"对兄长晓之以理，规劝兄长持之以恒、珍惜光阴、努力奋进，正是季步高正确的人生态度的直接体现。接着，他动之以情，希望兄长体谅父母的苦心与培养子女之不易，诚恳地劝慰兄长以学业为

① 这两句话分别写在原件第3、4页的天眉处。

重，待有所成，再享家庭之乐，还引用当时外国名人诗句，勉励哥哥“学不成名誓不还”。为缓解兄长的思乡之情，季步高贴心地约定明年与兄弟们一起回家。在信的末尾，季步高再次劝慰兄长“安心习艺，毋怀他志”。反映出他对兄长的真挚情谊、对父母亲的孝心，展现了一个先进知识青年努力奋斗的坚韧品格。

6　俞秀松致父母亲

（1923 年 1 月 10 日）

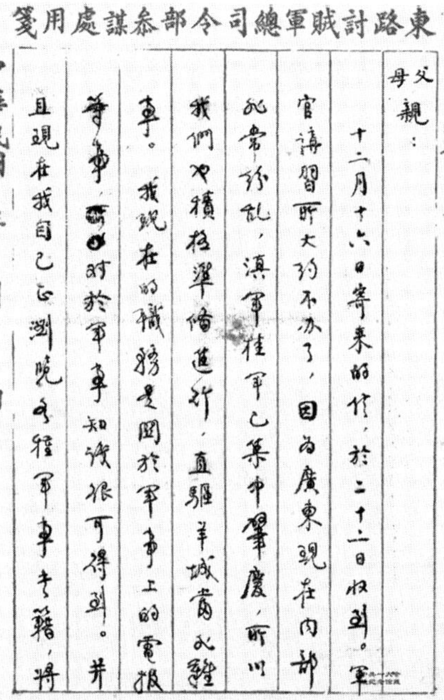

東路討賊軍總司令部參謀處用箋

第一頁

父母親：

十二月十六日寄來的信，於二十二日收到。軍官講習所大約不辦了，因為廣東現在內部非常紛亂，滇軍桂軍已集中肇慶，所以我們也積極準備進行，直驅羊城[illegible]事。我現在的職務是關於軍事上的電報等事，所以對於軍事知識很可得到。并且現在我自己正瀏覽各種軍事書籍，將

中華民國　年　月　日

手稿1

東路討賊軍總司令部參謀處用箋

第二頁

來也很足慰父親的希望罷。父親，我的志願早已決定了：我之決志進軍隊是由於目睹多處工人被軍閥無禮的壓迫，我要救中國最大多數的勞苦群眾，我不能不[illegible]首先打倒勞苦群眾的仇敵——其實是全中國人的仇敵——便是軍閥。進軍隊學軍隊事[illegible]，就是打倒軍閥的準備工作。這裏面的同事大都抱着升官的目的，他

中華民國　年　月　日

手稿2

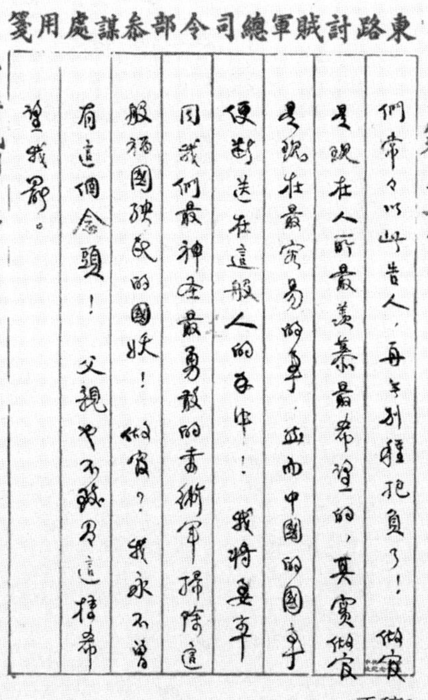

東路討賊軍總司令部參謀處用箋

第三頁

們常常以此告人，再不别種抱負了！做官是現在人所最羨慕最希望的，其實做官是現在最容易的事，並而中國的國事便斷送在這般人的手中！我將要拿同我們最神聖最勇敢的武術軍掃除這般禍國殃民的國妖！做官？我永不曾有這個念頭！父親也不致有這樣希望我罷。

中華民國　年　月　日

手稿3

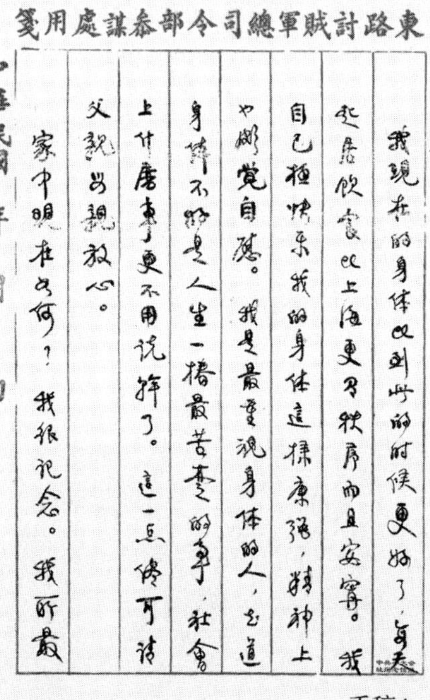

東路討賊軍總司令部參謀處用箋

第四頁

我現在的身体比到此的時候更好了，每天起居飲食比上海更有秩序而且安寧。我自己極快樂我的身体這樣康強，精神上也覺自慰。我是最重視身体的人，知道身体不好是人生一樁最苦惱的事，社會上什麽事更不用説幹了。這一点總可請父親母親放心。

家中現在如何？我很記念。我所最

中華民國　年　月　日

手稿4

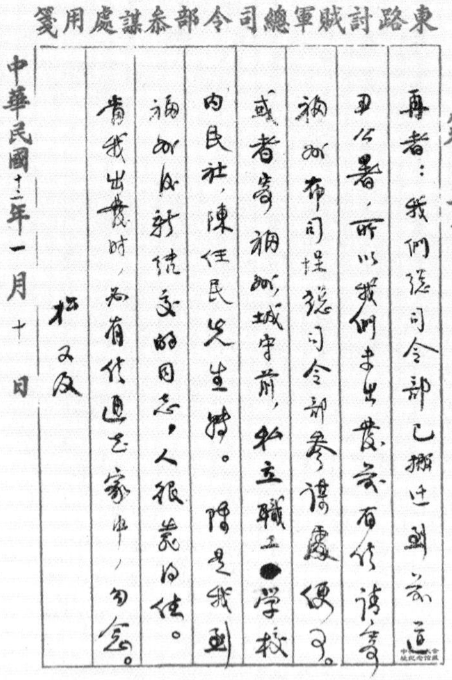
東路討賊軍總司令部參謀處用箋

第　頁

再者：我們總司令部已搬進到省道尹公署，所以我們未出發前有信請寄福州布司埕總司令部參謀處便了。或者寄福州城守前，私立職工學校内民社，陳任民先生轉。但是我到福州後新結交的同志，人很莊好的。當我出發时，如有信還是寄家中，勿念。

松又及

中華民國十三年一月十日

手稿6

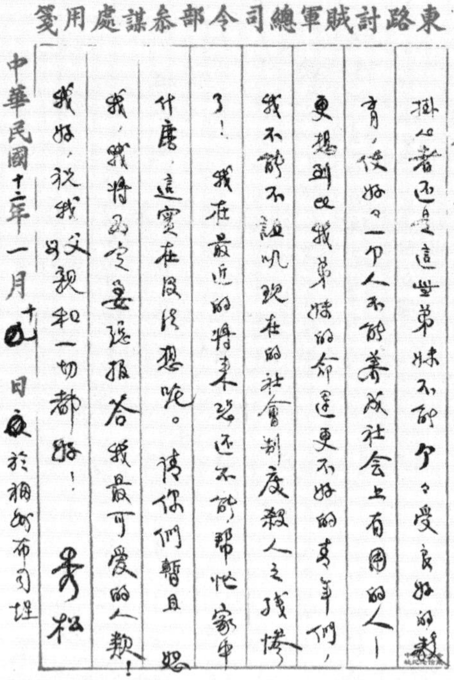
東路討賊軍總司令部參謀處用箋

第五頁

掛心者還是這些弟妹不能个々受良好的教育，使好々一个人不能養成社会上有用的人—更想到比我弟妹的命運更不好的青年們，我不能不詛咒現在的社會制度殺人之殘惨了！我在最近的將來還不能幫忙家中什麼，這實在很使我抱愧。請你們暫且恕我，我將來定要想報答我最可愛的人數！我好，祝我父親和一切都好！

青松

中華民國十三年一月十四日夜於福州布司埕

手稿5

俞秀松（1899—1939）

又名俞寿松，字柏青，化名王寿成，浙江诸暨人。1916 年入浙江省立第一师范学校读书。1919 年参加五四运动。1920 年参加北京工读互助团、北京大学马克思主义研究会。同年夏，参加上海共产党早期组织。8 月，在上海创建社会主义青年团，任书记。1921 年 3 月，赴莫斯科参加少共国际二大。1922 年回国后，在浙江从事建党建团工作，并出席中国社会主义青年团第一次全国代表大会，当选第一届中央执行委员，不久赴福州、广州协助孙中山从事军事斗争。1925—1932 年，先后在莫斯科中山大学、列宁学院学习、任教。1935 年回国后做统战工作，任新疆民众反帝联合会秘书长等职。1939 年 2 月 21 日牺牲，时年 40 岁。

父母亲：

十二月十六日寄来的信，于二十二日收到。军官讲习所大约不办了，因为广东现在内部非常纷乱，滇军、桂军已集中肇庆，所以我们也积极准备进行，直驱羊城当非难事。我现在的职务是关于军事上的电报等事，对于军事知识很可得到。并且现在我自己正浏览各种军事书籍，将来也很足慰父亲的希望罢。父亲，我的志愿早已决定了：我之决志进军队是由于目睹各处工人被军阀无礼〔理〕的压迫，我要救中国最大多数的劳苦群众，我不能不首先打倒劳苦群众的仇敌——其实是全中国人的仇敌——便是军阀。进军队学军事知识，就是打倒军阀的准备工作。这里面的同事大都抱着升官的目的，他们常常以此告人，再无别种抱负了！做官是现在人所最羡慕最希望的，其实做官是现在最容易的事，然而中国的国事便断送在这般人的手中！我将要率同我们最神圣最勇敢的赤卫军，扫除这般祸国殃民的国妖！做官？我永不曾有这个念头！父亲也不致有这样希望我罢。

我现在的身体比到此的时候更好了，每天起居饮食比上海更有秩序而且安宁。我自己极快乐，我的身体这样康强，精神上也颇觉自慰。我是最重视身体的人，知道身体不好是人生一桩最苦楚的事，社会上什么事更不用说干了。这一点尽可请父亲母亲放心。

家中现在如何？我很记念。我所最挂心者，还是这些弟妹不能个个受良好的教育，使好好一个人不能养成社会上有用的人——更想到比我弟妹的命运更不好的青年们，我不能不诅咒现在的社会制度杀人之残惨了！我在最近的将来恐还不能帮忙家中什么，这实在没法想呢。请你们暂且恕我，我将必定要总报答我最可爱的人类！我好，祝我父母亲和一切都好！

秀松

中华民国十二年一月十日

于福州布司埕

再者：我们总司令部已搬迁到前道尹公署，所以我们未出发前，有信请寄福州布司埕总司令部参谋处便可。或者寄福州城守前私立职工学校内民社，陈任民先生转。陈是我到福州后新结交的同志，人很靠得住。当我出发时，必有信通至家中，勿念。

松又及

这是俞秀松 1923 年 1 月 10 日在福州写给父母亲的家书。

1922 年，俞秀松到福建参加讨伐陈炯明叛乱的斗争，任东路讨贼军总司令部参谋处一等书记。军队进至福州后，俞秀松给父母写了这封家书。

在家书中，俞秀松表达了对军阀压迫的深恶痛绝，向父亲表明自己打倒军阀，解救劳苦群众的革命理想与志向："我要救中国最大多数的劳苦群众，我不能不首先打倒劳苦群众的仇敌——其实是全中国人的仇敌——便是军阀。"面对名利，俞秀松坦然写道："我将要率同我们最神圣最勇敢的赤卫军，扫除这般祸国殃民的国妖！做官？我永不曾有这个念头！"掷地有声，坚定有力，展现了共产党人高尚的品格和坦荡的胸怀。

身为长子，俞秀松也记念着家中情况，尤其挂心的是"弟妹不能个个受良好的教育"，成为社会上有用的人。他进一步想到比弟妹命运更惨的青年们，更加坚定了自己的革命信念，立誓将来必定要以革命事业的成功去报答最可爱的人类。

7 刘华致叔父

（1923年8月14日）

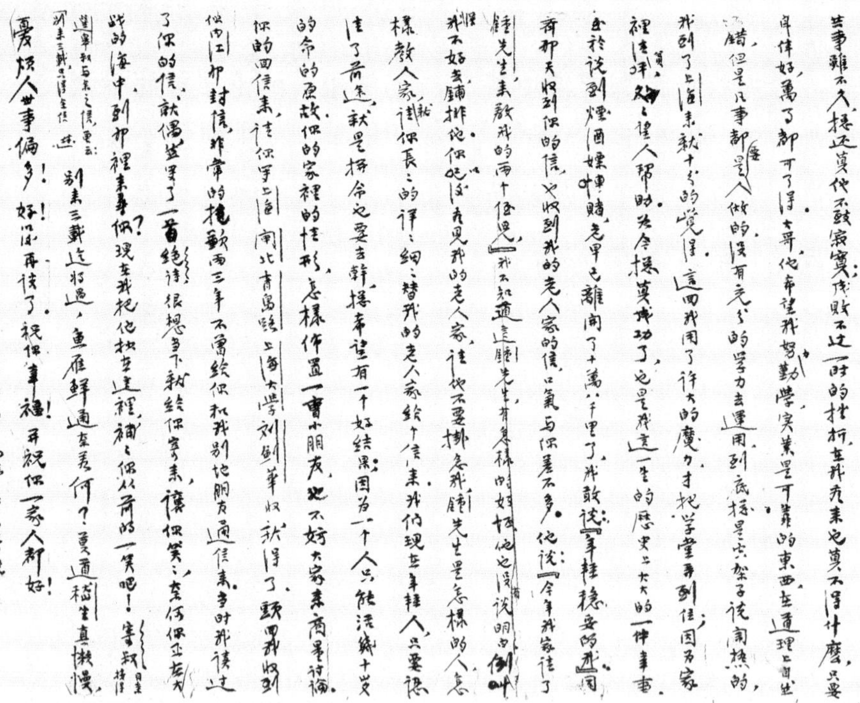

刘华（1899—1925）

原名刘炽荣，字剑华，四川宜宾人。1920 年，进入中华书局印刷所当学徒。1923 年，进入上海大学中学部，后加入中国社会主义青年团。同年 11 月，加入中国共产党。1925 年 2 月，参与领导沪西日本纱厂工人大罢工，建立工会组织，并担任纱厂工会委员长。同年 5 月，参与领导五卅运动，担任上海总工会副委员长、代理委员长。11 月，在上海公共租界被捕，12 月 17 日牺牲，时年 26 岁。

选皋阿叔：

我收到你这封信，正正是我由中华书局脱离而入上海大学的那一天——十三号，七〈月〉初二日——心里十分欢喜。因为从头回接到你内江的信以后，许久都没有消息来，虽然说不怎么着急，倒像心中挂歉〔牵〕得很——如今已放心了。大哥和你共事虽不久，总还算他不致寂寞；成败不过一时的挫折，在我看来也算不得什么，只要身体好，万事都可了得。大哥他希望我努力勤学，实业是可靠的东西，在道理上自然不错，但是凡事都是要人做的，没有充分的学力去运用，到底总是空架子说闹热的，我到了上海来就十分的觉得，这回我用了许大的魔力，才把学堂弄到住；因为家里清贫，处处望人帮助。如今总算成功了，也是我这一生的历史上大大的一件幸事。至于说到烟酒嫖赌，老早已离开了十万八千里了，我敢说：“年轻稳妥的我。”同齐那天收到你的信，也收到我的老人家的信，口气与你差不多。他说：“今年我家请了钟先生，来教我的两个侄儿。”我不知道这钟先生，有怎样的好坯，他也没有说明白，倒弄得叫我不好去铺排他。你以后看见我的老人家，请他不要挂念我。钟先生是怎样的人，怎样教人家，就请你长长的详详细细替我的老人家给个信来。我们现在年轻人，只要认清了前途，就是拼命也要去干，总希望有一个好结果，因为一个人只能活几十岁的命的原故。你的家里的情形，怎样布置一曹小朋友，也不妨大家来商量讨论。你的回信来，请你写上海闸北青岛路上海大学刘剑华收就得了。头回我收到你内江那封信，非常的抱歉，两三年不曾给你和我别地朋友通信来。当时我读过了你的信，就偶然写了一首绝诗，很想当下就给你寄来，让你笑笑，奈何你正在大战的海中，到那里来寻你？现在我把他抄在这里，补补你从前的一笑吧！《寄叔》（日来接得选皋叔与余之信，曾云："别来三载，只得余信□封。"）：别来三载迄将过，鱼雁鲜通奈若何？莫道嵇生真懒慢，忧烦人世事偏多！好！以后再谈了。祝你幸福！并祝你一家人都好！

□□□八月十四号七月初三日晚

这是刘华 1923 年 8 月 14 日写给叔父刘选皋的家书。

写信之时，刘华刚刚脱去中华书局印刷所的学徒身份，进入上海大学中学部学习。无论是作为学徒，还是作为学生，刘华始终坚持一边做工，一边刻苦读书，寻求救国救民的真理。

在家书中，刘华首先向叔父表达了自己由中华书局走入上海大学的欣喜，称此为人生幸事。他认为做工虽然可靠，但"没有充分的学力去运用，到底总是空架子说闹热的"，深刻认识到学识对人生的重要性。人生短暂，学习机会来之不易，他倍加珍惜，与自身曾经存在的不良习惯彻底决裂，并向叔父表明"只要认清了前途，就是拼命也要去干"，逐渐明确为前途而努力奋斗的信念。

8 罗英致岳父（节录）

（1923 年 9 月 16 日）

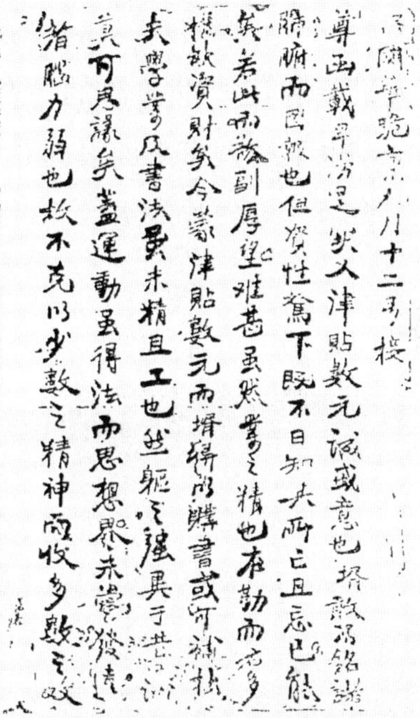
尊函，載早前足，欲以津貼數元試試意也。婿敢不銘諸
肺腑而圖報也。但婿性駑下，既不日知其所亡，且忘已能
矣。若此而欲副厚望，難甚。雖然，學之精也在勤，而[illegible]多
[illegible]欲資財矣。今蒙津貼數元，而婿得以購書，或可補拙。
夫學業及書法，雖未精且工也，然軀之強異于昔，誠
真可慰矣。蓋運動雖得法，而思想纍未變，[illegible]
者腦力弱也。故不克以少數之精神而收多數之效

手稿1

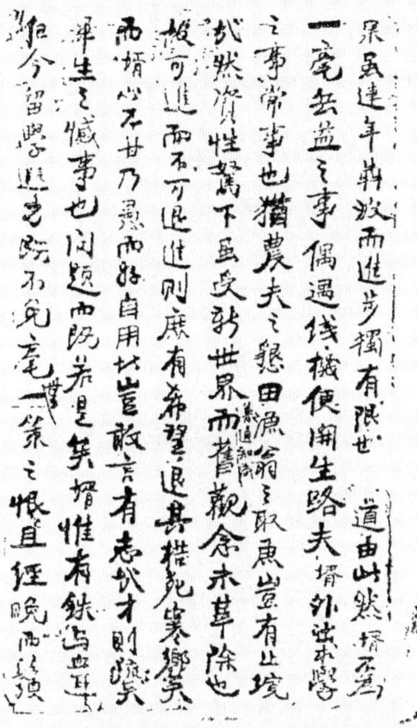
果雖逮年將致而進步獨有限也。道由此然，婿亦為
一毫無益之事，偶遇錢機便開生路。夫婿外出求學
之事，常事也。猶農夫之墾田，漁翁之取魚，豈有止境
哉！然資性駑下，雖受新世界而舊觀念未革除也。
故可進而不可退，進則庶有希望，退其將死寒鄉矣。
而婿心不甘，乃愚而好自用，然豈敢言有志于才則誤矣。
平生之憾事也。問題而既若是矣，婿惟有鐵[illegible]
[illegible]今留學[illegible]既不免毫一[illegible]策之根且經[illegible]而[illegible]

手稿2

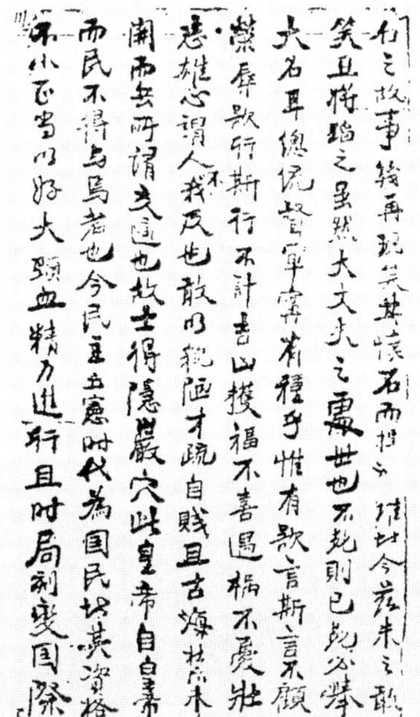
行之故事，錢再現矣，其[illegible]若而[illegible]今歲未之敢
笑。且將臨之，雖然，大丈夫之處世也，不死則已，死必舉
大名耳。[illegible]督軍實有種手，惟有歇言斯言不顧
榮辱，欲行斯行，不計吉凶，援福不喜，遇禍不憂，壯
志雄心，謂人我不及也。敢以愚陋才疏自賤，且古[illegible]
聞而無所謂之道也。故士得隱巖穴，此皇帝自由之
而民不得與焉者也。今民主立憲時代，為國民者其資格
不小，正當以好大頭血精力進行，且時局劇變，國際

手稿3

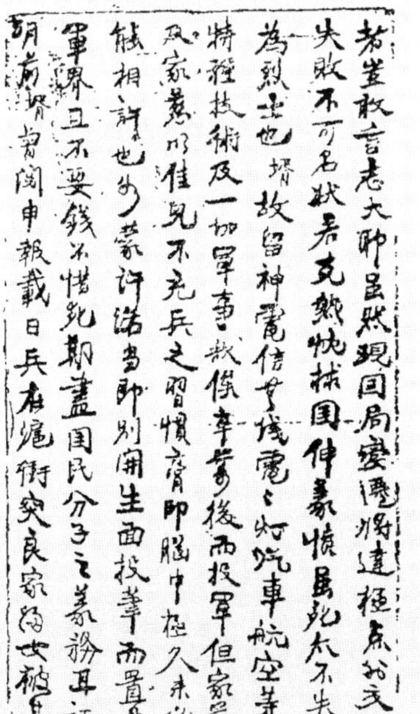
者，豈敢言志大耶。雖然，現國局變遷，將達極點矣，
失敗不可名狀，若充熱忱，挽國體，豪憤雖死亦不失
為烈士也。婿故留神電信、無線電、燈、汽車、航空等
特種技術及一切軍事，欲俟畢業後而投軍，但家嚴
家慈以佳兒不充兵之習慣，胸中極久，未必
能相許也。如蒙許諾，當即別開生面，投筆而置身
軍界，且不要錢，不惜死，期盡國民分子之義務耳。
[illegible]前婿曾閱申報，載日兵在滬街突良家婦女被兵

手稿4

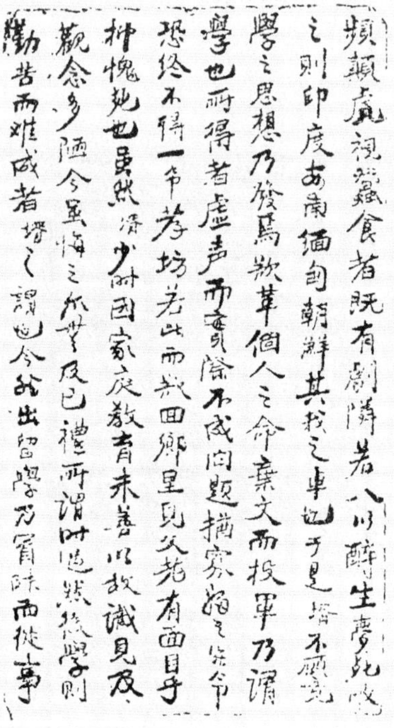
频频广视蚕食者既有剧怜若八州醉生梦死收
之则印度安南缅甸朝鲜其殷之车也于是婿不顾党
学之思想乃发愤欲革个人之命弃文而投军乃谓
学也所得者虚声而无实际不成问题揣察婿之宗旨
恐终不得一第荐场若此而欲回乡里见父老有面目乎
抑愧死也虽然婿少时因家庭教育未善以故识见及
观念多陋今虽悔之於学及已礼所谓时过然后学则
勤苦而难成者婿之谓也今欲出留学乃罔昧而从事

手稿5

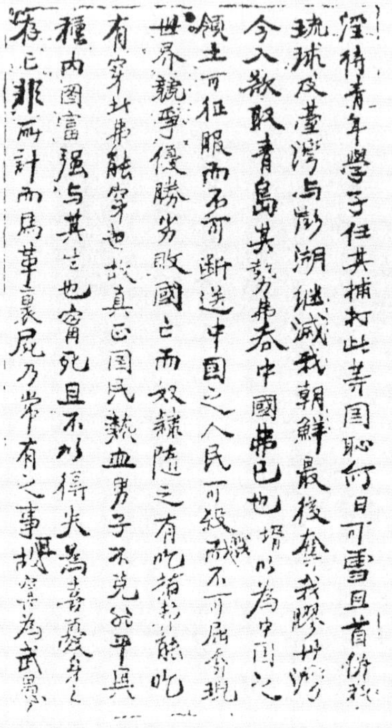
经待青年学子任其补打此弄国耻何日可雪且首併我
琉球及台湾与澎湖继灭我朝鲜最后夺我胶州湾
今又欲取青岛其势弗吞中国弗已也婿以为中国之
领土可征服而不可断送中国之人民可杀戮而不可屈辱现
世界竞争优胜劣败国亡而奴隶随之有识者均能叱
有穿此弗能穿也故真正国民热血男子不免於平兴
种内图富强与其亡也宁死且不可傀失为吾所发身之
务已非所计而马革裹尸乃常有之事投笔为武学

手稿6

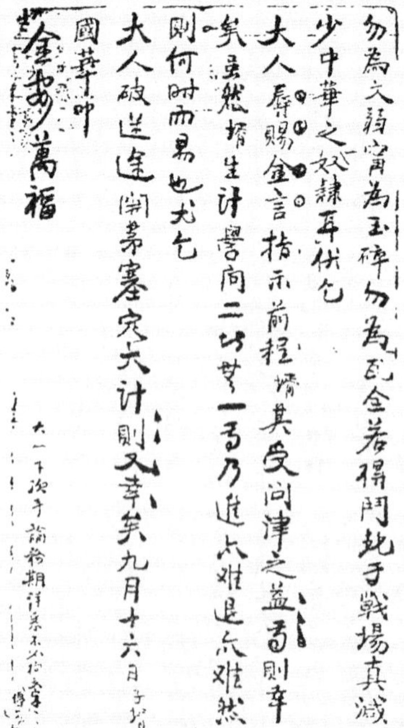
勿为文弱宁为玉碎勿为瓦全若得鬥死于战场真灭
少中华之奴隶耳伏乞
大人庸赐金言指示前程婿其受问津之益焉则幸
矣虽然婿生计磬向二十世一焉乃进亦难退亦难然
则何时而易也尤乞
大人破送途开弟塞究大计则又幸矣九月十六日子婿
国华叩
金安万福

手稿7

罗英（1898—1935）

号国华，江西余干人。1919 年，赴北京大学旁听。1923 年结识了赵醒侬、方志敏等。1924 年，考入黄埔军校，加入中国共产党。1926 年，参加北伐，后被党组织派往苏联学习。回国后，在家乡开展地下工作。1932 年 9 月，领导县警察大队起义，参加红军。后任红 10 军营长、团长，红军大学第 5 分校副校长。1935 年牺牲，时年 37 岁。

婿国华跪禀：

（略）现国局变迁，将达极点，外交失败，不可名状，若热忱救国伸义愤，虽死亦不失为烈士也。婿故留神电信、无线电、电灯、汽车、航空等特种技术及一切军事，欲俟卒业后而投军，但家严及家慈以“佳儿不充兵”之习惯膏印脑中极久，未必能相许也。如蒙许诺，当即别开生面，投笔而置身军界，且不要钱不惜死，期尽国民分子之义务耳。讵月前婿曾阅《申报》载，日兵在沪冲突，良家妇女被其淫待，青年学子任其捕打，此等国耻何日可雪？（略）婿以为中国之领土可征服而不可断送，中国之人民可杀戮而不可屈辱。现世界竞争，优胜劣败，国亡而奴隶随之，有吃者弗能吃，有穿者弗能穿也。故真正国民、热血男子不克外平异种，内图富强，与其生也宁死，且不以得失为喜忧，身之存亡非所计，而马革裹尸乃常有之事耳。故宁为武愚，勿为文弱；宁为玉碎，勿为瓦全。若得斗死于战场，真减少中华之一奴隶耳。（略）

金安万福！

九月十六日子婿国华叩

这是罗英写给岳父程利华的家书，据内容推测写于1923年。

罗英在上学时就打算毕业后从军，但考虑到父母受好男不当兵观念的影响已深，未必能同意他从军，就写信给岳父，希望先征得岳父同意。

在家书中，罗英向岳父解释了自己从军的原因，那就是日本自甲午战争以来不断侵占中国国土，践踏中国人民，有不吞并中国不罢休之势。中国人民面临着成为亡国奴的民族危机，“热血男子不克外平异种，内图富强，与其生也宁死……若得斗死于战场，真减少中华之一奴隶耳。”为此，写信说服家人，“如蒙许诺，当即别开生面，投笔而置身军界，且不要钱不惜死，期尽国民分子之义务耳”。这铿锵有力的话语，表现出一个爱国青年为民族独立、国家富强而投身军旅的远大理想。

9 张炽致父母亲

（1923年12月8日）

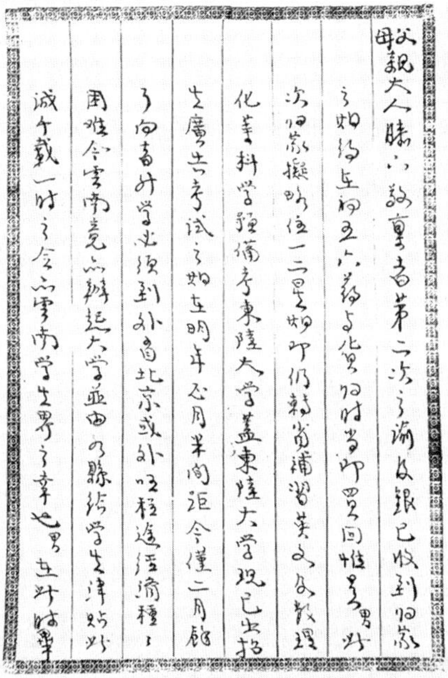

手稿1

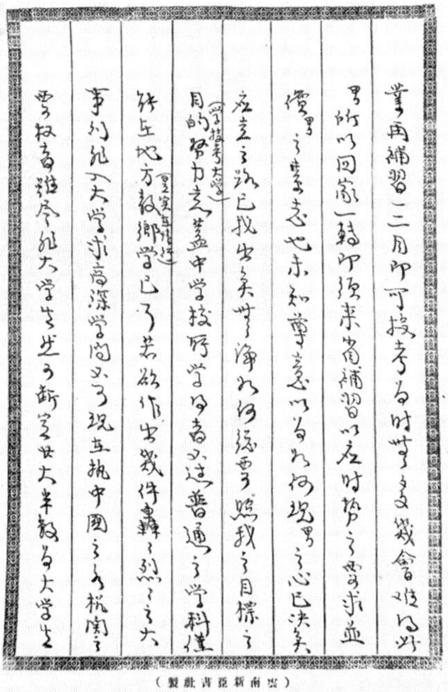

手稿2

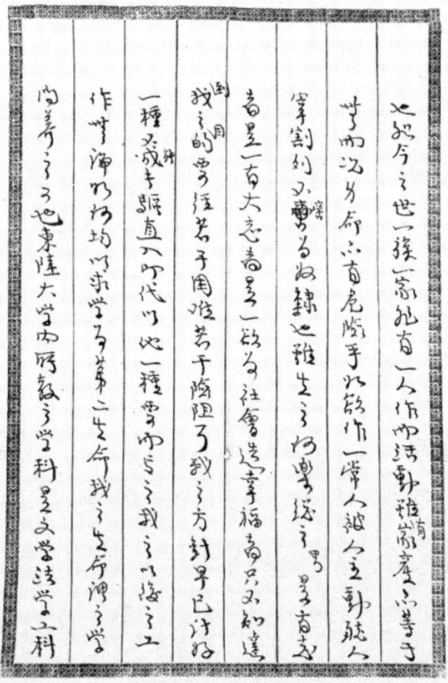

手稿3

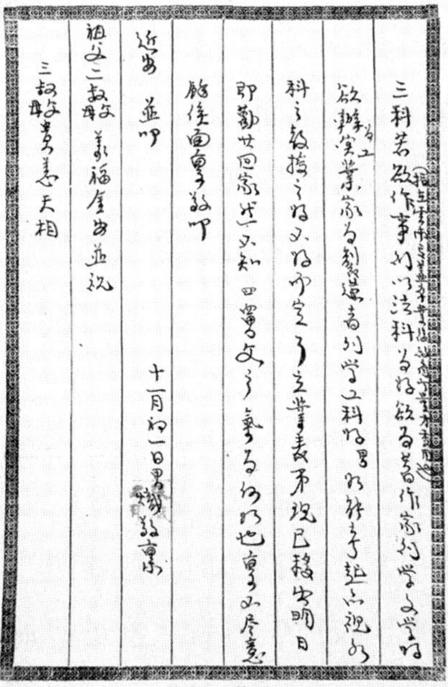

手稿4

张炽（1898—1933）

字子昌，笔名昌明，化名章阿昌，云南路南（今石林彝族自治县）人。1924年9月，考入北京民国大学政治经济系。同年，参加北京青年学会、平民教育研究会等进步组织。1925年，加入中国共产党。1926年，参加北京学生反对军阀段祺瑞卖国罪行的游行示威。同年，赴辽宁大连组建党组织，并任大连地委宣传部部长。1927年回到昆明，任中共云南省临时工委宣传部部长。1928年，到广州进行地下斗争。1930年，前往上海参加党中央训练班，从事工人运动。同年，不幸被捕。在狱中顽强不屈，组建秘密党支部。1933年3月，因狱中叛徒出卖，暴露身份。同年4月1日，就义于南京雨花台，时年35岁。

父母亲大人膝下：

敬禀者，第二次之谕及银已收到。归家之期约在初五六，药与货归时当即买回。惟是男此次归家拟略住一二星期，即仍转省补习英文及数理化等科学，预备考东陆大学。盖东陆大学现已出招生广告，考试之期在明年正月半间，距今仅二月余了。向者升学必须到外省、北京或外□，程途经济种种困难。今云南竟亦办起大学，并由各县给学生津贴，此诚千载一时之会，亦云南学生界之幸也。男在此时毕业，再补习一二月即可投考。为时无多，机会难得。此男所以回家一转即须来省补习，以应时势之要求，并偿男之素志也。未知尊意以为如何？现男之心已决矣！应走之路已找出矣！无论如何，总要照我之目标之目的（学投考大学）努力走。盖中学校所学得者，不过普通之学科，仅能在地方教乡学已了（是实在情形）。若欲作出几件轰轰烈烈之大事，则非入大学求高深学问不可。现在执中国之各机关之要权者，虽尽非大学生，然可断定其大半数为大学生也。处今之世，一族一家非有一人作而活动，虽有家产亦等于无，而况身命亦有危险乎？如欲作一常人被人主动、听人宰割，则不啻为奴隶也。虽生之何乐？总之，男是有志者，是一有大志者，是一欲为社会造幸福者。只不知达到我之目的，要经若干困难、若干险阻了。我之方针早已计好，一种不能长驱直入，即代以他一种。要而言之，我之以后之工作，无论如何均以求学为第二生命。我之生命谓之学问养之可也。东陆大学内所教之学科是文学、法学、工科三科。若欲作事，则以法科为好。欲为著作家，则学文学好。欲为工业家为制造者，则学工科好。男如能考起〔取〕，亦视各科之教授之好不好而定了。立业表弟现已移出，明日即劝其回家，然不知四舅父之气为何如也。禀不尽意，余俟面禀。

敬叩

近安！并叩

祖父、二叔父母万福金安，并祝

三叔父母贵恙天相！

十一月初一日

男炽敬禀

这是张炽 1923 年 12 月 8 日在云南省立第一中学毕业时，写给父母亲的家书。

张炽在省立一中开始阅读《新青年》《每周评论》《新潮》等进步书刊，初步接触马克思主义和社会主义思想。为了进一步探索救国救民的真理，追寻革命的正确道路，高中即将毕业的张炽，下定决心报考东陆大学，为此写信向父母禀明志向。

在家书中，张炽向父母表达“若欲作出几件轰轰烈烈之大事”，必须进入大学求高深学问的决心。他希望未来的自己“是一有大志者，是一欲为社会造幸福者”。他也明白，只有“经若干困难、若干险阻”，才能实现救国救民的目的。体现了张炽在进入大学之前，已萌生为革命献身的志向，也满怀着为改变中国困苦现状而奋斗的觉悟。

10 何秉彝致父母亲（节录）

（1924 年 6 月 28 日）

七月九接

父母親：

四五十二和五十三兩號諭，劉矩才纔都遞過来了；跪讀了。

大人惟的主張，最大的目的；和至切實的見解，只希望男住个如北大、東大、北洋、南洋、和唐山等有虛誉假銜底國立或部立大学；在修学時，可以無意味底膾炙人口；畢業後，可以用内虛外实的資格去麻醉人；拿一張不值錢底飯票去欺騙人，至於私立底学校，無名的学校，你老人家就以為不好的，不被人所重仰的——你老人家，總以國立或部立底有些假名的学校，就是人人都可以住，並不問内部的組織如何，本人底个性的趣志如何，與它一学校——所有辦的科相不相合也不問，没有聽聞過的科学就以為無價值可学，就連自己的志向都可以隨便更改了；但是男的意識，稍微有些不同的異見。

男的獨見：以為第一步底要決，要首先認識清楚自己，在志趣未定之先，就要先把个性、環境和時現，拿来作互相比較的品評，鄭重的考察；仔細的鑑定過後，究竟那樣最適合於我，於是那樣就是我底矢志不移的志向了；管他在現世有不有人知道，膾不膾炙人口，就全無絲毫的關係，可以一概不顧了。因為自己的志向主義，只能與時勢生關係，與群衆的知不知道是不成問題的。若群衆不知道，或只是曉得有那一門科学，他們不能了解它——科学——的價值，不膾炙他們的口，不受他的贊誉，就說它——科学——是不可以学，就不能作為自己的志趣，這的話是不有意思的，或可以直接說他是不通的。要知道：凡是成其為一種獨立的科学，没有是無價值可研究的，没有不適用的。若說它既成為了一科，而無價值，這的話誰也講不去；誰也不敢說，不過有時虛名假誉聽者攏罩了，就可以使他忘了自己，捨本逐末。——這男十二萬分底不贊成！

前頭稟那封信，豈不是已經說過：男決定住上海大学，無論甚麼地方都祛，任何旁的学校都不再考了嗎。——是的，男已決定了，決定住上海大学了，這也是有理由，有緣故的，就從上面那些話生出来的緣故，生出来的理由。詳詳細細地申訴於下。

男何以要研究社會学。因為：男現在是廿世紀的新青年，不是十九世紀的陳腐底以文章為生，以科舉為的底老学究，生在這離奇底廿世紀的社會裡，便要為廿世紀的社會謀改造；便要為廿世紀的人民謀幸福，即是要

何秉彝（1902—1925）

又名何念慈，四川彭县人。1924年，考入上海大同大学理工科，后转入上海大学社会学系，学习马克思主义，并积极参加沪西工友俱乐部和平民夜校的工作。1925年，先后加入中国共产主义青年团和中国共产党，担任上海大学学生会执行委员、上海学生联合会委员兼秘书、共青团上海地委组织主任。同年5月30日，带领学生参加五卅示威游行，遭到帝国主义镇压，不幸中弹牺牲，时年23岁。

父母亲：

四五十二和五十三两号谕，刘矩方才都递过来了，跪读了。

大人惟〈一〉的主张，最大的目的和至切实的见解，只希望男住个如北大、东大、北洋、南洋和唐山等有虚誉假衔底国立或部立大学。在修学时，可以无意味底脍炙人口；毕业后，可以用内虚外实的资格去麻醉人，拿一张不值钱底饭票去欺骗人。至于私立底学校，无名的学校，你老人家就以为不好的，不被人所重仰的——你老人家，总以国立或部立底有点假名的学校，就是人人都可以住，并不问内部的组织如何，本人底个性的趣志如何，与它——学校——所办有的科相不相合也不问，没有听闻过的科学就以为无价值可学，就连自己的志向都可以随便更改了！但是，男的意识，稍微有点不同的异见。

男的独见：以为第一步底要诀，要首先认识清楚自己，在志趣未定之先，就要先把个性、环境和时现拿来作互相比较的品评，郑重的考察，仔细的鉴定过后，究竟那样最适合于我，于是那样就是我底矢志不移的志向了。管他在现世有不有人知道，脍不脍炙人口，就全无丝毫的关系，可以一概不顾了。因为，自己的志向主义，只能与时势生关系，与群众的知不知道是不成问题的。若群众不知道，或只是晓得有那一门科学，他们不能了解它——科学——的价值，不脍炙他们的口，不受他的赞誉，就说它——科学——是不可以学，就不能作为自己的志趣，这句话是不有意思的，或可以直接说他是不通的。要知道：凡是成其为一种独立的科学，没有是无价值可研究的，没有不适用的。若说它既成为了一科而无价值，这句话谁也讲不去，谁也不敢说。不过有时虚名假誉将愚者拢罩了，就可以使他忘了自己，舍本逐末——这男十二万分底不赞成！

前头禀那封信，岂不是已经说过，男决定住上海大学，无论甚么地方都不去，任何旁的学校都不再考了吗？——是的，男已决定了，决定住上海大学了！这也是有理由，有缘故的。就从上面那些话生出来的缘故，发出来的理由，详详细细地申诉于下：

男何以要研究社会学？因为：男现在是廿世纪的新青年，不是十九世纪的陈腐底以文章为生，以科举为的底老学究。生在这离奇底廿世纪的社会里，便要为廿世纪的社会谋改造，便要为廿世纪的人民谋幸福，即是要研究人类社〈会〉之生活的直〔真〕理及其种种现象，以鉴定其可否。这就是男要研究社会学的主因，亦是［亦是］男个性底从好，志趣的决定。其他的工业等科，虽然亦是男所同样的注目、喜欢学习的。不过品评起来，又不如社会学的近男的性情；并且，拿不及从前的奈煎熬而活的脑筋来裁择，学业上的成效，必不及社会学多，与其学工科。何况对于生活身心上的安适和快慰，要比较好些，在学社会学的时中。所以男决定从事社会学——非从事社会学不可。这一下男的意思，你老人家洞悉了，相信定能表同情于男的呵！若一定要叫男去读做官找钱的书，习争利求名之学，把男的高洁的身躯葬送在腐臭之窟，男是十二万分的为自己可惜，万难从命的！！

男又何以不到别的地方，一定要住上海呢？因为北京、天津的环境太恶劣了，太污秽而污浊了。各方的情〈况〉，已经作为几度的详细调查过。政潮的支配，嚣风的薰染，皆令我痛恨而畏屈，男实在不愿去。即以生活程度而论，也不甚底于上海，况且在那里的学生，必不得已而非正当的消费——如挟娼、赌博等——又多，于人格的丧失甚大。上海是世界文化荟萃之区，并且是东亚第一市场，新潮流的波及，光亮的透射，要算中国土地的先觉。在此地虽然比较多花费几文钱，而相信所得的代价，所享的进益，实在要比在旁的地方所得所享的超出百倍。即是多耗费几文，也大大的值得了！所以男一定要住上海！要想男到那秽恶的北京、天津，去住与男的意志毫无关系的国立或部立大学，学点官僚的资格，染些政客的派头，毕业出来，奔走乞怜于侯门之下，丧心病狂于名利之场，为他人作嫁衣裳，抢几个造孽钱，挣点子假名虚誉，是万万不能的！虽是迫令男去，不准男住上海的信如雪片飞来，因那几处的学校都没有社会学！

男何以一定要住上海大学呢？——凡是住学校，须要详细学校的内容，尤其要知道它办的我所欲学的一科办得如何，它的教授如何，然后才可以决定；不是住小学、中学的时候，可以随便的。现刻维系男一生的事业前途，将来的成败与否，都在此一举。若是只图拥有虚名的，或不适男所欲学的学校，而不重加考虑，或听他人的指使，梦然趋赴，贻误一生，这是男所不为的——上海大学在上海虽是私立，但男相信它是顶好的学校，信服它的社会科是十分完善，它的制度、它的组织和它的精神，皆是男所崇拜而尊仰的。男以为它是尽善尽美的，它就是我的愿意学校。它能使男信服，使男崇拜，使男愿意，它就是男的好学校——才算男的好学校！所以男要住它，并不是盲从，并不是受谁的支配、吸引，更不是因男留恋上海而住上海大学的，实在是男个人的意志的裁判和解决与鉴定。再老实说一句：男已经决定了，无论如何也不能变更了！男如是行去，觉得未来之神在预告男了，好像似说：

你将上光明之路了，你将得着很相适的安慰了，你的前途是无量的，你的生命之流矢，将从此先谢〔射〕，你的生命之花，将从此开放。

（略）

六月廿八日男秉彝禀

这是何秉彝 1924 年 6 月 28 日在上海写给父母亲的一封家书。

1924 年夏，何秉彝为了学习马克思主义和参加革命斗争，从上海大同大学理工科转考上海大学社会学系。其父得知消息后竭力反对，责备之信如雪片飞来。何秉彝给父母写了这封回信，说明自己的立场和观点。

在家书中，何秉彝对父亲选择学校只重名头、不问个人性格志趣的观点提出了不同意见，从个人志趣、专业学科对比、求学地点、学校情况四个方面条分缕析地说明自己为什么要研究社会学，要留在上海及转考上海大学。他认为，个人志向是选择学校和专业前首先要解决的问题，他的志向是要为人民谋幸福。关于留在上海的原因，他认为上海是最先觉醒的地方，能让他有更大的进步。何秉彝的选择是深思熟虑的结果，体现了一个进步青年谋求社会改革、探求真理的坚定意志，以及将学校、专业选择与个人志向、社会现实需要相结合的人生追求。

11 李硕勋致兄长（节录）

（1925年9月10日）

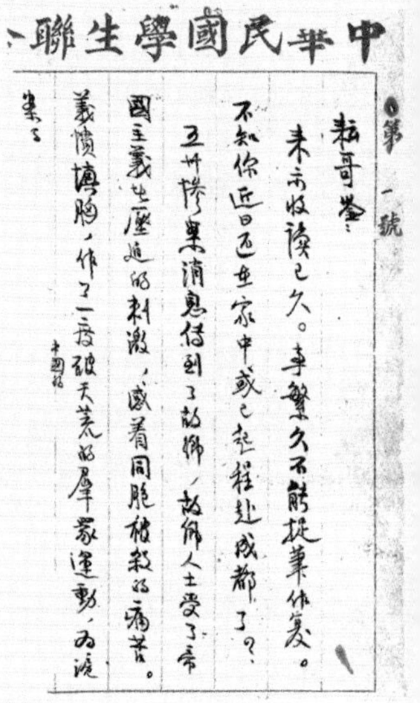

手稿1（有残损）

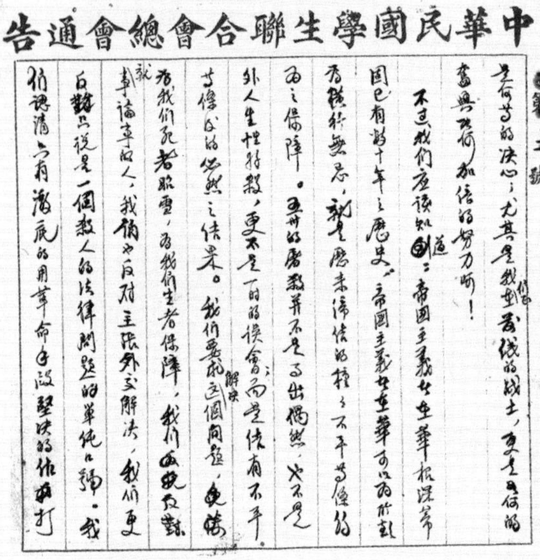

手稿2

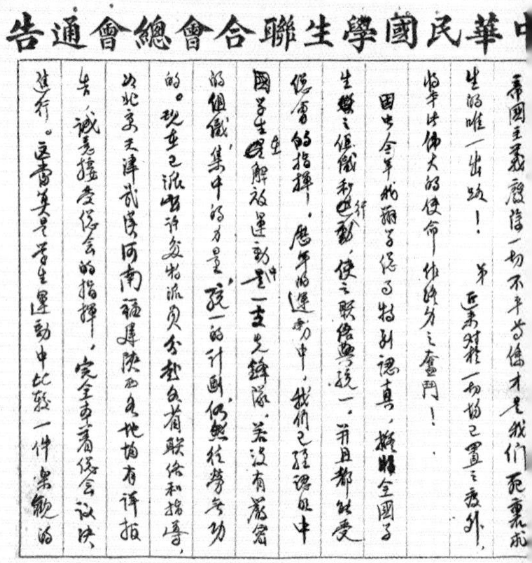

手稿3

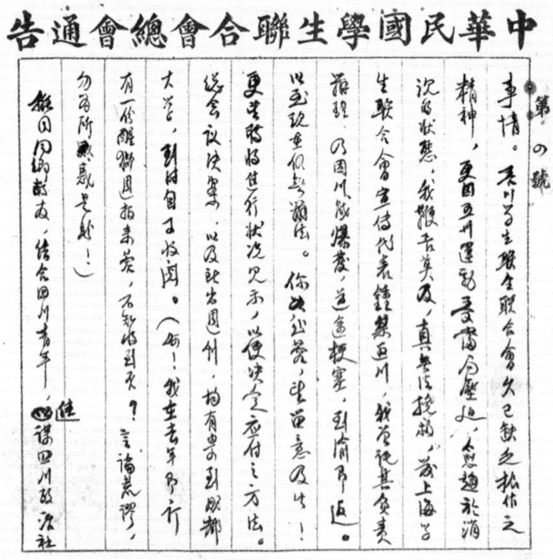

手稿4

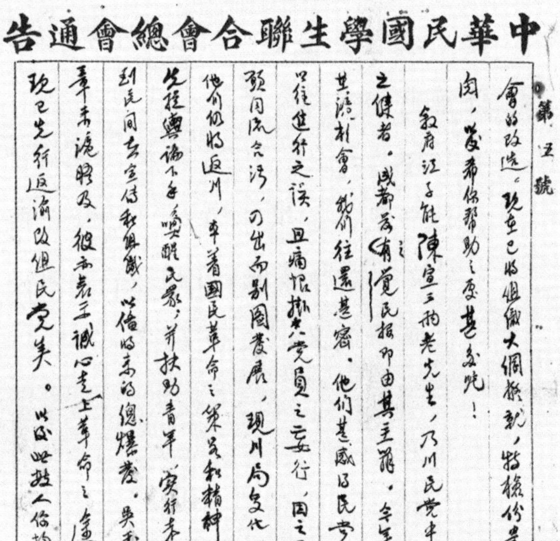

中華民國學生聯合會總會通告

第五號

會的改造，現在已將組織大綱擬就，將稿付寄
閱，並希你幫助之處甚多呢！
叙府江子能、陳宣三兩老先生，乃川民黨中
之健者。成都有覺民報即由其主辦。今年
共謀社會，我們往還甚密。他們甚感舊民黨
以往進行之誤，且痛恨掛名黨員之妄行，因之不
願同流合污，乃出而別圖發展，現川局變化，
他們仍將返川，本着國民革命之策略和精神，
先從輿論下手喚醒民眾，並扶助青年，實行走
到民間去宣傳和組織，以備將來的總爆發。吳玉
章先生聽及，彼亦表示誠心走上革命之途，
現已先行返渝改組民黨矣。以後此數人俗均

手稿5

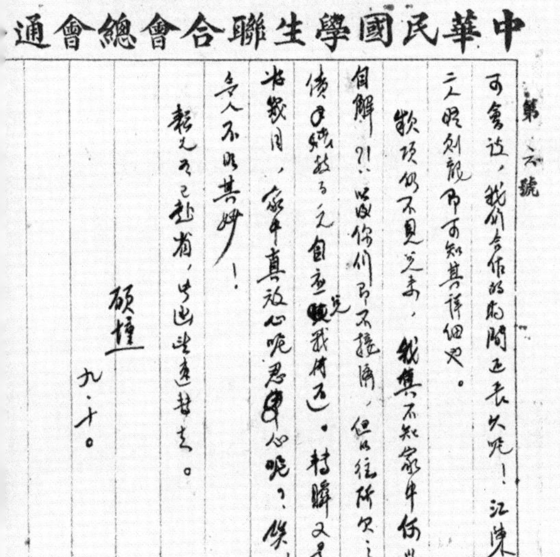

中華民國學生聯合會總會通

第六號

可會談，我們合作的時間正長久呢！江陳
二人現刻亦可知其詳細也。
款項仍不見來，我真不知家中作何
自解?!以致你們亦不接濟，但以往所欠之
債，總數萬元，自然要我償還。村驛又是
老幾月，家中真放心呢？忍心呢？唉！
令人不明其妙！
毅之兄已赴省，此出甚進甚妄。
硕勋
九．十。

手稿6

李硕勋（1903—1931）

原名李开灼，又名李陶，字叔薰，四川庆符（今属高县）人。1919 年，赴成都读中学。1921 年，组建四川社会主义青年团。后赴北京读书。1923 年，进入上海大学学习。1924 年，加入中国共产党。1925 年五卅运动爆发后，积极参加反帝爱国斗争，先后担任上海学生联合会代表和全国学生联合会会长。1925—1926 年，主持召开第七、八届全国学生代表大会。1927 年，参加南昌起义。1928 年起，先后担任中共江苏省委秘书长，浙江省委代理书记、组织部部长，上海沪西区委书记，江苏省委军委书记，红 7 军政治委员等职。1931 年 8 月，因叛徒出卖，于海口被捕。同年 9 月，英勇就义，时年 28 岁。

耘哥鉴：

（略）

“五卅”惨案消息传到了故乡，故乡人士受了帝国主义者压迫的刺激，感着同胞被杀的痛苦，义愤填胸，作了一度破天荒的群众运动。（略）

不过，我们应该知道：帝国主义者在华根深蒂固，已有数十年之历史，帝国主义者在华可以为所欲为，横行无忌，就是历来缔结的种种不平等条约为之保障。“五卅”的屠杀并不是事出偶然，也不是外人生性好杀，更不是一时的误会，而是结有不平等条〈约〉后的必然之结果。我们要求解决这个问题，为我们死者昭雪，为我们生者保障。我们反对就事论事的人，我们也反对主张外交解决，我们更反对只说是一个杀人的法律问题的单纯口号。我们认清只有彻底的用革命手段坚决的作打〈倒〉帝国主义，废除一切不平等条〈约〉，才是我们死里求生的唯一出路！弟近来对于一切均已置之度外，将本此伟大的使命作终身之奋斗！

因此今年我办学总事特别认真，拟将全国学生之组织和行动，使之联络与统一，并且都能受总会的指挥。历年的运动中，我们已经认明中国学生在解放运动中是一支先锋队，若没有严密的组织，集中的力量，统一的计划，仍然徒劳无功的。（略）

硕勋

九、十

这是李硕勋1925年9月10日在上海写给兄长李仲耘的家书。

李硕勋对家乡人民为五卅惨案举行盛大的群众运动，倍感欣慰与兴奋。李硕勋深刻认识到“帝国主义者在华根深蒂固”，可以为所欲为的原因，“就是历来缔结的种种不平等条约为之保障”。帝国主义对五卅运动的镇压屠杀不是“事出偶然”，“更不是一时的误会”，而是“结有不平等条约后的必然之结果”。因此，要为死者昭雪，保护民众，死里求生的唯一出路就是“彻底的用革命手段坚决的作打倒帝国主义，废除一切不平等条约”。他还写道：“对于一切均已置之度外，将本此伟大的使命作终身之奋斗！”体现了中国共产党人为打倒帝国主义而勇于牺牲的奉献精神。作为全国学生联合会会长，李硕勋也充分认识到学生在反帝爱国运动中的作用，提出必须以严密的组织、统一的计划，实现全国学生的爱国主义联合。

这封家书，体现了一名共产主义战士投身民族解放运动的决心与热情。他在敢于斗争、不畏牺牲的同时，还非常重视爱国青年对革命事业的重要作用，团结青年、鼓舞青年，直至生命的最后一刻。

12 麻植致父母亲（节录）

（1925 年 10 月 16 日）

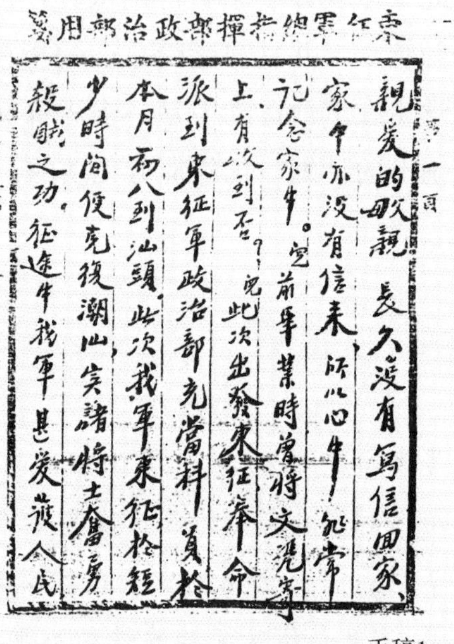

東征軍總指揮部政治部用箋

親愛的父親 長久沒有寫信回家，家中亦沒有信來，所以心中非常記念家中。兒前年業時曾將文憑寄上，有收到否？兒此次出發東征奉命派到東征軍政治部充當科員，於本月初八到汕頭。此次我軍東征於短少時間便克復潮汕，實諸將士奮勇殺賊之功。征途中我軍甚受人民

手稿1

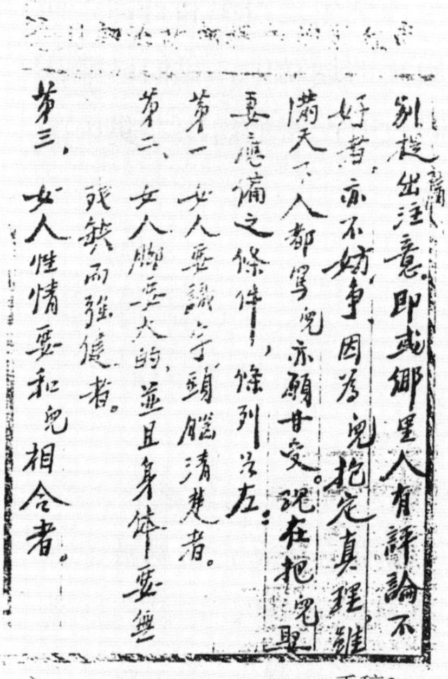

别提出注意，即武鄉里人有評論不好者，亦不妨事，因為兒把定真理，雖滿天下人都罵兒，亦願甘受。現在把兒娶妻應備之條件，條列於左：

第一 女人要識字頭腦清楚者。

第二 女人脚要大的，並且身体要無殘缺而強健者。

第三 女人性情要和兒相合者。

手稿2

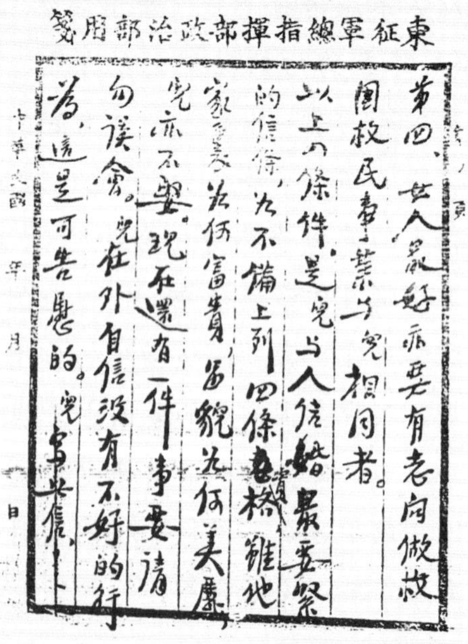

東征軍總指揮部政治部用箋

第四 女人最好亦要有志向做救國救民事業與兒相同者。

以上四條件是兒與人結婚最要緊的條件，決不備上列四條，無論他家如何富貴，面貌如何美麗，兒亦不要。現在還有一件事要請勿誤會。兒在外自信沒有不好的行為，這是可告慰的。兒寫此信

手稿3

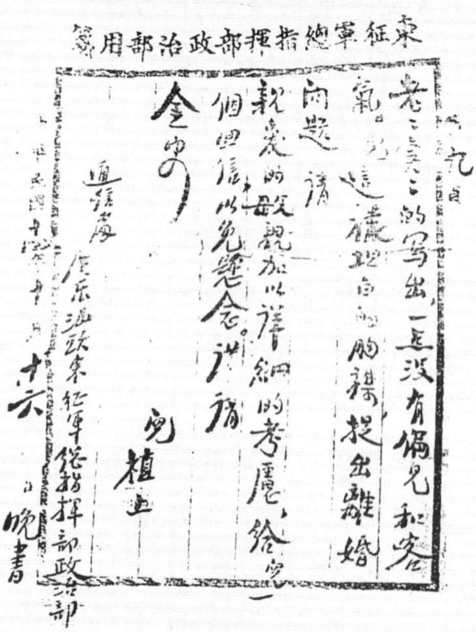

東征軍總指揮部政治部用箋

老老實實的寫出，一点沒有偏兒和客氣。兒這一議題自向胸襟提出離婚問題，請

親愛的父親加以詳細的考慮，給兒一個回信，以免懸念。此請

金安

兒 植上

通信處 廣東汕頭東征軍總指揮部政治部

中華民國十四年十月十六日晚書

手稿4

麻植（1905—1927）

又名麻炳登，字愈高，浙江青田人。中学毕业后，赴上海求学。大革命时期，加入中国共产党。1924 年冬，考入黄埔军校。1925 年 2 月，参加第一次东征，任东征军总指挥部政治部宣传干事。1925 年中共四大后，担任广东军委秘书。同年 10 月，参加第二次东征，任东征军总政治部宣传科科长。1927 年 4 月，广州反革命事变时被捕遇害，时年 22 岁。

亲爱的父母亲：

长久没有写信回家，家中亦没有信来，所以心中非常记念家中。儿前毕业时，曾将文凭寄上，有收到否？儿此次出发东征，奉命派到东征军政治部充当科员，于本月初八到汕头。此次我军东征，于短少时间便克复潮汕，实诸将士奋勇杀贼之功。征途中我军甚爱护人民，秋毫无犯，所以人民对我军感情甚好。现在广东已统一，地方极平安。但是其他各省人民现在尚被军阀蹂躏，所以我军本救国救民之宗旨，不久即行北伐，希望早点把中国统一，把一切不好的人，都要扫除干净，把人民从水深火热之中救出，解除一切痛苦。因此种重大责任，是青年应负起的，所以儿亦愿为救国救民而牺牲，立定志向，勇往直前。今年儿恐怕没有工夫回家，请家人勿念。

现在有一件事要求亲爱的父母亲，就是儿的婚姻问题。聘定俞氏是儿素不赞成。婚姻是人生大事，不可随便乱定。（略）即或乡里人有评论不好者，亦不妨事，因为儿抱定真理，虽满天下人都骂，儿亦愿甘受。现在把儿娶妻应备之条件，条列如左：

第一，女人要识字，头脑清楚者。

第二，女人脚要大的，并且身体要无残缺而强健者。

第三，女人性情要和儿相合者。

第四，女人最好亦要有志向做救国救民事业，与儿相同者。

以上四条件，是儿与人结婚最要紧的信条，如不备上列四条资格，虽他〔她〕家里如何富贵，品貌如何美丽，儿亦不娶。

（略）

谨请

金安！

儿植上

中华民国十四年十月十六日晚书

这是麻植 1925 年 10 月 16 日在广东汕头东征军总指挥部，写给父母亲的一封家书。

麻植向双亲描述了国民革命军第二次东征的英勇战况：“诸将士奋勇杀贼”，“短少时间便克复潮汕”。东征军在作战途中“爱护人民，秋毫无犯”，赢得良好声誉。此时广东已告统一，但其他省份的人民尚被军阀蹂躏，麻植下定决心“把人民从水深火热之中救出，解除一切痛苦”。作为一名共产党员，麻植愿担负起救国救民的责任，他说：“愿为救国救民而牺牲，立定志向，勇往直前。”

在家书中，麻植否定了旧式的包办婚姻，认为“婚姻是人生大事，不可随便乱定”。他认为娶妻应具备的条件，一要识字，头脑清楚；二身体要无残缺而强健；三性情要相合；四有志向做救国救民事业。麻植的革命婚恋观，表露他内心热烈的革命理想与浓郁的革命情怀。

13 陈毅安致未婚妻（节录）

（1926 年 3 月 7 日）

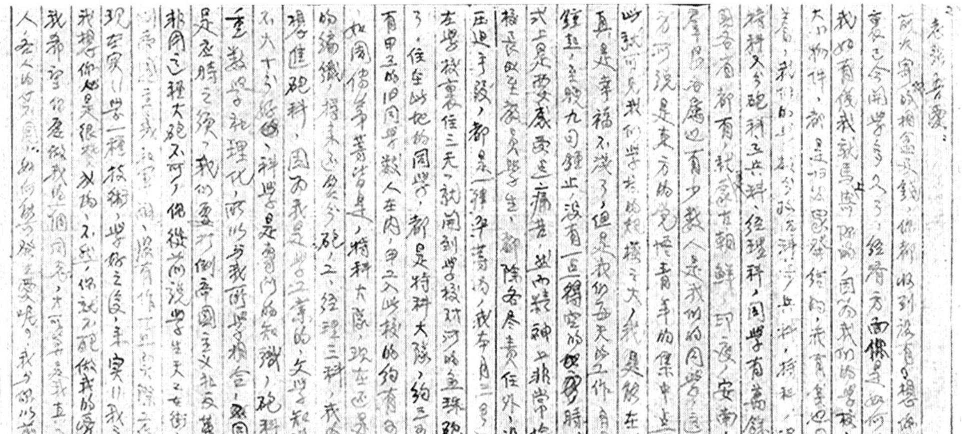

志新吾爱：
前次寄的相片与钱，你都收到没有？想你学校
里又已会开学多久了，经费方面仍是如何的呢？
我如有钱，我就马上[illegible]你的，因为我们的学校，要添
大的物件，都是[illegible]的，[illegible]用了。
来看，我们的[illegible]，步兵科，[illegible]，特科，[illegible]
特科又分炮科，工兵科，经理科，同学有万余人，全
国各省都有，就是韩国，朝鲜，印度，安南，南洋
群岛各处也有少数人，是我们的同学，这个地
方可说是东方的觉悟青年的集中点了。你
也就可见我们学校的规模之大，我是能在此学
真是幸福不浅了。但是我们每天的工作自早五点
钟起，至晚九时钟止，没有一点得空的几分钟时间，形
式上是要感受这痛苦，然而精神上非常愉快，从
校长以至教员学生，都除各尽责任外，没有一点
压迫手段，都是一律平等的，我本月三号入校，
在学校东面住三天，就开到学校对河的鱼珠炮台住
了，住在此地的同学，都是特科大队，约三千人，也
有甲工的旧同学数人在内，甲工入此校的约有四人以上
和周伟军寿芝是特科大队，现在还是暂时
的编织，将来还要分炮，工，经理三科，我的意
想进炮科，因为我是学工业的，文学知识是
不大十分好的，科学是专门的知识，炮科是注
重数学和理化，所以与我所学相合，我同时也
是应时之须，我们要打倒帝国主义和反革命
非用这种大炮不可，你从前说学生天天在街上喊打
倒帝国主义，我[illegible]，没有[illegible]实际[illegible]，我
现在实行学一种技术，学好之后，来实行我之所学。
我想你也是很[illegible]以为，不然，你就不能做我的爱人了。
我希望你[illegible]我这个同志，不可[illegible]我[illegible]
人，[illegible]

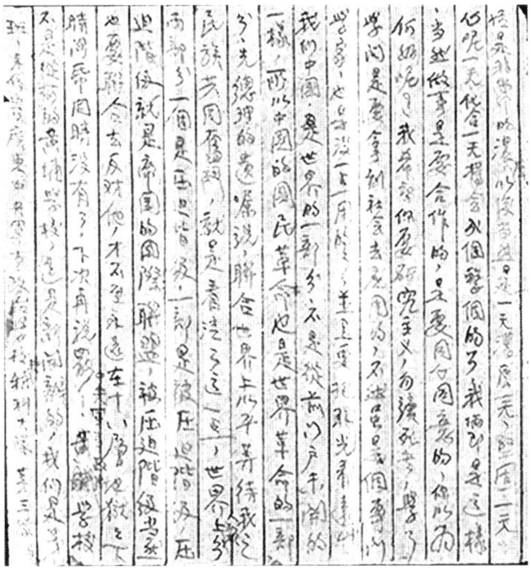

[illegible]
你呢？一天比一天[illegible]我国整个的了，我们都是这样
，当然做事是要合作的，是要同人同意的，你以为
何如呢？我希望你应研究主义，多读新书，学了
学问是要拿到社会去[illegible]
[illegible]
我们中国，是世界的一部分，不是从前的门户闭关的
一样，所以中国的国民革命，也是世界革命的一部
分，先总理的遗嘱说，联合世界上以平等待我之
民族共同奋斗，就是表示这一点，世界上[illegible]
两部分，一个是压迫阶级，一部是被压迫阶级，压
迫阶级就是帝国的国际联盟，被压迫阶级当然
也要联合去反对他，才不至永远在十八层地狱之下
[illegible]
[illegible]
[illegible]

陈毅安（1905—1930）

湖南湘阴人。1922年，加入中国社会主义青年团。1924年，加入中国共产党。后到汉阳兵工厂从事工人运动。1925年秋，考入黄埔军校。1926年毕业后，历任国民革命军教导师连长兼党代表、武汉国民政府警卫团辎重队长兼供给局主任。1927年，参加秋收起义。1930年8月，在长沙作战时牺牲，时年25岁。

（略）我希望你要研究主义，勿读死书。学了学问是要拿到社会去应用的，不然虽是个专门学家，也是没一点用的了。并且要把眼光看远些，我们中国，是世界的一部分，不是从前门户未开的一样，所以中国的国民革命也是世界革命的一部分。先总理的遗嘱说“联合世界上以平等待我之民族共同奋斗”，就是看清了这一点。世界上人类分两部分，一个是压迫阶级，一部是被压迫阶级，压迫阶级就是帝国的国际联盟，被压迫阶级当然也要联合去反对他，才不至永远在十八层地狱之下。（略）

三月七日

毅安寄自广东鱼珠炮台

这是陈毅安1926年3月7日在黄埔军校写给未婚妻李志强的一封家书。

陈毅安生前曾给李志强写过54封家书，这一封封家书传递的不仅仅是儿女柔情，更多的是陈毅安对爱人的勉励以及对革命道路的坚守。

陈毅安期望正在读书的未婚妻，将革命理论与实际行动相结合。“要研究主义，勿读死书。学了学问是要拿到社会去应用的。”体现了陈毅安学以致用、改造社会的革命理想。

对于国民革命，陈毅安充满信心，相信胜利的曙光属于所有被压迫的人民。他引导未婚妻对革命进行更深一步的思考，“联合世界上以平等待我之民族共同奋斗”，被压迫阶级要联合起来去反对“帝国的国际联盟”。这展现了陈毅安作为一名共产党员对革命形势的正确认识和广阔视野，以及为民族独立矢志不渝、奋斗到底的远大抱负。

14 童长荣致母亲

（1926 年 3 月 20 日）

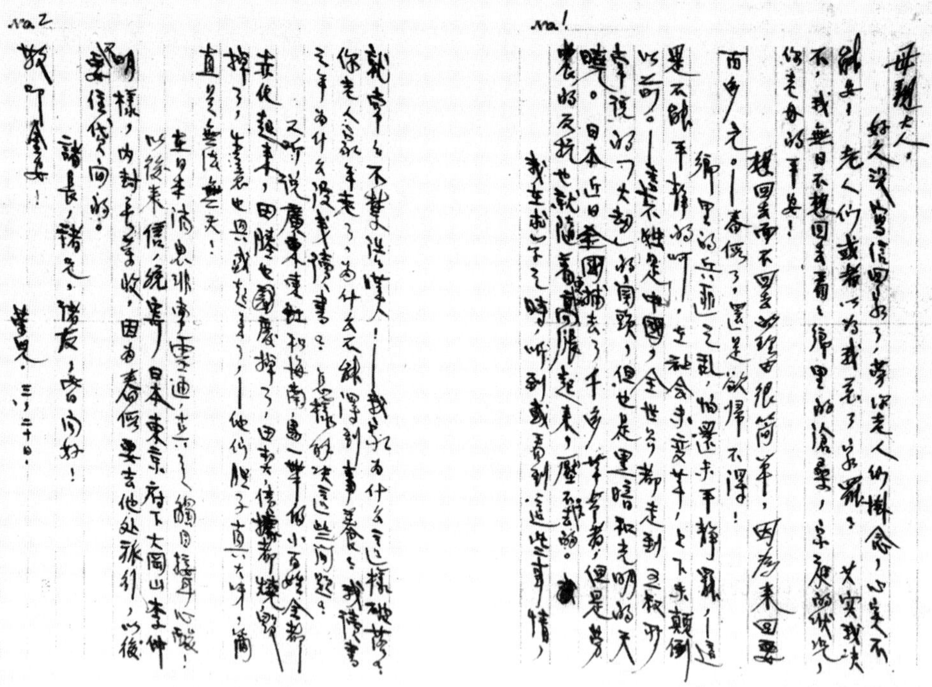

no.1

母親大人：

好久沒寫信回家了，勞你老人們掛念，心實不能安！老人們或者以為我忘了家鄉了。其實我決不，我無日不想回去看看鄉里的[illegible]，家庭的狀况，你老人的平安！

想回去而不回去的理由很簡單，因為來回要百多元。——春假了，還是歸不得！

鄉里的兵匪之亂，怕還未平靜罷！——這是不能平靜的呵，在社會未變革，上下未顛倒以前。——這不獨是中國，全世界都走到了[illegible]說的大動的關頭，但也是黑暗和光明的天曉。日本近日全國捕去了千多[illegible]者，但是勞農的反抗也就隨著[illegible]起來，壓不下的。

我在此[illegible]時，聽到或看到這些事情，

no.2

就要不禁的悲嘆了！——我不知為什麼這樣破落，你老人家就年老了，為什麼不能得到奉養？我讀書之年為什麼沒能讀書？怎樣能決定這些問題。

又聽說廣東東江和海南島一帶的小百姓全都去做起來，田賦也要廢掉了，因為債據都燒毀掉了，[illegible]也要或起來了，——他們膽子真大呀，簡直是無法無天！

在日本[illegible]，[illegible]心酸！

以後來信，統寄日本東京府下大岡山李仲明樣，由他轉收，因為春假要去他處旅行，以後家信代問好。

諸長，諸兄，諸友，皆問好！

敬叩金安！

業兒 三，二十日。

童长荣（1907—1934）

又名张长荣，字斓华，安徽湖东（今属枞阳县）人。1921 年，考入安徽省立第一师范学校，不久加入中国社会主义青年团。1924 年，加入中国共产党。1925 年夏，公费留学日本。1926 年春，担任中共日本特别支部的领导工作。1928 年济南惨案后，领导中国留学生和华侨，掀起反日爱国斗争。同年秋回国，历任中共上海沪中区委书记、中共河南省委书记、中共大连市委书记。1931 年 11 月，接任中共东满特委书记，是东满抗日游击队和抗日游击根据地的创始人之一。1934 年 3 月，在与日寇战斗中壮烈牺牲，时年 27 岁。

母亲大人：

好久没写信回家了，劳你老人们挂念，心实不能安。老人们或者以为我忘了家罢，其实我决不，我无日不想回去看看乡里的沧桑，家庭的状况，你老母的平安！

想回去而不回去的理由很简单，因为来回要百多元。——春假了，还是欲归不得！

乡里的兵匪之乱，怕还未平静吧，——这是不能平静的呵。在社会未变革，上下未颠倒以前——这不独是中国，全世界都走到五叔所常说的“大劫”的关头，但也是黑暗和光明的天晓。日本近日全国捕去了千多革命者，但是劳农的反抗也就随着更加高涨起来，压不下去的。

我在求学之时，听到或看到这些事情，就常常不禁浩叹！——我家为什么这样破落？你老人家年老了，为什么不能得到事〔侍〕养？我读书之年为什么没钱读书？怎样解决这些问题？

又听说广东东江和海南岛一带的小百姓全都“赤化”起来，田塍也废掉了，田契、债据都烧毁掉了，生意也兴盛起来了——他们胆子真大呀，简直是无法无天！

在日本消息非常灵通，真是触目接耳心酸！

以后来信，统寄日本东京府下大冈山李仲明样，内封长荣收。因为春假要去他处旅行，以后又要住贷间的。

诸长，诸兄，诸友，皆问好！

敬叩

金安！

荣儿

三，二十日

这是童长荣1926年3月20日在日本留学期间写给母亲的家书。

童长荣东渡日本留学后不久，成为中共日本特别支部的负责人之一。在此期间，他组织东京留学生成立社会科学研究会，团结广大旅日的中国留学生和华侨，并积极开展马克思主义和中国革命形势的宣传教育工作。由于很长时间没有写信回家，为免母亲挂念，他写下这封家书。

童长荣身处异国，无日不想回去看看，了解家里的状况，无奈无法承担昂贵的路费，欲归不得。谈到家乡尚未平息的兵匪祸乱，他想到了日本此时对本国革命者施以打压、控制的现状，不禁疾呼全世界都走到“黑暗和光明的天晓”关头。

童长荣不断思考中国积贫积弱的社会现况的根源，以及实现祖国独立、富强的良策。他认识到，拯救中国必须进行社会革命。当听说广东和海南的革命形势后，他为之欢呼，不禁感叹：“他们胆子真大呀，简直是无法无天！”

15 李传夔致弟弟

（1926年5月27日）

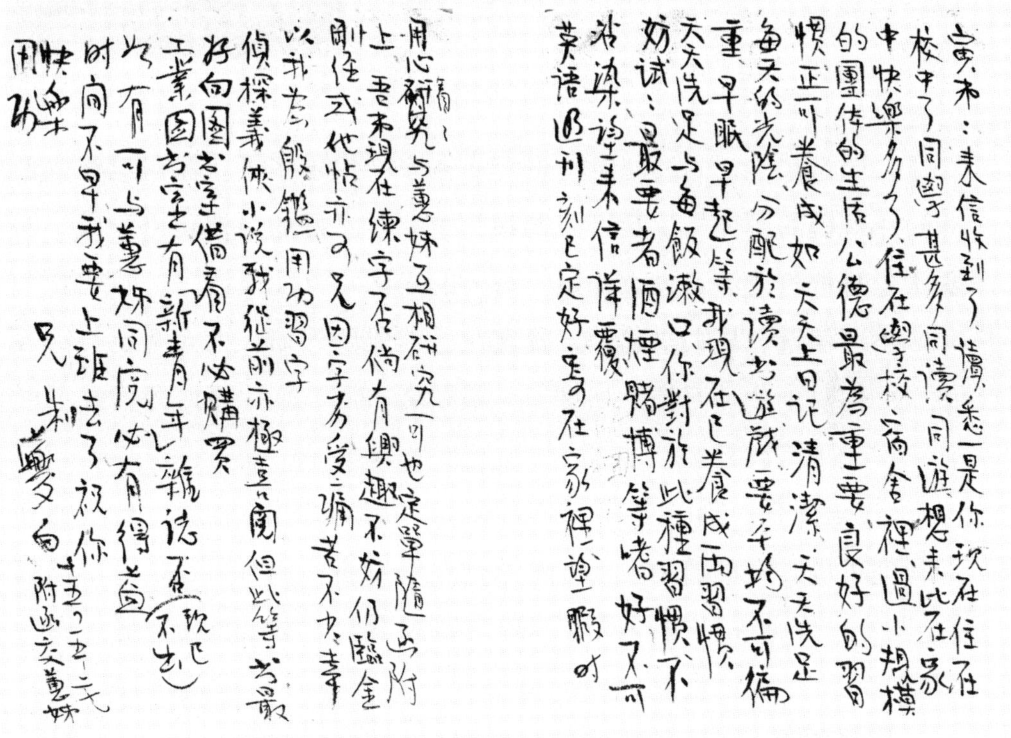

寅弟：來信收到了，讀悉一是。你現在住在校中了，同學甚多，同讀同遊，想來比在家中快樂多了。住在學校宿舍裡，過小規模的團体的生活，公德最為重要，良好的習慣正可養成，如天天上日記，清潔，天天洗足，每天的光陰，分配於讀書遊戲，要平均，不可偏重，早眠早起等。我現在已養成兩習慣，天天洗足与每飯漱口，你對於此種習慣，不妨試試。最要者酒煙賭博等嗜好，又不可沾染。謹望來信詳覆。英語函刊，刻已定好，寄在家裡，望暇時用心研究，与蕙妹互相研究，一則也定學，隨函附上。吾弟現在練字否？倘有興趣，不妨仍臨金剛經或代帖亦可。兄因字太受累，苦不大幸，以我為殷鑑，用功習字。偵探義俠小說，我從前亦極喜閱，但此等書最好向圖書室借看，不必購買。工業圖書室有《新青年》雜誌否（現已不出）？如有，可与蕙妹同閱，必有得益。時間不早，我要上班去了，祝你快樂用功。

兄 傳燮 白

十五、五、二十七

附函交蕙妹

李传夔（1906—1930）

字契虞，江苏吴县（今属苏州）人。毕业于上海邮电学校。大革命失败后，加入中国共产党。1930 年，在南京电报局工作时，因参与发动电报局职工举行“反饥饿，反解雇”斗争而被捕。同年 8 月，在南京雨花台牺牲，时年 24 岁。

寅弟：

来信收到了。读悉一是你现在住在校中了，同学甚多，同读同游，想来比在家中快乐多了。住在学校宿舍里过小规模的团体的生活，公德最为重要，良好的习惯正可养成。如天天上日记，清洁，天天洗足。每天的光阴，分配于读书、游戏要平均，不可偏重。早眠早起等。我现在已养成两习惯，天天洗足与每饭漱口。你对于此种习惯不妨试试。最要者，酒、烟、赌博等嗜好不可沾染。望来信详复。

《英语周刊》刻已定好，寄在家里。望暇时用心看看，与蕙姊互相研究可也。定单随函附上。吾弟现在练字否？倘有兴趣，不妨仍临《金刚经》或他帖亦可。兄因字劣受痛苦不少，幸以我为殷鉴，用功习字。

侦探义侠小说，我从前亦极喜阅。但此等书最好向图书室借看，不必购买。工业图书室有《新青年》杂志否（现已不出）？如有，可与蕙姊同阅，必有得益。

时间不早，我要上班去了。祝你

快乐！

用功。

兄夔白

十五，五，二七

附函交蕙姊。

这是李传夔1926年5月27日写给弟弟的一封家书。

在家书中，李传夔十分关心弟弟在校的生活，告诫弟弟住校过团体的生活，公德最重要。他希望正在读书的弟弟能够成长为一个有知识、有修养的人，并提出许多有益的忠告，提醒他要养成良好、健康的生活习惯，不可沾染不良嗜好。此外，他叮嘱弟弟用心学习英语，认真读书、练字；若有机会，一定要翻阅《新青年》，必会有收获。

李传夔在工作之余关心弟弟成长，勉励弟弟进步，用心良苦。这封家书笔触细腻，情感真挚，字里行间流露出对弟弟的呵护和关爱，体现了浓浓的手足情谊。然而，为了工友兄弟的幸福，为了广大人民群众的未来，李传夔毅然献出了宝贵的生命，与深爱的弟弟天人两隔，这种舍小爱为大爱的奉献精神永远值得称颂。

16 高文华致父亲

（1926 年）

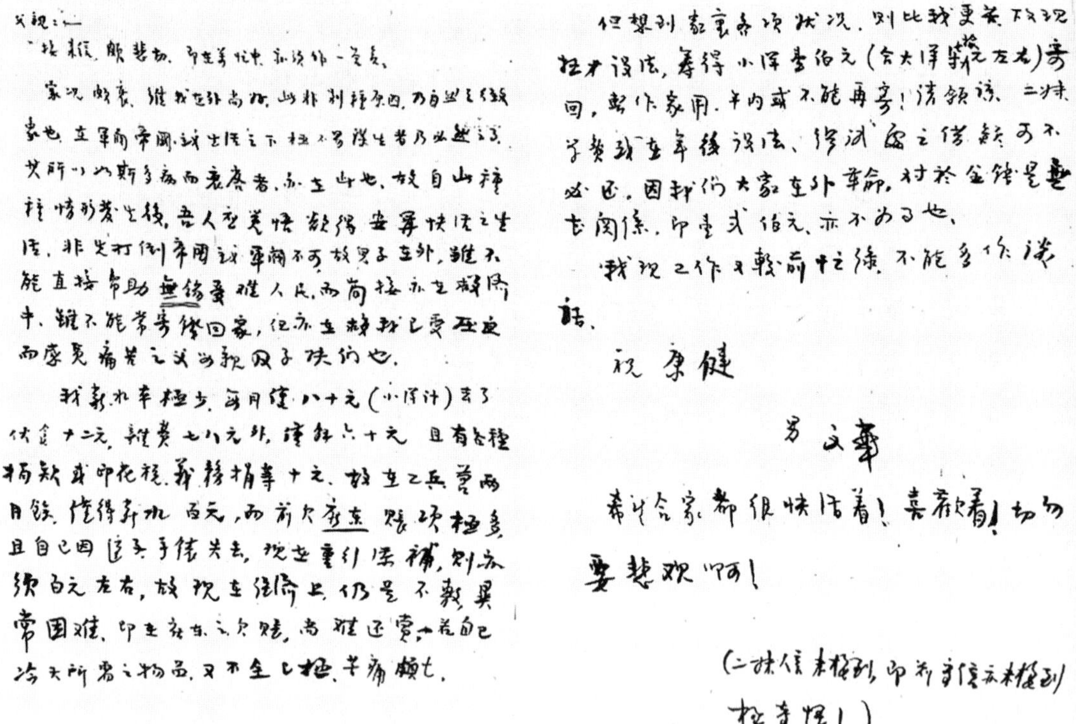

父亲大人：

二妹病殁，殊悲切。即在万忙中亦须作一覆矣。

家况[illegible]衰，惟我在外尚好。此非别种原因，乃自然之经济也。在军阀帝国主义压迫之下，稍不努力谋生者乃必然之理。吾所以为斯多病而衰落者，亦在此也。故自此种种情形发生后，吾人要美满获得安宁快活之生活，非先打倒帝国主义军阀不可。故男子在外，虽不能直接帮助无辜受难人民，而间接亦在努力中。虽不能常常归回家，但亦在为我已受压迫而感觉痛苦之父母兄弟姊妹们也。

我薪水本极少，每月仅八十元（小洋计），去了伙食十二元，杂费七八元外，仅余六十元。且有各种捐款或印花税，义务捐等十元。故在工兵营两月余，仅得薪水百元，而前欠亲友账项极多，且自己因这次手续失去，现在重行添补，则亦须百元左右。故现在经济上仍是不敷，异常困难。即在去年之欠账，尚难还清，而自己冬天所需之物品，又不全已极，半痛极也。

但想到家里各项状况，则比我更苦。下次现在才设法，筹得小洋壹佰元（合大洋捌拾元左右）寄回，暂作家用。年内或不能再寄！请领该。二妹之费我在年后设法，修讨欠之借款可不必还。因我们大家在外革命，对于金钱是无甚关系。即壹式佰元，亦不为多也。

我现工作又较前忙，恕不能多作谈话。

祝康健

男文华

希望全家都很快活着！喜欢着！切勿要悲观啊！

（二妹信未接到，印都寄信亦未接到，极奇怪！）

高文华（1908—1931）

笔名高潮，化名程清，江苏无锡人。1924年，考入黄埔军校。1925年，加入中国共产党。1926年7月，参加北伐战争。曾先后担任共青团无锡县委宣传委员、共青团无锡县委书记。1928年被捕。1931年7月，牺牲于狱中，时年23岁。

父亲：

接来信，颇悲切。即在万忙中亦须作一答复。

家况颇衰，惟我在外尚好，此非别种原因，乃自然之征象也。在军阀帝国主义之下生活极不易谋生者乃必然之事，其所以如斯多病而衰落者亦在此也。故自此种种情形发生后，吾人应觉悟。欲得安宁快活之生活，非先打倒帝国主义军阀不可。故儿子在外虽不能直接帮助无锡受难人民，而间接亦在救济中。虽不能常寄钱回家，但亦在救我已受压迫而感觉痛苦之父母亲及子妹们也。

我薪水本极少，每月仅八十元（小洋计）。去了伙食十二元，杂费七八元外，仅余六十元。且有各种捐款或印花税、义务捐等十元，故在工兵营两月余，仅得薪水百元，而前欠房东账项极多，且自己因毯子、手表失去，现在重行添补，则亦须百元左右。故现在经济上仍是不敷，异常困难。即在广东之欠账尚难还尝〔偿〕。若自己冷天所需之物品又不全已极，苦痛颇甚。但想到家里各项状况，则比我更苦。故现极力设法筹得小洋壹佰元（合大洋柒拾元左右）寄回，暂作家用。年内或不能再寄，请原谅。二妹的学费我在年后设法。缪斌处之借款可不必还，因我们大家在外革命，对于金钱是无甚关系，即壹贰佰元亦不为事也。

我现工作又较前忙碌，不能多作谈话。

祝康健！

男文华

希望合家都很快活着！喜欢着！切勿要悲观啊！

（二妹信未接到，即前寄信亦未接到。极奇怪！）

这是高文华1926年写给父亲的一封家书。

北伐前父亲来信，告知家中生活极其困苦，高文华十分悲痛，设法筹措钱款以接济家中，并写下这封家书。

高文华清醒地认识到，封建军阀的腐败统治是百姓难以维持生计的罪魁祸首，要实现丰衣足食的生活，“非先打倒帝国主义军阀不可”。虽不能直接帮助家乡受难人民，也不能给予家庭太多经济支持，但高文华深知，自己所从事的革命工作正是为了解救万千劳苦大众。

高文华是一名清贫的革命者。行军途中他省吃俭用，依然入不敷出。即使如此，他仍尽力筹款，既为补贴家用，也为供妹妹读书。这体现了他作为一名共产党员浓厚的革命热情，以及不畏艰难、对前途充满希望的执着追求。

17 张朝燮致妻子（节录）

（1927 年 1 月 6 日）

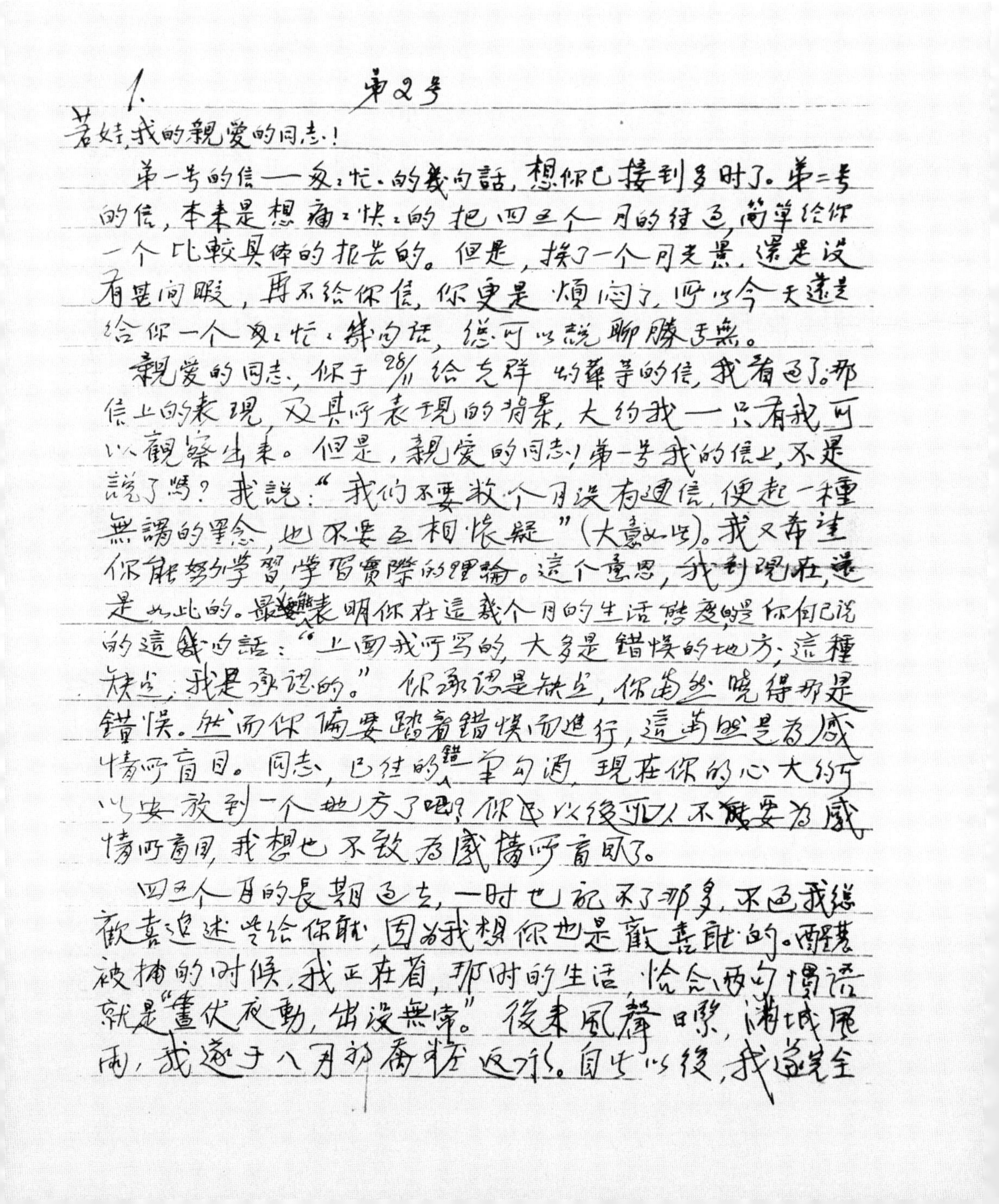

1.　第2号

苕姑，我的親爱的同志！

第一号的信——匆匆忙忙的幾句話，想你已接到多时了。第二号的信，本来是想痛痛快快的把四五个月的经过，简单给你一个比較具体的报告的。但是，挨了一个月光景，還是没有甚闲暇，再不给你信，你更是烦闷了，所以今天還是给你一个匆匆忙忙幾句話，總可以說聊勝于無。

親爱的同志，你于28/11给克群、炳華等的信，我看过了。那信上的表現，及其所表現的背景，大约我一只看我可以觀察出来。但是，親爱的同志！第一号我的信上，不是說了嗎？我說："我们不要数个月没有通信，便起一種無謂的罣念，也不要互相怀疑"（大意如此）。我又希望你能努力学習，学習實際的理論。這个意思，我到現在，還是如此的。最能表明你在這幾个月的生活態度的是你自己說的這幾句話："上面我所写的，大多是錯悞的地方；這種缺点，我是承認的。"你承認是缺点，你當然曉得那是錯悞。然而你偏要踏着錯悞而進行，這當然是为感情所盲目。同志，已往的錯一筆勾消，現在你的心大约可以安放到一个地方了吧？你從以後不要为感情所盲目，我想也不致为感情所盲目了。

四五个月的長期过去，一时也說不了那多，不过我總歡喜追述些給你聽，因为我想你也是歡喜聽的。醒甚被捕的时候，我正在省，那时的生活，恰合兩句慣語，就是"晝伏夜動，出没無常。"後来風聲日緊，滿城風雨，我遂于八月初离省返乡。自此以後，我遂完全

2.

在永縣部做事，直至南昌克復我才入省。在縣部做事的三個月中，亦有可述者：1.在這三個月中，步行不下二千里；永縣的東南西北四鄉，無處不有我之足跡。最著些地名你聽：東鄉的三角圩、樹下袁、李港彭等，南野圩的王、徐、羅、蔡、杜等，廖圩的涂，以及下禾屯、牛閘，無處不有足跡。北門則斗門王，白坑潘，雞子樹余，曾壠何，毛狗洞，山口等不一而足。西門則屯津，麻潭洲，白樓，柘林，青石湖，張，坳子嶺熊趙，不可悉數。南門則西津，炭埠洲，謙田，安湖程，楓林，洪蓮，刀夾碎，王韶，李家橋，木壠，梅嶺，受安司，劍鋒，七里長坑，直至安義之小坑下東也，安義縣城，更僕不能勝了。在這些地方步走路的關係，有的夜裏行六七十里，有的一日行八九十里，其餘則日行一、二、三、四十里不等。二千里程，我想尚嫌其少了。自此次後，我對於永新鄉土，可以說，清楚了一半多。並且窮鄉僻壤，都留我之雪泥鴻爪矣。2.在這三個月中與農民接觸最多，所以今日我願犧牲前此之地位而從事於永新農運也。與農友全吃稗粟也吃過，吃完全沒菜的飯也吃過；住祠洞也住過，鋪在地下更是常事。3.在這三個月中，得農友很好，如王遠煌，~~王薦煌~~曾芥坤，顏益燦，呂少卿，王遂昌等，都是有希望的農友。——一擱又是個多星期，今天你的父親着人送了10/12你的來信給我，使我看了愈不得不急於寫完這一信給你。你料我定受危險，這實在是有十分可能的，不過萬幸被我竟脫網了。七月在省，我與鍾碧星长途在汉口旅行的饥渴者，我是专心一意的在等你的来信，当作救我的甘露呵。

北伐胜利？北伐胜利过程的当中，我也曾昼夜不停地工作，我确是纯粹的毫无邪念的毫无野心的一步一步地向革命前途进行。然而现在呢？太平时候就跑回江西来的右派，反而向我们大张旗鼓进攻。这一次江西省执行委员会的改选结果，我告诉你，顶行时的是右边的先生，组织部长段锡朋，是右边的大将，国家主义者程天放，也是宣传部长，著名的西山会议派刘伯伦亦是常务执委，其余摇旗呐喊的，则有洪轨、王礼锡、贺其燊，都是执委，你看这些右边的清一色相差有几。我并不为我自己的落选而发牢骚，因我前已决定回县，并且寒假我也已回县好时，不过我看这班右派，投机份子，太平时就跑回来革命的先生，如此行时，革命前途，真是为之黑暗呵。我也晓得这是一个目前总司令力量之下的右倾的普遍一般的局面，然而这一个局面若长此让他顺利进行过去，那末，中国革命的前途，非至于和凯末尔将军力量之下的土耳其一般不止。同志，我们来革命，就是准备着牺牲的，我决不因现在政治环境之退步便有灰心，我更得因此环境之恶化而增加我之勇气。不过，经过这一次北伐胜利后的国民党的政治上之表现，我将更实知道，北伐虽然胜利，然距国民革命成功之期尚远；国民革命成功后的希望，更是远之又远。因此，现在的我实在没有伟大的希望。我现在只愿站在下层与民众携手，扩大我们民众的组织，

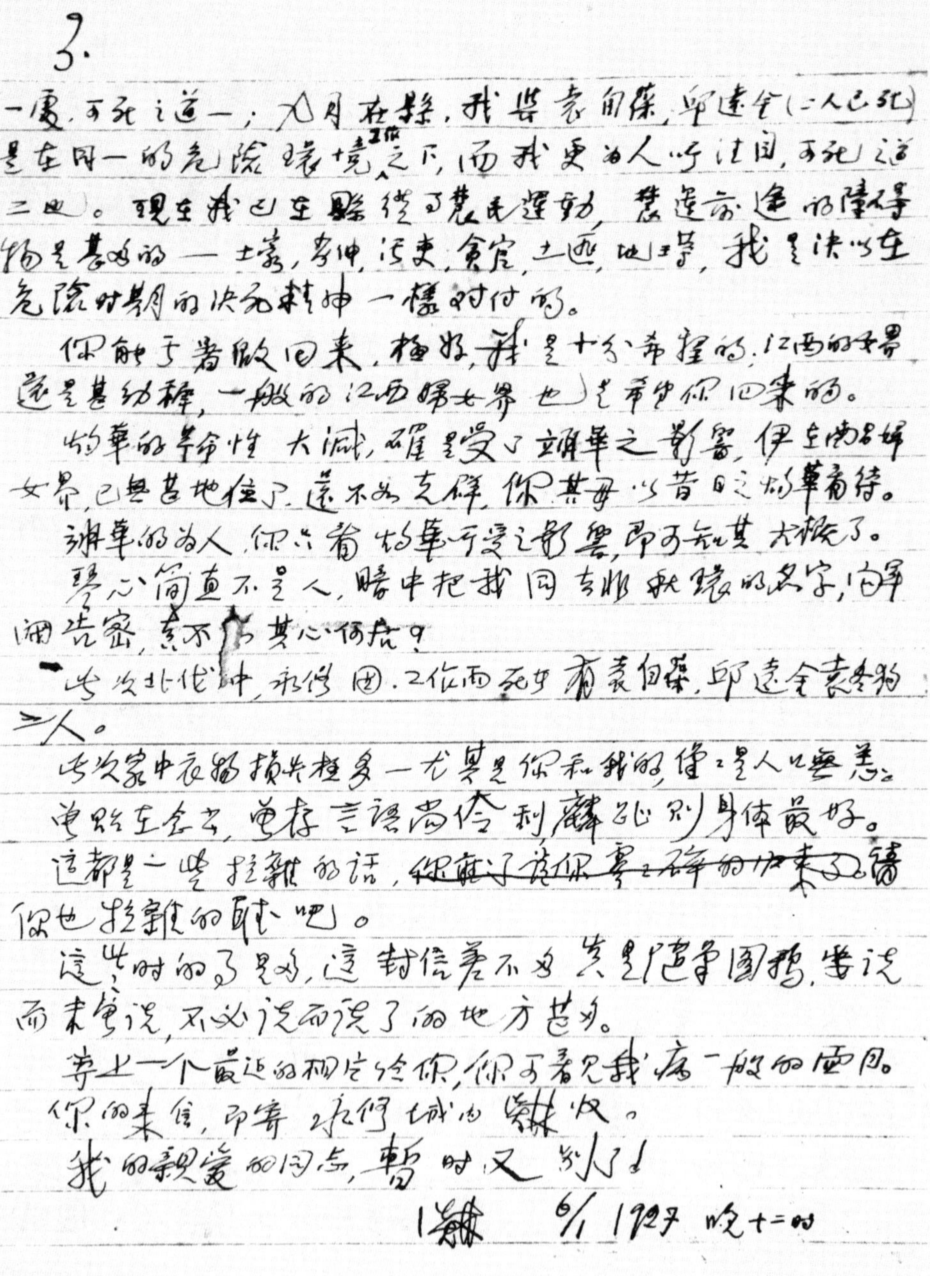

3.

一、处可死之道一：九月在县，我与袁伯荣、邱远全（二人已死）是在同一的危险环境之下，而我更为人所注目，可死之道二也。现在我已在县从了农民运动，农运前途的障碍物是甚多的——土豪、劣绅、污吏、贪官、土匪、地痞，我是决以在危险时期的决死精神一样对付的。

你能于暑假回来，极好，我是十分希望的，江西的女界还是甚幼稚，一般的江西妇女界也是希望你回来的。

灼华的革命性大减，确是受了瑚华之影响，伊在南昌妇女界已无甚地位了，这不为奇怪，你莫再以昔日之灼华看待。

瑚华的为人，你只看灼华所受之影响，即可知其大概了。

琴心简直不是人，暗中把我同李秋琼的名字，向军阀告密，真不知其心何存？

此次北伐中，我们团工作而死者有袁伯荣、邱远全袁参为二人。

此次家中衣物损失极多，尤其是你和我的，幸幸是人口无恙。

曼兰在会昌，曼存言语尚伶利，麟孩别身体最好。

这都是一些拉杂的话，~~你看了该你要一样的答来了~~，请你也拉杂的听吧。

这些时的事很多，这封信差不多完全是随手涂鸦，当说而未曾说，不必说而说了的地方甚多。

寄上一个最近的相片给你，你可看见我病一般的面目。

你的来信，即寄永修城内XX收。

我的亲爱的同志，暂时又别了！

毅 6/1 1927 晚十二时

张朝燮（1902—1927）

字淡林，江西永修人。1919 年，参与领导了南昌地区的五四学生运动。1922 年秋，考入武昌师范大学，开始学习马克思主义。1923 年，加入中国社会主义青年团。1924 年 6 月，加入中国共产党。1925 年毕业后，担任中共江西地方执行委员会组织委员，从事工人运动。1927 年初，担任中共永修县委宣传部部长。同年 4 月 15 日，在突围时中弹牺牲，时年 25 岁。

若娃，我的亲爱的同志！

（略）

四五个月的长期过去，一时也记不了那多，不过我总欢喜追述些给你听，因为我想你也是欢喜听的。醒农被捕的时候，我正在省，那时的生活，恰合两句惯语就是“昼伏夜动，出没无常”。后来风声日紧，满城风雨，我遂于八月初乔装返永。自此以后，我遂完全在永县部做事，直至南昌克复，我才入省。在县部做事的三个月中，亦有可述者：1. 在这三个月中，步行不下二千里；永县的东南西北四乡，无处不有我之足迹。（略）2. 在这三个月中，与农民接触最多，所以今日我愿牺牲省城之地位，而从事于永县农运也。与农友同吃稗羹也吃过，吃完全没菜的饭也吃过，住秆洞也住过，铺在地下更是常事。3. 在这三个月中，得农友很多，如王发煌、曾系坤、顾益灿、吕少卿、王远昌等，都是有希望的农友。一搁又是个多星期，今天你的父亲着人送了 10/12 你的来信给我，使我看了遂不得不急于写完这一信给你。你料我定受危险，这实在是有十分可能的事，不过万幸被我竟脱网了。七月在省，我与醒农是在一处，可死之道一；九月在县，我与袁自葆、邱远金（二人已死）是在同一的危险环境工作之下，而我更为人所注目，可死之道二也。现在我已在县从事农民运动，农运前途的障碍物是甚多的——土豪、劣绅、污吏、贪官、土匪、地主等，我是决以在危险时期的决死精神一样对付的。

你能于暑假回来，极好，我是十分希望的。江西的女界还是甚幼稚，一般的江西妇女界也是希望你回来的。

（略）

我的亲爱的同志，暂时又别了！

淡林

6/1 1927 晚十二时

这是张朝燮1927年1月6日在家乡江西永修写给妻子王经燕的家书。

1925年10月，在党组织的安排下，张朝燮的妻子王经燕赴苏联莫斯科中山大学学习。其间，张朝燮与妻子一直保持书信联系。1927年初，张朝燮回到永修工作，接到妻子的家书后，为告诉妻子自己最近的情况，写下了这封家书。

张朝燮告诉妻子，在国民革命军北伐攻克南昌前后，反动军阀加紧搜捕革命志士的险恶环境，和自己两次死里逃生的经历。当时的革命形势虽然紧张，但张朝燮不但没有畏惧，还深入农村开展工作，并向妻子表示自己从事农民运动工作的三个月里，“步行不下二千里”，走遍永修各处，与农民群众同甘共苦，结识了许多志同道合的农友。此外，他还向妻子表示目前的形势依旧严峻，但自己不会退缩，会坚决同反革命势力斗争到底，并希望她能够尽快回国和自己一起投入到革命工作中去。

这封家书体现了一名共产党人为革命事业无惧危险、千里奔波、深入基层、与群众同甘苦共命运的革命精神。

18 吴振民致父亲

（1927 年 5 月 13 日）

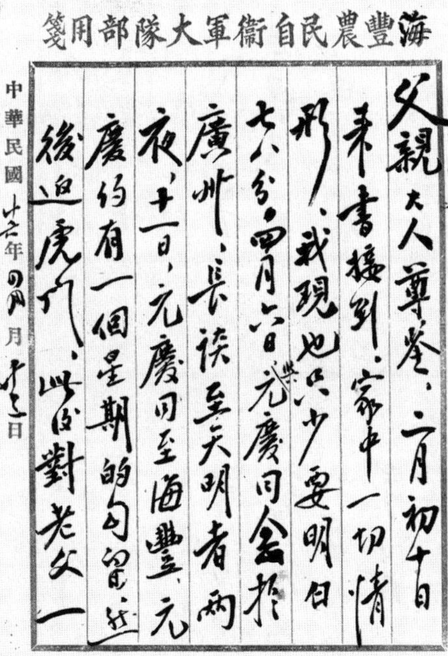

海豐農民自衛軍大隊部用箋

第一頁

父親大人尊鑒：二月初十日來書接到，家中一切情形，我現也只少要明白七八分。四月六日我與元慶同宿於廣州，長談至天明者兩夜，十一日元慶同至海豐，元慶約有一個星期的勾留，然後追虎們，此後對老父一

中華民國十六年四月十三日

手稿1

海豐農民自衛軍大隊部用箋

第二頁

切負担，我們兩個人當然要常常顧到，我出來是沒有盤費的，和遊山僧一樣，飄到廣東，總算在海豐尋着一間廟宇，也招到許多小和尚念功課，現在一百天有一點頭緒，但日是

中華民國十六年四月十三日

手稿2

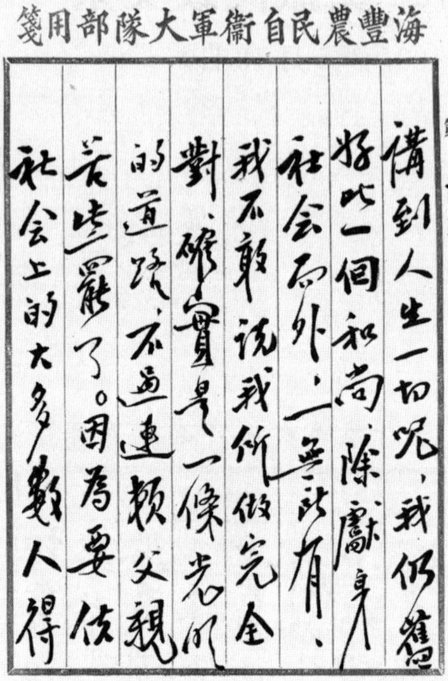

海豐農民自衛軍大隊部用箋

第三頁

講到人生一切呢，我們舊
好比一個和尚，除獻身
社会而外，一無所有、
我不敢說我所做完全
對，確實是一條光明
的道路，不過連類父親
苦些罷了。因為要使
社会上的大多數人得

中華民國 年 月 日

手稿3

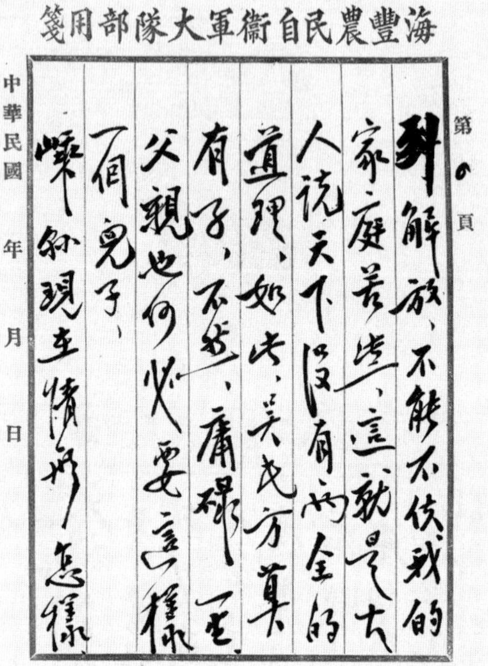

海豐農民自衛軍大隊部用箋

第四頁

到解放，不能不使我的
家庭苦些，這就是古
人說天下沒有兩全的
道理，好比，吳氏方其
有子，不肖、庸碌一生，
父親也何必要這樣
一個兒子，
嬸你現在情形怎樣

中華民國 年 月 日

手稿4

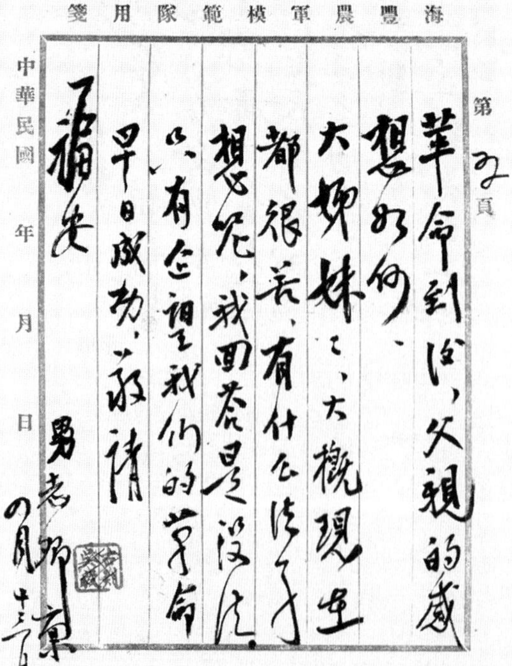

海豐農軍模範隊用箋

第五頁

革命到後，父親的感
想如何，
大嫂妹妹、大概現在
都很苦，有什么法子
想呢，我們吞是沒法，
只有企望我們的革命
早日成功，敬請
福安

男志[illegible]
四月十二日

中華民國 年 月 日

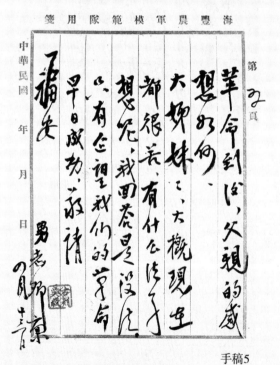

手稿5

吴振民（1898—1927）

又名吴志卿，浙江嵊县人。1924 年冬，考入黄埔军校，并加入中国共产党。1925 年 2 月，参加第一次东征。后担任中共海陆丰地委军事委员兼农民自卫军大队长、中共广东省东江特委委员等职。1927 年，参与领导海陆丰地区农民起义。同年 8 月 22 日，在湖南汝城牺牲，时年 29 岁。

父亲大人尊鉴：

二月初十日来书接到，家中一切情形，我现也只少要明白七八分。四月六日，与元庆同会于广州，长谈至天明者两夜。十一日，元庆同至海丰。元庆约有一个星期的勾留，然后返虎门。此后对老父一切负担，我们两个人当然要常常顾到。我出来是没有盘费的，和游山僧一样流到广东，总算在海丰寻着一间庙宇，也招到许多小和尚念功课，现在算有一点头绪。但是讲到人生一切呢，我仍旧好比一个和尚，除献身社会而外，一无所有。我不敢说我所做完全对，确实是一条光明的道路，不过连赖〔累〕父亲苦些罢了。因为要使社会上的大多数人得到解放，不能不使我的家庭苦些，这就是大人说天下没有两全的道理。如此，吴氏方算有子，不然，庸碌一生，父亲也何必要这样一个儿子！

嵊县现在情形怎样？革命到后，父亲的感想如何？

大姊、妹妹，大概现在都很苦，有什么法子想呢？我回答是没法，只有企望我们的革命早日成功。敬请

福安！

男志卿禀

四月十三日

这是吴振民1927年5月13日写给父亲吴学成的家书。

当时，吴振民的父亲以为他在广东当官，为了解决家庭经济困难，特去信于他，望其寄钱回家解困。吴振民首先向父亲说明了自己的实际情况，手中没有什么积蓄，“除献身社会而外，一无所有”，只能请父亲克服困难，字里行间透露出自责。他也在信中表明了自己坚定的革命立场，坚信自己所走的是一条光明道路。吴振民把个人和家庭的命运与国家和民族的命运联系到一起，认识到只有通过革命才能使社会上的大多数人得到解放，才能改变自己家庭的窘境。这封家书，展现出吴振民作为一个共产主义战士革命到底的决心。

19 王器民给妻子的遗书

(1927 年 6 月 28 日)

我最亲爱的爱妻慧根！

"为共产主义实现而奋斗，为谋民众利益而牺牲"。自我立志革命，参加实际工作以来，这二句已成誓词。这回被害我当不能出于三十九团周曾杰之手，然未免有遗憾。但是革命份子既抱定以上二句誓词，即牺牲又有甚么要紧，况且佛家有说过"自己去入地狱，呼谁入地狱"，革命份子就应当牺牲。革命是没有成功的日子，我是为大多数人谋利益而牺牲，我于革命目的达到了。惟是对你很是不住，因为数年与你艰苦，我因全副精神为革命而努力，没有和你享过一日的安闲快乐的日子，我们夫妻亦备因国而忘家，为公而忘私呵！你当然体谅我，而我终是觉得对不住呢。

亲爱的慧根！我和你做夫妻是生生世世的，在精神，不在形体，我为牺牲了你，你应紧记着我的遗嘱，那我就瞑目了，（一）不要悲伤损害你的身体，打起精神来继续我的遗志！（二）打破旧礼教，用锐利眼光，细心考察，找有良心、富于革命性的男性，和你共同生活，就是我的朋友也是你的好，继续安慰你，就继续我的遗志，就得了。（三）觉梧设法教育他，引导他继续我的革命事业，勿致他堕落，违反革命那条路上去，这是你要负责任的。（四）我所有的书籍以及衣服定要保存着，给觉梧做革命遗教。（五）我狱中著二本书，一是"冤墨"，一是"废铜录"，我的遗留的事业及入狱的原委均书明，慧根呵！我不再说了，继我志呵！继我志呵！

你丈夫器民遗书

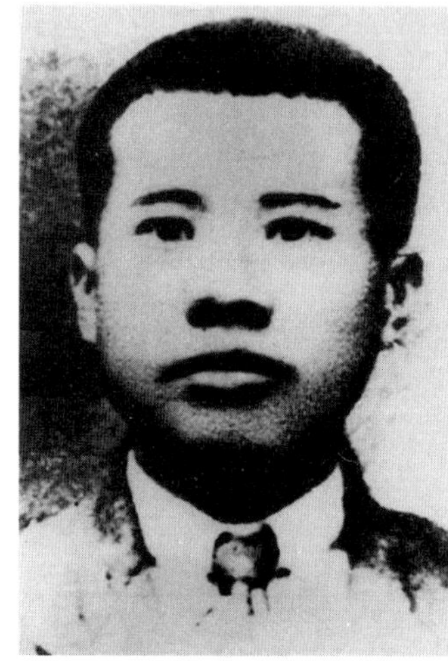

王器民（1892—1927）

广东琼海人。1922 年，加入中国共产党。1924 年，受党组织委托，前往马来西亚、新加坡等地开展对侨工作。1925 年秋，任国民革命军第 4 军第 13 师政治部主任。1927 年被捕。同年 7 月，英勇就义，时年 35 岁。

我最念的爱妻慧根：

你夫阿器遗言，六月廿八日。

“为求主义实现而奋斗，为谋民众利益而牺牲。”自我立志革命、参加实际工作以来，这二句以〔已〕成誓词。这回谋害我者不料出于三十九团周、曾辈，虽然未免有遗憾，但是革命份子既抱定以上二句誓词，即牺牲又有甚么紧要，况且佛家有说过“自己无入地狱，叫谁入地狱”。革命份子如无肯牺牲，革命是没有成功的日子，我是为大多数人谋利益而牺牲，我的革命目的达到了。惟是对你很是不住，因为数年与你艰艰苦苦，我用全副精神为革命而努力，没有和你享过一日的安闲快乐的日子，我们夫妻可谓因国而忘家，因公而忘私呵！你虽然体量我，而我终是觉得对不住呢。

亲爱的慧根！我和你做夫妻是生生世世的，在精神，不在形体。我苟牺牲了后，你应紧记着我的遗嘱，那我就瞑目了。（一）不要悲伤损害你的身体，打起精神来继续我的遗志！（二）打破旧礼教，用锐利眼光，细心考察，找有良心、富于革命性的男性和你共同生活，就是我的好朋也是不妨，但是总要靠得住，能继续我的遗志，就好了。（三）觉权设法教育他，引导他继续我的革命事业，勿致他堕落，跑反革命那条路上去，这是你要负责任的呵！（四）所有的书籍以及各像片要保存着，给与觉权，做革命遗教。（五）我狱中抄二本简，一是《冤墨》，一是《磨筋录》，我的〈经〉过的事略及入狱的原委均书明。慧根呀！我不忍说了，继我志呵！继我志呵！

这是王器民1927年6月28日在狱中写给爱妻慧根的遗书。

在遗书中，王器民虽因被捕入狱而感到遗憾，但始终坚守自己立志革命时的誓言："为求主义实现而奋斗，为谋民众利益而牺牲。"对于即将到来的死亡，王器民并不畏惧，他告诉妻子自己实现了"为大多数人谋利益而牺牲"的革命目的，死而无憾。这体现了一名共产党人始终不忘革命初心，甘愿为革命牺牲的精神。

在遗书中，王器民表达了对爱妻的思念和愧疚之情。正因为"用全副精神为革命而努力"，他未能与妻子享受过一天安闲快乐的日子，可谓"因国而忘家，因公而忘私"。他立下遗嘱，安抚妻子莫要过度伤心，打起精神继承他的革命遗志。他希望妻子打破旧礼教束缚，重组家庭，寻找有良心、富于革命性的男性。对于儿子觉权，则要用心教导，保留所有书籍、相片，引导儿子走上革命道路。

句句嘱托，都是王器民对家人不舍、思念之情的真切流露，也是对妻儿的殷切期待，希望他们继承革命精神，使革命之火生生不息。这封遗书，体现了一名共产党员为革命甘愿牺牲、无私奉献的高尚情操。

20 张友清致兄长 (节录)

（1927 年 7 月 7 日）

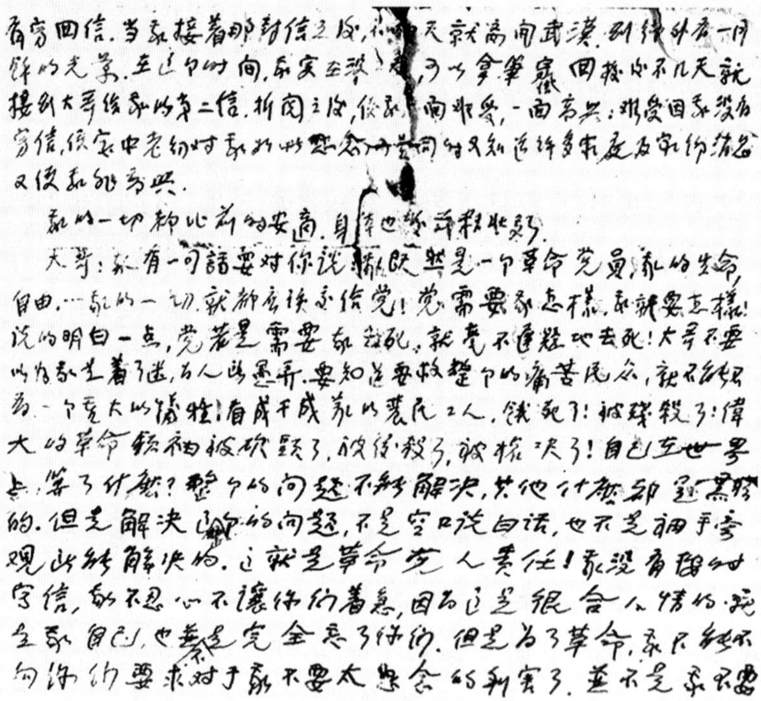

没有写回信。当我接着那封信之后，不几天就离开武汉，到鄂外去一月余的光景。在这个时间，我实在忙极了，所以未拿笔写信。回来后不几天就接到大哥给我的第二信，拆阅之后，使我一面悲痛，一面高兴：悲痛因我没有写信，使家中老幼对我如此想念；同时又知道许多事及家中的情况，又使我非常高兴。

我的一切都比前的安适，身体也较前稍胖些了。

大哥：我有一句话要对你说：我既然是一个革命党员，我的生命，自由，……我的一切，就都交给了党！党需要我怎样，我就要怎样！说的明白一点，党若是需要我去死，就毫不迟疑地去死！大哥不要以为我是着了迷，为人所愚弄。要知道要救整个的痛苦民众，就不能不有一个很大的牺牲！有成千成万的农民工人，饿死了！被残杀了！伟大的革命领袖被砍头了，被暗杀了，被枪决了！自己在世界上，算了什么？整个的问题不能解决，其他什么都是虚的。但是解决革命的问题，不是空口说白话，也不是袖手旁观所能解决的。这就是革命党人责任！我没有按时写信，我不忍心不让你们着急，因为这是很合人情的。就是我自己，也并不是完全忘了你们。但是为了革命，我只能不向你们要求对于我不要太想念的利害了。并不是我只要

张友清（1906—1942）

原名张学静，陕西神木人。1925 年，加入中国共产党。1927 年春，入中央军事政治学校武汉分校学习。1929—1931 年，先后任中共北平市委书记、天津市委书记。后任中共中央北方局秘书长兼统战部部长。1942 年，在与日军的战斗中不幸被俘，牺牲于太原战俘集中营，时年 36 岁。

（略）大哥，我有一句话要对你说：我既然是一个革命党员，我的生命、自由……我的一切就都应该交给党！党需要我怎样，我就要怎样！说的明白一点，党若是需要我去死，就毫不迟疑地去死！大哥不要以为我是着了迷，为人所愚弄。要知道要救整个的痛苦民众，就不能不有一个重大的牺牲。看！成千成万的农民、工人饿死了！被残杀了！伟大的革命领袖被砍头，被绞杀了，被枪决了！自己在世界上，算了什么？整个的问题不能解决，其它什么都是黑暗的。但是解决这整个的问题，不是空口说白话，也不是袖手旁观所能解决的。这就是革命党人责任！我没有按时写信，我不忍心［不］让你们着急。因为这是很合人情的，就是我自己也并不是完全忘了你们，但是为了革命，我不能不向你们要求，对于我不要太想念的利害了。（略）

学静

七月七日

这是张友清 1927 年 7 月 7 日写给兄长的一封家书。

1927年，国民党反动派发动反革命事变，残酷杀害共产党人，张友清身边有不少同志因此牺牲，他悲痛万分，怀着激愤的心情写下了这封家书。

在家书中，张友清向兄长表明了自己为革命牺牲在所不惜的坚定决心。他写道，自己是一个共产党员，已把个人的生命、自由，乃至一切都交给了党，“党需要我怎样，我就要怎样”，随时准备为党的需要而牺牲。他还告诉兄长，要实现救国救民的革命目标，就必须要有重大的牺牲，成千上万的农民、工人和许许多多的革命领袖被残杀了，作为革命者，“自己在世界上，算了什么”？字字真切，慷慨坚毅，充分体现了共产党人的坚定革命意志和使命感，以及为革命事业不怕牺牲的大无畏精神。反革命事变的惨痛教训，让张友清认识到革命必须要付诸实际行动，“不是空口说白话，也不是袖手旁观所能解决的”。张友清对党的事业无限忠诚，以天下为己任，义无反顾地投入到革命洪流之中，体现了共产党人不畏艰难的精神和对理想信念的执着追求。

21 叶天底给兄长的遗书

（1928 年 2 月 3 日）

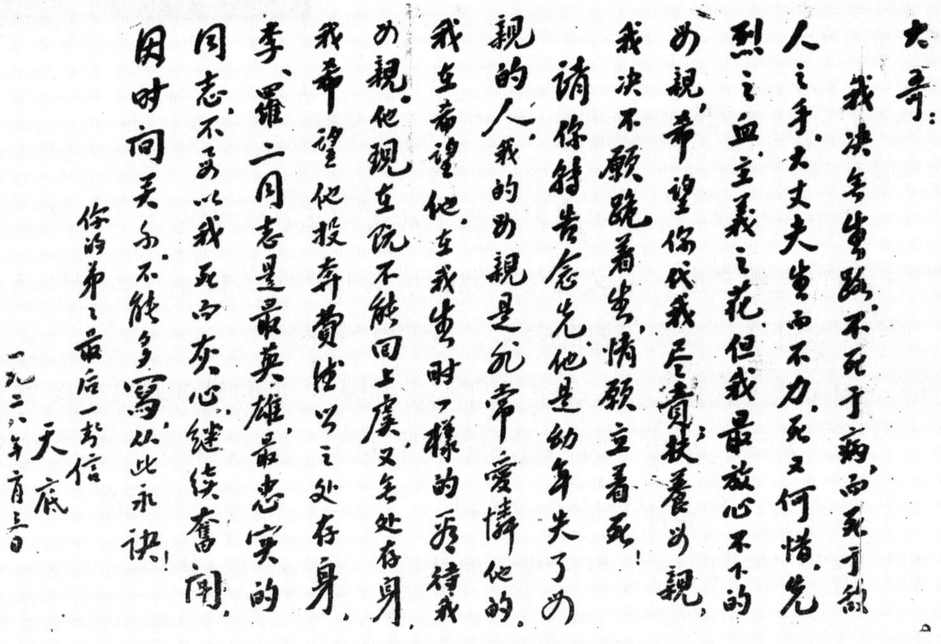

大哥：

我决无生路，不死于病，而死于敌人之手，大丈夫生而不力，死又何惜。先烈之血，主义之花，但我最放心不下的母亲，希望你代我尽责扶养母亲，我决不愿跪着生，情愿立着死！

请你转告念先，他是幼年失了母亲的人，我的母亲是非常爱惜他的。我在希望他在我生时一样的看待我母亲。他现在既不能回上虞，又无处存身，我希望他投奔费陈以之处存身。李、罗二同志是最英雄、最忠实的同志，不要以我死而灰心，继续奋斗。因时间关系，不能多写，从此永诀！

你的弟弟最后一封信

天底

一九二八年二月三日

叶天底（1898—1928）

原名叶霖蔚，浙江上虞人。1916 年，考入浙江省立第一师范学校。1920 年，参与一师风潮。同年，参与创建中国社会主义青年团。1923 年，加入中国共产党。1925 年，任中共苏州独立支部书记。1926 年，因病回家乡休养，其间坚持革命活动。1927 年 11 月，不幸被捕。1928 年 2 月，英勇就义，时年 30 岁。

大哥：

我决无生路，不死于病，而死于敌人之手。大丈夫生而不力，死又何惜！先烈之血，主义之花。但我最放心不下的母亲，希望你代我尽责扶养母亲。我决不愿跪着生，情愿立着死！

请你转告念先，他是幼年失了母亲的人，我的母亲是非常爱怜他的。我在希望他在我生时一样的看待我母亲。他现在既不能回上虞，又无处存身，我希望他投奔费德昭之处存身。李、罗二同志是最英雄、最忠实的同志。不要以我死而灰心，继续奋斗！因时间关系，不能多写，从此永诀！

你的弟弟最后一封信。

天底

一九二八年二月三日

这是叶天底 1928 年 2 月 3 日在狱中写给兄长叶焕蔚的遗书。

身患重病的叶天底被捕后，始终守口如瓶，不肯投降。他估计敌人会很快对自己下毒手，便写下了这封遗书。叶天底对自己的生命毫不在意，却以为共产主义牺牲为光荣。他写道：“大丈夫生而不力，死又何惜！先烈之血，主义之花。”抒发了共产党人为信仰献身的革命豪情。面对敌人的威逼利诱，叶天底发出“我决不愿跪着生，情愿立着死”的呐喊，充分展现了他坚贞不屈、视死如归的崇高精神。

在遗书中，叶天底请兄长转告好友钱念先多加关照母亲。叶天底还勉励李平和罗文英两位同志继续坚持革命斗争，切勿因为自己的牺牲而灰心。正是因为有一批批对党无限忠诚的共产主义战士，不畏牺牲，前赴后继，以鲜血染红主义之花，中国革命事业才能取得伟大胜利。

22 徐玮给家人的遗书

（1928 年 2 月 9 日）

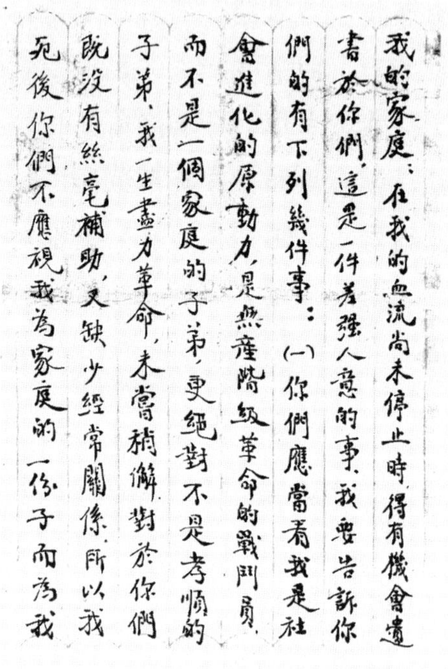

我的家庭：在我的血流尚未停止時，得有機會遺書於你們，這是一件差強人意的事。我要告訴你們的有下列幾件事：（一）你們應當看我是社會進化的原動力，是無產階級革命的戰鬥員，而不是一個家庭的子弟，更絕對不是孝順的子弟。我一生盡力革命，未嘗稍懈，對於你們既沒有絲毫補助，又缺少經常關係，所以我死後你們不應視我為家庭的一份子而為我

手稿1

悲傷，你們應繼續我志而奮鬥。（二）我求學做事願得友朋資助，債是我個人所借，當不能由你們代償，我的友朋也不會索償，請放心。（三）我並未有異性的結合，請免掛念，未婚妻俞女與我概無關係，當聽其自由。（四）我以天下為家，我的遺骸隨處可放，由牠腐敗，不必運回，也不要化錢在杭营墓，這都是無意義的。（五）一切誦經拜懺道場祭奠等等

手稿2

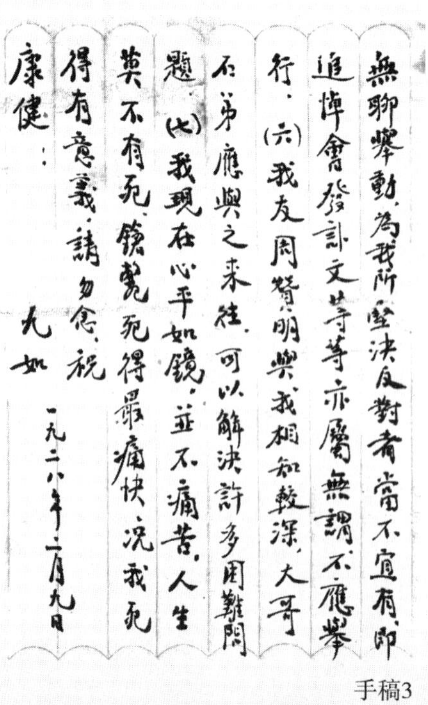

無聊舉動，為我所堅決反對者，當不宜有，即追悼會、發訃文等等亦屬無謂，不應舉行。（六）我友周贊明與我相知較深，大哥不弟應與之來往，可以解決許多困難問題。（七）我現在心平如鏡，並不痛苦，人生莫不有死，鏡竟死得最痛快，況我死得有意義，請勿念，祝

康健！

九如

一九二八年二月九日

手稿3

徐玮（1903—1928）

原名徐宝兴，乳名九如，江苏海门人。1923 年，加入中国社会主义青年团。1924 年，加入中国共产党，从事工人运动。1925 年，参加沪西日商纱厂工人罢工和五卅运动。1927 年 3 月，参与领导上海工人第三次武装起义。同年 5 月，任共青团中央委员。八七会议后，任中共浙江省委常委兼共青团浙江省委书记。同年 11 月，在杭州被捕。1928 年 5 月，英勇就义，时年 25 岁。

我的家庭：

在我的血流尚未停止时，得有机会遗书于你们，这是一件差强人意的事。我要告诉你们的有下列几件事：（一）你们应当看我是社会进化的原动力，是无产阶级革命的战斗员，而不是一个家庭的子弟，更绝对不是孝顺的子弟。我一生尽力革命，未尝稍懈，对于你们既没有丝毫补助，又缺少经常关系，所以我死后你们不应视我为家庭的一份子而为我悲伤，你们应继续我志而奋斗。（二）我求学做事颇得友朋资助，债是我个人所借，当不能由你们代偿，我的友朋也不会索偿，请放心。（三）我并未有异性的结合，请免挂念，未婚妻俞女与我概无关系，当听其自由。（四）我以天下为家，我的遗骸随处可放，由它腐败，不必运回，也不要化钱在杭营墓，这都是无意义的。（五）一切诵经拜忏、道场祭奠等等无聊举动，为我所坚决反对者，当不宜有，即追悼会、发讣文等等亦属无谓，不应举行。（六）我友周赞明与我相知较深，大哥、石弟应与之来往，可以解决许多困难问题。（七）我现在心平如镜，并不痛苦，人生莫不有死，

枪毙死得最痛快，况我死得有意义，请勿念。祝

康健！

九如

一九二八年二月九日

这是徐玮1928年2月9日在狱中写给家人的遗书。

这封遗书是在徐玮的同监狱友、杭州市学联负责人陈敬森的衣袋中发现的，过去曾一度被认为是陈敬森的遗书。1982年，经党史资料征集工作者多方考证，确定作者为徐玮。

在遗书中，徐玮对自己的后事做了详细的安排。他希望家人不要为自己的死而难过，要将他看作“社会进化的原动力，是无产阶级革命的战斗员”，并继承他的遗志奋斗，表明了一位忠诚的共产主义者的革命人生观，彰显出共产党人视死如归的大无畏精神。

徐玮在遗书中郑重声明，自己与未婚妻俞玉琴“概无关系，当听其自由”，其目的是为俞玉琴着想，将她从旧式婚姻习俗的束缚中解放出来。徐玮还希望家人不要大操大办自己的丧事。他不仅反对一切诵经拜忏、道场祭奠等举动，而且认为追悼会、发讣文也不必举行。对于自己的遗体，徐玮建议“随处可放，由它腐败”。徐玮以平静超脱的态度面对即将到来的死亡，充分体现了共产党人作为信仰坚定的马克思主义者，纯粹彻底的唯物主义精神。

23 陈觉给妻子的遗书

（1928 年 10 月 10 日）

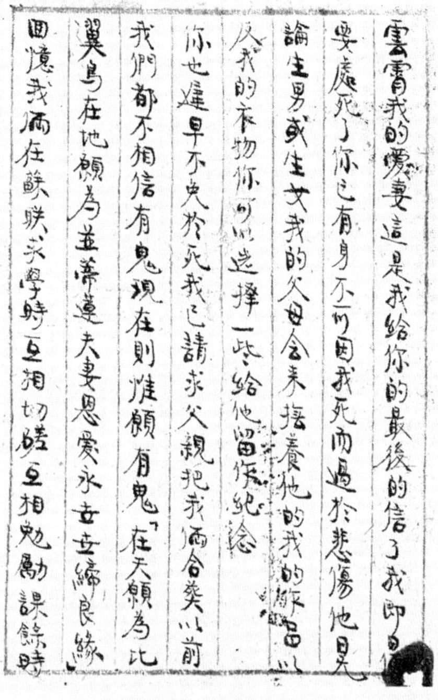

雲霄我的愛妻這是我給你的最後的信了我即日
要處死了你已有身不可因我死而過於悲傷他日
論生男或生女我的父母會來撫養他的我的作品以
及我的衣物你可以選擇一些給他留作紀念
你也遲早不免於死我已請求父親把我倆合葬以前
我們都不相信有鬼現在則唯願有鬼「在天願為比
翼鳥在地願為並蒂蓮夫妻恩愛永世締良緣
回憶我倆在蘇聯求學時互相切磋互相勉勵課餘時

手稿1

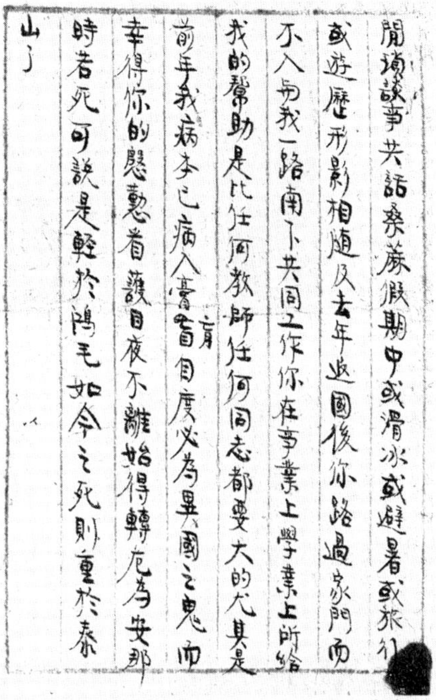

間讀談爭共話桑麻假期中或滑冰或避暑或旅行
或遊歷形影相隨及去年返國後你路過家門而
不入與我一路南下共同工作你在事業上學業上所給
我的幫助是比任何教師任何同志都要大的尤其是
前年我病本已病入膏肓自度必為異國之鬼而
幸得你的慇懃看護日夜不離始得轉危為安那
時若死可說是輕於鴻毛如今之死則重於泰
山了

手稿2

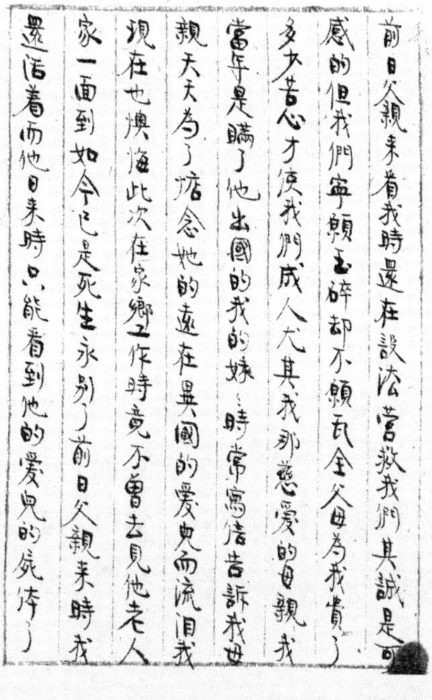

前日父親來看我時還在設法營救我們其誠是可
感的但我們寧願玉碎却不願瓦全父母為我費了
多少苦心才使我們成人尤其我那慈愛的母親我
當年是瞞了他出國的我的妹妹時常寫信告訴我母
親天天為了惦念她的遠在異國的愛兒而流淚我
現在也懊悔此次在家鄉工作時竟不曾去見他老人
家一面到如今已是死生永別了前日父親來時我
還活着而他日來時只能看到他的愛兒的屍体了

手稿3

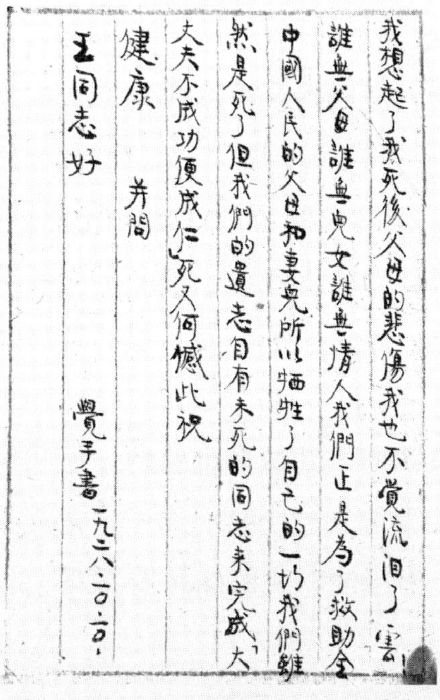

我想起了我死後父母的悲傷我也不覺流淚了雲
誰無父母誰無兒女誰無情人我們正是為了救全
中國人民的父母和妻兒所以犧牲了自己的一切我們雖
然是死了但我們的遺志自有未死的同志來完成「大
丈夫不成功便成仁」死又何憾此祝
健康 并問
王同志好
覺手書 一九二八·一〇·一〇·

手稿4

陈觉（1907—1928）

原名陈炳祥，湖南醴陵人。1924 年 10 月，加入中国社会主义青年团。1925 年春，加入中国共产党。同年冬，赴莫斯科中山大学学习。1927 年回国后，在湘南醴陵开展革命斗争。1928 年春，组织领导醴陵年关暴动。不久，调回中共湖南省委机关，组建湘南特委。同年 10 月，因叛徒告密被捕，英勇就义，时年 21 岁。

云霄我的爱妻：

这是我给你的最后的信了，我即日便要处死了，你已有身，不可因我死而过于悲伤。他日无论生男或生女，我的父母会来抚养他的。我的作品以及我的衣物，你可以选择一些给他留作纪念。

你也迟早不免于死，我已请求父亲把我俩合葬。以前我们都不相信有鬼，现在则惟愿有鬼。“在天愿为比翼鸟，在地愿为并蒂莲，夫妻恩爱永，世世缔良缘。”回忆我俩在苏联求学时，互相切磋，互相勉励，课余时间闲谈琐事，共话桑麻，假期中或滑冰或避暑，或旅行或游历，形影相随。及去年返国后，你路过家门而不入，与我一路南下，共同工作。你在事业上、学业上所给我的帮助，是比任何教师、任何同志都要大的。尤其是前年我病本已病入膏肓，自度必为异国之鬼，而幸得你的殷勤看护，日夜不离，始得转危为安。那时若死，可说是轻于鸿毛，如今之死，则重于泰山了。

前日父亲来看我时还在设法营救我们，其诚是可感的，但我们宁愿玉碎却不愿瓦全。父母为我费了多少苦心才使我们成人，尤其我那慈爱的母亲，我当年是瞒了他〔她〕出国的。我的妹妹时常写信告诉我，母亲天天为了惦念她的远在异国的爱儿而流泪。我现在也懊悔，此次在家乡工作时竟不曾去见他〔她〕老人家一面，到如今已是死生永别了。前日父亲来时，我还活着，而他日来时，只能看到他的爱儿的尸体了。我想起了我死后父母的悲伤，我也不觉流泪了。云！谁无父母，谁无儿女，谁无情人！我们正是为了救助全中国人民的父母和妻儿，所以牺牲了自己的一切。我们虽然是死了，但我们的遗志自有未死的同志来完成。“大丈夫不成功便成仁”，死又何憾！此祝
健康，并问
王同志好！

觉手书
一九二八，一〇，一〇

这是陈觉1928年10月10日在狱中写给妻子赵云霄的遗书。

1928年9月，中共湖南省委机关遭到敌人破坏，身怀六甲的赵云霄被捕。同年10月，陈觉也因叛徒出卖入狱，后转押到长沙，与赵云霄一同被关在陆军监狱。在狱中，敌人对陈觉施以种种酷刑，但他始终坚贞不屈，在英勇就义前写下这封感人至深的遗书。

陈觉回忆了与赵云霄从相遇、相识到相知、相爱的过程。两人在苏联学习时，经常在一起讨论学业、谈论家乡生活。回国后，两人怀着同样的理想信念，一起从事革命工作，形影相随。字里行间，充满了对妻子的感激和对爱情的忠贞不渝。“在天愿为比翼鸟，在地愿为并蒂莲，夫妻恩爱永，世世缔良缘”，这是革命伴侣深厚感情的生动写照。

陈觉对自己无法为父母尽孝感到懊悔和遗憾，但为了拯救全中国人民的父母和妻儿，他愿意牺牲自己的一切，体现了一名共产党员舍

家为国的人间大爱和奉献精神。他还写道："我们虽然是死了，但我们的遗志自有未死的同志来完成。'大丈夫不成功便成仁'，死又何憾！"陈觉坦然面对即将到来的死亡，并寄望同志们继续奋斗，坚信中国的革命一定能够取得成功，彰显出共产党人"宁为玉碎，不为瓦全"的高尚情操。

24 熊亨瀚给妻子的遗书

（1928年11月15日）

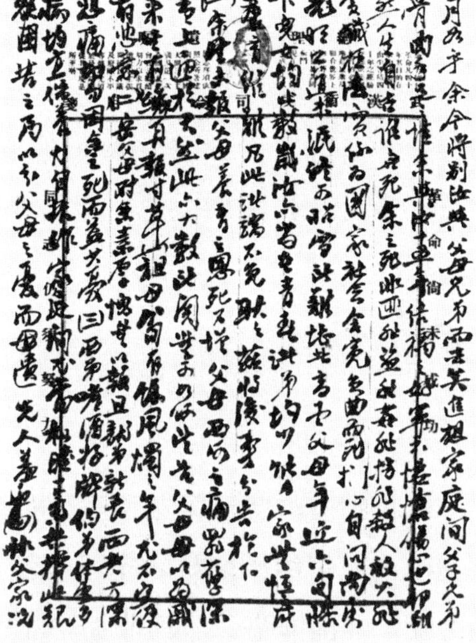

手稿1

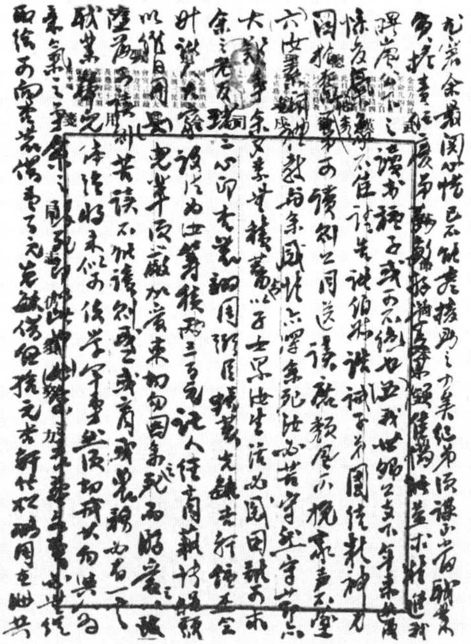

手稿2

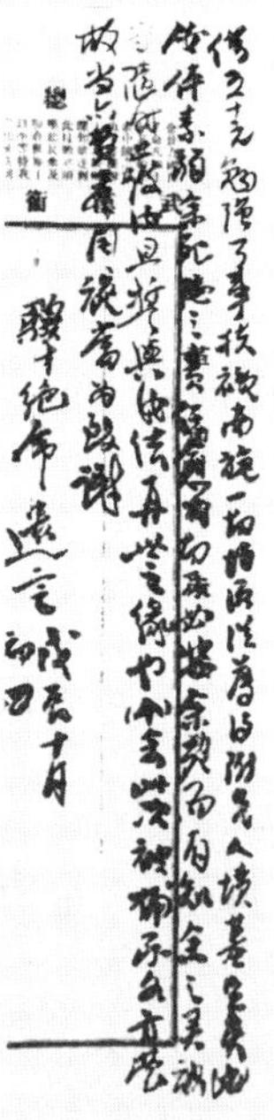

手稿3

熊亨瀚（1894—1928）

湖南桃江人。早年参加辛亥革命。1924年秋，加入中国国民党，积极支持教育改革和反帝爱国运动。1926年春，加入中国共产党。大革命期间，曾任湖南国民党湖南省党部执行委员会常务委员兼青年部部长、湖南通俗日报馆馆长等职。1927年马日事变后，在湘、鄂、赣从事秘密工作。1928年11月，不幸被捕，英勇就义，时年34岁。

月如乎：

余将别汝与父母兄弟去矣。追思家庭间父子兄弟骨肉手足之情，暨与汝十五年结婚之好，宁不凄怆伤心也耶！虽然人生自古谁无死，余之死，非匪非盗，非淫非拐，非杀人放火，非贪赃枉法，实系为国家社会、为工农群众含冤负屈而死。扪心自问，尚属光明，公道未泯，终可昭雪。所难甚者，高堂父母，年近六旬，膝下儿女，均只数岁，汝亦尚在青春，诸弟均少能力，家无恒产，养育艰难。凡此诸端，不免耿耿。兹将后事分告于下：

（一）余生未报父母养育之恩，死又增父母西河之痛，罪孽深重，上通行天。然此时亦无可如何。望告父母，毋以为感，倘来生有缘，再报寸草。祖母八旬有余，风烛之年，尤不宜使有悲意。

（二）岳父对余素厚，愧无以报，且龙弟新丧，两老方深悲痛，切勿因余之死而益其忧。

（三）西弟嗜酒好牌，倡弟体弱多病，均宜保养，尤宜振作。家庭间当和睦一气，共撑困局，以分父母之忧。

（四）汝与余感情甚深，余死汝必欲苦守，然守节亦大难事。余又素无积蓄，今以子女累汝，生活必感困难，可求余之老友设法以维日用。余死，汝之责任更大，切不可以为深悲。

（五）儿辈须严加管束，切勿因余之死而溺爱之，以致堕落。可读，则苦读；不可读，则或工或农或商，务必有一定职业。荣儿体强，将来似可使学军，以继吾志。然须切戒其与人为意气之争，夙励救国之愿。

（六）余之丧葬各费，必无从取给，可向杏农、光毓处借钱，免〔勉〕强了事，扶榇南旋，一切均需从薄，得附先人坟墓足矣。

（七）此次被捕，承各方垂念，当为致谢。

亨瀚绝命遗言

戊辰十月初四

这是熊亨瀚 1928 年 11 月 15 日在狱中写给妻子詹月如的遗书。

1927 年马日事变后，熊亨瀚奔走于湘、鄂、赣三省，从事地下工作。国民党当局对他重金悬赏，四处通缉。1928 年 11 月 7 日，因在武汉的行踪被侦察到，不幸被捕。在狱中，熊亨瀚做好杀身成仁的准备，始终未透露党组织任何秘密。他设法借来纸笔，写下一副自挽联，并给妻子詹月如留下这封遗书。

熊亨瀚首先向妻子说明自己牺牲的原因："实系为国家社会、为工农群众含冤负屈而死。"面对生离死别，他"扪心自问，尚属光明"，悲而不哀，大义凛然，毫不后悔，表现出一名共产党人以天下为己任，追求正义与真理，光明磊落、舍生取义的崇高气节和为国为民的炽热情怀。

熊亨瀚对自己的后事做了详细安排，一名共产党员孝子、慈父、丈夫、兄长等诸多身份担当得到充分体现。他对无法为父母和岳父养老送终感到遗憾，在遗书中安慰他们不要为自己的牺牲过度悲痛；希望兄弟保重身体，养成良好的生活习惯，为父母分担烦恼，充分体现了他对父母的孝心和对兄弟的关爱。熊亨瀚叮嘱妻子："儿辈须严加管束，切勿因余之死而溺爱之，以致堕落。"希望孩子长大后从事革命工作，继承自己的救国夙志，显示出革命先烈对后代的殷切期望。

25 文绍珍致二叔

（1928 年 12 月 19 日）

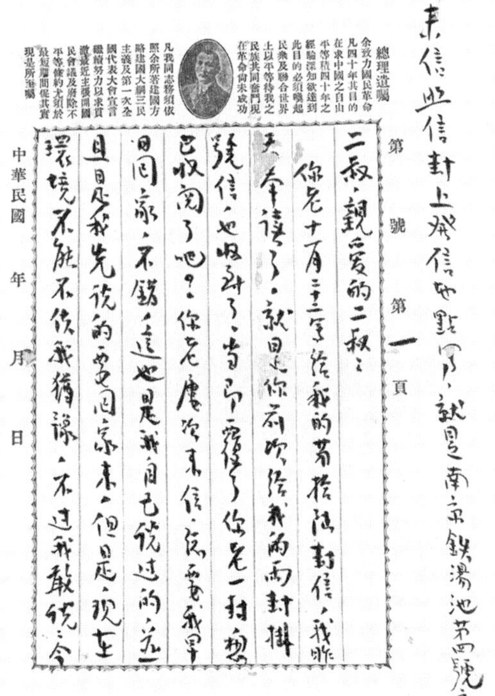

来信與信封上發信地點同，就是南京鐵湯池第四號交

二叔：親愛的二叔：
你老十月二十三寄給我的第拾陸封信，我昨
天拿讀了。就是你前次給我的兩封掛
號信，也收到了，當即寄復了你老一封想
已收閱了吧？你老屢次來信，說要我早
回回家，不錯，這也是我自己說過的，並
且從我先說的要回家來，但是，現在
環境不能不使我猶豫，不過我敢說：今

手稿1

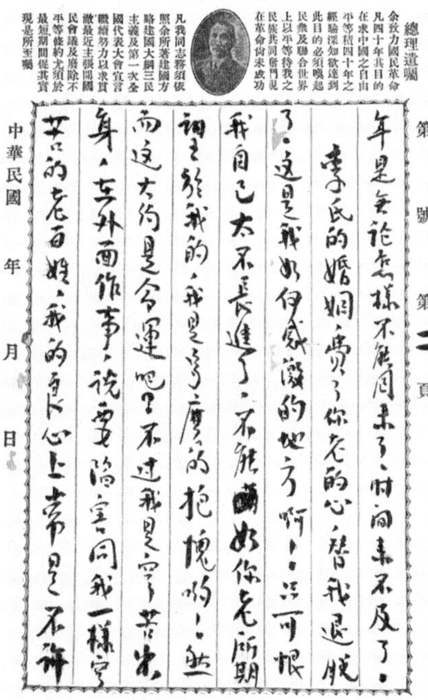

年是無論怎樣不能回來了，時間來不及了。
李氏的婚姻，負了你老的心，替我退脱
了。這是我如何感激的地方啊！！只可恨
我自己太不長進了，不能滿如你老所期
望於我的，我是多麼的抱愧啊！然
而這大約是命運吧？不過我是寧可苦些
身，在外面作事，說要陷害同我一樣寧
苦的老百姓，我的良心上常是不許

手稿2

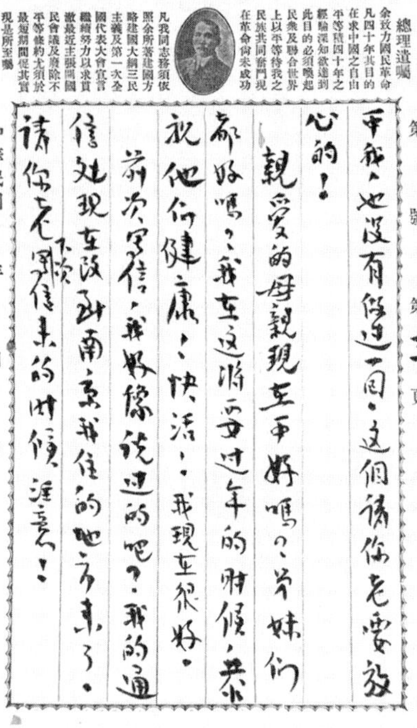
總理遺囑
余致力國民革命凡四十年其目的在求中國之自由平等積四十年之經驗深知欲達到此目的必須喚起民衆及聯合世界上以平等待我之民族共同奮鬥現在革命尚未成功凡我同志務須依照余所著建國方略建國大綱三民主義及第一次全國代表大會宣言繼續努力以求貫徹最近主張開國民會議及廢除不平等條約尤須於最短期間促其實現是所至囑

第　號　第三頁

平我，也没有经过一回。这個請你老要放心的！

親爱的母親現在平好嗎？弟妹們都好嗎？我在这将要过年的时候，恭祝他們健康、快活！我現在很好。前次写信，我好像说过的吧？我的通信处現在改到南京我住的地方来了。下次请你老写信来的时候注意！

中華民國　年　月　日

手稿3

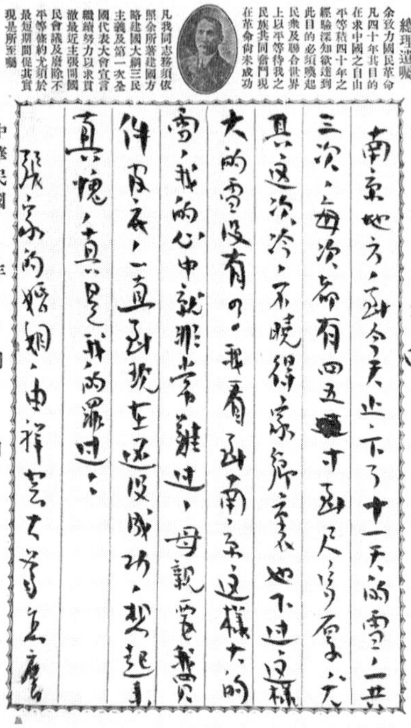
總理遺囑
余致力國民革命凡四十年其目的在求中國之自由平等積四十年之經驗深知欲達到此目的必須喚起民衆及聯合世界上以平等待我之民族共同奮鬥現在革命尚未成功凡我同志務須依照余所著建國方略建國大綱三民主義及第一次全國代表大會宣言繼續努力以求貫徹最近主張開國民會議及廢除不平等條約尤須於最短期間促其實現是所至囑

第　號　第四頁

南京地方，到今天止，下了十一天的雪，一共三次，每次都有四五寸到尺多厚。今天这次冷，不晓得家鄉怎么也下过这樣大的雪没有？我看到南京这樣大的雪，我的心中就非常難过，母親要穿[illegible]衣，一直到現在还没成功，想起真惭，真是我的罪过！張家的婚姻，由祥雲大哥怎麼

中華民國　年　月　日

手稿4

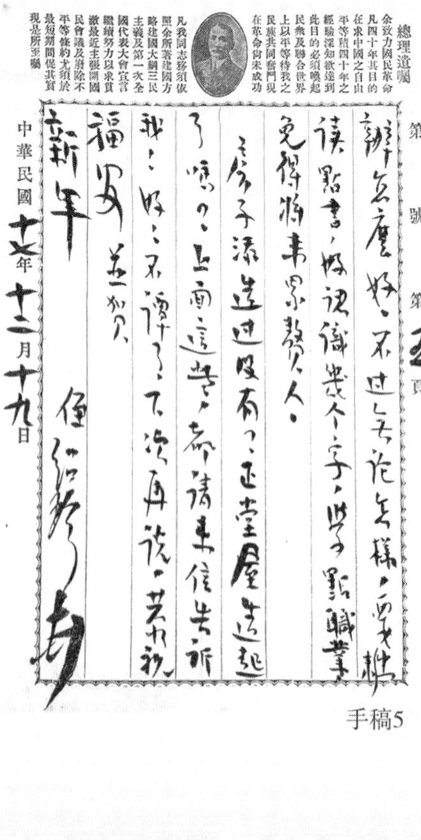
總理遺囑
余致力國民革命凡四十年其目的在求中國之自由平等積四十年之經驗深知欲達到此目的必須喚起民衆及聯合世界上以平等待我之民族共同奮鬥現在革命尚未成功凡我同志務須依照余所著建國方略建國大綱三民主義及第一次全國代表大會宣言繼續努力以求貫徹最近主張開國民會議及廢除不平等條約尤須於最短期間促其實現是所至囑

第　號　第五頁

辦怎麼好，不过无论怎樣，要找[illegible]读點書，好認識几个字，学點職業，免得将来累教人。

房子添造过没有？正堂屋造起了嗎？上面這些，都请来信告訴我！好！不讲了，下次再谈。並祝

福安　並賀

新年

侄[illegible]

中華民國十六年十二月十九日

手稿5

文绍珍（1908—1931）

又名文丹慈，化名王克诚，湖南石门人。1925 年，考入黄埔军校。1926 年，加入中国共产党，参加北伐。1927 年四一二反革命事变后，因未暴露身份，仍在国民党军队任职。1929 年夏，在天津与党组织恢复联系，并受组织派遣，打入国民党中央陆军军官学校，秘密开展革命工作。1930 年 11 月，任中共南京市委委员。1931 年 7 月，南京党组织遭到破坏，转移到北平时，不幸被捕。同年 8 月，英勇就义于南京雨花台，时年 23 岁。

二叔，亲爱的二叔：

你老十一月二十二写给我的第拾陆封信，我昨天奉读了。就是你前次给我的两封挂号信也收到了。当即复了你老一封，想已收阅了吧？你老屡次来信，总要我早日回家，不错，这也是我自己说过的，并且是我先说的要回家来。但是，现在环境不能不使我犹豫。不过我敢说，今年是无论怎样不能回来了，时间来不及了。

李氏的婚姻，费了你老的心，替我退脱了，这是我如何感激的地方啊！只可恨我自己太不长进了，不能如你老所期望于我的，我是多么的抱愧哟！然而这大约是命运吧？不过我是穷苦出身，在外面作事，说要陷害同我一样穷苦的老百姓，我的良心上常是不许可我，也没有做过一回。这个请你老要放心的。

亲爱的母亲现在可好吗？弟妹们都好吗？我在这将要过年的时候，恭祝他们健康快活！我现在很好。

前次写信，我好像说过的吧？我的通信处现在改到南京我住的地方来了，请你老下次写信来的时候注意！

南京地方到今天止，下了十一天的雪，一共三次，每次都有四五寸到尺多厚，尤其这次冷，不晓得家乡里也下过这样大的雪没有？我看到南京这样大的雪，我的心中就非常难过，母亲要我买件皮衣，一直到现在还没成功，想起来真愧，真是我的罪过。

张家的婚姻由祥芸大爹怎么办怎么好。不过无论怎样，要出来读点书，好认识几个字，学点职业，免得将来累赘人。

房子添造过没有？正堂屋造起了吗？上面这些都请来信告诉我。好，不谭了，下次再说。恭祝

福安，并贺

新年。

侄绍珍顿首

中华民国十七年十二月十九日

这是文绍珍1928年12月19日在南京写给二叔文泽香的家书。

文泽香1928年11月22日给文绍珍写过一封家书，盼望他早日回家。12月18日，文绍珍收到来信，便于次日写下了这封回信。

四一二反革命事变后，白色恐怖日益严峻，文绍珍在国民党军队中开展秘密工作愈加困难，甚至还与党组织失去了联系。为了继续开展革命工作，文绍珍于1928年毅然辞去国民党军职，踏上寻找党组织的艰辛之路。他在回信中告诉二叔，情况发生改变，先前答应回家的事无法实现，“今年是无论怎样不能回来了，时间来不及了”。身在虎穴，却始终不忘初心，更未迷失在时代旋涡中，充分体现了一名共产党员的坚定信仰。

文绍珍长期在外，家人不清楚他从事的具体工作。由于工作具有

高度保密性，他不便直接说明，只能在家书中委婉地写道：“我是穷苦出身，在外面作事，说要陷害同我一样穷苦的老百姓，我的良心上常是不许可我，也没有做过一回。”这反映出文绍珍为国为民奋斗、不忘本的品质和严守纪律的革命操守。

1929年，文绍珍辗转来到天津，终于在友人的帮助下，与党组织取得联系。受党组织安排，他利用黄埔军人的身份打入位于南京的国民党中央陆军军官学校，在敌营中展开革命工作，并最终为党的事业献出宝贵生命。

26 王孝锡给父母亲的遗书

（1928 年 12 月 29 日）

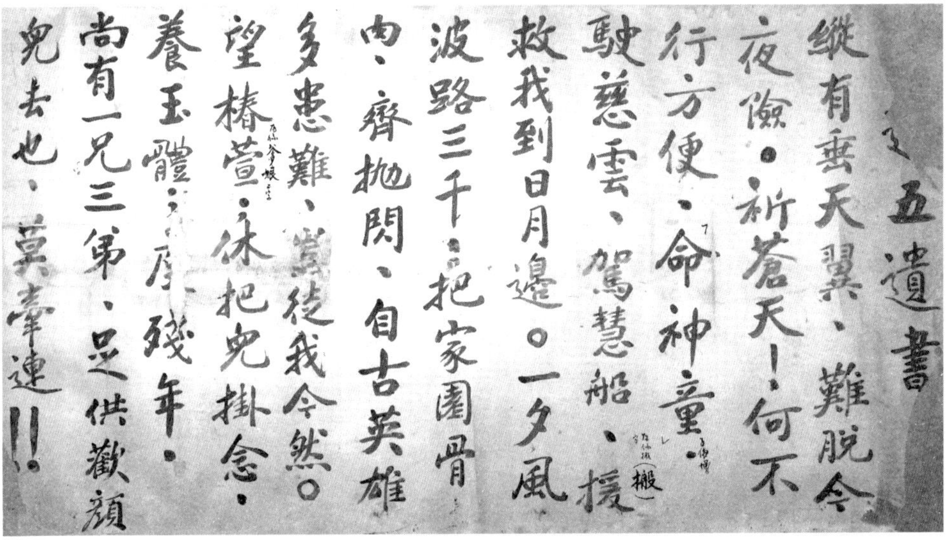

五 遺書

縱有無天翼、難脫今夜險。祈蒼天！何不行方便，命神童。駛慈雲、駕慧船、援（搬）救我到日月邊。一夕風波路三千。把家園骨肉、齊抛悶、自古英雄多患難、[illegible]徒我今然。望椿萱。休把兒掛念。養玉體。[illegible]度殘年。尚有一兄三弟、足供歡顏兒去也、莫牽連!!

王孝锡（1903—1928）

字遂五，甘肃宁县人。1924 年 3 月，考入西北大学。1925 年 5 月，积极参加反对陕西军阀统治和声援五卅运动的斗争。1926 年，加入中国共产党。1927 年 3 月，以国民党中央特派员身份前往兰州开展工作。大革命失败后，回到家乡坚持斗争，组建中共彬宁县支部。1928 年春，组织领导了旬邑农民暴动。同年 11 月，不幸被捕。12 月 30 日，英勇就义，时年 25 岁。

纵有垂天翼，难脱今夜险。祈苍天！何不行方便，命神童，驶慈云，驾慧船，援救我到日月边。取来烈火千万炬，这黑暗世界，化作尘烟。出铁笼，看满腔热血，洒遍地北天南。

一夕风波路三千，把家园骨肉齐抛闪。自古英雄多患难，岂徒我今然。望椿萱，休把儿挂念，养玉体，度残年。尚有一兄三弟，足供欢颜。儿去也，莫牵连!!

这是王孝锡 1928 年 12 月 29 日在狱中写给父母亲的遗书。

1928 年 12 月 29 日夜晚，王孝锡得知敌人将要杀害他，于是在狱中写下了这封遗书，连同四块银元，请看守转交给父母。

王孝锡的遗书，抑扬顿挫，充满革命者的豪情壮志。在遗书中，他想象自己腾云驾雾，取来日月边的烈火，将黑暗世界燃烧殆尽，使之“化作尘烟”。一个对旧社会疾恶如仇的共产党员形象跃然纸上，充分表现了他誓死与敌人抗争到底的坚定决心与豪情。

王孝锡一生为革命奔波，与家中亲人分离，在即将献出生命、与家人永别之际，心中无怨无悔。他在遗书中写道："自古英雄多患难，岂徒我今然。"他安慰父母不要过度伤心，叮嘱他们保重身体，好好安享晚年。字里行间，流露出对父母深深的挂念。

1928年12月30日，伴随着"共产党万岁，共产主义精神不死"的呐喊声，王孝锡英勇就义。他以鲜血和忠诚，诠释了一名共产党员的伟大人格力量。

27 史砚芬给弟弟妹妹的遗书

（1928 年）

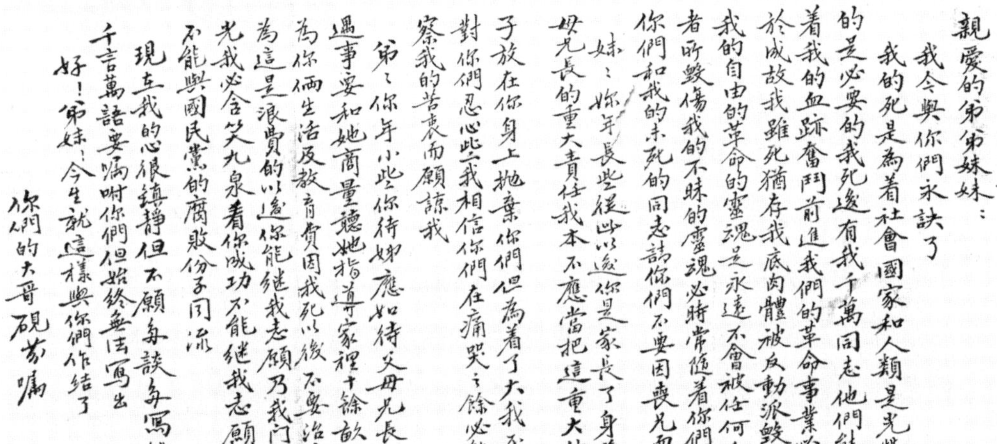

親愛的弟弟妹妹：
我今與你們永訣了
我的死是為着社會國家和人類是光榮
的是必要的我死後有我千萬同志他們能踏
着我的血跡奮鬥前進我們的革命事業必底
於成故我雖死猶存我底肉體被反動派毀去了
我的自由的革命的靈魂是永遠不會被任何反動
者所毀傷我的不昧的靈魂必時常隨着你們瞻護
你們和我的未死的同志請你們不要因喪兄而悲吧
妹々你年長些從此以後你是家長了身兼父
母兄長的重大責任我本不應當把這重大的担
子放在你身上拋棄你們但為着了大我不能不
對你們忍心些々我相信你們在痛哭々餘必能諒
察我的苦衷而願諒我
弟々你年小些你待姊應如待父母兄長一樣
遇事要和她商量聽她指導家裡十餘畝田作
為你倆生活及教育費因我死以後不要治喪因
為這是浪費的以後你能继我志願乃我门第々
光我必含笑九泉看你成功不能继我志願則萬
不能與國民黨的腐敗份子同流
現在我的心很鎮靜但不願多談多寫雖有
千言萬語要囑咐你們但始終無法寫出
好！弟妹！今生就這樣與你們作結了
你們的大哥硯芬囑

史砚芬（1903—1928）

江苏宜兴人。1919 年五四运动期间，投身学生爱国运动。1927 年，加入中国共产主义青年团，不久加入中国共产党，任共青团宜兴县委书记。组织领导宜兴农民暴动，打响江南农民暴动第一枪。1928 年 5 月 5 日，在南京被捕。同年 9 月 27 日，英勇就义，时年 25 岁。

亲爱的弟弟妹妹：

我今与你们永诀了。

我的死是为着社会、国家和人类，是光荣的，是必要的。我死后，有我千万同志，他们能踏着我的血迹奋斗前进，我们的革命事业必底于成，故我虽死犹存。我底肉体被反动派毁去了，我的自由的革命的灵魂是永远不会被任何反动者所毁伤！我的不昧的灵魂必时常随着你们，照护你们和我的未死的同志，请你们不要因丧兄而悲吧！

妹妹，你年长些，从此以后你是家长了，身兼父母兄长的重大责任。我本不应当把这重大的担子放在你身上，抛弃你们，但为着了大〈众〉，我不能不对你们忍心些。我相信你们在痛哭之余，必能谅察我的苦衷而原谅我。

弟弟，你年小些，你待姊应如待父母兄长一样，遇事要和她商量，听她指导。家里十余亩田作为你俩生活及教育费因〔用〕。我死以后，不要治丧，因为这是浪费的，以后你能继我志愿，乃我门第之光，我必含笑九泉，看你成功。不能继我志愿，则万不能与国民党的腐败份子同流。

现在我的心很镇静，但不愿多谈多写，虽有千言万语要嘱咐你们，但始终无法写出。

好！弟妹，今生就这样与你们作结了！

你们的大哥砚芬嘱

这是史砚芬1928年在狱中写给弟弟妹妹的遗书。

1928年5月5日，史砚芬在南京参加共青团中央大学支部会议时，由于叛徒出卖，不幸被捕。他知道敌人留给自己的时日不多，于是给弟弟妹妹写下了这封遗书。

在遗书中，史砚芬平静而坚定地向弟弟妹妹诉说着自己为革命事业奋斗牺牲的意义："我的死是为着社会、国家和人类，是光荣的，是必要的。"史砚芬确信，在自己身后还有千万同志奋斗前进，"故我虽死犹存"。敌人虽然能毁灭革命者的肉体，但"自由的革命的灵魂是永远不会被任何反动者所毁伤"的。这充分体现了共产党人坚定的共产主义信仰、坚贞不屈的精神和对革命必胜的信念。

史砚芬既是慷慨赴难的英雄，也是爱家顾家的兄长。史砚芬的父母已经亡故，自己也即将被敌人杀害，孤苦无依的弟弟妹妹是他心中的一大牵挂。在遗书中，他交代较为年长的妹妹担起家庭的担子，同时嘱咐年幼的弟弟听从姐姐的教导，勉励弟弟长大后继承自己的革命遗志，不可与国民党反动派同流合污。他的遗书，句句是关爱，字字是期望，感人肺腑，动人心魄。

28 赵云霄给女儿的遗书

（1929 年 3 月 24 日）

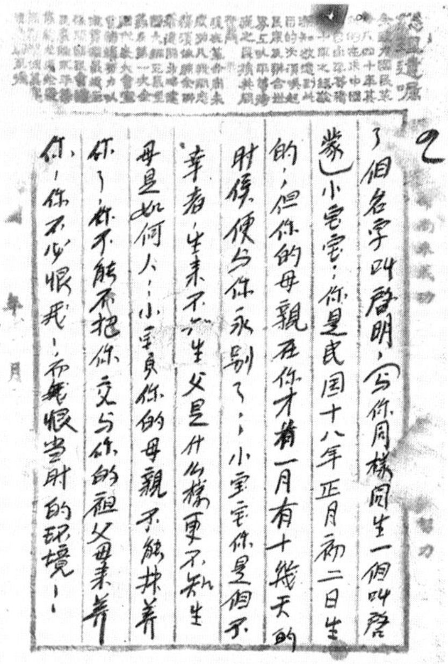
2
了个名字叫啓明，（与你同样同生一个叫啓蒙）。小宝宝：你是民国十八年正月初二日生的，但你的母亲在你才有一月有十几天的时候便与你永别了。小宝宝你是个不幸者，生来不知生父是什么样，更不知生母是如何人。小宝贝你的母亲不能抚养你了，你不能不把你交与你的祖父母来养你，你不必恨我，而要恨当时的环境！

手稿2

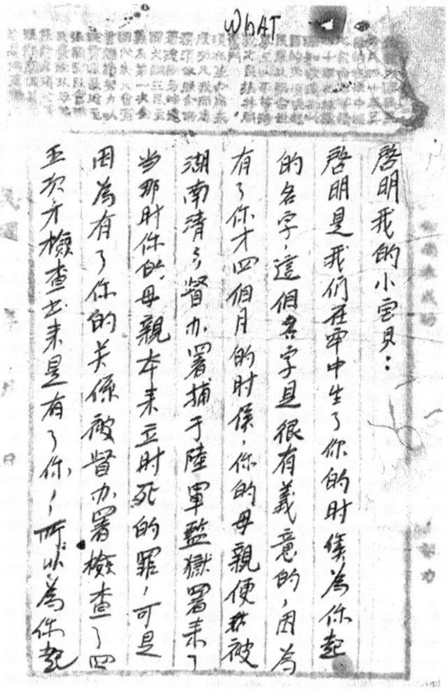
啓明我的小宝贝：
啓明是我们在牢中生了你的时候为你起的名字，这个名字是很有义意的，因为有了你才四个月的时候，你的母亲便被湖南清乡督办署捕于陆军监狱署来了，当那时你的母亲本来立时死的罪，可是因为有了你的关系被督办署检查了四五次才检查出来是有了你，所以为你起

手稿1

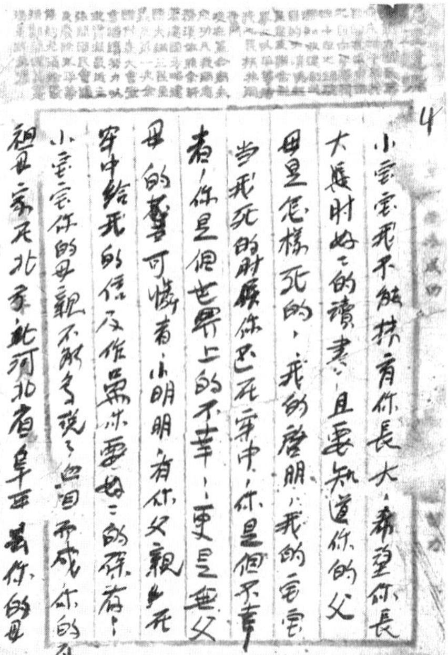
4
小宝宝我不能抚育你长大，希望你长大时好好的读书，且要知道你的父母是怎样死的。当我死的时候你还在牢中，你是个不幸者，你是个世界上的不幸者，更是无父母的苦可怜者，小明明有你父亲与死牢中给我的信及作品，你要好好的保存！小宝宝你的母亲不能多说了，望你成你的外祖母家在北京就河北省阜平县你的母

手稿4

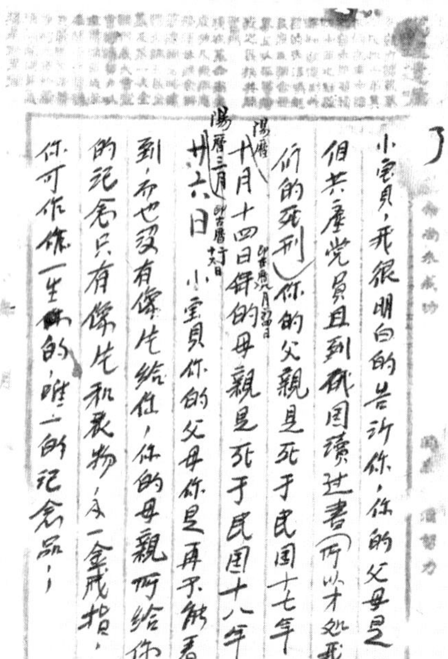
了
小宝贝，我很明白的告诉你，你的父母是一个共产党员，且到俄国读过书（所以才处我们的死刑）你的父亲是死于民国十七年阳历十月十四日（即古历八月廿四日），你的母亲是死于民国十八年阳历三月廿六日（即古历二月十六日）。小宝贝你的父母你是再不能看到，而也没有像片给你，你的母亲所给你的纪念只有像片和衣物，又一金戒指，你可作你一生的唯一的纪念品！

手稿3

赵云霄（1906—1929）

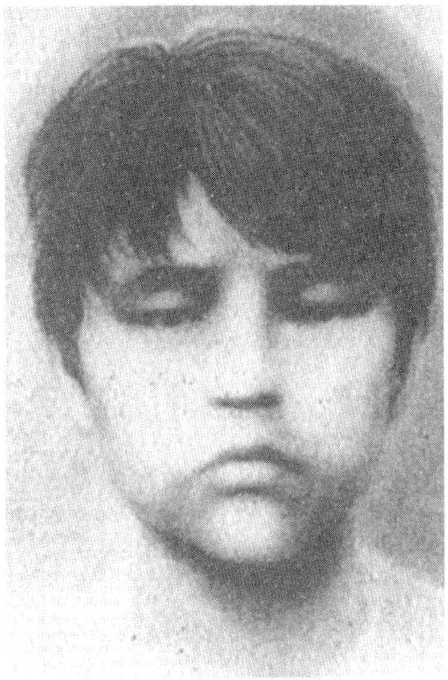

女，原名赵凤培，河北阜平人。1924年，考入保定第二女子师范学校。1925年，加入中国共产党。同年冬，受党组织选派，前往莫斯科中山大学学习，与同学陈觉结婚。1927年9月回国后，同陈觉一起开展武装斗争，组织发动醴陵年关暴动。1928年春，调回长沙中共湖南省委机关，参加组建湘南特委。同年，由于叛徒告密，与陈觉先后被捕，均被判处死刑。1929年3月26日，英勇就义，时年23岁。

启明我的小宝贝：

启明是我们在牢中生了你的时候为你起的名字，这个名字是很有义意的。因为有了你才四个月的时候，你的母亲便被湖南清乡督办署捕于陆军监狱署来了。当那时你的母亲本来立时死的罪，可是因为有了你的关系，被督办署检查了四五次，才检查出来是有了你！所以为你起了个名字叫启明（与你同样同生一个叫启蒙）。小宝宝！你是民国十八年正月初二日生的，但你的母亲在你才有一月有十几天的时候，便与你永别了。小宝宝！你是个不幸者，生来不知生父是什么样，更不知生母是如何人。小宝贝！你的母亲不能扶养你了，不能不把你交与你的祖父母来养你。你不必恨我，而恨当时的环境！

小宝贝！我很明白的告诉你，你的父母是个共产党员，且到俄国读过书（所以才处我们的死刑）。你的父亲是死于民国十七年阳历十月十四日，即古历九月初四〔二〕日。你的母亲是死于民国十八年阳历三月廿六日，即古历二月十六日。小宝贝！你的父母，你是再不能看到，而也没有像片给你，你的母亲所给你的记念只有像片和衣物及一金戒指，你可作一生的唯一的记念品！

小宝宝！我不能扶育你长大，希望你长大时好好的读书，且要知道你的父母是怎样死的。我的启明，我的宝宝！当我死的时候你还在牢中。你是个不幸者，你是个世界上的不幸，更是无父母的可怜者。小明明！有你父亲在牢中给我的信及作品，你要好好的保存。小宝宝！你的母亲不能多说了。血泪而成。你的外祖母家在北方，河北省阜平县。你的母亲姓赵，你可记着。你的母亲是廿三岁上死的。小宝宝！望你好好长大成人，且好好读书，才不负你父母的期望。可怜的小宝贝，我的小宝宝！

你的母亲于长沙陆军监狱署泪涕

三月廿四号

这是赵云霄 1929 年 3 月 24 日在狱中，写给出生仅一个月的女儿启明的遗书。

1928 年，由于叛徒告密，赵云霄和丈夫陈觉先后被捕，被判处死刑。1928 年 10 月 14 日，陈觉壮烈牺牲。赵云霄因怀有身孕延迟处决。4 个月后，赵云霄怀着悲痛在狱中生下一名女婴。然而仅过了一个多月，敌人便对赵云霄执行死刑。赵云霄临刑前给女儿写下了这封遗书。

在遗书中，赵云霄慈爱地呼唤女儿为“小宝贝”，告诉她名字的由来。作为母亲，赵云霄即将与出生月余的女儿永别，内心充满眷恋与不舍。在遗书中，她一声声地呼唤着“小宝贝”“小宝宝”，句句泣血，字字含泪。但是，赵云霄并不后悔。她自豪地告诉女儿：“你的父母是个共产党员，且到俄国读过书。”她对女儿寄予厚望，深情地说：“望你好好长大成人，且好好读书，才不负你父母的期望。”遗书中展现了一颗搏动滴血的心所饱含的强烈献身精神和伟大的母爱。

然而，寄托着父母爱与希望的小启明，在四五岁时不幸夭折。如今，陈觉写给赵云霄以及赵云霄写给启明的遗书，陈列在中国人民革命军事博物馆，诉说着这个革命家庭的动人事迹。

29 杨开慧致堂弟

（1929年3月）

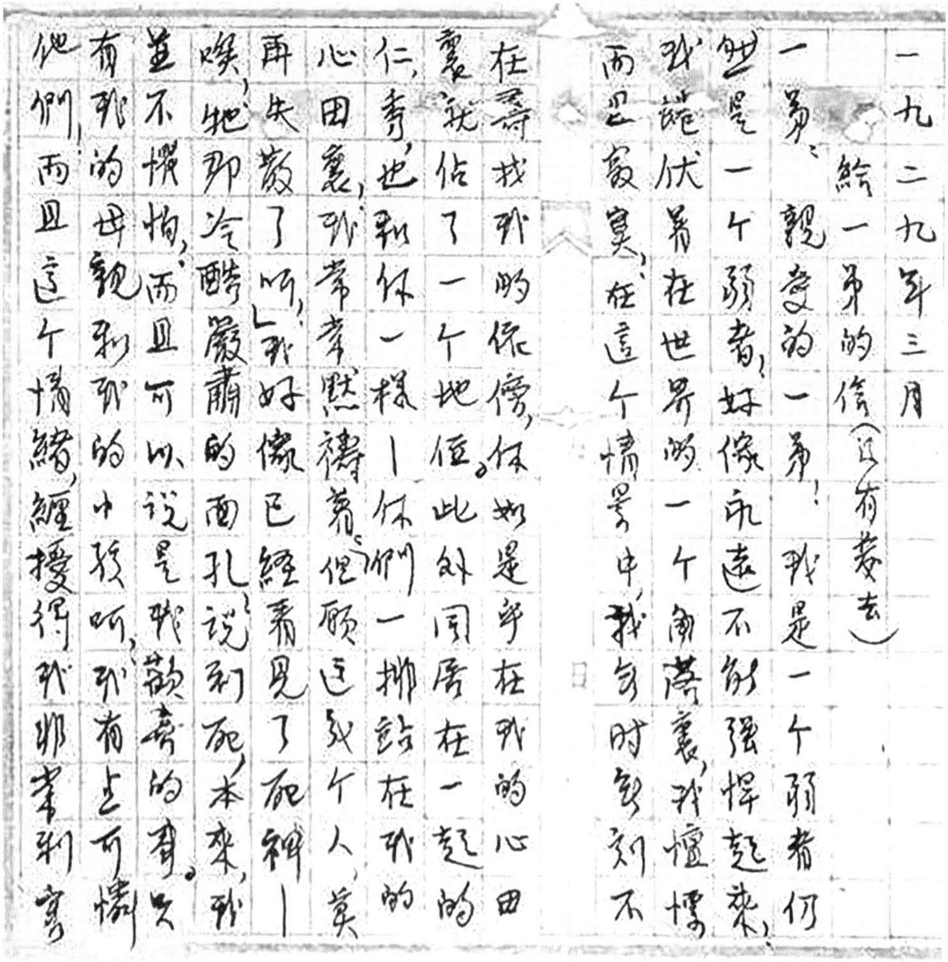
一九二九年三月

給一弟的信（沒有發去）

一弟，親愛的一弟！我是一个弱者，何曾是一个弱者，好像永遠不能强悍起來，我蜷伏着在世界的一个角落裏，我懼怕而且寂寞，在這个情景中，我總時總刻不在尋找我的保護，你好是常在我的心田裏就佔了一个地位，此外同居在一起的仁，秀，也和你一樣——你們一排站在我的心田裏，我常常默禱着，但願這幾个人莫再失散了呵，我好像已經看見了死神——唉，她那冷酷嚴肅的面孔，說到死，本來，我並不懼怕，而且可以說是我歡喜的。只有我的母親和我的小孩啊，我有点可憐他們，而且這个情緒，纏擾得我非常利害

丨前晚竟使我半睡半醒的鬧了一晚，我決定把他們丨小孩們丨託付你們經濟上之要他們的叔父長存，是不至於不管他們的，而且他們的叔父，是有很厚的愛对於他們的，但是倘若某个失掉一个母親，或者更加一个父親，那不是一个叔父的愛可以抵得住的，必须得你們各方面的愛護，方能在溫暖的青天裡自由地生長，而不至受那狂風驟雨的侵襲，這一个遺囑樣的信，你見了一定會怪我是發了神經病？不知何解我總覺得我的頭項上好像由死神那裏飛來一根毒蛇樣的繩繞，把我纏着，所以不能不早作預備，杞憂堪嗟；書不盡意，祝你一切順利，

杨开慧（1901—1930）

女，字云锦，号霞，湖南长沙人。1913年，随父亲杨昌济迁居长沙城，结识在湖南第一师范学校学习的毛泽东等进步青年。1918年，随父亲前往北京。毛泽东在北京大学图书馆工作期间，杨开慧在毛泽东的指导和帮助下，初步树立了共产主义信仰。1920年，与毛泽东结为革命伴侣。1921年，加入中国共产党。1924年至1927年，协助毛泽东在上海、韶山、广州等地开展革命活动。大革命失败后，按照党的指示，在长沙坚持地下斗争。1930年10月被捕。同年11月14日，英勇就义，时年29岁。

一九二九年三月给一弟的信（没有发去）。

一弟：

亲爱的一弟！我是一个弱者，仍然是一个弱者！好像永远不能强悍起来！我蜷伏着在世界的一个角落里，我憻〔懔〕傈而且寂寞！在这个情景中，我无时无刻不在寻找我的依傍，你如是乎在我的心田里就占了一个地位。此外同居在一起的仁、秀，也和你一样——你们一排站在我心的田里！我常常默祷着："但愿这几个人莫再失散了呵！"我好像已经看见了死神——唉！它那冷酷严肃的面孔！说到死，本来，我并不惧怕！而且可以说是我欢喜的事。只有我的母亲和我的小孩呵，我有点可怜他们！而且这个情绪，缠扰得我非常利害——前晚竟使我半睡半醒的闹了一晚！我决定把他们——小孩们——托付你们；经济上只要他们的叔父长存，是不至于不管他们的；而且他们的叔父，是有很深的爱对于他们的。但是倘若真个失掉一个母亲，或者更加一个父亲，那不是一个叔父的爱可以抵得住的，必须得你们各方面的爱护，方能在温暖的春天里自然地生长，而不至受那狂风骤雨的侵袭！这一个遗嘱样的信，你见了一定会怪我是发了神筋〔经〕病？不知何解，我总觉得我的颈项上，好像自死神那里飞来一根毒蛇样的绳索，把我缠着，所以不能不早作预备！杞忧堪噱，书不尽意，祝你一切顺利！

这是杨开慧1929年3月写给堂弟杨开明的家书。这封家书并未寄出，直至1982年杨开慧故居维修时，才在墙缝中被发现。

大革命失败后，国民党反动派大肆屠杀共产党人。1929年3月7日，杨开慧在湖南《国民日报》上看到朱德的妻子伍若兰被斩首示众的消息，深知凶残的敌人也不会放过自己，于是提笔给堂弟杨开明写下这封托孤信，希望在自己遭遇不测后，堂弟可以代为照顾孩子。

杨开慧清楚地知道革命道路的坎坷，自己可能随时会牺牲，“好像已经看见了死神”。那时，毛岸英7岁，毛岸青6岁，毛岸龙才2岁。杨开慧最放心不下的就是年幼的孩子。对她而言，要和孩子诀别，永生不能再见，是多么痛苦的事，而且牺牲以后，不知道孩子会怎样，又是多么可怕的事。一想到孩子们极可能变成孤儿，她的内心就不由得变得柔软、脆弱，“好像永远不能强悍起来”，只能蜷伏在角落里“懔慄而且寂寞”。她想写信将孩子们托付给堂弟，希望孩子们可以得到堂弟一家各方面的照顾与爱护，“在温暖的春天里自然地生长，而不至受那狂风骤雨的侵袭”。这封家书，字字情深，感情细腻，如泣如诉，饱含着革命母亲对儿子们割舍不下的牵挂，大爱真情一览无遗。

1930年10月，杨开慧被敌人逮捕。为了获得关于毛泽东的情报和党的机密，国民党反动派对杨开慧软硬兼施，严刑拷打。但杨开慧始终守口如瓶，用生命守护党的秘密。1930 年 11 月 14 日，杨开慧英勇就义。毛泽东在江西得到她牺牲的消息后，怀着悲痛写下悼词："开慧之死，百身莫赎。"后来，毛泽东写下《蝶恋花·答李淑一》，表达对革命战友和亲密爱人"骄杨"——杨开慧深深的怀念。

然而，杨开明未能收到堂姐的信，1930 年也为革命献出了年轻的生命。杨开慧的三个孩子毛岸英、毛岸青、毛岸龙一度流落上海，处境艰难。杨开慧就义 20 年后，长子毛岸英在抗美援朝战争中为国捐躯。

30 吴幼军给妻子的遗书

（1930年9月6日）

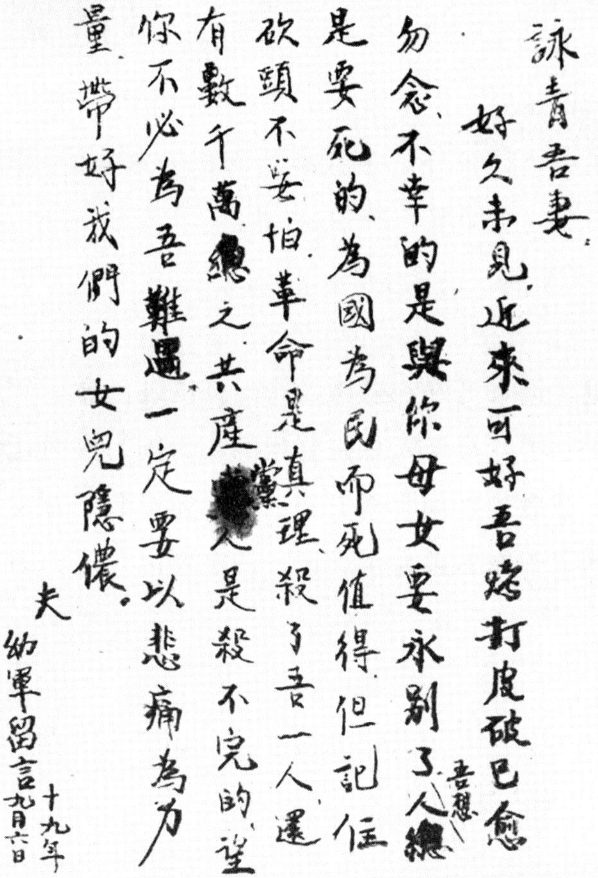

詠青吾妻：

好久未見，近來可好？吾被打皮破已愈，勿念。不幸的是與你母女要永别了，人總是要死的，為國為民而死值得。但記住：砍頭不要怕，革命是真理，殺了吾一人，還有數千萬總之共產黨人是殺不完的。望你不必為吾難過，一定要以悲痛為力量，帶好我們的女兒隱儂。

夫

幼軍留言

十九年九月六日

吴幼军（1901—1930）

原名吴邵衡，笔名邵恒、笑痕，湖南湘乡人。1918 年投军入伍，在军队里与陈赓结识。1926 年，在部队里加入中国共产党，随军参加北伐，在陈赓部担任副官和少校参谋。1927 年春，经陈赓介绍，在武汉与军医刘咏青结婚。1929 年，返回湘乡，以妻子挂牌行医的名义，开设息影医院，建立党的秘密联络点。不久，奉命前往汉口，进入国民党中央军事政治学校学习。毕业后，奉命在武汉组织党的秘密机关。1930 年，因叛徒泄密，不幸被捕。同年 9 月 7 日，在武昌阅马厂刑场被杀害，时年 29 岁。

咏青吾妻：

好久未见，近来可好？吾烤〔拷〕打皮破已愈，勿念！不幸的是与你母女要永别了。吾想人总是要死的，为国为民而死值得，但记住砍头不要怕，革命是真理，杀了吾一人，还有数千万。总之，共产党人是杀不完的。望你不必为吾难过，一定要以悲痛为力量，带好我们的女儿隐侬。

夫幼军留言

十九年九月六日

这是吴幼军 1930 年 9 月 6 日就义前写给妻子刘咏青的遗书。

在遗书中，吴幼军关切地询问妻子近况。纵然即将为革命粉身碎骨，但吴幼军却浑然不怕，只是留有遗憾——牺牲前未能再见妻儿一面。他安慰妻子，为国为民而死才有价值，并化用夏明翰《就义诗》，向妻子表明了自己的决心与意志："砍头不要怕，革命是真理，杀了吾一人，还有数千万。"这掷地有声、慷慨激昂的话语，抒发了共产党人为理想、为真理视死如归的英雄气概，闪烁着革命者对党和人民的赤胆忠心，表达了对革命必胜的坚定信念。

在写下这封遗书后，吴幼军被押往武昌阅马厂刑场。他高呼口号，从容就义。曾希圣在给吴幼军的女儿吴隐侬的信中写道："我知道你爸爸的牺牲是坚决的，光荣的。"陈赓在证明信中评价道："幼军同志是惨遭国民党杀害，英勇牺牲的。"

31 邵李清给妻子的遗书

（1930 年 10 月 1 日）

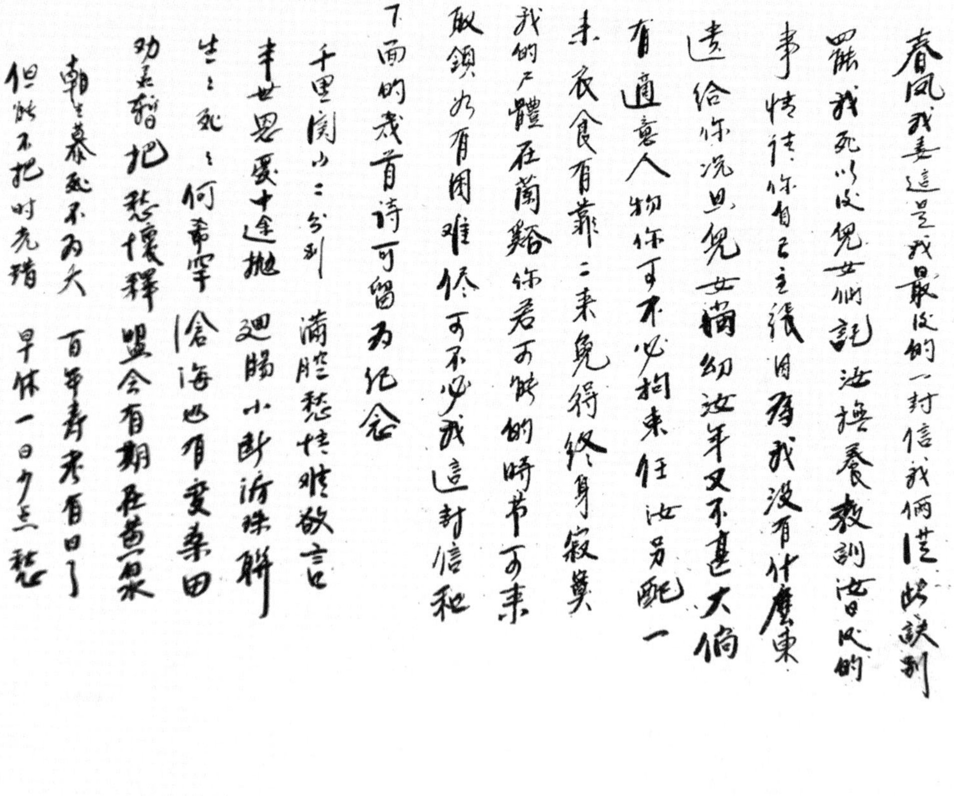

春风我妻：這是我最後的一封信，我倆從此訣别罷！我死以後兒女們託汝撫養教訓啓化的事情，係你自己主張自得，我没有什麽東遗给你，况且兒女俱幼，汝年又不甚大，倘有適意人物，你可不必拘束，任汝另配，一來衣食有靠，二來免得終身寂寞。

我的尸體在蘭谿，你若可能的時节可來收殓，如有困难，條可不必。我這封信和下面的幾首詩可留為紀念。

千里關山一分别　滿腔愁悽難啟言

來世恩愛十余遍　廻腸小断淚珠聯

生生死死何希罕　滄海也有变桑田

劝君暂把愁懷釋　盟会有期在黄泉

朝朝暮暮不為大　百年壽考有日了

但能不把时光错　早休一日少一愁

汝夫邵李青絕筆

萌

邵李清（1901—1930）

字泽民，浙江武义人。1926 年夏，加入中国共产党，在家乡组织开展农民运动。1927 年四一二反革命事变后，任中共武义县委委员、县委书记等职。1928 年 10 月，组织领导武义、永康两县联合暴动。1929 年冬，再次于武义组织武装起义。1930 年 1 月，任中共浙武红军游击队党代表、副总指挥兼参谋长。同年 9 月，因奸细告密被捕，10 月英勇就义，时年 29 岁。

春风我妻：

这是我最后的一封信，我俩从此诀别罢。我死以后，儿女们托汝抚养教训。汝日后的事情请你自己主张，因为我没有什么东〈西〉遗给你，况且儿女尚幼，汝年又不甚大，倘有适意人物，你可不必拘束，任汝另配。一来衣食有靠，二来免得终身寂寞。我的尸体在兰溪，你若可能的时节可来取领。如有困难，尽可不必。我这封信和下面的几首诗可留为纪念。

千里关山二分别，满腔愁情难欲言。
半世恩爱中途抛，回肠小断泪珠联。
生生死死何希罕，沧海也有变桑田。
劝君暂把愁怀释，盟会有期在黄泉。
朝生暮死不为夭，百年寿考有日了。
但能不把时光错，早休一日少点愁。

汝夫邵李清绝笔

十月一日

这是邵李清1930年10月1日在狱中写给妻子春风的遗书。

1930年1月，中共浙武红军游击队正式成立。邵李清任党代表、副总指挥兼参谋长，带领红军一举击毙了保卫团团长，大大鼓舞了人民革命的斗志。当地流传着这样一首民谣：“三月杨柳青又青，邵宅出个邵李清。带领穷人闹革命，五路红军三千零。打得土豪喊爹娘，衙门老爷心勿宁。”

红军队伍日益壮大，从几百人骤增至三千余人，但武器缺乏，仅有一些鸟枪和土炮。邵李清等见状，决定前往上海购买枪支。在第二次赴沪时，因奸细告密，邵李清被逮捕，押解至兰溪关押。在狱中，邵李清写下这封绝笔信，字里行间满是对妻儿的牵挂。他叮嘱妻子不要过悲，保重身体，抚养儿女，并劝妻子改嫁。虽与妻子无法携手共老，但他对革命事业并不灰心，坚信革命的火种会生生不息。他还写下遗诗，表明自己坚定的意志和视死如归的决心。

邵李清始终对共产主义事业充满必胜信心，始终以革命乐观主义精神看待未来的光明前景，体现出共产党人的无畏与坚毅。

32 王德三给父亲的遗书（节录）

（1930 年 11 月 22 日）

父親：

当兒非[illegible]想到寫信給父親和兒媳的時候，禁不住下淚來了。兒自受難到昨天都是很解脫很達觀的。你的兒子是人世上最剛强有志氣的人，他只知道人類，只知道社会，完全沒有一点自私和自私自利的習氣。不獨你的兒子自己相信，人們都把他看待成一個有志節有能為的人物。但是父親！人們只知道兒是鋼鉄一般的硬漢，他們那裡曉得兒是一個最富感情最柔腸的小孩子！

父親：兒的思想信仰完全与父親不同，但是兒願由來解釋，來安慰[illegible]。父親，其實任何道理都是相对的，都具有時間和環境的條件。父親所處的時代和環境形成了父親的思想和信仰。兒雖曲意解釋，均出於至性至情，只是用婉曲的語[illegible]把意思寫給父親。兒还想寫一信給兒媳，但是現時都还沒有想定究竟如何寫？如果不再寫的信，这一封信[illegible]來可以交給兒媳看，孫兒們看，当他们懂得兒的時候，可以打開这信看看！

我們的家庭，是所謂書香寒士的人家。祖父一生沒有做过一件錯事。他不是一個什么偉大的人物，而是一個沒有缺点的完人！一生沒有吸过洋烟黄烟，沒有喝过酒，飯食有定量，起居有定時，不苟言不苟笑，沒有說过人，沒有得罪过人，沒有[illegible]过公事，而為鄉里排难解紛，化除一切訟事。王胡朱張四姓四村，成為仁里德鄰，沒有個進[illegible]的人，沒有個偷盜[illegible]訟的人。我家從來不講勢力，但是祖父父親伯叔们的德望，可以移風化俗。祖父的学生遍布下川三甸。全家七十餘口，分家時候，还是和和气气地隨便分開。我们的家庭實在是古典社会中的模範，祖父就是那樣社会中的理想人物。祖父活到九十四五歲，享盡了一生清福，有父親那樣好的兒子，孫子们又很争气，社会对他又很尊敬，只有[illegible]很滿意。[illegible]的表示兒深知道，四叔早年團練，父偏祖伯母最不很滿意他，但到[illegible]的沒有任何人說过祖父一句坏話。兒对祖父，覚得沒有任何遗恨的地方！

兒幼年多病，得祖母相依數年。現在都[illegible]祖母性气很怪，吃飯要先把小鴉[illegible]起，兒現在都還記得，可是也不有什么[illegible]。就是祖母死得較早，可是父親那樣孝道，母親待祖母也最好。（[illegible]上夢見祖母，[illegible]坐在床上[illegible]。）

最使兒不能忘記的就是父親兒媳同所已經死去的母親和三弟。大哥身体很弱，做事也比較[illegible]，可是他是聰明有思想的人。他與兒自幼同学同父，而長後各自分飛，各能自主。兒[illegible]他多從学問上努力。兒最[illegible]心他[illegible]事仰事不[illegible]，[illegible]習氣。大姐是母親父親最愛厚的侄女，兒是在大姐背上長大起來的，可是她現在很好过。外甥们已經長大，只是[illegible]赶馬，全不張書，这也難了她；家那樣環境，不会出傑[illegible]人，不必强勉。才女給大姐做兒媳，也很好，只是我在血統上（生理的）不喜，可是大姐必定喜欢。只是才女那樣聰明可愛的女孩，兒輩不能使她讀書，家裡又把她纏起[illegible]，兒[illegible]到才女和鳳妹的小孩们[illegible]，[illegible]我們弟兄三人就把人才出到絕頂了。[illegible]们弟兄不能[illegible]教养子女，使他们成為[illegible]社会[illegible]，定了我们家庭的命運。鳳妹是父親母親的独女，幼不成才，兒恐她出嫁受苦，又念兒輩[illegible]书，父親母親太勞累，就把她招婿家內，而妹夫又不成才，倒使父親[illegible]氣。兒累次請父親把他分出另居，使他受些磨鍊。鳳妹的小孩，兒也常想使他们受些教育，可是分居在外怎能做到，今後只有望大哥去扶持他们。大哥現在已有兩女孩，一個男孩，兒的兩個小孩[illegible]長大，父親已有[illegible]。兒女或者他們中間还有個可以教育成材！

我們家程從來是穷，但穷不会穷死人，以後也不必[illegible]積錢，只要教育子女[illegible]，[illegible]不要过於爱惜他，[illegible]就是培養人才最好的方法，[illegible]到社会上去[illegible]，他在艱难困苦中，在社会中去增加閱歴，求得智識，培養得[illegible]勇敢的精神。艱难困苦不会磨折死人！孟夫子說得好：「[illegible]勞其心志，勞其筋骨，餓其体膚，[illegible]所以動心忍性，增益其所不能」，这是很好的教育原理，不过后頭要處處提高他的自動自觉的精神。兒輩弟兄三人，就是在父親这种教育精神中培養出來的。兒幼時本来是個多病[illegible]的，怕死[illegible]，[illegible]地狱的苦痛[illegible]。

[illegible]三人同坐，要坐在中間。大姐一說，[illegible]来了，[illegible]起來，可是自入小学以後，父親那樣上心教育我们，九歲就会讀四書，我记得一次讀「不有祝鮀之佞，而有宋朝之美」，全堂講不出解釋，「而」字是「[illegible]有」的意思，很得父親誇獎。我在父親手裡只為賭錢，着打過[illegible]戒板。後來父親不再教学，我就不耐煩去讀，閒在家裡，父親[illegible]。大哥從大理寫信來，約我，我不十一歲就跑去大理入中学，父親也許可我去。我[illegible]上大理去，学堂已上課半学期，我进去一[illegible]，問都不有問，又跑回來，只用了半元錢。第二年[illegible]考高等小学，讀了半年，[illegible]回來（校長是個很好的校長，我現在还忘不記他），父親也不責備，在家裡混了一年，讀四書集注，看西厢，吸草煙。父親也还是那樣地教育我，只是[illegible]第二年父親就送我[illegible]長換了才[illegible]，地送我到学校去，[illegible]，以我在小学畢業，又到中学去，在中学三年，[illegible]鬧了很大風潮，不能在大理存身，我約着一個同学回家，要[illegible]，父親也不責備，[illegible]打算[illegible]，[illegible]湖風潮的[illegible]情。父親只说，要学[illegible]預備升学。這時大哥已去北京讀書。

本文物资料捐赠者
王月中

本文物资料捐赠者
王月中

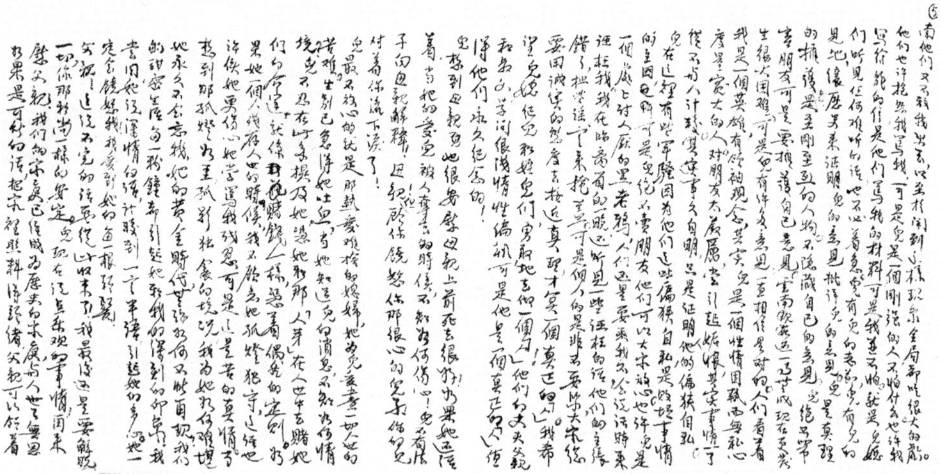

⑤
南他们又不放我出去，以至于闹到这样现象全局都吃很大的亏。他们也许抢先骂我，可是儿是一个刚强的人，不怕什么，也许我写给你的信是他们骂我的材料，可是我并不怕，就是儿媳们听见任何难听的话，也不必着急，儿有儿的志节，儿有儿的见地，倘历史来证明儿的意见，批评儿的意见，儿是真理的拥护者，是至刚至直的人物，不隐藏自己的意见。儿绝不常害朋友，可是要拥护自己意见。云南政治这一次造成现在更为[illegible]生活大困难，可是儿有许多意见一直相信是对的，人们看着我是一个英雄有领袖观念，其实儿是一个性情固执而无私心、度量宽大的人，对朋友太厚，屡次引起嫉恨，其实事情了[illegible]不为人计较，其实事久自明，总是证明他们的偏狭自私。

儿在这里有些寒心，因为他们这些偏狭自私是咬坏事情的主因，也许可是儿绝不责朋友，他们可以大家放心，也许儿是一个处处讨人厌的黑老鸦，人们还是要乘我不注意说话时来诬枉我，我在临离前的一晚，还听见一些诬枉的话，他们的主张错了，批评了来掩盖，可是他们的是非要等大家总要用诚实的态度去接近真理，才算一个真正的「人」。我希望儿媳、侄儿和孙媳、儿们实现她去做一个「人」，他们的丈夫父亲和外公之间很深的情性偏执，可是他是一个真正的「人」，使得他们永久纪念的！

儿想到母亲，因她很安慰，母亲上前死去很好！如果她还活着，当把她的爱儿被人夺去的时候，不知将何伤心！儿不肯孩子向母亲解释！但父亲，[illegible]你饶恕你那狠心的儿子，[illegible]付着你流下泪了！

儿最不放心的就是那热爱难舍的媳妇，她为儿丧尽一切人世的苦难，生别已急得她吐血，当她知道儿的消息，不知将何情境。儿不忍在此多提及她，恐她那「人才」在人世中去赌她们的命运，就像赌钱一样，怨着偶然的定则。如果她一个人残存人世的时候，我不能为她孤灯独守，这也许使她更伤心。她常骂我残忍，可是这是苦的真情。当想到那孤灯将至孤影独处的境况，我为她将何难堪。她永久不会忘我，她的黄金时代在我的何不能再现。我们的甜蜜生活每一秒钟都引起她我的得到的印象，我当因她深情的话，许瞬到一个半钟引起她的多心，她一定会饶恕我，我爱到她的每一根头发。

父亲！这说不完的话要从此收束了！我最后还是要解脱一切，你那种尚一样的安定。儿现在很真乐观的事情，闲来慰父亲，我们的家庭已经成为历史的家庭，人世了无恩怨，如果是可行的话，把家里照料得好，请父亲可以[illegible]着

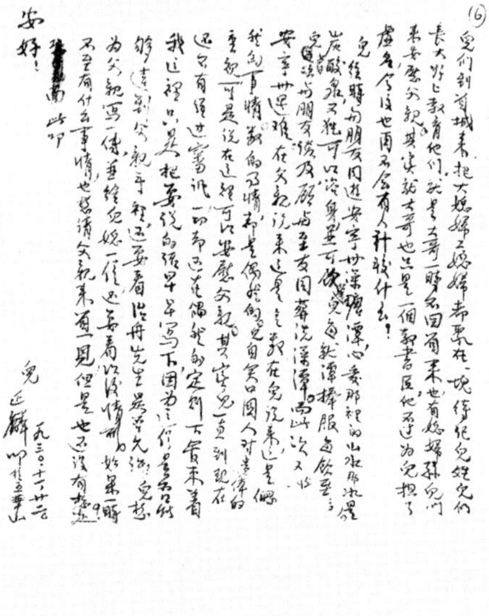

⑥
儿们到省城来，把大媳妇二媳妇都养在一块，侍候儿姪儿们长大，好好教育他们，就是大哥一时不回省来，也有媳妇孙儿们来安慰父亲，其实就是大哥也只是一个读书匠，他不过为儿担了虚名，今后也再不会有人计较什么！

儿经[illegible]的朋友同进安宁州温泉，心爱那里的山水，那温泉是炭酸泉，不独可以洗身，并可饮，儿每就温泉换服饮至三[illegible]。儿曾[illegible]的朋友[illegible]及[illegible]至交同葬洗温泉[illegible]此次又[illegible]安宁州还难在父亲说来还是儿最[illegible]在儿说来还是[illegible]我的事情都有不情，都是偶然的。儿自[illegible]因人对[illegible]的重[illegible]可是从在这里可以安慰父亲，其实儿一直到现在还没有领过审讯，一切都还在偶然的定则下，管不着。我这里只是把要说的话早早写下，因为不[illegible]能够达到父亲手里，还要看[illegible]先生是否允许。儿想为父亲写一信，并给儿媳一信，还要看以后情形。如果一时不至有什么事情，也要请父亲来省一见，但是也还没有[illegible]

[illegible]此叩

安好！

儿 正麟 叩
[illegible]三〇·十一·廿三 于五华山

王德三（1898—1930）

原名王懋廷，又名王正麟，号德三，云南祥云人。1921年，考入北京大学，加入北京大学马克思主义学说研究会。1922年，经邓中夏介绍加入中国共产党。1924年秋，到陕北建立党组织。历任中共北京区委委员、中共云南省委临时工委书记、中共云南省委书记等职。1930年11月，因叛徒出卖被捕，英勇就义，时年32岁。

父亲：

当儿昨夜想到写信给父亲和儿媳的时候，禁不住流下泪来了。儿自受难到昨天，都是很解脱很达观的。你的儿子是人世上最刚强有志气的人，他只知道人类，只知道社会，完全没有一点自私自利的习气。不独你的儿子自己相信，人们都把他看待成一个有志节有能为的人物。但是，父亲，人们只知道儿是钢铁一般的硬汉，他们那里晓得儿是一个最富感情、最柔肠的小孩子！

（略）

我们家里从来都穷，但穷不会穷死人，以后也不必积钱，只要教育子女，让他去充分发展个性，不要过于爱惜他。像父亲对儿辈，这就是培养人才最好的方法。把他送到社会上去，让他在艰难困苦中，在各层的社会中去增加阅历，求得智识，培养得冒险勇敢的精神。艰难困苦不会磨折死人。孟夫子说得好："苦其心志，劳其筋骨，饿其体腹〔肤〕……所以动心忍性，增益其所不能。"这是很好的教育原理，不过应该要处处提高他的自动自觉的精神。儿辈弟兄三人，就是在父亲这种教育精神中培养出来的。儿幼时本来是个多病怯懦、怕鬼怕死的人，每天想到地狱的苦痛，会独自在广场中拜空祈祷。三人同坐，要坐在中间，大姐一说“张国亮（打死的木匠）来了”，就会把我骇叫起来。可是自入小学以后，父亲那样上心教育我们，九岁就会讲《四书》，我记得一次讲“不有祝托〔鮀〕之令〔佞〕而有宋朝之美”一章，全堂讲不出，我解释“而”字是“而又不有”的省文，很得父亲夸奖。我在父亲手里，只为赌钱着打五个戒板。后来父亲不有教学，我就不耐烦去读，闲在家里，父亲并不责备。大哥从大理写信来约我，我只十一岁，就跑去大理入中学，父亲也许可我去。我和保生叔上大理去，学堂已上课半学期，我进去一转，问都不有问，又跑回来，只用了半元钱。第二年才去考高等小学。读了年半，同校长斗气，又跑回来（校长是个很好的校长，我现在还忘不记他），父亲也不责备。在家里混了一年，读《四书集注》，看《西厢》，吸草烟，父亲也还是好好地教育我，只是把我的烟袋丢了。第二年父亲知道校长换了，才领我去耍水木山，暗地送我到学校去，到青华洞才同我说出，我也就去。从此我在小学毕业，又到中学去。在中学三年后，闹了很大风潮，不能在大理存身，我约着一个同学回家，要转学省城，父亲也不责备，好好打发我来省。当然，我并不把闹风潮的事情告诉父亲，只说要学英文，预备升学。这时大哥已去北京读书一年（民国七年）。可是临走时父亲嘱咐不要再闹，好好读书，我才知道丁其彦校长（丁先生办事能力不好，但是一个心地很好的校长，待我很好，我民国七年到省，和萧四先生找他，他不理我，可是我常思念他。）到云南驿，已经把学校风潮说出。我自民国七年到省，只是专心读书，不交朋友，不作什么活动，那时省城的学生很少认得我的。民国八年到北京，考期已过，我补习一年，非常专心，连同乡都很少来往。我在北京穿的棉衣，是家里缝的粗布面子，裤子、袜子都是家里带去布做的。我们随去那里，只带很少路费，更不管以后用度。中学以前是父亲给我们的教育，中学以后是自己磨炼出来。

我在高级小学二年级以前，是读经复古的旧学气派，秦汉以下的书不读，我最恨同学们读《东莱博议》。中学二年以前，唐宋以后的文章不读，中学三年才读明清诸家归、曾、姚的文章。到省后才看《新青年》。可是我自幼都爱学数学，学校考试，数学总是一百分。不过在中学以前，总觉得数学和别样自然科学不有什么深远的学问，我们的数学教员周南先生告诉我们："数学好可以读《易经》。"我们的理化教员周谟先生是学《庄子》、学佛经的人。学校的风气只是读古文、写字。我在中学时候是最用功的一个，每天早上三点钟就起床，用功过度，脑部得病，可是多部分时间都消磨在读古文上。民国八年以后，我专心想学数学、物理。民国十三年后，因母亲和三弟的刺激，我被社会的潮流卷进革命来。民国十九年十一月十九，我在安宁州的路上被捕。

我详细写出幼年生活，在叙明我的生活方向发展的基点。人的生活和思想并不是孤立地自由发展起来，而是社会环境所规着。如果没有母亲和三弟的刺激，没有父亲这样爱的广大的教育，没有现在的时代和儿半生（?）坚〔艰〕苦冒险的生活，也锻炼不出你的这样的儿子。儿的幼年以至现在的思想的发展，代表着所处的时代的发展。儿在性格上得到母亲很深刻的影响，幼年时代得到父亲优良的培养，而壮年始被社会潮流所卷入。

父亲，儿恐难与父亲见到一面！儿写到这里，心里是怎样的难受！儿自民国七年离开父亲，日夜思念！然无由得见父亲，一则为我的事情羁绊着；再则不能不硬着心同我的父母兄弟朋友隔离，以免彼此牵累。父亲虽然不知道我做什事情，但父亲相信我是正直的人。从前就是，现在我也只能用移孝作忠的道理来安慰父亲。父亲是最达观的人，儿现在已满卅二岁，颜子也不过活了卅二岁，他并不有做出什么事业，好端端的病死，孔夫子空夸他一场。安弟比儿尚小几岁，已死去多年。儿不忍心提到的三弟，他也短命死去，又有什么法子！如果谣言是实，大哥真正病死，那就是儿尚残存，对父亲也是最伤痛的事情！大哥空生一世，也是最可惜的事情。所以儿那时听见谣言，非常伤恸，决心冒险回见父亲。现在儿已打听确实，大哥尚康健，近且添一男孩，这是可以安慰父亲的一件事情。儿生卅二岁，身体处处康健，只是脱了三个牙齿。儿自信不有做了什么对不起父亲、对不起人类的事情。儿非病死短命，是被人压迫去成仁就义。从表面看来，父亲活生生的儿子、儿媳最亲爱的丈夫、纪儿的伟大的父亲被人夺去，是最可悲恸的事情。可是，父亲是最达观的人，古言说："人各有一死，死或重于泰山，或轻于鸿毛。"儿已处此境地，如果要偷生苟活，那就要做出些无廉耻的事情，那时你儿子又有什么脸在人世上？天下人听见云南就要骂王懋廷是个无耻的人；云南人提着王字，就要指着祥云县说些不好听话！儿现时只有拿定主张，把身子献给人类了！儿并无痛苦，儿常想，病着慢慢的死，比立刻死去要痛苦得多。一般经历过的人说：枪打□时不疼，过后才疼，那么认得时已经死去，有什么痛苦？儿对人生，层层看透，自信比和尚还了悟些。不单儿毫无痛苦，说穿了，也是使父亲在无法中从宽处想的一件事情。（略）就是儿那聪明多情的媳妇，当她看见这信，也总会宽心一点。父亲和儿媳，你们看了这信，可以知道我为什么忍着心离开你们！你们应该用更伟大的爱安慰你们自己！你们大家可以常常想着父亲的儿子、儿媳的丈夫、纪儿的父亲，还是活生生地同你们在人世上，不过因为他的事情在着远处，不能来同你们见面。儿幼时独自一个骑着青马去找朋友，走着僻静小路，忽然想到："如果我被贼来杀去，我的魂魄还是要回家去，随着父亲母亲常此读书。"这是痴儿说梦，可是有真正道理。我们只要把"祭如在"的话改成"记如在"，就会大家安慰了！

儿所做的事情是反对官府的，这是主义上的事情，私人不有什么仇气。儿被捕后，龙主席也很优待，他打发人问我有什么说话〔话说〕，也允许我写信回家，不过要经他看过。儿已寄给他一信，第一，望他把这信保存，将来成为历史上有价值的文章，让历史来证明儿的眼光；第二，托他在个人关系上优待家属，因为我家从此只成历史的家庭，与人也了无恩怨；第三，我也希望再活些时候，能够在学问上再做些事业。儿想写点云南历史上的著作，写点少数民族（苗夷）问题，分析法国来云南后的社会经济情形。（略）

（略）儿有儿的志节，儿有儿的见地，让历史来证明儿的意见，批评儿的意见。儿是真理的拥护者，是至刚至烈的人物，不隐藏自己的意见，儿绝不带害朋友，可是要拥护自己意见。云南还一事无成，现在更发生很大困难，可是儿有许多意见一直相信是对的。人们看着我是一个英雄，有领袖观念，其实儿是一个性情固执而无私心、度量宽大的人。（略）个人的是非不要紧，大家总要用诚实的态度去接近真理，才算一个真正的“人”。我希望儿媳、纪儿和侄儿们，勇敢地去做一个“人”！他们的丈夫、父亲和叔父学问很浅，性情偏执，可是他是一个真正的“人”，值得他们永久纪念的！

儿想到母亲也很安慰！母亲上前死去很好。如果她还活着，当她的爱儿被人夺去的时候，不知如何伤心！儿不有法子向母亲解释！母亲！但愿你饶恕你那很〔狠〕心的儿子！你的儿对着你流下泪了！

儿最不放心的，就是那热爱难舍的媳妇，她为儿受尽一切人世的苦难。生别已急得她吐血，当她知道儿的消息，不知如何情境？儿不忍在此多提及她。凭她和那“人芽”在人世中去赌她们的命运，就像赌钱一样，凭着偶然的定则。如果她一个人残存人世的时候，我不愿意她孤灯独守，这话也许使她更伤心，她常骂我残忍，可是这是苦的真情。为想到那孤灯如豆、孤影独衾的境况，我为她如何难堪！她永久不会忘我，她的黄金时代，无论如何不能再现！我们的甜密〔蜜〕生活，每一秒钟都引起她和我的深刻的印象！我常同她说深情的话，计较到一言半语，引起她的多心，她一定会饶恕我！我爱到她的每一根头发！

父亲！这说不完的话要从此收束了！我最后还是要解脱一切，像那和尚一样的安定。儿现在说点乐观的事情，再来□慰父亲。我们的家庭已经成为历史的家庭，与人世了无恩怨。如果是可能的话，把家里照料得头绪，父亲可以领着侄儿们到省城来，把大媳妇、二媳妇都聚在一块，待纪儿、侄儿们长大，好好教育他们。就是大哥一时不回省来，也有媳妇、孙儿们来安慰父亲。其实就大哥也只是一个教书匠，他不过为儿担了虚名，今后也再不会有人计较什么！

（略）

此叩

安好！

儿正麟

叩于五华山

一九三〇，十一，廿二

这是王德三1930年11月22日在昆明五华山狱中，写给父亲的万言遗书。

写这封遗书时，王德三已被捕三天，并已决心为革命事业献身。遗书既彰显了共产党人的铮铮铁骨，也向父亲和妻儿流露出脉脉温情，展现出烈士内心中最为柔软的部分。

在遗书中，王德三回顾了自己的成长经历，以此表明他人生发展方向的基点所在。他写道：“人的生活和思想并不是孤立地自由发展起来，而是社会环境所规着。”王德三身处一个新旧交替的大变革时代，得益于父母的悉心培养，为马克思主义的真理性所吸引，选择以共产主义作为毕生信仰，并加入中国共产党，从此坚定地走上革命道路。他向父亲倾诉这些，不仅表达对父亲养育之恩的感激，也总结了家庭教育的宝贵经验，寄托了培育后继之人的希望。“只要教育子女，让他去充分发展个性，不要过于爱惜他”，王德三如是写道，“这就是培养人才最好的方法”。只有在社会中增加阅历，求得知识，才能使人获得勇气，才能培养出勇敢的精神。

王德三即将与父亲永别，心中无比难受，对妻儿也难以割舍。然而，他明白，革命事业比个人亲情更重要。他借用古人的话，“人各有一死，死或重于泰山，或轻于鸿毛”。为共产主义事业而献身，正是他所认为的“重于泰山”的人生价值。王德三抱定这一信念，在遗书中写道：“只有拿定主张，把身子献给人类了！”

在遗书中，王德三对死亡没有流露出半点恐惧，只有慷慨就义的从容和对家人的眷恋不舍。在生死抉择面前，他毅然选择了舍身成仁，彰显出为了真理和正义，敢于抛头颅洒热血的共产党人的光辉。这封催人泪下的遗书，必将激励着一代又一代中国共产党人不忘初心，砥砺前行。

33 冷少农致儿子

（1931年1月8日）

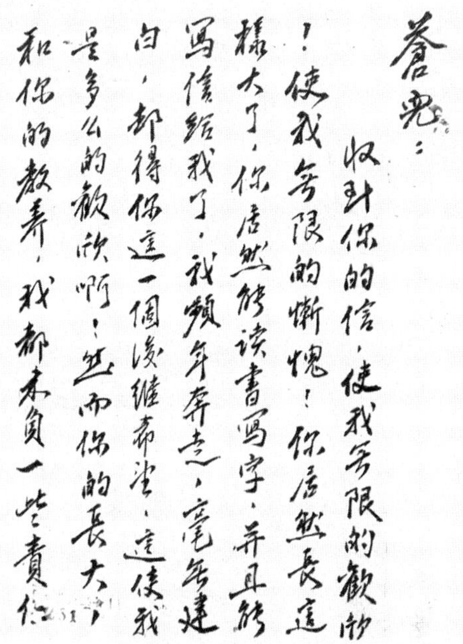

蒼兒：

收到你的信，使我無限的歡欣！使我無限的慚愧！你居然長這樣大了，你居然能讀書寫字，并且能寫信給我了。我頻年奔走，毫無建白，卻得你這一個後繼希望，這使我是多么的歡欣啊！然而你的長大，和你的教養，我都未負一些責任

手稿1

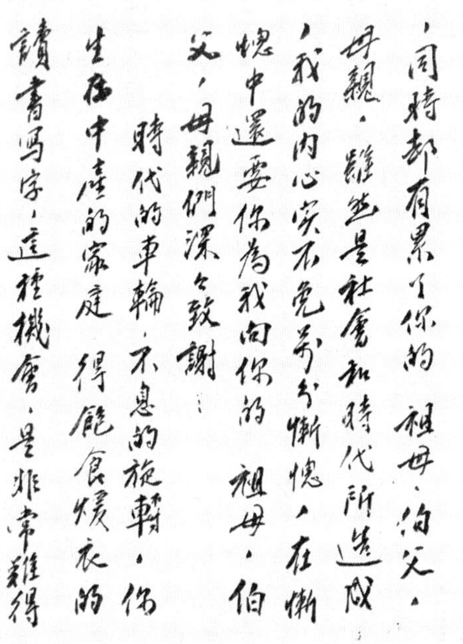

，同時都有累了你的祖母、伯父、母親，雖然是社會和時代所造成，我的內心實不免萬分慚愧，在慚愧中還要你為我向你的祖母、伯父、母親們深深致謝：

時代的車輪，不息的旋轉，你生在中產的家庭，得能食煖衣的讀書寫字，這種機會，是非常難得

手稿2

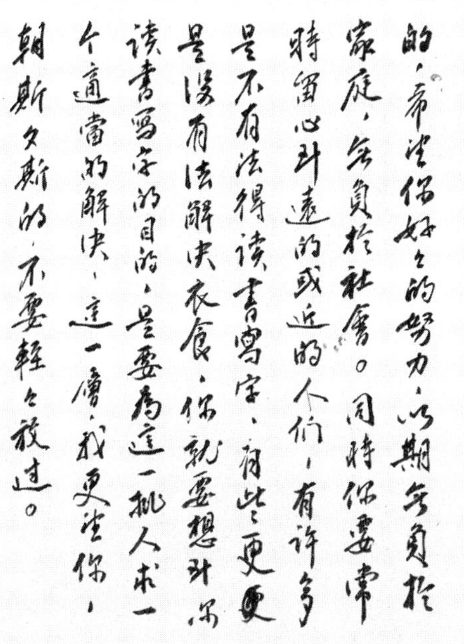

的，希望你好好的努力，以期無負於家庭，無負於社會。同時你要常時留心到遠的或近的人們，有許多是不有法得讀書寫字，有些更更是沒有法解決衣食，你就要想到你讀書寫字的目的，是要為這一批人求一個適當的解決，這一層，我更望你，朝斯夕斯的，不要輕輕放過。

手稿3

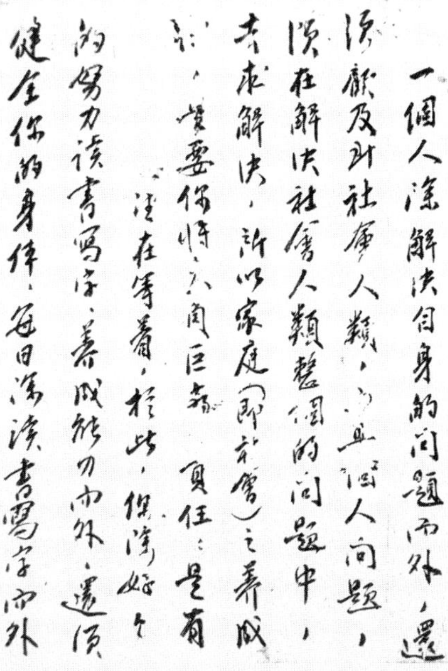

一個人除解決自身的問題而外，還須顧及到社會人類，並個人問題，須在解決社會人類整個的問題中，去求解決，所以家庭（即社會）之養成你，實要你將來負巨大責任：是有在等着，於此，你須好好的努力讀書寫字，養成能力而外，還須健全你的身體，每日除讀書寫字而外

手稿4

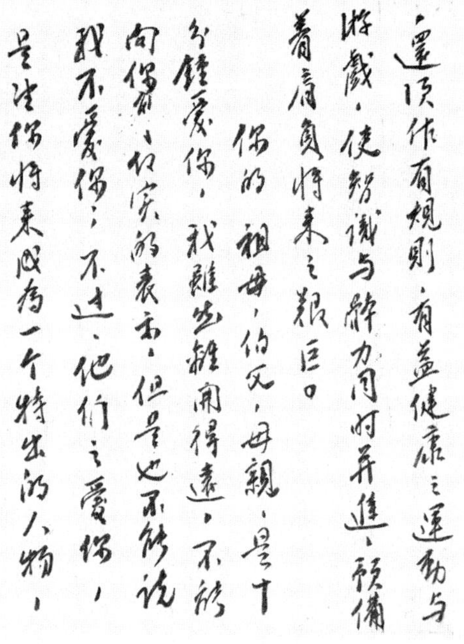
還須作有規則、有益健康之運動与
游戲，使智識与體力同時并進，預備
着肩負將來之艱巨。
你的祖母、伯父、母親，是十
分鍾愛你，我雖然離開得遠，不能
向你有切實的表示，但是也不能說
我不愛你；不過，他們之愛你，
是望你將來成為一个特出的人物，

手稿5

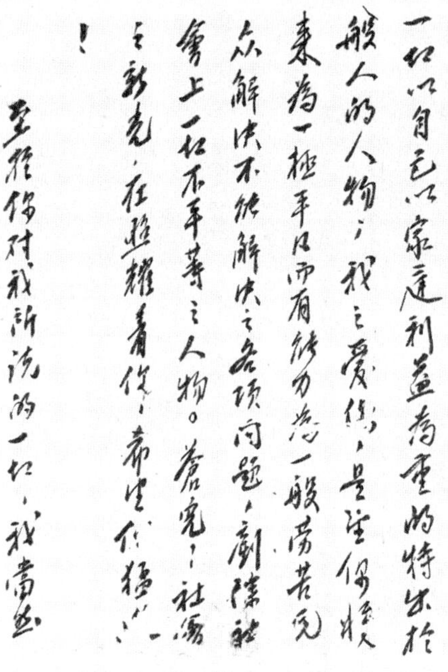
一切以自己、以家庭利益為重的特出於
一般人的人物；我之愛你，是望你將
來為一極平凡而有能力為一般勞苦民
众解決不能解決之各項問題，剷除社
會上一切不平等之人物。蒼寬！社會
之新光，在照耀着你，希望你猛進
！
至於你對我所說的一切，我當盡

手稿6

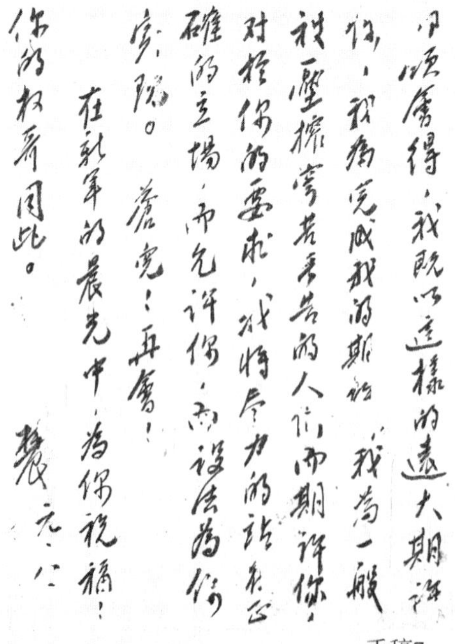
力順受得，我既以這樣的遠大期許
你，我為完成我的期許，我為一般
被壓榨受苦受苦的人們而期許你，
对於你的要求，我將盡力的站在正
確的立場，而允許你，而設法為你
實現。
蒼寬！再會！
在亂軍的晨光中，為你祝福！
你的叔父同此。
襲元仁

手稿7

冷少农（1899—1932）

贵州瓮安人。1917年，考入贵州省立法政专门学堂。五四运动爆发后，参加贵阳学生游行示威。1925年，前往广州参加大革命，其间加入中国共产党。1927年大革命失败后，根据党的指示，潜伏在敌人内部，积极为党收集重要情报，发展党组织。1932年3月，不幸被捕。同年6月，慷慨就义，时年33岁。

苍儿：

收到你的信，使我无限的欢欣！使我无限的惭愧！你居然长这样大了，你居然能读书写字，并且能写信给我了。我频年奔走，毫无建白，却得你这一个后继希望，这使我是多么的欢欣啊！然而你的长大和你的教养，我都未负一些责任，同时却有累了你的祖母、伯父、母亲。虽然是社会和时代所造成，我的内心实不免万分惭愧，在惭愧中还要你为我向你的祖母、伯父、母亲们深深致谢。

时代的车轮不息的旋转，你生在中产的家庭，得饱食暖衣的读书写字，这种机会是非常难得的，希望你好好的努力，以期无负于家庭，无负于社会。同时你要常时留心到远的或近的人们，有许多是不有法得读书写字，有些更是没有法解决衣食。你就要想到你读书写字的目的，是要为这一批人求一个适当的解决。这一层，我更望你朝斯夕斯的不要轻轻放过。

一个人除解决自身的问题而外，还须顾及到社会人类，而且个人问题须在解决社会人类整个的问题中去求解决。所以家庭（即社会）

之养成□，是要你将□□巨□……[1]责任，是有……请再等着，于此，你除好好的努力读书写字、养成能力而外，还须健全你的身体，每日除读书写字而外，还须作有规则、有益健康之运动与游戏，使智识与体力同时并进，预备着肩负将来之艰巨。

你的祖母、伯父、母亲是十分钟爱你。我虽然离开得远，不能向你□切实的表示，但是也不能说我不爱你。不过，他们之爱你，是望你将来成为一个特出的人物，一切以自己、以家庭利益为重的特出于一般人的人物；我之爱你，是望你将来为一极平凡而有能力为一般劳苦民众解决不能解决之各项问题，铲除社会上一切不平等之人物。苍儿，社会之新光在照耀着你，希望你猛进！

至于你对我所说的一切，我当然□领会得，我既以这样的远大期望许你，我为完成我的期许，我为一般被压榨穷苦无告的人们而期许你。对于你的要求，我将尽力的站在正确的立场而允许你，而设法为你实现。

苍儿，再会。

在新年的晨光中为你祝福！你的权哥同此。

农

元，八

这是冷少农1931年1月8日写给儿子冷德苍的家书。

1925年秋至1931年，冷少农因肩负革命任务，长期未能归家，而印象里尚在襁褓之中的苍儿已长大，“居然能读书写字，并且能写信”，这给他带来无穷暖意，也让作为父亲的他百感交集。因此，在给苍儿的家书中，冷少农为有“这一个后继希望”而倍感欢欣，又为自己未能尽到抚育责任并拖累亲人，内心不免万分惭愧。冷少农为了

① 原件此处有残损，下同。

大多数劳苦群众的解放，舍弃个人和小家的幸福，这封家书从一个侧面展现了革命先烈的铁骨柔情。

在家书中，冷少农寄予苍儿深切的期许与厚望。他告诉儿子，要想读书写字的目的，“是要为这一批人求一个适当的解决”，要有开阔的视野，认识到“个人问题须在解决社会人类整个的问题中去求解决”，更要有远大的理想抱负，立志做“平凡而有能力为一般劳苦民众解决不能解决之各项问题，铲除社会上一切不平等之人物”，而且对社会要有责任感与使命感，“一个人除解决自身的问题而外，还须顾及到社会人类”。同时，要肩负将来的重任，须锻炼身体，强健体魄，“智识与体力同时并进”。这些言语，叮咛又叮咛，关切复关切，让人感受到一个革命者父亲对儿子的感召与呼唤，是共产主义红色家风的真实体现。

34 朱杏南给家人的遗书

（1931 年 5 月 19 日）

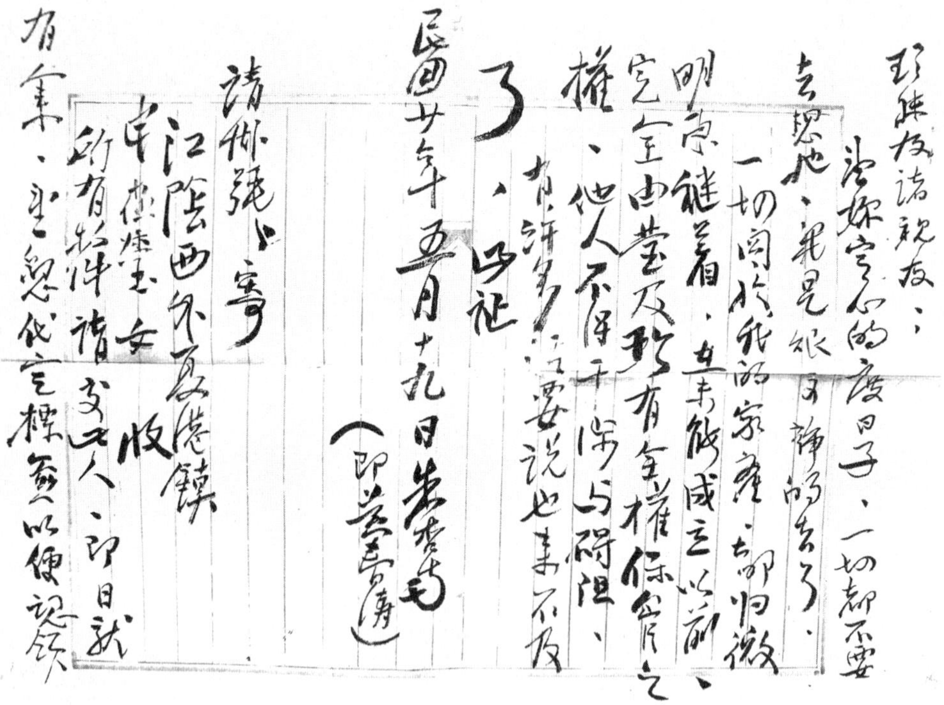

珍姝及诸亲友：

望妹安心的度日子，一切都不要去想他。我是很平静的去了。

一切关于我的家产，都归徽明继着，并未能成立以前，完全由堂叔珍有全权保管之权，他人不得干涉与阻碍。

有许多话要说也来不及了。

此证

民国廿年五月十九日朱杏南（印盖遗属）

请衙张寄

江阴西外夏港镇

宋懋燊女收

所有物件请交此人，即日就

有余，收恕代之标签以便认领

朱杏南（1899—1931）

江苏江阴人。1926 年，加入中国国民党。次年，北伐军进驻江阴城，朱杏南参加国民党江阴县临时党部工作，看到国民党内部争权夺利、相互倾轧，认清其反动面孔，转而加入中国共产党。八七会议后，积极参与江阴的农民暴动。1928 年，任中共江阴县委委员。1929 年春，调任中共苏州吴县县委书记，深入开展农村宣传工作。1930 年 9 月不幸被捕，次年 5 月 19 日在南京雨花台从容就义，时年 32 岁。

我的亲戚朋友们：

我的心灵早在几年前已找到了寄托者——就是主义与珍妹，所以臭皮囊的所受的一切压迫与不自由，都不觉得痛苦了。望你们要主张将遗体运归家乡啊！切嘱！

珍妹及诸亲友：

望你专心的度日子，一切都不要去想它，我是很□□的去了。

一切关于我的家产，都归微明承继着，在未能成立以前，完全由莹及珍有全权保管之权，他人不得干涉与碍阻。

有许多话要说，也来不及了。此证。

民国廿年五月十九日

朱杏南

请挂号寄江阴西外夏港镇申蕴莹女收。所有物件，请交此人，即日就有人来，望恳代定标签以便认领。

这是朱杏南1931年5月19日在狱中写给家人的遗书。

朱杏南出身富裕之家，是江阴夏港镇首富，名下有酒坊生意及田租收入，生活极为富足。然而，朱杏南没有沉醉于安逸的生活，没有放弃对崇高理想的追求。他走上了革命道路，为此付出了一切，包括金钱、青春，甚至生命。对此，朱杏南无怨无悔。在遗书中，朱杏南对家事做了安排。他最放心不下的还是妻子申蕴珍。他直抒炽热的爱慕之情："我的心灵早在几年前已找到了寄托者——就是主义与珍妹，所以臭皮囊的所受的一切压迫与不自由，都不觉得痛苦了。"对真理的追求、对妻子的炽爱，鼓舞着朱杏南与反动势力作斗争，展现了一名共产党员的忠贞与柔情。

朱杏南虽然牺牲了，但他的革命精神却如在江南大地上播撒了火种，燃烧不息，许多进步青年追随他的脚步走上了革命道路。如今，他在江阴的故居已成为纪念馆，见证着祖国日新月异的变化与发展。

35 汪裕先致姐姐

（1932年1月5日）

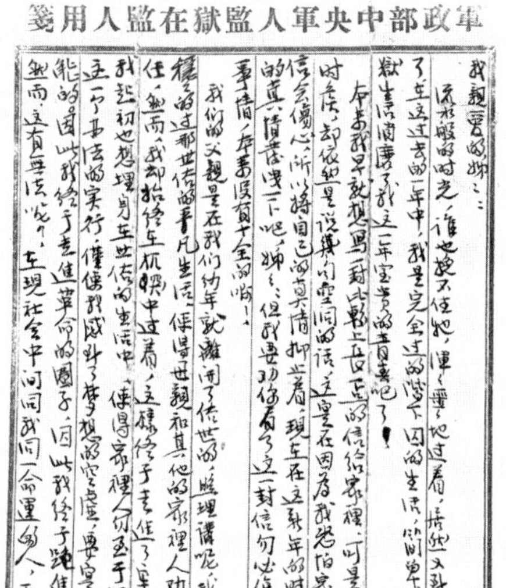

手稿1

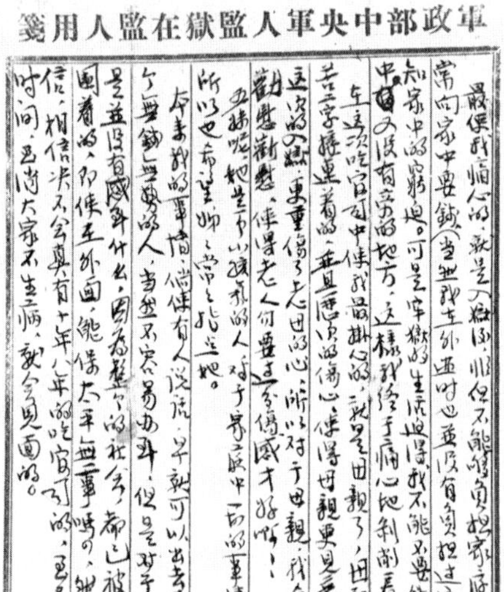

手稿2

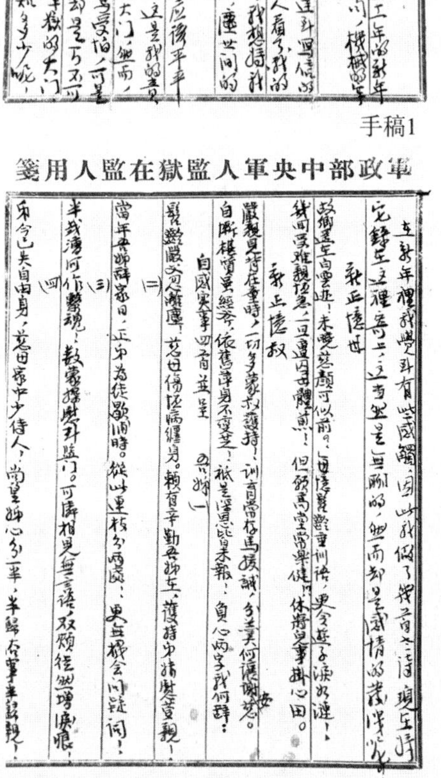

手稿3

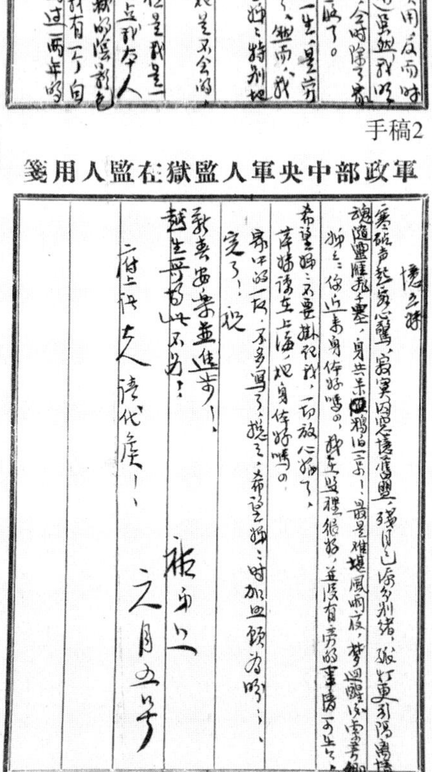

手稿4

汪裕先（1908—1934）

又名文翰，别名佐农，化名陈振球、陈石卿，江苏南汇（今属上海）人。1925年，进入上海华商电气公司。1926年初，加入中国共产党。第一次国共合作期间，以个人身份加入中国国民党，参与国民党第二区党部工作，组织华电工会和工人纠察队。大革命失败后，转入地下继续斗争，先后担任中共南汇县周浦区委书记、南汇县委委员、川沙县委书记、松浦特委委员等职，秘密组织工人武装，发动农民开展斗争。1930年，因叛徒告密被捕。1934年5月，在南京雨花台就义，时年26岁。

我亲爱的姐姐：

流水般的时光，谁也挽不住它，浑浑噩噩地过着，居然又到了二十一年的新年了。在这过去的一年中，我是完全过的阶下囚的生活。简单说一句，机械的牢狱生活消磨了我这一年宝贵的青春吧了。

本来我早就想写一封比较长一点的信给家里，可是每逢到写信的时候，却依然是说几句空洞的话，这实在因为我恐怕家里人看了我的信会伤心，所以将自己的真情抑止着。现在在这新年的时候，我想将我的真情发泄一下吧。姐姐，但我要劝你，看了这一封信勿必伤感，尘世间的事情本来没有十全的啊！

我们的父亲是在我们幼年就离开了俗世的。照理讲呢，我就应该平平稳稳的过那世俗的平凡生活，使得母亲和其他的家里人欢喜，这是我的责任。然而，我却始终在机突中过着，这样终于走进了牢狱的大门。然而，我起初也想埋身在世俗的生活中，使得家里人勿至于担惊受怕，可是这一个办法的实行，仅使我感到了梦想的空虚，要实现却是万不可能的。因此我终于走进革命的圈子，因此我终于跑进了牢狱的大门。这有无法呢？在现社会中间同我同一命运的人正不知多少呢！

最使我痛心的就是入狱后，非但不能够负担家庭的费用，反而时常向家中要钱（当然我在外边时也并没有负担过家用），虽然我明知家中的穷迫。可是牢狱的生活迫得我不能不要钱用，同时除了家中又没有旁的地方。这样我终于痛心地剥削着家庭了。

在这次吃官司中，使我最挂心的就是母亲了。母亲的一生，是劳苦二字接连着的，并且历次的伤心，使得母亲更见衰老了。然而，我这次的入狱，更重伤了老母的心。所以对于母亲，我希望姊姊特别地劝慰劝慰，使得老人勿要过分伤感才好啊！

五妹呢，她是一个小孩气的人，对于家庭中一切的事情，她是不会的。所以也希望姊姊常常指点她。

本来我的事情倘使有人说话，早就可以出去了。但是我是一个无钱无势的人，当然不容易办到。但是对于这一点，我本人是并没有感到什么，因为整个的社会都已被牢狱的阴影包围着的。即使在外面，能保太平无事吗？然而我有一个自信，相信决不会真有十年八年的吃官司的，至多再过一两年的时间，只消大家不生病，就会见面的。

在新年里我觉到有些感触，因此我做了几首老诗，现在将它录在这里寄上，这当然是无聊的，然而却是感情的发泄呢！

新正忆母

故乡遥在白云边，未晓慈颜可似前？
每忆髫龄垂训语，更令游子泪如涟。
几回受难亲怀急，一旦遭囚母体煎。
但愿高堂常乐健，休将儿事挂心田。

新正忆叔

严亲见背在童时，一切多蒙叔护持。

训育常存马援诫，分羹何让谢安慈。

自惭椹质虽经斧，依旧萍身不变芝。

只是深思皆未报，负心两字我何辞。

自感实事四首并呈吾姊

一

髫龄严父忽离尘，慈母伤怀病缠身。

赖有辛勤吾姊在，护持弟妹慰萱亲。

二

当年吾姊辞家日，正弟为徒歇浦时。

从此连枝分两处，更无机会问疑词。

三

半载□□作系魂，数蒙探慰到监门。

可怜相见无言语，双颊徒然增泪痕。

四

弟今已失自由身，慈母家中少侍人。

尚望姊心分一半，半归俗事半归亲。

忆五妹

寒砧声起客心惊，寂寞囚窗忆旧盟。

残月已添分别绪，孤灯更引隔离情。

魂随灵雁飞千塞，身共呆鸦泊一京。

最是难堪风雨夜，梦回醒后索旧卿。

姊姊，你近来身体好吗？我在监里很好，并没有旁的事情可告。希望姊姊不要挂记我，一切放心好了。

萍妹谅在上海，她身体好吗？

家中的一切不多写了，总之，希望姊姊时加照顾为盼。

完了。祝

新春安乐并进步！

越生哥均此不另！

府上诸大人请代候！

裕弟上

元月五号

这是汪裕先1932年1月5日在南京国民党中央军人监狱，写给姐姐的家书。

这封家书，用汪裕先的话说是一种“真情发泄”。他向姐姐详细说明了自己投身革命的原因，即便身陷囹圄，他也无怨无悔，体现出共产党人甘于为革命理想、为人民幸福而奉献的崇高思想境界。只是长期从事革命工作，加之被捕入狱，无法承担孝顺母亲、抚育女儿、疼爱妻子的家庭责任，汪裕先对此充满愧疚和遗憾。他在家书中写道：“最使我痛心的就是入狱后，非但不能够负担家庭的费用，反而时常向家中要钱。”他“最挂心的就是母亲了”，叮嘱姐姐多加劝慰老人。对于年幼的五妹，他希望姐姐常常指点她。

铁骨铮铮亦柔情，面对牢狱之灾，他“并没有感到什么”，只是希望可以早日与家人团圆，乐观地估计“至多再过一两年的时间，只消大家不生病，就会见面的”。然而，因托人秘密带信与上海地下党组织联系一事暴露，他被反动当局改判死刑。生死关头，他毫不畏惧，对狱友们说：“对于我们这些已经走进革命圈子的人，坐牢杀头又算得了什么！”虽然直至牺牲也未能再见到朝思暮想的亲人，但是他仍义无反顾。

36 陈潭秋致兄长

（1933年2月22日）

三哥
六哥：

流落了七八年的我，今天还能和你们通信，总算是万幸了。家中的情况我间接又间接的知道一点，可是知道有什么用处呢！老母去世的消息我也早已听到，也不能怎样哀伤，只可怜老人去世过了几年，今天早几年免受许多苦难啊！

我始终是萍踪浪迹，行止不定的人，几年来为生活南北奔驰，今天不知明天在哪里，这样的生活，小孩子终成大累，所以忍心将两个孩子送往外家抚养去了。两孩都很可爱，真舍不得离开他们，但又没有办法。真姝连年怀孕、乳、哺，也受累够了，十九年曾小产了一男孩，二十年又产一男孩，养到八个月又夭折了，现在又快要生产了。这次生产以后，我们也决定不养，准备送托人，不知六嫂添过孩子没有？如没有的话，是不是能接回去养？如望告知徐家三妹（经过馨表弟媳可以找到）

再者我们希望诸兄及姪辈如有机会到武汉的话，可以们去看望两个可怜的孩子，虽然外家对他们备爱无以复加，可是童年就远离父母，总是不幸啊！外家人口也重，经济也不充裕，又加两孩相累，他们体力不够，所以希望两兄能不时的帮助一点，补足给两孩做单夹衣服（就是自己家织成的布或买布好了）。我们这种无情的请求，望两兄能允许。

家中情形请写详细些，转徐家三妹转来。小娘子及孩子们生活情况怎样？海兄嫂近年情形如何？听说已搬回乡了，生活当然也很困苦的。但现在生活困苦，决不是一人一家的问题，已经成为最大多数人类的问题（除极少数人以外）了。

（我的地址可问徐家三妹）　　名澄上　二月二十二日

陈潭秋（1896—1943）

原名陈澄，字云先，号潭秋，湖北黄冈人。1919 年五四运动时期，与恽代英等领导武汉地区学生运动。1920 年 10 月，与董必武等在武汉创建湖北共产党早期组织。1921 年 7 月，出席中共一大。后领导各地的工人运动、学生运动。1933 年，到中央苏区工作，任中共福建省委书记。红军长征后，留在中央苏区坚持游击战争，任中共江西分局委员兼组织部部长。1935 年，赴莫斯科参加共产国际第七次代表大会，后参加中国共产党驻共产国际代表团的工作。1939 年，奉命前往新疆工作，任中共中央驻新疆代表、八路军驻新疆办事处主任。1942 年，被新疆军阀盛世才逮捕。1943 年 9 月 27 日被杀害，时年 47 岁。

三哥、六哥：

流落了七八年的我，今天还能和你们通信，总算是万幸了。诸兄的情况我间接又间接的知道一点，可是知道有什么用处呢！老母去世的消息，我也早已听得，也不怎样哀恸，反可怜老人去世迟了几年，如果早几年免受许多苦难呵！

我始终是萍踪浪迹、行止不定的人，几年来为生活南北奔驰，今天不知明天在那里。这样的生活，小孩子终成大累，所以决心将两个孩子送托外家抚养去了。两孩都活泼可爱，直妹本不舍离开他们，但又没有办法。直妹连年孕、产、乳、哺，也受累够了。十九年曾小产了一男孩，二十年又产一男孩，养到八个月又夭折了，现在又快要生产了。这次生产以后，我们也决定不养，准备送托人，不知六嫂添过孩子没有？如没有的话，是不是能接回去养？均望告知徐家三妹（经过龚表弟媳可以找到）。

再者，我们希望诸兄及侄辈如有机会到武汉的话，可以不时去看望两个可怜的孩子，虽然外家对他们痛爱无以复加，可是童年就远离父母终究是不幸啊！外家人口也重，经济也不充裕，又以两孩相累，我们殊感不安，所以希望两兄能不时的帮助一点布匹给两孩做单夹衣服（就是自己家里织的洋布或胶布好了）。我们这种无情的请求望两兄能允许。

家中情形请写告我后，〈交〉徐家三妹转来。八娘子及孩子们生活情况怎样？诸兄嫂侄辈情形如何？明格听说已搬回乡了，生活当然也很困苦的，但现在生活困苦，决不是一人一家的问题，已经成为最大多数人类的问题（除极少数人以外）了。

我的状况可问徐家三妹。

弟澄上

二月二十二日

这是陈潭秋1933年2月22日在上海写给三哥、六哥的家书。

1933年初，由于国民党反动派在上海疯狂搜捕共产党人，中共临时中央政治局决定将陈潭秋及其妻子徐全直调到中央苏区工作。临行前，陈潭秋给身在湖北黄冈老家的两位哥哥写下这封家书。

在家书中，陈潭秋首先向哥哥们诉说自己七八年来的生活经历。为了革命的需要，他向来是党让他去哪里，他就奔赴哪里，行踪不定。陈潭秋深感无力照顾孩子，不得不狠下心来将他们送到外公外婆家抚养，甚至对于未出世的孩子，也做出了准备送托人的无奈选择。天底下哪有父母不爱自己孩子？陈潭秋在家书中写道："两孩都活泼可爱，直妹本不舍离开他们，但又没有办法。”字里行间饱含着对孩子们的深深愧疚。他并非无情无义，所做的一切恰恰是出于革命的大义。他清楚地认识到，“现在生活困苦，决不是一人一家的问题，已经成为最大多数人类的问题（除极少数人以外）了”。离家弃子，正是为了无数贫苦困顿的民众不再颠沛流离。这封家书生动展现出陈潭秋为了党的理想与事业、为了革命的最终胜利、为了人民的安居乐业甘于奉献的高尚品格。

37 周执中致外甥（节录）

（1933年6月12日）

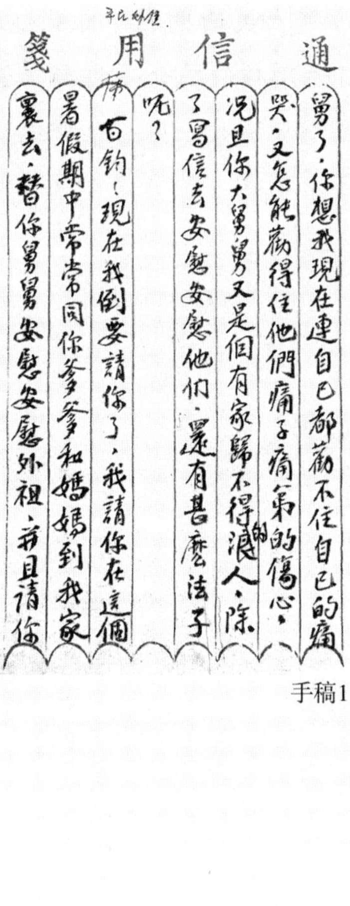
舅了。你想我現在連自己都禁不住自己的痛哭，又怎能禁得住他們痛子痛弟的傷心，況且你大舅舅又是個有家歸不得的浪人，除了寫信去安慰安慰他們，還有甚麽法子呢？

甘鈞！現在我倒要請你了，我請你在這個暑假期中常常同你爹爹和媽媽到我家裏去，替你舅舅安慰安慰外祖，並且請你

手稿1

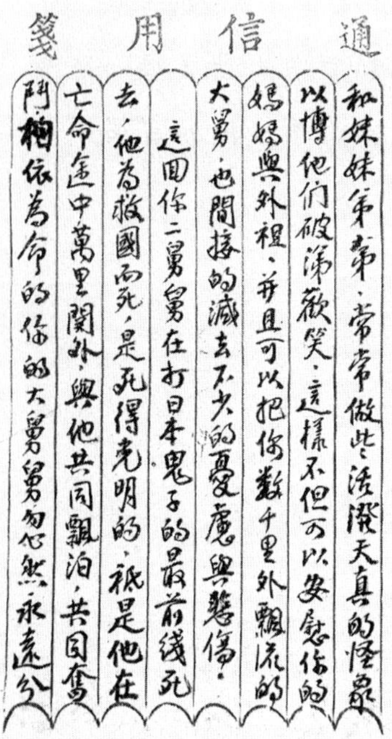
和妹妹弟弟，常常做些活潑天真的怪象以博他們破涕微笑，這樣不但可以安慰你的媽媽與外祖，並且可以把你數千里外飄流的大舅，也間接的减去不少的憂慮與悲傷。

這回你二舅舅在打日本鬼子的最前线死去，他為救國而死，是死得光明的，祇是他在亡命途中萬里關外，與他共同飄泊，共同奮鬥相依為命的你的大舅舅忽然永遠分

手稿2

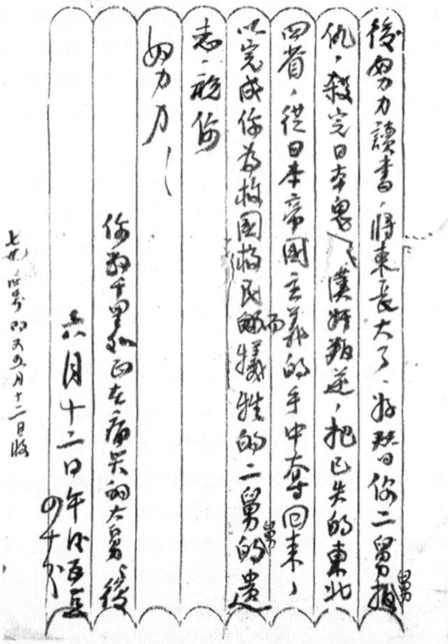
後努力讀書，將來長大了，努力替你二舅舅報仇，殺完日本鬼子、漢奸國賊，把已失的東北回省，從日本帝國主義的手中奪回來，以完成你為救國為民而犧牲的二舅舅的遺志，務盼努力！

你數千里外而在流亡的大舅舅 後

六月十二日午後五時

手稿3

周执中（1902—1937）

又名国正、平民，四川内江人。1926年，加入中国共产党，以教书作掩护，积极从事农民运动。1930年，任中共内江县委委员，后因组织遭到破坏，避走上海。1931年九一八事变后，辗转上海、南京，从事抗日救亡宣传活动。1934年被捕，1937年被折磨致死，时年35岁。

（略）

百钧，现在我倒要请你了。我请你在这个暑假期中，常常同你爹爹和妈妈到我家里去，替你舅舅安慰安慰外祖，并且请你和妹妹、弟弟常常做些活泼天真的怪象以博他们破涕欢笑。这样不但可以安慰你的妈妈与外祖，并且可以把你数千里外飘流的大舅，也间接的减去不少的忧虑与悲伤。

这回你二舅舅在打日本鬼子的最前线死去，他为救国而死，是死得光明的。（略）后努力读书，将来长大了，好替你二舅舅报仇。杀完日本鬼子、汉奸叛逆，把已失的东北四省，从日本帝国主义的手中夺回来，以完成你为救国救民而牺牲的二舅舅的遗志。

祝你努力！

你数千里外正在痛哭的大舅舅复

六月十二日午后五点四十分

（七□□号□又五月十二日收）

这是周执中1933年6月12日在上海，写给身在四川内江的大外甥百钧的家书。

1930年，周执中偕弟弟周国辉离开家乡，先参加上海青年自愿决死抗日救国团，又于1932年北上，一起投入到抗日救国的洪流之中。1933年2月，弟弟周国辉受派前往鲁北前线，不久在部队撤退时遭敌军围困，战死沙场。同年5月，周执中南下返沪，在上海收到了外甥百钧的来信，告诉他亲人们得知国辉牺牲后，天天以泪洗面。周执中读过信后，心如刀绞，眼含热泪地写下这封家书。

在家书中，周执中叮嘱外甥代自己多多安慰伤心的家人，并明确地告诉外甥："你二舅舅在打日本鬼子的最前线死去，他为救国而死，是死得光明的。"眼见日本侵略者侵犯国土，杀害亲人，周执中不由得内心波澜起伏，更坚定了他抵御外侮的决心。他教育外甥努力读书，将来长大了，继承遗志，把东北四省从日本帝国主义的手中夺回来。这体现了他浓厚的家国情怀，以及誓与敌人血战到底的精神。在英烈的精神感召下，抗战精神代代相传。

38 吉鸿昌致妻子

（1934年11月24日）

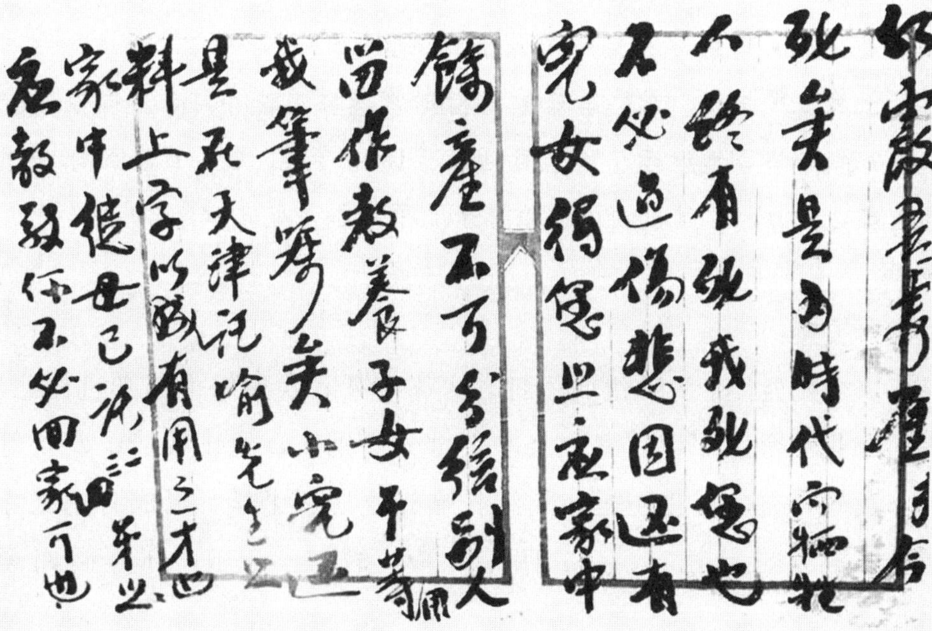
红霞吾妻鉴：夫今死矣，是为时代而牺牲。人终有死，我死[illegible]也。不必过伤悲，因还有儿女得您照应。家中余产不可分给别人，留作教养子女等用。我笔写不完，小宛五是取天津托喻先生之[illegible]料上，字以诚有用之才也。家中继母已决，三弟必[illegible]教，何不必回家可也。

吉鸿昌（1895—1934）

原名吉恒立，字世五，河南扶沟人。1913 年，加入冯玉祥部队，骁勇善战，屡立战功。1929 年，任国民革命军陆军第 10 军军长和宁夏省政府主席。1931 年，因对“围剿”红军态度消极，被蒋介石解除军权，强令其出国。1932 年秋，加入中国共产党。1933 年 5 月，联合冯玉祥、方振武等在张家口组建察哈尔民众抗日同盟军，任第 2 军军长、北路军前敌总指挥兼察哈尔警备司令。同盟军失败后，到平津等地继续从事抗日活动。1934 年 11 月 9 日在天津法租界被捕，11 月 24 日被国民党杀害于北平陆军监狱，时年 39 岁。

红霞吾妻鉴：

夫今死矣！是为时代而牺牲。人终有死，我死您也不必过伤悲，因还有儿女得您照应。家中余产不可分给别人，留作教养子女干等用。我笔嘱矣，小儿还是在天津托喻先生照料上学，以成有用之才也。家中继母已托二、三、四弟照应、教〔孝〕敬，你不必回家可也。

这封家书是吉鸿昌将军在就义当天写给妻子胡红霞的诀别信。

吉鸿昌被捕后，敌人使出种种手段，迫害逼供。吉鸿昌大义凛然地说：“我是共产党员，由于党的教育，我摆脱了旧军阀的生活，转到工农劳苦大众的阵营里头来。我能够加入革命的队伍，能够成为共产党的一员，能够为我们党的主义、为人类的解放而奋斗，这正是我毕生的最大光荣。”“我为抗日而死，死得光明正大!”他高呼：“抗日万岁！中国共产党万岁!”从容就义。

家书第一句“夫今死矣！是为时代而牺牲”，仅仅十一个字，表现了吉鸿昌为争取民族解放、实现革命理想，捐躯赴难、视死如归的革命豪情。“家中余产不可分给别人，留作教养子女干等用”一句，表明吉鸿昌早已认清国民党当局反共反人民的丑恶本质，暗示妻子不要四处奔走、百般营救，不要变卖家产聘请法国律师阻止国民党政府“引渡”。他告诉妻子不要过于悲伤，要悉心抚养儿女；嘱托弟弟照应孝敬老人，字里行间体现出吉鸿昌对家人的无限眷恋和热爱。有国才有家，吉鸿昌以鲜血和忠诚，生动诠释了共产党人和革命者的伟大与光荣。

39 刘伯坚给兄嫂的遗书

（1935 年 3 月 16 日）

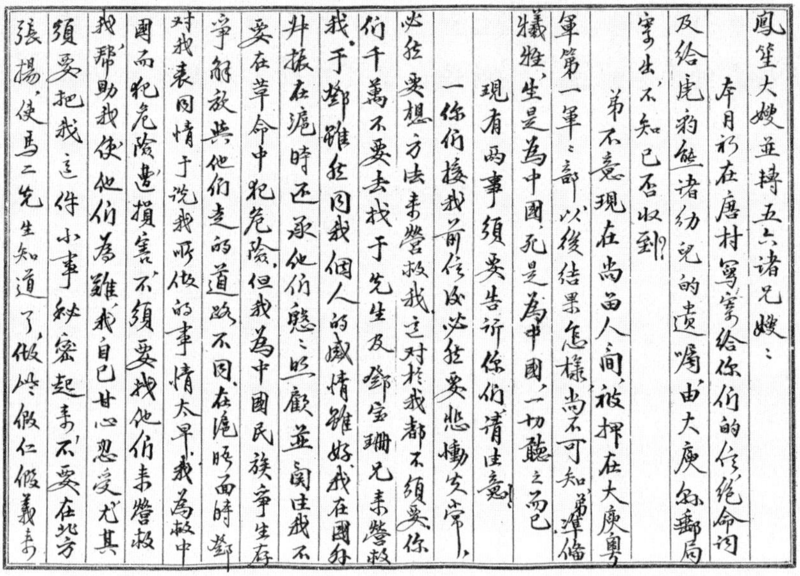

鳳笙大嫂並轉五六諸兄嫂：
本月初在唐村寫寄給你們的信、絕命詞
及給虎豹熊諸幼兒的遺囑，由大庾郵局
寄出，不知已否收到？
弟不意現在尚留人間，被押在大庾粵
軍第一軍軍部，以後結果怎樣，尚不可知，弟準備
犧牲，生是為中國，死是為中國，一切聽之而已！
現有兩事須要告訴你們，請注意！
一、你們接我前信後，必然要悲慟失常，
必然要想方法來營救我，這對於我都不須要，你
們千萬不要去找于先生及鄧宝珊兄來營救
我。于鄧雖然同我個人的感情雖好，我在國外
叔振在滬時還承他們懇懇照顧，並關注我不
要在革命中犧牲危險，但我為中國民族爭生存
爭解放，與他們走的道路不同。在滬晤面時，鄧
對我表同情，于說我所做的事情太早。我為救中
國而犧牲危險遭損害，不須要找他們來營救
我，幫助我，使他們為難，我自己甘心忍受。尤其
須要把我這件小事秘密起來，不要在北方
張揚，使馬二先生知道了，做些假仁假義來

囑付我，這对於我絲毫沒有好處，而只是对
我增加無限的侮辱，丧失革命者的人格，至
要至嘱。（知道的人多了就非常不好）
二、熊兒生後一月，即寄養福建新泉芷
溪黃蔭胡家。豹兒今年寄養在往来瑞
金、会昌、寻鄔、赣州這一條河的一隻商船
上，有一吉安人羅高廿餘歲，裁縫出身，携带
豹兒。船老板是瑞金武陽圍的人，叫賴宏達，有五十多歲，
撑了幾十年的船，人很老實，赣州的商人
多半認識他。他的老板娘叫郭賤姑，他的
兒子叫賴連章（記不清楚了），媳婦叫做罗
照娣。他們一家人都很愛豹兒，故我寄交
他們撫育，因我無錢，只给了兄個月的生活
费，你們今年以内派人去找着，还不致於餓死。
我為中國革命，沒有一文錢的私產，把三
個幼兒的養育都要累着諸兄嫂，我四川的
家庭破落已久，已破產又被抄沒過，人口死亡殆盡，我
已八年不通信了。為着中國民族就為了
家和個人，諸兄嫂明達，當能了解，不致說
弟這一生窮苦，是沒有用處。

諸兒受高小教育至十八歲，即入工廠
作工，非到有自给的能力不要结婚，到卅歲
结婚亦不為遲，以免早生子女，自累累人。
井振仍在閩，已兩月餘不通信了。祝
諸兄嫂近好！
弟堅
三月十六日於江西大庾

刘伯坚（1895—1935）

原名永福，四川平昌人。1922 年在法国参与发起组织旅欧中国旅欧少年共产党。同年加入中国共产党。1923 年赴莫斯科东方劳动者大学学习，任中共旅莫支部书记。1926 年受冯玉祥邀请，回国任国民军联军政治部副部长，参加改造西北军。1931 年到达江西中央苏区，先后任中央军委秘书长、中华苏维埃共和国中央执行委员会委员、红五军团政治部主任等职。红军主力长征后，刘伯坚奉命留守，任赣南军区政治部主任，坚持游击战争。1935 年 3 月，率部突围时受伤被捕。1935 年 3 月 21 日壮烈牺牲，时年 40 岁。

凤笙大嫂并转五六诸兄嫂：

本月初在唐村写寄给你们的信、绝命词及给虎、豹、熊诸幼儿的遗嘱，由大庾县①邮局寄出，不知已否收到？

弟不意现在尚留人间，被押在大庾粤军第一军军部，以后结果怎样，尚不可知。弟准备牺牲，生是为中国，死是为中国，一切听之而已。

现有两事须要告诉你们，请注意！

一、你们接我前信后必然要悲恸失常，必然要想方法来营救我，这对于我都不须要。你们千万不要去找于先生及邓宝珊兄来营救我。于、邓虽然同我个人的感情［虽］好，我在国外，叔振在沪时，还承他们殷殷照顾，并关注我不要在革命中犯危险，但我为中国民族争生存、争解放，与他们走的道路不同。在沪晤面时，邓对我表同情，于

① 大余：原称大庾，1957 年改为现名。

说我所做的事情太早。我为救中国而犯危险，遭损害，不须要找他们来营救我，帮助我，使他们为难，我自己甘心忍受。尤其须要把我这件小事秘密起来，不要在北方张扬，使马二先生知道了，做些假仁假义来对付我，这对于我丝毫没有好处，而只是对我增加无限的侮辱，丧失革命者的人格。至要至嘱（知道的人多了就非常不好）。

二、熊儿生后一月即寄养福建新泉芷溪黄荫胡家。豹儿今年寄养在往来瑞金、会昌、雩都、赣州这一条河的一只商船上，有一吉安人罗高，廿余岁，裁缝出身，携带豹儿。船老板是瑞金武阳围的人，叫赖宏达，有五十多岁，撑了几十年的船，人很老实，赣州的商人多半认识他。他的老板娘叫郭贱姑，他的儿子叫赖连章（记不清楚了），媳妇叫做梁照娣。他们一家人都很爱豹儿，故我寄交他们抚育。因我无钱，只给了几个月的生活费。你们今年以内派人去找着，还不致于饿死。

我为中国革命没有一文钱的私产，把三个幼儿的养育都要累着诸兄嫂。我四川的家听说久已破产，又被抄没过，人口死亡殆尽，我已八年不通信了。为着中国民族就为不了家和个人，诸兄嫂明达，当能了解，不致说弟这一生穷苦，是没有用处。

诸儿受高小教育，至十八岁后即入工厂作工，非到有自给的能力不要结婚，到卅岁结婚亦不为迟，以免早生子女自累累人。

叔振仍在闽，已两月余不通信了。祝

诸兄嫂近好！

弟伯坚

三月十六日于江西大庾

这是刘伯坚1935年3月16日写给其兄嫂的遗书。

1926年9月，刘伯坚与冯玉祥以及苏联顾问一同回国，来到国民军联军驻地绥远三原（今属内蒙古自治区）。次年4月，与王叔振结为革命伉俪。信中的兄嫂是王叔振一方的。在遗书中，刘伯坚首先告知兄嫂们："千万不要去找于先生及邓宝珊兄来营救我。"于先生为时任监察院院长的于右任，邓宝珊亦在国民党政府内任职。大革命时期，二人曾与刘伯坚一同工作。国民党背叛革命后，虽然两人仍对刘氏夫妇"殷殷照顾"，但刘伯坚指出："我为救中国而犯危险，遭损害，不须要找他们来营救我。"视死如归的革命精神跃然纸上。牺牲前，刘伯坚已与四川老家八年不通信，"听说久已破产，又被抄没过，人口死亡殆尽"，自己又"为中国革命没有一文钱的私产"，生活颠沛流离，只得把孩子寄养于别处。正如刘伯坚所言："为着中国民族就为不了家和个人。"刘伯坚希望兄嫂能尽快将孩子找到，使他们接受教育，养成独立生活的能力。"生是为中国，死是为中国。"刘伯坚用生命践行了遗嘱中的铮铮誓言。

40 蒋径开给妻子的遗书

（1935 年 3 月 18 日）

娜：

妳好吧！生活如何？时在念中。我现估计他们是不会放过我的，但是妳千万不要悲伤，以后妳会有像我这样的好人照顾妳的。宗儿妳要好好教育他，今后不要和他们一起，和他们在一起是没有出息的，因为他们是人们最恶恨的一群豺狼。豺狼总有一天是被人们打死的；妳要坚定、镇静、不怕威胁、不怕艰苦，带着宗儿活下去，总有一天是属于我们的。不信，等着看吧！顺祝

近佳

徑宇

二十四年三月十八日于曾阿還

蒋径开（1898—1936）

湖北英山人。在北京大学就读时加入中国共产党。后赴黄埔军校学习，并参加北伐战争。大革命失败后，蒋径开受党组织委派，回到英山从事革命活动，参与创建中共英山县党组织。1929 年离开英山，任中共上海闸北区委书记，秘密从事工人和学生运动。由于叛徒告密，于 1933 年 3 月被捕，关押在上海漕河泾监狱。1936 年惨遭杀害，时年 38 岁。

子乡：

你好吧！生活如何？时在念中。我现估计他们是不会放过我的。但是你千万不要悲伤，以后你会有像我这样的好人照顾你的。宗儿你要好好教育他。今后不要和他们一起，和他们在一起是没有出息的，因为他们是人们最恶恨的一群豺狼。豺狼总有一天是被人们打死的。你要坚定、镇静，不怕威胁，不怕艰苦，带着宗儿活下去。总有一天是属于我们的，不信，等着看吧！顺祝

近佳

径字

二十四年三月十八日于曹河泾

这是蒋径开 1935 年 3 月 18 日在上海漕河泾监狱，写给妻子张子乡的遗书。

蒋径开写这封遗书时，已在囚牢中生活了两年。受尽酷刑，却坚贞不屈，使敌人想从他口中得到地下党线索的企图破灭。他预感到敌人已经失去耐心，不幸即将来临，于是写下了这封遗书。为了防止被敌人发现和便于带出，蒋径开将这封遗书藏在棉袄衣角夹层内。后来

张子乡在拆换棉袄时，发现了这封遗书。

蒋径开在遗书中，表达了对妻子的思念之情，抚慰她不要悲伤，寻找更好的家庭。对于儿子蒋汉宗，他也十分挂念，叮嘱妻子要“好好教育”，绝不能向反动势力妥协。面对穷凶极恶的国民党反动派，蒋径开没有悲观失望，痛斥之为“最恶恨的一群豺狼”，内心充满了斗争到底的决心和必胜信念：“豺狼总有一天是被人们打死的。”蒋径开还鼓励妻子“坚定镇静，不怕威胁，不怕艰苦”，这也是他献身革命事业、与国民党反动统治斗争的真实写照。

这封遗书，体现了蒋径开作为一名共产党员的家国情怀，以及坚定必胜的信念和在逆境中的革命乐观主义精神。这种不畏艰难、对前途充满信心和对理想信念的执着追求，是革命先烈为中国共产党的伟大事业慷慨赴死、英勇献身的力量源泉。

41 文立征致弟弟

（1935 年 12 月 18 日）

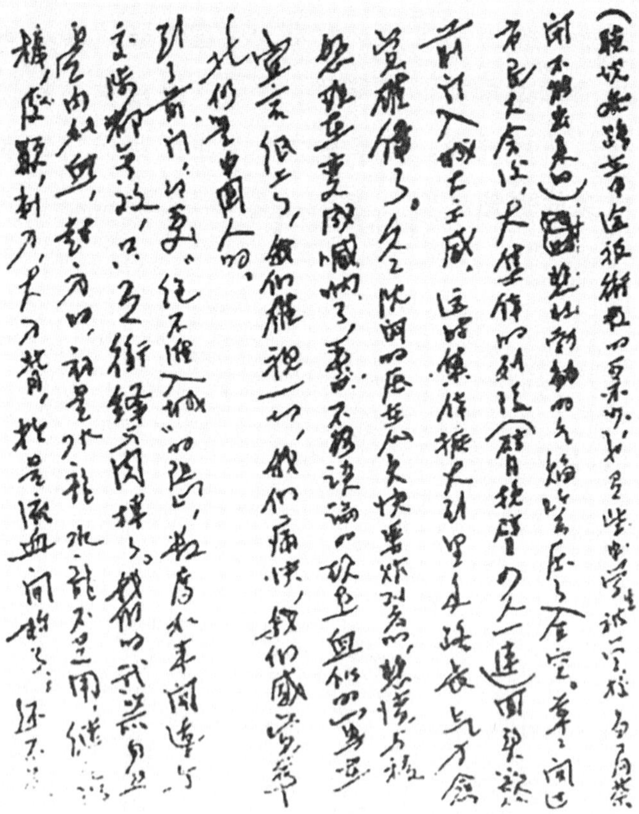

文立征（1911—1945）

又名立本，字国道，化名赵宓，湖南衡山人。从小便广泛接触劳苦民众。1934年秋，考入辅仁大学化学系。1935年华北事变爆发后，积极参加一二·九爱国运动。1938年加入中国共产党。后受党组织委派，前往山东韩复榘部工作，任政治教官，协助将邵剑秋部发展为一支能征善战、受人民广泛拥护的抗日武装。历任八路军115师运河支队政治部主任、铁道游击队政治委员，长期在鲁南坚持抗日斗争。1945年2月被伪军袭击，不幸牺牲，时年34岁。

仲劲：

一二·九后的两信不知都接到了没有？

现在北平仍很冷，但日间也有太阳，夜间有月亮，也未下雪。各校的溜冰场尚未建立，各公园的多开幕了，我也想明后天去。

没有课上，除在图书馆外，晚上练吹口琴，今天又在同学家里学打字，我很想学会它，将来大有用。

华北由“亲善”而“提携”，又由“提携”到了现局——分割，铁的事实粉碎了我误信当局者的“自有办法”的心理。你瞧，偌大的华北已不允许安放一张平静的书桌了。“怒吼吧，中国!”一二·九一炮早就响到了南方，想已有个相当的明白，现在要写的是前日（十六）的事：

——事先当局已闻悉十六日有第二次示威运动，故各校门与各街通衢加监戒备益严；

——学联会后，全市各校为四区路，上午在天坛前（天桥）集中，大集合后再进城示威游行。

我校晨八时由西城发动，经过两三度水龙警棒大刀奋抗后，中途与清华一部分（也是被冲散的）汇合，直达天桥。

十时过，先后奋斗，得〔来〕到在场的大中学生将近万群众（听说各路在中途被冲散的可不少，也有些中学生被学校当局禁闭不能出来的），悲壮勃勃的气焰紧压了全空。草草开过市民大会后，大集体的列队（臂挽臂四人一连）回头欲从前门入城大示威。这时集体扩大到里多路长，气力愈觉雄伟了。久久沉闷的压在心头快要炸裂的悲愤与积怒，现在变成呐喊了，平时不能谈论的现在血似的写在宣言纸上了，我们雄视一切，我们痛快，我们感觉华北仍是中国人的。

到了前门，即受“绝不准入城”的阻止，数度和平开导与交涉都无效，只有冲锋与肉搏了。我们的武器自然是肉和血。对方的，初是水龙，水龙不足用，继之以棒、皮鞭、刺刀、大刀背，于是流血开始了。还不足用，第一排枪声向天响了。群众当时不知这是友邦宪兵放的，还是中国爱国警兵发的，故暂时退让了一下，后知是中警所发，又即刻齐集前进。第二、第三排枪继续的威压了，同时大刀、警枪、警队〈一〉车车的压来，机关枪排列更多了，但群众不再一惊动。这时他们见最后法宝也弹压无效，只好与我们请和，允大队从宣武门进城，我们也只得改路了。

途中在西河沿又小冲一次。约二时许离前门，四时抵宣武门。到时知是被骗了，因为城门是同样的关了。

燕京又受骗，先离了大队（开城以解散大队为条件），后来清华也为策略先走了。

“各人走不各人走?”“不走!”“等不等?”“等!”这是我们大家自己的回答。

这时东大、师大、辅大、北大、汇文等校四万多人在大风深寒里，城门外直等到十时多。最后大队欲集中师大。走不到半里，在骡马市大街又与水龙、大刀、刺刀大激战数合，此时因人马太疲，又肚子饿，只好疏开，各向师大奔来。到了师大点兵，轻重伤的占五分之三四。我们坐本校慰劳队的汽车回营了。

这是文立征1935年12月18日写给弟弟文立徽的家书。

文立征1934年秋进入辅仁大学化学系学习。此时的华北，处在所谓“自治”的危机之中。翌年夏秋，土肥原贤二与日本华北驻屯军司令多田骏等鼓动华北实力派宋哲元等组建听命于日本的傀儡政权。消息传来，北平学生在党组织的号召下，纷纷走上街头，反对分割华北。文立征就是学生的杰出代表之一。面对尚在高中学习的弟弟，他在家书中，简要介绍自己的学习生活近况后，用大量篇幅详细介绍了12月16日第二次示威活动的全过程。面对军警的镇压，大家用“肉和血”作为武器，展开斗争。寥寥数语，爱国青年学子的形象跃然纸上。在一二·九爱国运动所推动形成的舆论压力下，华北五省“自治”宣告失败。1937年7月，日军悍然制造卢沟桥事变，全民族抗战爆发。文立征等一批优秀青年，在党的领导下，为保卫华北、保卫中国而奋战各地。

42 赵一曼致儿子

（1936 年 8 月 2 日）

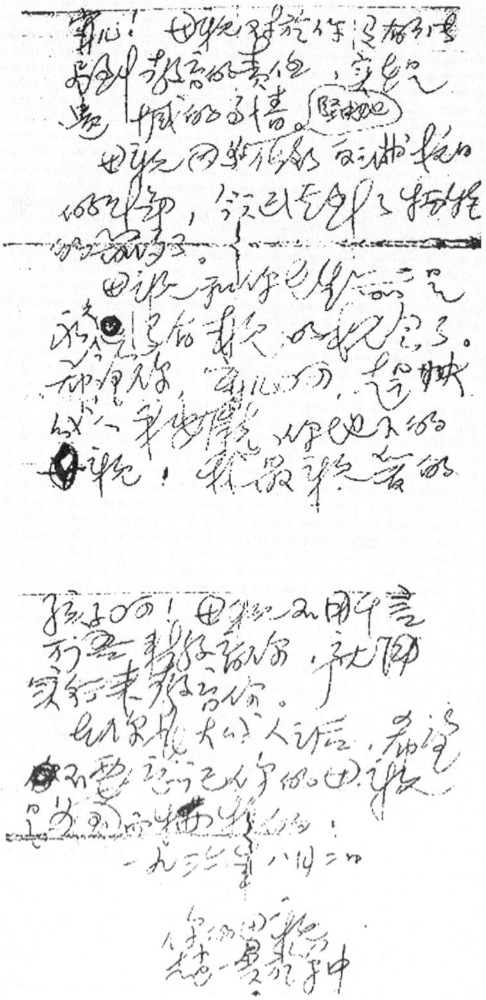

宁儿！母亲对于你没有尽到教育的责任，实在是遗憾的事情。（坚决地）

母亲因为做了反满抗日的斗争，今天已经到了牺牲的前夕了。

母亲和你在生前是永久没有再见的机会了。希望你，宁儿啊！赶快成人，来安慰你地下的母亲！我最亲爱的孩子啊！母亲不用千言万语来教育你，就用实行来教育你。

在你长大成人之后，希望不要忘记你的母亲是为国而牺牲的！

一九三六年八月二日

你的母亲赵一曼于车中

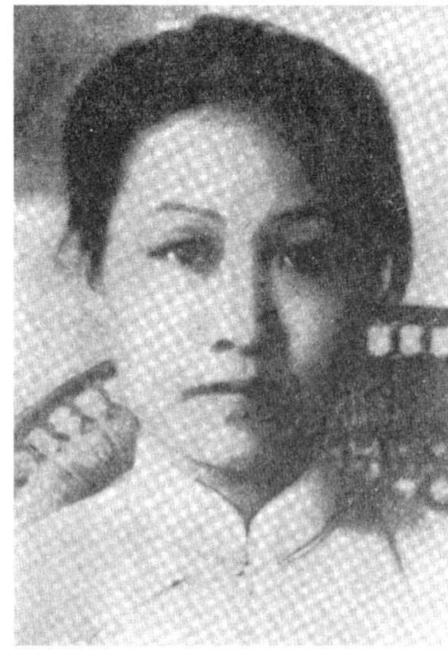

赵一曼（1905—1936）

女，原名李坤泰，字淑宁，四川宜宾人。五四时期开始接受革命思想，1923年加入中国社会主义青年团，1926年加入中国共产党。1926年11月，进入武汉中央军事政治学校学习。1927年9月，赴苏联莫斯科中山大学学习。次年回国，在宜昌、南昌和上海等地秘密开展党的工作。九一八事变后，被派往东北地区发动抗日斗争，领导工人运动，组织青年农民反日游击队与敌人进行斗争。1935年秋，任东北人民革命军第3军1师2团政治委员，率军民与日寇浴血奋战在白山黑水之间，以“红枪白马女政委”声名远扬。1935年11月，赵一曼为掩护部队突围，不幸被捕。1936年8月2日，在黑龙江珠河被敌杀害，时年31岁。

宁儿：

母亲对于你没有能尽到教育的责任，实在是遗憾的事情。

母亲因为坚决地做了反满抗日的斗争，今天已经到了牺牲的前夕了。

母亲和你在生前是永久没有再见的机会了。希望你，宁儿呵，赶快成人，来安慰你地下的母亲！我最亲爱的孩子呵！母亲不用千言万语来教育你，就用实行来教育你。

在你长大成人之后，希望不要忘记你的母亲是为国而牺牲的！

一九三六年八月二日

你的母亲

赵一曼于车中

这是赵一曼1936年8月2日在被日寇押往珠河的火车上，写给儿子陈掖贤的遗书。

赵一曼被捕后，敌人对她施以酷刑，用钢针刺伤口，用烧红的烙铁烙皮肉，逼其招供。她宁死不屈，严词痛斥日寇的侵略罪行。在敌人的医院里，她积极宣传抗日救国的道理，教育争取看护和看守人员。临刑前，她高唱《红旗歌》，高呼“打倒日本帝国主义!”“中国共产党万岁!”从容就义。

九一八事变后，儿子宁儿未满三岁，赵一曼就被派往东北抗日，从此音讯杳无，留给宁儿的，只有一张合影。作为母亲，她对儿子依依不舍。赵一曼在信中写道：“母亲对于你没有能尽到教育的责任，实在是遗憾的事情。母亲因为坚决地做了反满抗日的斗争，今天已经到了牺牲的前夕了。”作为一名共产党员，她对儿子寄予厚望：“母亲不用千言万语来教育你，就用实行来教育你。在你长大成人之后，希望不要忘记你的母亲是为国而牺牲的!”民族危难之际，像赵一曼这样成千上万的革命英烈，在侵略者的炮火中奋勇前进，在侵略者的屠刀下英勇就义，彰显出中华儿女威武不屈的浩然正气。

43 高捷成致叔父

（1937年4月10日）

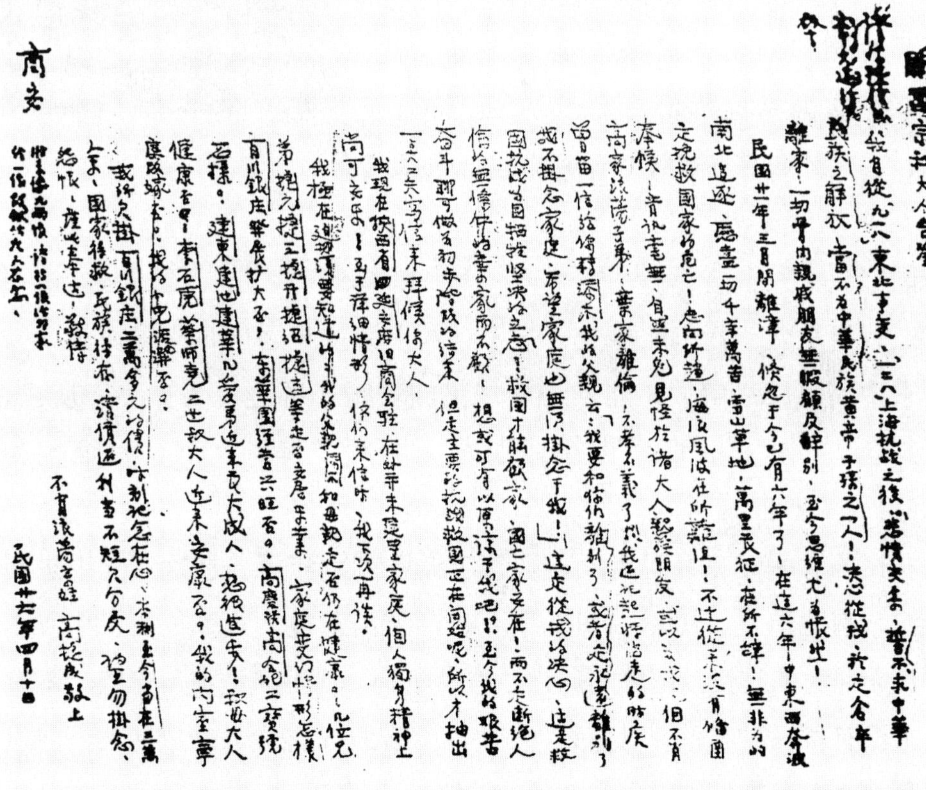

開國宗叔大人合鑒

我自從九一八東北事變、一二八上海抗戰之後，悲憤交集，誓不[illegible]中華民族之[illegible]，當不為中華民族黃帝子孫之一人！志從我，我之命運[illegible]

離家，一切骨肉親戚朋友無暇顧及辭別，至今思維尤為悵然！

民國廿一年三月間離津，倏忽于今已有六年了。在這六年中東西奔波，南北追逐，嘗盡千辛萬苦，雪山草地，萬里長征，在所不辭！無非為的是挽救國家的危亡！[illegible]所遭，海浪風波在所難[illegible]！不過從未[illegible]有[illegible]奉候，音訊毫無，自然未免見怪於諸大人親戚朋友，或以[illegible]，但不肖高家[illegible]不肖子弟，棄家離倫，不孝不義了。然我還記起[illegible]的時候曾留一信給你們轉[illegible]我的父親云：「我要和你們離別了，或者是永遠離別了，我不掛念家庭，希望家庭也無須掛念于我！」這是從我的決心，這是救國抗戰為國犧牲堅決的立志！救國才能救家，國亡家安在！而不是斷絕人情的無[illegible]的棄家而不顧。想或可有以原諒于我吧！至今我的艱苦奮斗，雖可做為初步[illegible]的結果，但是主要的抗戰救國還在[illegible]呢，所以才抽出一點點工夫寫信來拜候你們大人。

我現在陝西省[illegible]府舊商會駐，在此並未建立家庭，個人獨身精神上尚可安樂！至于詳細情形，俟你們來信時，我下次再談。

我極在想要知道[illegible]我的父親[illegible]和母親是否仍在健康？[illegible]位兄弟捷之、捷三、捷[illegible]、捷紹、捷[illegible]等是否安居樂業，家庭[illegible]怎樣？[illegible]銀莊營業擴大否？東華[illegible]經營興旺否？高慶[illegible]高[illegible]二[illegible]號怎樣？建東、建[illegible]、建華已長大成人，想很進步！[illegible]大人健康否？李石虎[illegible]二世叔大人近來安康否？我的內室[illegible]嫁否？我的[illegible]否？

我所欠[illegible]銀莊二萬多元的債，時刻記念在心，本利至今當在三萬[illegible]，國家待救，民族待存，[illegible]債[illegible]不短欠分文，望勿掛念。

[illegible]，應此奉達，敬候

[illegible]

不肖侄 高捷成 敬上

民國廿六年四月十日

商安

[illegible]

高捷成（1909—1943）

福建漳州人。1932年4月，参加红军，随红一军团到达中央苏区，从事银行工作。同年5月，加入中国共产党。1934年10月参加长征，随中央红军到达陕北后，随后进入红军大学第1期学习，并创立军队会计工作制度。全民族抗战爆发后，随八路军129师赴冀南敌后抗日根据地，筹建和领导冀南银行，并同敌人展开了金融战，是我党金融事业的奠基人之一。1943年5月，在反“扫荡”战斗中于河北内丘壮烈牺牲，时年34岁。

开国宗叔大人台鉴：

我自从九一八东北事变、一·二八上海抗战之后，悲愤交集，誓不求中华民族之解放，当不为中华民族黄帝子孙之一人！决心从戎，于是仓卒离家，一切骨肉亲戚朋友无暇顾及辞别，至今思维尤为怅然！

民国廿一年三月间离漳，倏忽于今已有六年了。在这六年中东西奔波，南北追逐，历尽一切千辛万苦，雪山草地，万里长征，在所不辞！无非为的是挽救国家的危亡！志向所趋，海浪风波在所难阻！不过从来没有备函奉候，音讯毫无，自然未免见怪于诸大人亲族朋友，或以为我这个不肖高家浪荡子弟，弃家离伦，不孝不义了!? 我还记起将临走的时候，曾留一信给你转添木我的父亲云：“我要和你们离别了，或者是永远离别了，我不挂念家庭，希望家庭也无须挂念于我!”这是从戎的决心，这是救国抗战为国牺牲坚决的立志！救国才能顾家，国亡家安在！而不是断绝人伦的无条件的弃家而不顾，想或可有以原谅于我吧!? 至今我的艰苦奋斗聊可做为初步阶段的结束，但是主要的抗战救国正在开始呢，所以才抽出一点工夫写信来拜候你大人。

我现在陕西省延安府旧商会驻，在外并未建置家庭，个人独身精神上尚可安乐！至于详细情形，你们来信时，我下次再谈。

我极〔现〕在迫切须要知道的：我的父亲添木和母亲是否仍在健康？几位兄弟捷元、捷三、捷开、捷绍、捷远等是否安居乐业，家庭变幻情形怎样？百川银庄发展扩大否？东华园经营兴旺否？高庆号、高合记二宝号①怎样？建东、建池、建华几爱弟近来长大成人，想很进步！叔母大人健康否？李石虎、蔡师尧二世叔大人近来安康否？我的内室宁庭②改嫁否？我的小儿③活泼否？

我所欠挂百川银庄二万多元的债，时刻记念在心，本利至今当在三万余。国家得救，民族得存，清债还利当不短欠分文，望勿挂念、怨恨，谨此奉达！敬请
商安！

附□像片两张，请转一张给我家，□一张敬献你大人存念。

不肖浪荡宗侄高捷成敬上

民国廿六年四月十日

这是高捷成 1937 年 4 月 10 日在延安写给叔父高开国的家书。

自 1932 年 4 月离开家乡，高捷成已经六年没有与家人联系。他在信中写道：“在这六年中东西奔波，南北追逐，历尽一切千辛万苦，雪山草地，万里长征，在所不辞！无非为的是挽救国家的危亡！志向所趋，海浪风波在所难阻!”“誓不求中华民族之解放，当不为中华民

① 高庆号、高合记二宝号：高开国及其高氏家族在厦门开办的银庄分号。

② 宁庭：高捷成的妻子蔡淑宝，1930 年与高捷成结婚，高捷成牺牲后改名高蔡宝。

③ 小儿：高捷成的儿子高得胜，高捷成参加红军时，仅出生三个月。

族黄帝子孙之一人!”铮铮誓言，感天动地，反映出中华儿女誓死不当亡国奴的强烈民族自尊，代表了共产党人挺身而出、勇赴国难的崇高革命精神。

高捷成曾于1929年到叔父经营的百川银庄协助理财，其间暗中抽取资金二万多元，资助共产党领导的闽南游击队。参加革命后，他南征北战，却时刻惦记着所欠叔父银庄的这笔款项。在信中，他告诉叔父“国家得救，民族得存，清债还利当不短欠分文”，充分显示了对革命必胜的坚定信念。

44 陈炳奎致侄子（节录）

（1937 年 4 月 28 日）

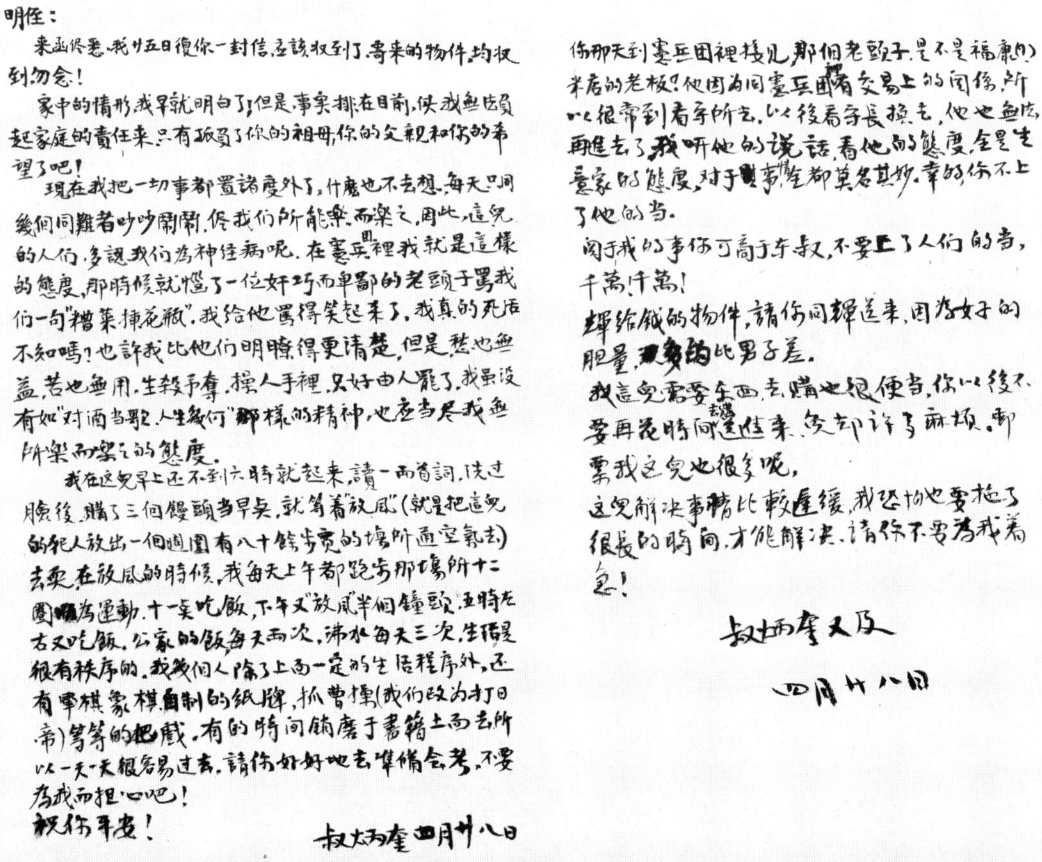

明侄：

来函恪悉，我廿五日復你一封信，应該收到了。寄来的物件，均收到勿念！

家中的情形，我早就明白了！但是事实摆在目前，使我無法負起家庭的責任来，只有辜負了你的祖母，你的父親和你的希望了吧！

現在我把一切事都置諸度外了，什麽也不去想，每天只同幾個同難者吵吵鬧鬧，使我们所能樂而樂之，因此，這兒的人们，多認我们為神经病呢。在憲兵團裡我就是這樣的態度，那時候就惱了一位奸巧而卑鄙的老頭子罵我们一句"糟菜插花瓶"，我给他罵得笑起来了。我真的死活不知嗎？也許我比他们明瞭得更清楚，但是愁也無益，苦也無用，生殺予奪，操人手裡，只好由人罷了。我雖沒有如"对酒当歌，人生幾何"那樣的精神，也應当尽我無所樂而樂之的態度。

我在这兒早上还不到六時就起来，讀一兩首詞，洗过臉後，購了三個饅頭当早点，就等着"放風"（就是把這兒的犯人放出一個週圍有八十餘步寬的場所通空氣去）去來，在放風的時候，我每天上午都跑步那場所十二圈做為運動，十一点吃飯，下午又放風半個鐘頭，五時左右又吃飯，公家的飯每天兩次，沸水每天三次，生活是很有秩序的。我幾個人除了上面一定的生活程序外，还有軍棋象棋自制的紙牌，抓曹操（我们改為打日帝）等等的把戲，有的時间銷磨于書籍上面去所以一天一天很容易过去。請你好好地去準備会考，不要為我而担心吧！

祝你平安！

叔炳奎 四月廿八日

你那天到憲兵團裡接见那個老頭子，是不是福康（?）米店的老板？他因为同憲兵團有交易上的関係，所以很常到看守所去，以後看守長換了，他也無法再進去了。我听他的说話，看他的態度，全是生意家的態度，对于事情全都莫名其妙。幸的你不上了他的当。

関于我的事你可商于东叔，不要上了人们的当，千萬千萬！

輝給我的物件，請你同輝送来，因為女子的胆量，比男子差。

我這兒需要东西，去購也很便当，你以後不要再花時间去送进来，免却許多麻煩。郵票我这兒也很多呢，

这兒解决事情比較遲緩，我恐怕也要拖了很長的時间，才能解决，請你不要為我着急！

叔炳奎又及

四月廿八日

陈炳奎（1907—1937）

原名祖进，别名绍南、绍光，化名陈珊，福建福清人。1928 年，考入福州乌石山师范学校，后加入中国共产党。1931 年考入金陵大学，后转学上海持志大学，因参加抗日救亡运动，被国民党通缉，不得已离校返乡，继续参加革命活动。1932—1935 年，先后任中共福清特支委员、福清县委书记，积极发动群众，开展游击战。1937 年 2 月，由于叛徒出卖，被捕入狱。在狱中，组织狱友团结战斗，坚贞不屈。1937 年 6 月 23 日英勇就义，时年 30 岁。

明侄：

来函尽悉。我廿五日复你一封信，应该收到了。寄来的物件，均收到，勿念！

家中的情形，我早就明白了！但是，事实排在目前，使我无法负起家庭的责任来，只有孤〔辜〕负了你的祖母，你的父亲和你的希望了吧！

现在我把一切事都置诸度外了，什么也不去想，每天只同几个同难者吵吵闹闹，尽我们所能乐而乐之。因此，这儿的人们多认我们为神经病呢！在宪兵团里我就是这样的态度，那时候就恼了一位奸巧而卑鄙的老头子，骂我们一句“糟菜插花瓶”，我给他骂得笑起来了。我真的死活不知吗？也许我比他们明了得更清楚，但是，愁也无益，苦也无用，生杀予夺，操人手里，只好由人罢了。我虽没有如“对酒当歌，人生几何”那样的精神，也应当尽我无所乐而乐之的态度。

我在这儿早上还不到六时就起来。读一两首词，洗过脸后，购了三个馒头当早点，就等着“放风”（就是把这儿的犯人放出一个周围有八十余步宽的场所通空气去）去耍。在放风的时候，我每天上午都跑步那场所十二圈为运动。十一点吃饭，下午又“放风”半个钟头，五时左右又吃饭。公家的饭，每天两次，沸水每天三次，生活是很有秩序的。我几个人除了上面一定的生活程序外，还有军旗、象棋、自制的纸牌、抓曹操（我们改为打日帝）等等的把戏。有的时间销磨于书籍上面去，所以一天一天很容易过去。请你好好地去准备会考，不要为我而担心吧！

祝你平安！

叔炳奎

四月廿八日

（略）

这是陈炳奎1937年4月28日在狱中写给侄子陈应明的家书。

当时，陈炳奎身陷囹圄，但心里想的仍是党的事业。被囚禁期间，他想方设法与党组织取得联系。这是陈炳奎在1937年2月22日被捕入狱后，写给侄子陈应明的第二封家书。如同第一封家书，这封信表面是写给家属的，实则是向党组织报告自己的情况及狱中表现。

在家书中，陈炳奎展现出一名优秀共产党员身处困境而不馁的革命态度。他写道：“我虽没有如‘对酒当歌，人生几何’那样的精神，也应当尽我无所乐而乐之的态度。”从被捕入狱起，他早已将生死置之度外，淡然处之。在家书中，陈炳奎详细记录自己在狱中的表现，不仅注意锻炼身体，还抓紧时间学习。他坚信自己的信仰是正确的，从事的活动是正义的。这封家书既展示了陈炳奎积极乐观的革命精神，又展示了他镇定自若的优秀品质，更展示了一名优秀共产党员不忘初心、时刻对党忠诚的坚定信仰。

45 严熹致父亲

（1937 年 9 月 26 日）

父親大人：來札接讀，敬悉一切，請勿念。滬上情勢依旧如此，無甚大变化。南京、杭州亦在敌机威脅之下，一時無甚危險，希望安心。兒參加上海蟻社救亡流動宣傳隊，赴内地作宣傳工作，但兒須先到南京通过中央宣传部，故於廿二日下午在上海出發，沿途不能暢通，至廿三日下午四時方到南京，至今日為止，已在南京住宿三夜。同行共十人，現正在接洽中，一二日内即可出發工作。出發路线亦須待接洽後决定，大概不出京滬線和滬杭線一帶。經費由蟻社負担，中宣部或能稍有津貼。出發後作流動宣傳，故每处逗留不过三六日，即須另換一地，沿途以步行為多，由中宣部發給通行證，各地均能招待，故生活甚安全，可請放心，勿念。預定期限為三個月，但視環境如何，或延長或縮短之，亦無一定。國家之生死存亡全在此次抗戰之中，故可謂已至最後關頭。此次戰爭意義既如此重大，時間亦必相當長，故絕非僅依靠軍隊力量所能成事，一定須有強大之民眾力量作後盾，才能有效。而廣大之民眾能發出堅強之力量，則非有嚴密之組織不可。但現在一般民眾仍是非常散漫，甚至仍在迷夢中，尤其是内地民眾更是糊塗不堪，故一般青年均往内地作宣傳和組織之工作。兒亦參加了此流動宣傳隊。

此去意義很大，責任很重，可謂義不容辭。且乘此流動各地，亦能多一番見識，增長一些生活經驗，於個身亦有莫大利益。至於生活方面，亦可不必顧慮，於物質上或較辛苦，但在精神上卻非常愉快。此去流動各地，每到一地必詳細稟告。兒自向非絕無頭腦者，兒自有數，一切可請勿念。家中望大人善自珍重，兒能可全其……之宽慮。兒如至錫或能有机会回家一望。餘待後稟。望不必來信，兒於二三日内即須離京，此後行踪亦無一定，當再函稟。肅此，敬請

福安

兒熹敬稟

二六、九、二六、

在南京發

严熹（1917—1942）

原名景熹，江苏无锡人。1935年，加入上海进步文化团体——蚁社。1937年八一三事变后，参加蚂蚁救亡流动宣传队，宣传抗日救国。1938年，进入延安鲁迅艺术学院学习，并加入中国共产党。1939年，到华北八路军野战政治部火星剧社负责戏剧工作。1941年，担任晋东南鲁迅艺术学院戏剧系主任。1942年2月，在辽县高峪村遭遇日军的袭击，为转移群众光荣牺牲，时年25岁。

父亲大人：

来示已接读，敬悉一切，请勿念！沪上情势依旧如此，无甚大变化。周家桥亦整天在敌机威胁之下，一时无开厂希望。儿已参加上海蚁社救亡流动宣传队，赴内地作宣传工作，但必须先到南京通过中央宣传部，故于廿二日下午在上海出发，沿途不能畅通，至廿三日下午四时方到南京。至今日为止，已在南京住宿三夜，同行共十人，现正在接洽中。一二日内即可出发工作，出发路线亦须待接洽后决定，大概不出京沪线和沪杭线一带。经费由蚁社负担，中宣部或能稍有津贴。出发后作流动宣传，故每处不过作五六日勾留，即须另换一处。沿途以步行为多，由中宣部发给通行证，当地均能招待，故生活甚安全，可请放心，勿念。预定期限为三个月，但得随环境如何而延长或缩短之亦无一定。国家之生死存亡全在此次拼死一战之中，可谓已至最后关头。此次战争意义既如此重大，时间亦必相当长久。故绝非单只发动军队力量即能成事，一定须有强大之民众力量作后盾才能有效。而广大之民众能发出坚强之力量，则非有严密之组织不可。但现在一般民众仍是非常散漫，甚至仍在迷梦中，尤其是内地民众，更是糊涂不堪，故一般青年均往内地做宣传和组织之工作。儿亦参加此流动宣传队，此去意义很大，责任很重，可谓义不容辞，且乘此流动各地亦能多一番见识、增长一番生活经验，于自身亦有莫大利益。至于生活方面亦可不必顾虑，于物质上或较辛苦，但在精神上却非常愉快。此去流浪各地，每到一地，儿必详细禀告。儿自问非绝无头脑者，进退儿自有数，一切可请勿念。家中望大人善自珍重。飞熊可令其暂时再到校中补习，以免荒废。儿如至锡，或能有机会回家一望，余待续禀。望不必来信，儿于二三日内即须离京，此后行踪亦无一定，当再函禀。

肃此。敬请

福安！

儿景熹敬禀

二六，九，二六

在南京发

这是严熹 1937 年 9 月 26 日写给父亲的家书。

1937 年，八一三淞沪抗战爆发后，严熹参加了蚁社创办的蚂蚁救亡流动宣传队，赴各地开展抗日救国宣传活动，由于行踪不定，于是在离开南京前的两三天，他给父亲写下这封家书。

在家书中，严熹向父亲汇报了赴内地做流动宣传工作的准备事宜，并表示“生活甚安全”，请父亲放心。20 岁的严熹此时对抗日战争有了深刻认识：“国家之生死存亡全在此次拼死一战之中，可谓已至最后关头。”他明白，要想取得抗战胜利，必须广泛发动群众，因此，进行宣传动员“责任很重，可谓义不容辞”，自己的行动也就十分有意义。这次抗日救亡宣传活动并不轻松，从上海步行到南京，再从南京步行到武汉，过程极其辛苦，但严熹感到自己精神上非常愉快。

这封家书，展现了以严熹为代表的爱国青年，具有抗战到底的昂扬斗志和中国人民必将取得胜利的坚定信念。严熹与成千上万走向抗战前线的共产党人一样，对理想信念有执着的追求和坚守，并为此不懈奋斗，直至生命最后一刻。

46 萧远连致兄长

（1937 年 11 月 27 日）

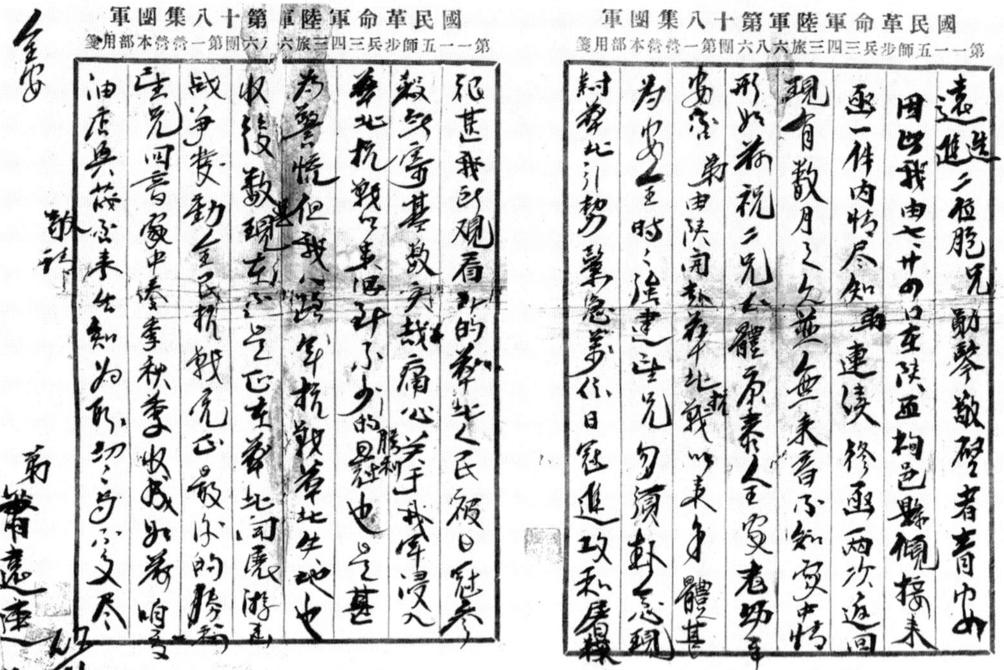

萧远连（？—1944）

江西南康人。八路军 115 师 343 旅 686 团 1 营战士，1944 年牺牲。

远造、远进二位胞兄勋鉴：

敬启者青安。

因此我由七、廿四日在陕西栒邑县，倾接来函一件，内情尽知。弟连续修函两次返回，现有数月之久，并无来音，不知家中情形如荷〔何〕？祝二兄玉体康泰！全家老幼平安否？弟由陕开赴华北抗战以来，身体甚为安全，时时强建〔健〕，望兄勿须卦〔挂〕念。现对华北形势紧急万份，日寇进攻和屠杀很甚，我所观看到的华北人民被日寇参〔惨〕杀无寄〔计〕基〔其〕数，实哉痛心。关于我军浸〔深〕入华北抗战以来，得到不少的胜利，日寇也是甚为警〔惊〕慌。但我八路军抗战华北，失地也收复数县，现在还是正在华北开展游击战争，发动全民抗战，完正〔成〕最后的胜利。望兄回音，家中春季秋季收成如荷〔何〕？咱处油店兴茂否？来告知为要，切切。□不多尽。

敬请

金安！

弟萧远连敬

27/11

这是萧远连 1937 年 11 月 27 日在山西汾阳写给胞兄萧远造、萧远进的家书。

1937 年 7 月间，萧远连在陕西旬邑接到家书并连续写了两封回信，但四个月都没有得到家中任何消息。随时准备牺牲在抗日前线的萧远连，急于了解二位胞兄及各位亲人的近况，于是写了这封家书。萧远连目睹了日寇给中国人民带来的巨大灾难，在信中写道："日寇进攻和屠杀很甚，我所观看到的华北人民被日寇惨杀无计其数，实哉痛心。"面对穷凶极恶的侵略者，他没有悲观失望，内心充满了抗战到底的昂扬斗志和必胜信念："我军深入华北抗战以来，得到不少的胜利，日寇也是甚为惊慌。但我八路军抗战华北，失地也收复数县，现在还是正在华北开展游击战争，发动全民抗战，完成最后的胜利。"这封信从一个侧面，反映了中国共产党领导下的人民军队，是坚持华北等地区敌后抗战的主力军，是中国抗战的中坚力量。

47　左权致母亲（节录）

（1937年12月3日）

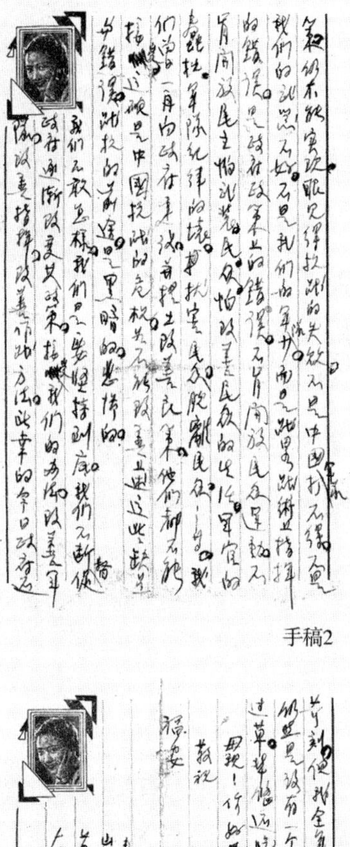

手稿2

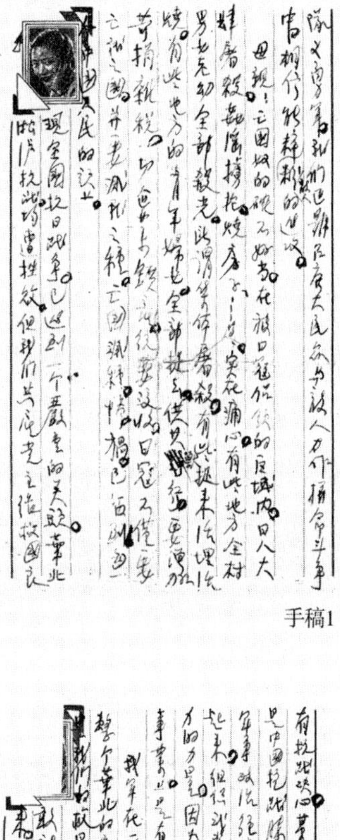

手稿1

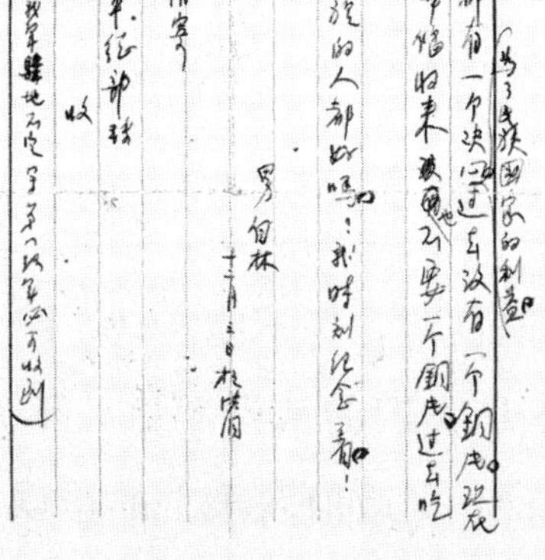

手稿4

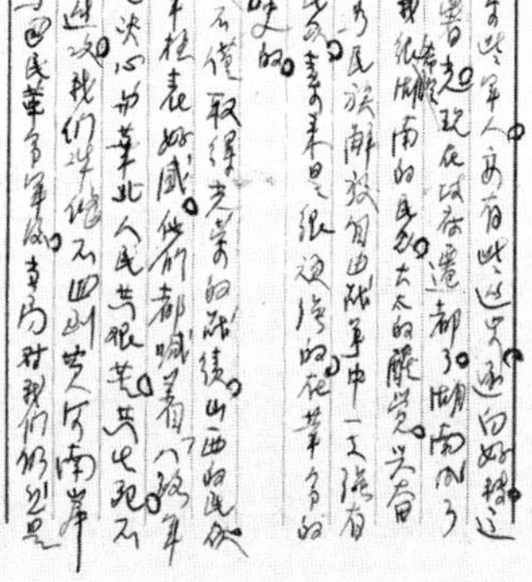

手稿3

左权（1905—1942）

原名左纪权，号叔仁，湖南醴陵人。1924 年，进入黄埔军校第 1 期学习。1925 年 2 月加入中国共产党，11 月到苏联学习。1930 年回国后，到中央苏区工作，参加了五次反“围剿”作战。1934 年 10 月，参加长征，参与指挥强渡大渡河、攻打腊子口等战斗。长征到达陕北后，任红 1 军团代理军团长，率部西征并参与指挥山城堡战役。全民族抗战爆发后，任八路军副参谋长、前方总部参谋长，协助朱德、彭德怀指挥八路军开赴华北抗日前线，开展敌后游击战争。参与指挥百团大战，指挥黄崖洞保卫战。1942 年 5 月 25 日，在山西辽县与日军作战中壮烈牺牲，时年 37 岁。

（略）

母亲，亡国奴的确不好当，在被日寇占领的区域内，日人大肆屠杀，奸淫掳抢，烧房子……等，实在痛心。有些地方全村男女老幼，全部杀光，所谓集体屠杀，有些捉来活埋活烧，有些地方的青年妇女，全部捉去，供其兽行。要增加苛捐杂税。一切企业矿产，统要没收。日寇不仅要亡我之国，并要灭我之种。亡国灭种惨祸，已临到每一个中国人民的头上。

现全国抗日战争，已进到一个严重的关头，华北、淞沪抗战，均遭挫败，但我们共产党主张救国良策，仍不能实现。眼见得抗战的失败，不是中国军队打不得，不是我们的武器不好，不是我们的军队少，而是战略战术上指挥的错误，是政府政策上的错误。不肯开放民众运动，不肯开放民主，怕武装民众，怕改善民众的生活，军官的蠢拙，军队纪律的坏，扰害民众，脱离民众……等。我们曾一再向政府建议，并提出改善良策，他们都不能接受。这确是中国抗战的危机，如不能改善上述这些缺点与错误，抗战的前途，是黑暗的、悲惨的。

我们不敢〔管〕怎样，我们是要坚持到底。我们不断督促政府逐渐改变其政策，接受我们的办法，改善军队，改善指挥，改善作战方法。所幸的今日政府还有抗战决心，某些要人、某些军人亦有些进步，逐向好转，这是中国抗战胜利的一线署〔曙〕光。现在政府迁都了，湖南成了军事、政治、经济的重地，我很希望湖南的民众大大的醒觉，兴奋起来，组织武装起来，成为民族解放自由战争中一支强有力的力量。因为湖南的民众，素来是很顽强的，在革命的事业上，是有光荣历史的。

我军在西北的战场上，不仅取得光荣的战绩，山西的民众，整个华北的民众，对我军极表好感。他们都喊着“八路军是我们的救星”。我们也决心与华北人民共艰苦、共生死。不敢〔管〕敌人怎样进攻，我们准备不回到黄河南岸来。我们改编为国民革命军后，当局对我们仍然是苛刻，但我全军将士都有一个决心，为了民族国家的利益，过去没有一个铜片，现在仍然是没有一个铜片，准备将来也不要一个铜板。过去吃过草，准备还吃草。

母亲，你好吗？家里的人都好吗？我时刻纪念着！

敬祝

福安！

男自林

十二月三日于洪洞

来信请寄山西第八路军总部转左权收（因我军驻地不定，写第八路军必可收到）。

这是左权1937年12月3日写给母亲的家书。因年代久远，信件第一页遗失。

左权生于湘东乡间，自幼丧父，由母亲抚养成人。1922年秋，在叔父左铭三的帮助下，进入醴陵县立中学就读，接触到《新青年》《向导》等进步刊物。同年冬，左权告别母亲，南下广州。左权惦念母亲，也牵挂其他亲人，他在家书末尾深情地写道："母亲，你好吗？家里的人都好吗？我时刻纪念着！"除此之外，左权主要向母亲汇报了革命形势与工作近况。他写道："日寇不仅要亡我之国，并要灭我之种。亡国灭种惨祸，已临到每一个中国人民的头上。"在这生死存亡关头，国民党政府仍然"不肯开放民众运动，不肯开放民主，怕武装民众，怕改善民众的生活"。华北正面战场的溃败，就是由于这些错误，抗战的前途是黑暗的。面对这种严峻局面，左权认为，共产党、八路军应该"坚持到底"，"不断督促政府逐渐改变其政策"。华北人民都喊"八路军是我们的救星"，这不是偶然的，共产党、八路军用实际行动赢得人民的信任。为了民族与国家的利益，人民军队"决心与华北人民共艰苦、共生死"，"过去吃过草，准备还吃草"，有这种精神在，部队便是有军魂的，才能克服一切困难，团结一心，无往而不胜。

48 王有进致父亲（节录）

（1938 年 6 月 29 日）

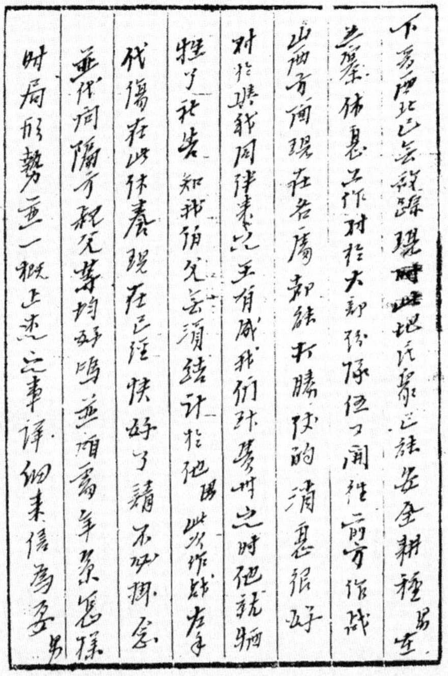

下晋西北已无敌踪，现时此地老百姓已经安全耕种。男在
五寨休息工作，对於大部队陆续往前开往前方作战。
山西前面现在各属都能打胜仗的消息很好。
对於[illegible]我国将来[illegible]王有[illegible]我们[illegible]时之时他就牺
牲了，[illegible]知我们父亲须结计於他。男此次作战左手
代伤，在此休养，现在已经快好了，请不必挂念。
并代问候前方亲兄等均好吗，并询家中年景怎样，
时局形势并一概上述之事详细来信为要。男

手稿2

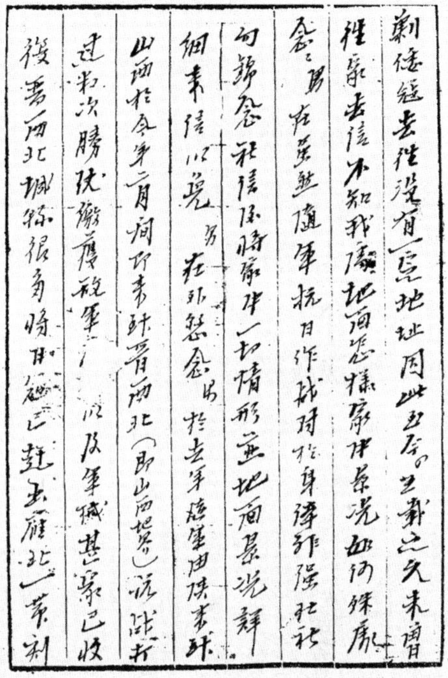

刘德铭去从没有一定地址，因此至今[illegible]之久未曾
往家去信，不知我们地面怎样，家中景况如何，殊[illegible]
念念。男在晋随军抗日作战，对於身体[illegible]强壮，[illegible]
[illegible]念。我信[illegible]将家中一切情形并地面景况详
细来信以免男在外悬念。男於去年随军由陕来到
山西，於今年二月间即来到晋西北（即山西地界），屡战於
[illegible]次胜仗，缴获敌军[illegible]及军械甚多，已收
复晋西北城镇很多，将[illegible]已赶出雁北一带，[illegible]

手稿1

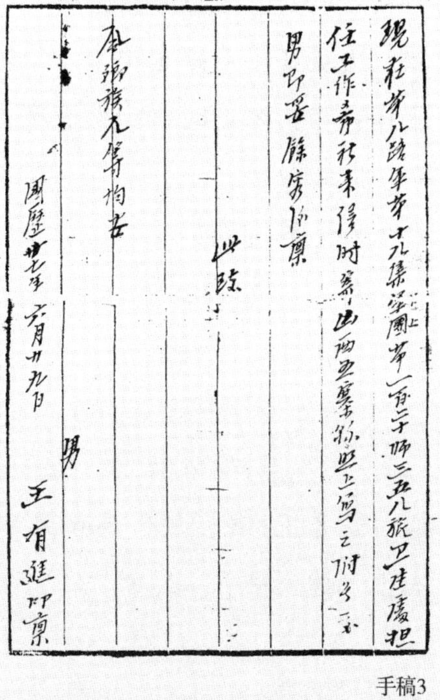

现在第八路军第十八集团军第一百二十师三五八旅卫生处担
任工作，希於来信时寄山西五寨[illegible]上写之附号一[illegible]
男即[illegible]禀
此致
本乡族人等均安
国历廿七年六月廿九日
男 王有进叩禀

手稿3

王有进（？—1938）

湖南慈利人。1934 年参加红军，全民族抗战期间在八路军 120 师 358 旅卫生处工作。1938 年因战伤病逝。

剿倭寇去往没有一定的地址，因此，至今四五载之久未曾往家去信，不知我处地面怎样？家中景况如何？殊属念念。男在虽然随军抗日作战，对于身体非〈常〉强壮，祈勿锦念。祈信后将家中一切情形并地面景况详细来信，以免男在外悬念。男于去年随军由陕来到山西，于今年二月间即来到晋西北（即山西地界）抗战，打过数次胜仗，缴获敌军□□以及军械甚众，已收复晋西北城县很多，将日寇已赶出雁北一带，刻下晋西北已无敌踪，现时此地民众已能安全耕种。男在五寨休息工作，对于大部份队伍又开往前方作战，山西方面现在各处都能打胜仗的消息很好。对于与我同伴来之王有成，我们到贵州之时他就牺牲了，祈告知我伯父无须结计于他。男此次作战左手代〔带〕伤在此休养，现在已经快好了，请不必挂念，并代问隔方叔父等均好吗，并咱处年景怎样？时局形势，并一概上述之事详细来信为要。男现在第八路军第十八集团军第一百二十师三五八旅卫生处担任工作，希祈来信时寄山西五寨县照上写之附号交男即妥。余容后禀。

此致

合乡族人等均安！

国历廿七年六月廿九日

男王有进叩禀

这是王有进 1938 年 6 月 29 日在山西忻州五寨疗伤时，写给父亲王上仁的家书。

王有进参加革命后，随部队转战湘、贵、陕、晋等地，没有固定的通信地址。四五年的时间都没有往家里写信，他对家乡和亲人的境况十分挂念。在对日作战养伤期间，写了这封家书。因年代久远，信件首页已经遗失。

在家书中，王有进满怀胜利的喜悦，向家人报告了八路军120师在晋西北地区屡战屡胜的骄人战绩："于今年二月间即来到晋西北（即山西地界）抗战，打过数次胜仗，缴获敌军□□以及军械甚众，已收复晋西北城县很多，将日寇已赶出雁北一带，刻下晋西北已无敌踪，现时此地民众已能安全耕种。""大部分队伍又开往前方作战，山西方面现在各处都能打胜仗。"这封信真实记录了八路军120师进军晋西北，广泛发动群众开展游击战争，钳制和歼灭日伪军大量兵力，建立和巩固晋西北抗日根据地的光荣岁月，展现了抗日军民抵抗侵略、夺取胜利的壮志豪情。

49 高农斧致母亲

（1938 年 9 月 1 日）

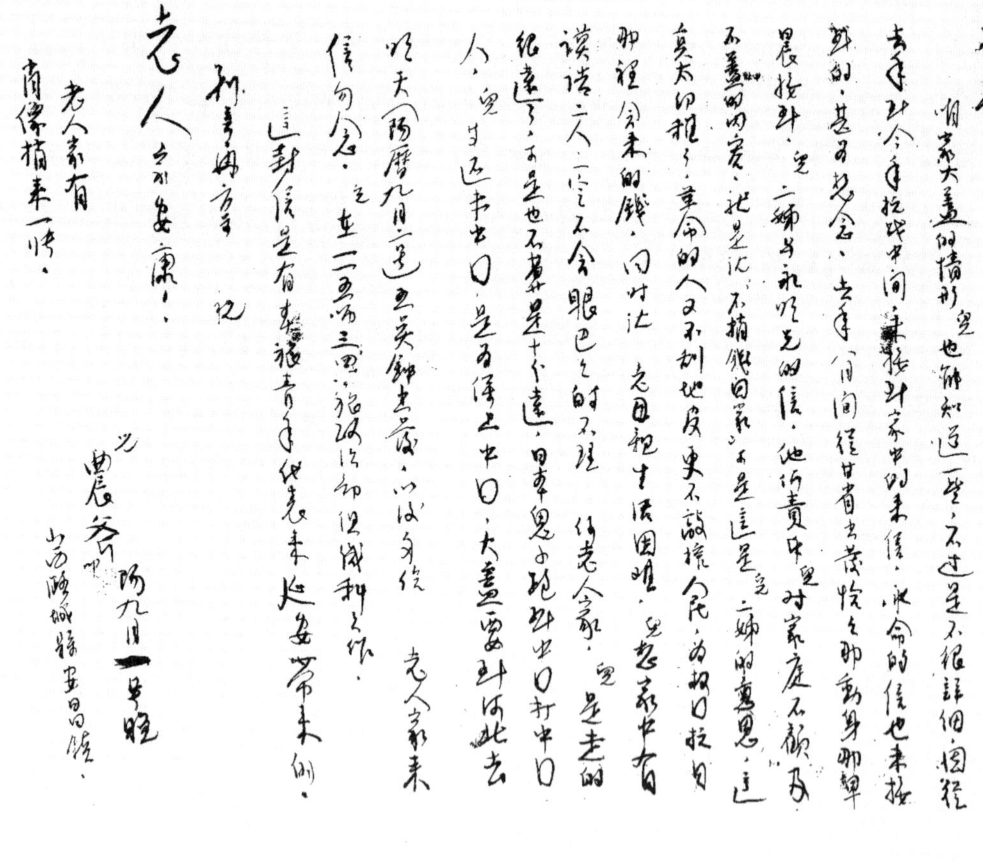

老母亲：

咱家大盖的情形儿也能知道一些，不过是不很详细。回想去年到今年我在外面，未接到家中的来信，冰的信也未接到的，甚是挂念。去年八月间经甘省[illegible]。晨接到儿二姊与永明兄的信，他们责备儿对家庭不顾及，不尽儿的内责，把儿是说的不值价，不稍能回家，不是这是儿二姊的惠恩。这真太可惜了。革命的人又不知地皮，更不识挨人民，为救日救国那里会来的钱。同时说老母现在很困难，儿想家中有谋诸二人，一定不会眼巴巴的对不理。候老人家，儿是走的很远了，不是也不甚是十分远。日本鬼子跑到中国打中国人，儿是不还来中国，是为保卫中国，大家要到前线去。昨天（阴历九月二号）至吴钟书家，以后的信老人家来信可寄：儿在一一五师三四三旅政治部保卫科了。这封信是有杨青年代儿来延安带来的。

种青姊等记

老人万分安康！

老人家有肖像请来一帧。

儿 农斧 叩 阴九月一号晚

山西临汾县安口镇

高农斧（1912—1944）

原名高承训，陕西绥德人。1924 年，入省立绥德第四师范学校学习。1926 年，参加中国共产主义青年团，后加入中国共产党。1931 年，遵照党的指示，在家乡开展武装斗争。1935 年，任中国工农红军第 26 军 78 师政治部民运科科长。1937 年全民族抗战爆发后，高农斧奔赴抗战前线，历任八路军 115 师 344 旅政治部民运科科长、组织科科长、独立团政治委员、新四军4 师10 旅政治部主任、新四军 3 师 10 旅兼苏北军区淮海军分区第 2 支队政治委员等。1944 年 10 月，积劳成疾不幸病逝，时年 32 岁。

老母亲：

咱家大盖〔概〕的情形，儿也能知道一些，不过是不很详细。因从去年到今年抗战中间，未接到家中的来信。永〔承〕命的信也未接到的，甚为想念。去年八月间，从甘省出发，恰恰［那］动身那早晨接到儿二姊与永〔承〕明兄的信。他们责斥儿对家庭不顾及，不〔大〕盖〔概〕的内容，就是说不捎钱回家。可是这是儿二姊的意思。这真太幼稚了。革命的人又不刮地皮，更不敲榨人民，为救国抗日，那里会来的钱？同时说老母亲生活困难，儿想家中有谟、诰二人，一定不会眼巴巴的不理你老人家。儿是走的很远了，可是也不算是十分远。日本鬼子跑到中国打中国人，儿等还未出国，是为保卫中国，大盖〔概〕要到河北去。明天（阳历九月二号）五点钟出发，以后多给老人家来信，勿念。儿在一一五师三四四旅政治部组织科工作。

这封信是有〔由〕本旅青年代表来延安带来的。

余言再续。祝

老人家安康！

老人家有肖像捎来一张。

儿农斧叩

阳九月一号晚

山西潞城县安昌镇

这是高农斧1938年9月1日写给母亲的家书。

全民族抗战爆发后，时任八路军115师344旅政治部民运科科长的高农斧，随所在部队从甘肃出发，开赴华北抗战前线，后驻守于山西潞城安昌镇，积极投入敌后抗日游击战。父亲去世后，家中缺乏劳动力，生活顿时陷入困境，高农斧十分挂念家中老幼。1938年9月1日，高农斧委托回延安的程世清一起捎回三封家书：一封给老母亲，一封给当时在中共陕北特委工作的五弟高承命，一封给在家的二哥高承谟和四弟高承诰。为缓解思母之情，高农斧在信中提出要母亲的照片。对于家人责备他没有捎钱回家，他在信中写道："革命的人又不刮地皮，更不敲榨人民，为抗日救国，那里会来的钱？"光明磊落的回答，展现了共产党人正直清廉、严守纪律的高尚品格。信中还说，"日本鬼子跑到中国打中国人，儿等……是为保卫中国"，显示了抗战到底的坚强意志。身处抗敌前线，高农斧行旅匆匆，舍小家为大家，是无数胸怀祖国、为民族独立奉献牺牲的革命先烈的缩影。

50 张炳元致三哥

（1938 年 10 月 14 日）

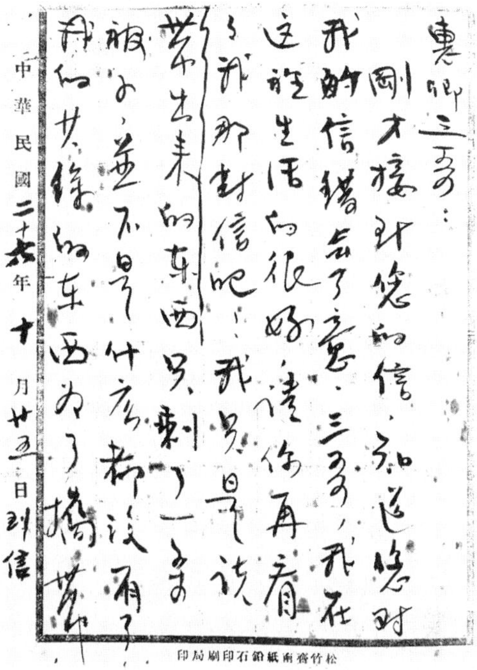

中華民國二十七年十月廿五日到信

惠卿三哥：
刚才接到您的信，知道您对
我的信错会了意，三哥，我在
这裡生活的很好，请你再看
看我那封信吧！我只是说
带出来的东西只剩了一条
被子，並不是什么都没有了，
我们其餘的东西为了携带，

松竹齋南紙鉛石印刷印局

手稿1

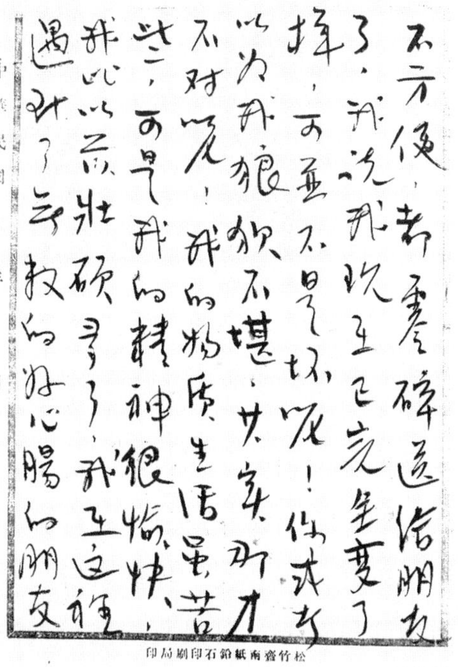

中華民國　年　月　日

不方便，都丢碎送给朋友
了。我说我现在已完全变了
样，可並不是变坏呢！你或者
以为我狼狈不堪，其实那才
不对呢！我的物质生活虽苦
些，可是我的精神很愉快，
我比以前壮硕多了，我在这裡
遇到了無数的好心肠的朋友

松竹齋南紙鉛石印刷印局

手稿2

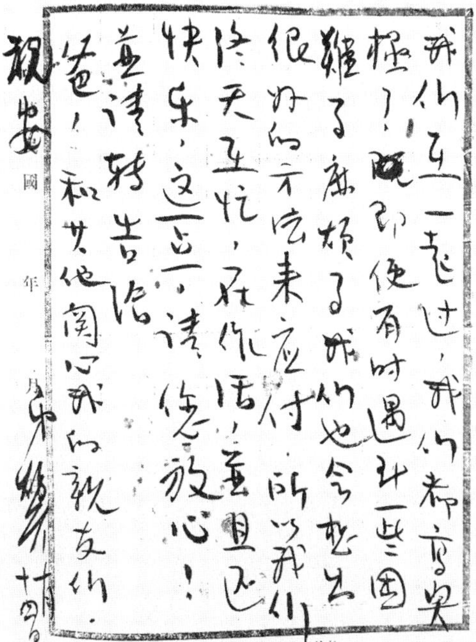

我们在一起过，我们都亲
极了！即便有时遇到一些困
难了麻烦了我们也会想出
很好的方法来应付，所以我们
终天在忙，在作工作，並且还
快乐，这一点，请您放心！
並请转告给
爸！和其他关心我的亲友们。

祝
安

弟炳元 十月十四

松竹齋南紙鉛石印刷印局

手稿3

张炳元（1913—1939）

河北霸县（今霸州）人。曾就读于天津南开中学。1936 年，加入中国共产党。同年秋，考入北平燕京大学新闻系。七七事变后，到山东从事抗日活动。1938 年 2 月，任中共莘县县委书记。1939 年，任中共鲁西北地委书记。同年 7 月 14 日，不幸被国民党特务杀害，时年 26 岁。

惠卿三哥：

刚才接到您的信，知道您对我的信错会了意。三哥，我在这里生活的很好，请你再看看我那封信吧！我只是说带出来的东西只剩了一条被子，并不是什么都没有了，我的其余的东西，为了携带不方便，都零碎送给朋友了。我说我现在已完全变了样，可并不是坏呢！你或者以为我狼狈不堪，其实那才不对呢！我的物质生活虽苦些，可是我的精神很愉快，我比以前壮硕多了。我在这里遇到了无数的好心肠的朋友，我们在一起过，我们都高兴极了。即使有时遇到一些困难事、麻烦事，我们也会想出很好的方法来应付，所以我们终天在忙，在作活，并且还快乐，这一点请您放心！并请转告给爸爸和其他关心我的亲友们。

祝安！

弟炳元

十月十四日

这是张炳元 1938 年 10 月 14 日在山东写给三哥的家书。

北平沦陷后，张炳元不顾父母、亲友劝阻，放弃学业，辗转到山东参加敌后抗日游击战。自他离乡参加抗战后，家人曾多次去信，十分关心他的安危。为了安抚家人的思念与担忧，张炳元给三哥写下了这封家书。

在家书中，张炳元宽慰三哥，“我的物质生活虽苦些，可是我的精神很愉快”。他告诉三哥，自己在革命阵营之中，“遇到了无数的好心肠的朋友”，并结下了深厚的革命友谊，他和朋友们满怀对国家、对民族的热爱与忠诚，共同走向抗日前线，“即使有时遇到一些困难事、麻烦事”，也能很好的解决。张炳元以轻松愉快的口吻，向家人描述了战争前线的生活，这不仅是为了化解家人的担心与焦虑，更展现出一名共产党员以苦为乐、以民族利益为重的崇高思想境界，以及为民族解放、抗战到底的坚定决心。

51 袁国平致侄子

（1938年12月）

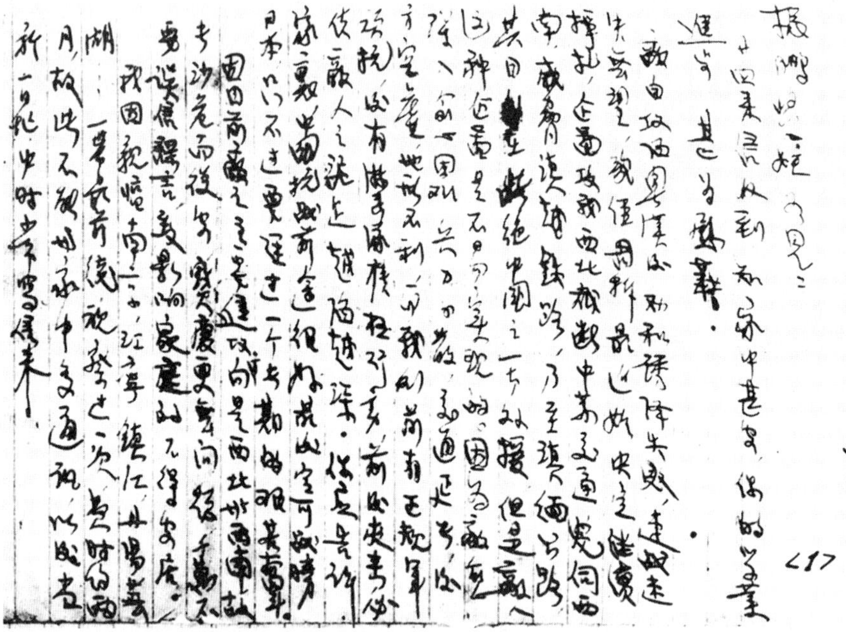

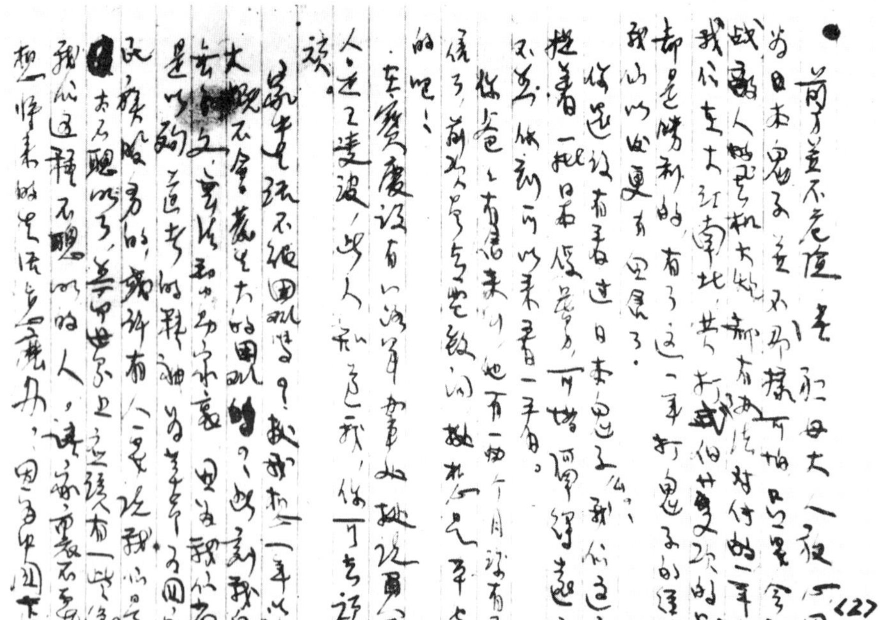

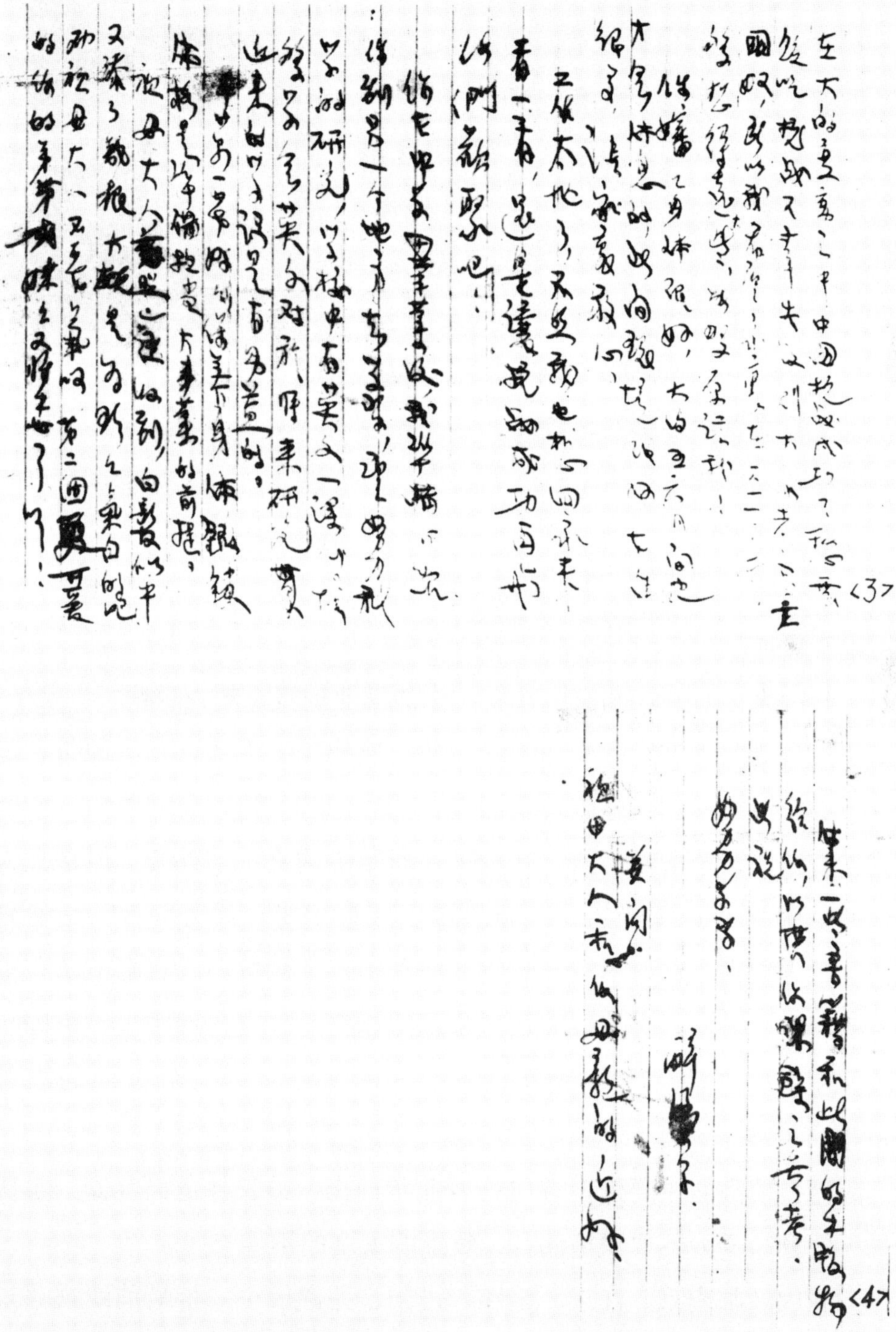

在大的变动之中，中国抗战成功了，私人来〈3〉
〈4〉

袁国平（1906—1941）

原名袁裕，字醉涵，湖南邵东人。1925年，加入中国共产党。1926年，黄埔军校毕业后参加北伐战争。1927年，参加南昌起义和广州起义。起义失败后赴上海，后进入中央苏区，参加了中央苏区历次反“围剿”作战和长征。1937年，全民族抗战爆发后，任中共中央东南分局（后改为东南局）委员、新四军政治部主任，参与领导新四军向皖中、皖东、皖南、苏中敌后进军，开展抗日游击战争，协助叶挺、项英进行建军和统战工作。1941年1月，在皖南事变中牺牲，时年35岁。

振鹏贤侄如见：

廿四来信收到，知家中甚安，你的学业进步，甚为慰藉。

敌自攻陷粤汉后，劝和诱降失败，速战速决无望，几经周折，最近始决定继续挣扎，企图攻我西北，截断中苏交通，窥伺西南，威胁滇越铁路，乃至滇缅公路，其目□在断绝中国之一切外援。但是敌人这种企图是不易实现的，因为敌愈深入愈困难，兵力分散，交通延长，后方空虚，地形不利，而我则前有正规军顽抗，后有游击队积极行动，前后夹击，必使敌人之泥足越陷越深。你应告诉家里，中国抗战前途很好，最后定可战胜日本，只不过要经过一个长期的艰苦奋斗。

因目前敌之主要进攻方向是西北与西南，故长沙危而复安，宝庆更无问题。千万不要误信谣言，致影响家庭的不得安居。

我因亲临南京、江宁、镇江、丹阳、芜湖……一带最前线视察过一次，费时约两月，故此不能与家中多通讯，以后当于百忙中时常写信来。

前方并不危险，请祖母大人放心，因为日本鬼子并不那样可怕，只要会打战，敌人的飞机大炮都有办法对付的。一年多，我们在大江南北共打了贰佰廿多次的战，都是胜利的，有了这一年打鬼子的经验，我们以后更有自信了。

你还没有看过日本鬼子么？我们这里捉着一批日本俘虏，可惜隔得远了，不然，你到〔倒〕可以来看一看。

你爸爸有信来吗？他有两个月没有来信了，前次曾去电致问，据想是平安的吧！

在宝庆设有八路军办事处，据说负责人是王凌波，此人知道我，你可去顽顽。

家中生活不很困难吗？据我想，一年以内大概不会发生大的困难的？此刻我身无分文，无法帮助家里，因为我们都是以殉道者的精神为革命、为国家民族服务的。或许有人要说我们是太不聪明了，然而世界上应该有一些像我们这种不聪明的人。请家里不要想将来的生活怎么办，因为中国正在大的变动之中，中国抗战成功，不愁无饭吃；抗战不幸失败，则大家都当亡国奴。所以我希望家里在这方面能够想得远大些，能够原谅我！

你婶婶身体很好，大约五六月间她才会休息的。此间环境很好，女伴很多，请家里放心。

工作太忙了，不然我也想回家来看一看，还是让抗战成功再与你们欢聚吧！

你在中学毕业后，我准备介绍你到另一个地方去学习，望努力科学的研究，学校中有英文一课么？能够学会英文，对于将来研究世界近来的学识是有助益的。千万要好好保养身体，锻炼体格是准备担当大事业的前提。

祖母大人慈照已经收到，白发似乎又添了几根，大概是为珍珍[①]气白的吧？劝祖母大人不要气呵！第二个更可爱的你的弟弟或妹妹又将出世了呵！

付来一些书籍和此间的出版物给你，以供你课余之参考。

此祝

努力学习。

醉涵字

并问

祖母大人和你母亲的近好！

这封家书是袁国平于1938年12月，写给侄儿袁振鹏的回信。

袁国平在这封家书中，着重表达了抗战到底的决心。当时，“亡国论”盛行，他在信中分析了抗战形势，得出了“中国抗战前途很好，最后定可战胜日本，只不过要经过一个长期的艰苦奋斗”的结论，展现了共产党人的坚定意志和革命乐观主义精神。“此刻我身无分文，无法帮助家里，因为我们都是以殉道者的精神为革命、为国家民族服务的”，充满了革命者的无私奉献精神。

袁国平十分关心侄儿的学习、成长。他让侄儿去设在宝庆的八路军办事处多接触一些八路军战士，了解他们的革命思想和抗战决心。他随信给侄儿寄了一些书籍和出版物，希望他课余时间多看看，接受一些革命思想的熏陶。此外，袁国平也没忘记把妻子又将临盆的消息告知家人，再为人父的喜悦心情，给这封家书增添了暖暖亲情。不幸的是，袁国平信中“还是让抗战成功再与你们欢聚”的愿望最终没能实现。

---

① 珍珍：袁国平的女儿，留在家乡邵东范家山抚养，后因病夭亡。

52 韩子重致父亲

（1939 年 5 月 4 日）

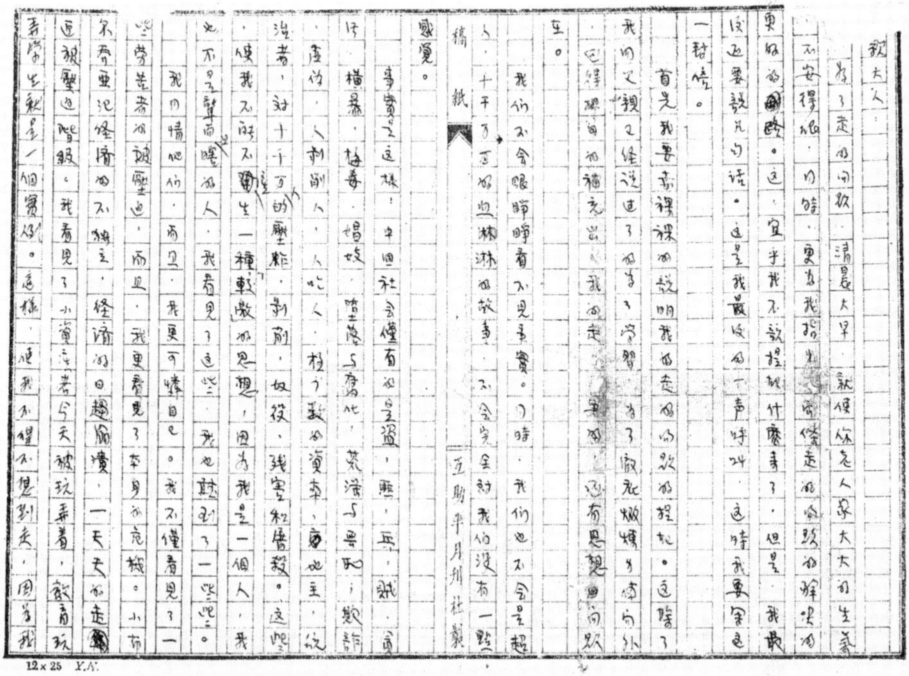

父親大人：
為了走的問題，清晨大早，就使你老人家大大的生氣
不安得很。同時，更為我指出應該走的路的解決的
更好的路。這，宜乎我不該提起什麼來了。但是，我最
後還要說幾句話。這是我最後的一聲呼叫。這時我要寫這
一封信。
首先我要赤裸裸的說明我的走的問題的提起。這隨了
我的父親已經從過了的事了，學習着了做老人的向外
，這樣深留的補充出，我的走，卑的，還有思想的問題
生。
我們不會眼睜睜看不見事實。同時，我們也不會是超
人，十千萬萬的血淋淋的故事，不會完全對我們沒有一點
稿紙　互助半月刊社製
感覺。
事實是這樣！中國社會僅有的是盜、匪、兵、貪
污、橫暴、梅毒、娼妓、墮落與腐化、荒淫與無恥、欺詐、
虛偽、人剝削人、人吃人、極少數的資本、商地主、統
治者，對十千萬萬的壓榨、剝削、奴役、殘害和屠殺。這些
，使我不能不產生一種較激的思想，因為我是一個人，我
也不是聾而啞的人，我看見了這些。我也聽到了一些些。
我的情知們，而且，我更可憐自己。我不僅看見了一
些勞苦者的被壓迫，而且，我更看見了本身的危機。小商
不能再把怪僻的不滿之，怪諭的日趨崩潰，一天天的走
近被壓迫階級。我看見了小資產者今天被玩弄着，教育玩
弄學生就是一個實例。這樣，使我不得不想到走，因為我

12×25 Y.N.

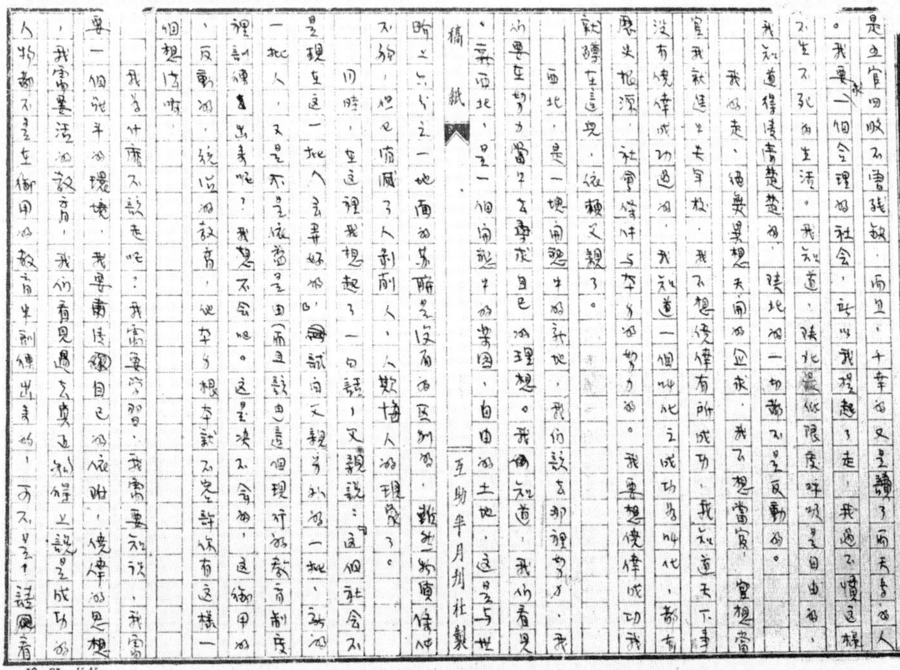

是立官回敗不曾殘缺，而且，十幸的又是讀了兩天多的人
。我要求一個合理的社會，所以我提起了走，我過不慣這樣
不生不死的生活。我知道，陝北最低限度的是自由的，
我知道得清清楚楚的，陝北的一切都不是反動的。
我的走，絕無異想天開的企求，我不想當官，實想當
官我就進中央軍校，我不想使偉有所成功，我知道天下事
沒有使偉成功過的，我知道一個時代之成功為時代，都有
歷史根源，社會條件與本身的努力的。我要想使偉成功我
就離不了這兒，依賴父親了。
西北，是一塊開墾中的新地，我們該去那裡努力，我
們要在努力當中去尋求自己的理想。我們知道，我們看見
，新西北，是一個開展中的樂園，自由的土地，這是與世
稿紙　互助半月刊社製
隔之亦之一地面的蘇聯是沒有兩區別的，雖然物質條件
不夠，但也消滅了人剝削人，人欺侮人的現象了。
同時，在這裡我想起了一句話，父親說：這個社會不
是現在這一批人去弄好的，就由父親等那一批，新的
一批人，又是不是依舊是由（而且說由）這個現行的教育制度
裡訓練出來的呢？我想不會的。這是決不會的，這御用的
、反動的，統治的教育，他本身根本就不允許你有這樣一
個想法的。
我為什麼不該走呢？我需要學習，我需要知識，我需
要一個從事的環境，我要鍛鍊自己的依附，使偉的思想
，我需要活的教育，我們看見過去真這批懂上說是成功的
人物都不是在御用的教育中訓練出來的，而不是十足讀了

12×25 Y.N.

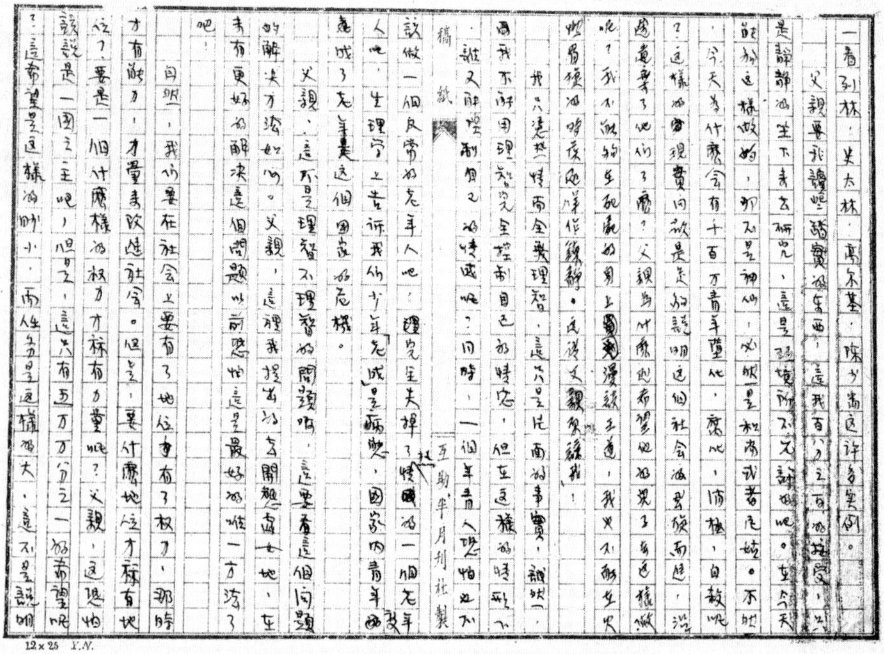
一看列林、史太林、高爾基、陳少尚這許多實例。
父親要我讀些踏實的东西，這我百分之百的接受，以
是辭静的生下来去研究，這是環境所不允許的吧。在今天
能够这樣做的，那不是神仙，必然是社會的寄生虫。不然
，今天为什麽会有千百万青年墮化，腐化，悲觀，自殺呢
？这樣的客觀實同，就是足夠說明这個社會的黑暗，没
落，竟害了他们了麽？父親为什麽也希望他们犯了多這樣做
呢？我不做的生死處的身上圖象漫錢王道，我又不能在史
地写樣的吟夜逸嘆作鎮静。这讓父親來教我！
我只是想情而全靠理智，這只是片面的事實，誠然一
面我不能用理智完全控制自己的時定，但在这樣的時形下
，誰又能控制自己的情感呢？同時，一個年青人恐怕也不
稿紙　互助半月刊社製
該做一個良常的老年人吧，理究生失掉了熱情的一個老年
人吧，生理学上告訴我們少年「老成」是病態，國家內青年的
老成了老年是這個國家的危機。
父親，這不是理智不理智的問題呀，這要看這個問題
的解决方法如何。父親，這裡我提出的去開想為世地，在
未有更好的解决這個問題以前恐怕這是最好的唯一方法了
吧！

同時，我們要在社会上要有了地位才有了权力，那時
才有能力，才量来改造社會。但是，要什麼地位才称有地
位了，要是一個什麼樣的权力才称有力量呢？父親，這恐怕
該說是一國之主吧，但是，这只有五万万分之一的希望呢
？這希望是這樣的渺小，而人生又是這樣的大，這不是說明
12×25 Y.N.

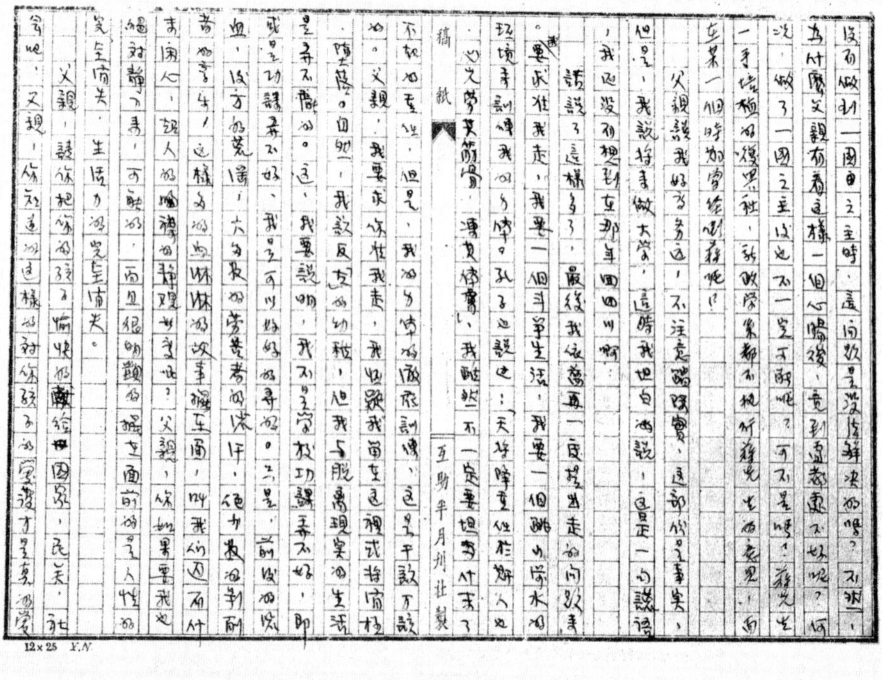
没有做到一國之主時，這问題是没法解决的嗎？不然，
为什麽父親有着這樣一個心嗎後，竟到這都還不好呢？何
况，做了一國之主也不一定可靠呢？可不是嗎？孫先生
一手培植的復興社，就政學系都不抛所孫先生的意思，而
在某一個時期曾經叛孫呢！
父親說我好高务遠，不注意踏踐實，這部份是事實，
但是，我說将来做大学，這時我也白的說，這是一句謊話
，我還没有想到在那年四四川呀！
請說了這樣多了，最後我依舊再一度提出走的问題来
。要求讓我走，我要一個斗爭生活，我要一個跳出學校的
環境来訓練我的身体，孔子也說过：天将降大任於斯人也
，必先勞其筋骨，凍其体膚，我雖然不一定要想当什麽了
稿紙　互助半月刊社製
不起的大人物，但是，我的身体的徹底訓練，這是千載万載
的。父親，我要求你放我走，我也深知我留在这裡或將留在
陈落。回想一下，我感反正是的幼稚，但我今脫离現实的生活
是弄不懂的。这，我要說明，我不是学校功課弄不好，即
或是功課弄不好，我是可以好好的弄的。但是，前线的流
血，後方的荒淫，大多数的劳苦者的慘伴，绝少数的剥削
者的享受，这樣多的血淋淋的故事摆在面前，叫我們還有什
么開心，說人的瑜禱的静理么学呢？父親，你如果要我也
過对静下来，可能的，而且很明顯的擺在面前的是人性的
完全消失，生活力的完全消失。
父親，讓你把你的孩子偷快的貢獻给國家，民族，社
會吧，父親，你知道的这樣的对你孩子的管教才是真的管
12×25 Y.N.

韩子重（1922—1949）

又名韩谦，四川长寿（今重庆市长寿区）人。1939年加入中国共产党。曾赴山西抗日军政大学三分校学习，毕业后在晋东南前线作战，兼任战地记者。1940年，受党组织派遣，回到四川，任中共川康特委军事系统负责人。先后以川陕绥靖公署、四川军管司令部参谋长等身份为掩护，从事党的地下活动。1949年1月因叛徒出卖不幸被捕，同年11月27日英勇就义，时年27岁。

父亲大人：

为了走的问题，清晨大早，就使你老人家大大的生气，不安得很。同时，更为我指出一两条走的明显的、解决的更好的路。这，宜乎我不该提起什么来了。但是，我最后还要说几句话。这是我最后的一声呼叫，这时我要写这一封信。

首先我要赤裸裸的说明我的走的问题的提起。这除了我向父亲已经说过了的为了学习，为了彻底锻炼身体而外，还得坦白的补充出，我的走，主要的，还有思想问题在。

我们不会眼睁睁看不见事实。同时，我们也不会是超人，千千万万的血淋淋的故事，不会完全对我们没有一点感觉。

事实是这样，中国社会仅〔尽〕有的是盗、匪、兵、贼、贪污、横暴、梅毒、娼妓，堕落与腐化，荒淫与无耻；欺诈、虚伪、人剥削人、人吃人、极少数的资本〈家〉、地主、统治者，对千千万人的压榨、剥削、奴役、残害和屠杀。这些，使我不能不产生一种“较激”

的思想。因为我是一个人，我也不是聋而且瞎的人。我看见了这些，我也听到了一些些。

我同情他们，而且，我更可怜自己。我不仅看见了一些劳苦者的被压迫，而且，我更看见了本身的危机。小布尔乔亚论经济的不独立，经济的日趋崩溃，一天天的走近被压迫阶级。我看见了小资产者今天被玩弄着，教育玩弄学生就是一个实例。这样，使我不得不想到走，因为我是五官四肢不曾残缺，而且，千幸的又是读了两天书的人。我要求一个合理的社会，所以我提起了走，我过不惯这样不生不死的生活。我知道，陕北最低限度呼吸是自由的。我知道得清清楚楚的，陕北的一切都不是反动的。

我的走，绝无异想天开的企求。我不想当官，想当官我就进中央军校。我不想侥幸有所成功，我知道天下事没有侥幸成功过的。我知道一个叫〔教〕化之成功为叫〔教〕化，都有历史根源、社会条件与本身的努力的。我要想侥幸成功，我就蹲在这儿，依赖父亲了。

西北，是一块开垦中的新地，我们该去那里努力。我们要在努力当中去寻求自己的理想。我知道，我们看见，新西北，是一个开垦中的乐园，自由的土地，这是与世界上六分之一地面的苏联是没有区别的。虽然物质条件不够，但已消灭了人剥削人、人欺侮人的现象了。

同时，在这里我想起了一句话，父亲说："这个社会不是现在这一批人会弄好的。"试问父亲身外的一批、新的一批人，又是不是依旧是由（而且该由）这个现行的教育制度里训练出来呢？我想不会吧。这是决不会的，这御用的、反动的、统治的教育，他本身根本就不容许你有这样一个想法啊。

我为什么不该走呢？我需要学习，我需要知识，我需要一个战斗的环境，我要肃清自己的依附、侥幸的思想，我需要活的教育。我们看见过去真正够得上说是成功的人物，都不是在御用的教育中训练出来的。可不是！请看一看列林、史太林、高尔基、陈少禹这许多实例。

父亲要我读些踏实的东西，这我百分之百的接受。只是静静的坐下来去研究，这是环境所不允许的吧。在今天能够这样做的，那不是神仙，必然是和尚或者尼姑。不然，今天为什么会有千百万青年堕化、腐化、消极、自杀呢？这样的现实问题是足够说明这个社会的飞旋而进，沿途遗弃了他们了么？父亲为什么还希望他的儿子去这样做呢？我不能够在死尸的身上漫谈王道，我也不能在火燃眉睫的时候还佯作镇静。这请父亲原谅我。

我只凭热情而全无理智，这只是片面的事实，诚然，我不能用理智完全控制自己的情感，但在这样的情形下，谁又能控制自己的情感呢？同时，一个年青人恐怕也不该做一个反常的老年人吧，完全失掉了热情的一个老年人吧！生理学上告诉我们，少年“老成”是病态。国家的青年变成了老年，是这个国家的危机。

父亲，这不是理智不理智的问题啊，这要看这个问题的解决方法如何。父亲，这里我提出的去开垦处女地，在未有更好的解决这个问题以前，恐怕这是最好的唯一方法了吧！

自然，我们要在社会上要有了地位、有了权力，那时才有能力、力量来改进社会。但是，要什么地位才算有地位？要是一个什么样的权力才算有力量呢？父亲，这恐怕该说是一国之主吧。但是，这只有五万万分之一的希望呢？这希望是这样的渺小，而任务是这样的大，这不是说明没有做到一国之主时，这问题是没法解决的吗？不然，为什么父亲有着这样一个心肠后，竟到处都处不好呢？何况，做了一国之主后也不一定可能呢，可不是吗？蒋先生一手培植的复兴社、新政学系，都不执行蒋先生的意见，而在某一个时期曾经倒蒋呢?!

父亲说我好高务〔骛〕远，不注意踏实，这部分是事实，但是，我说将来做大学，这时我坦白的说，这是一句谎语，我还没有想到在那年回四川啊。

话说了这样多了，最后我依旧再一度提出走的问题来。我要求准我走，我要一个斗争生活，我要一个跋山涉水的环境来训练我的身体。孔〔孟〕子也说过，天将降重任于斯人也，必先劳其筋骨，冻〔饿〕其体肤，我虽然不一定要担当什末了不起的重任，但是，我的身体的彻底训练，这是千该万该的。父亲，我要求你准我走，我怀疑我留在这里或将消极、堕落。自然，我该反“左”的幼稚，但我与脱离现实的生活是弄不拢的。这，我要说明，我不是学校功课弄不好，即或是功课弄不好，我是可以好好的弄的。只是，前线的流血，后方的荒淫，大多数的劳苦者的流汗，绝少数的剥削者的享乐，这样多的血淋淋的故事摆在面〈前〉，叫我们还有什末闲心、超人的胸襟的静观世变呢？父亲，你如果要我也绝对静下来，可能的，而且很明显的摆在面前的是人性的完全消失，生活力的完全消失。

父亲，请你把你的孩子愉快的献给国家、民族、社会吧。父亲，你知道的，这样的对你孩子的爱护，才是真的爱护。这是给了我一个灵魂的解放。父亲，我祈求你。

父亲，我反复的再说这一句话，请求你能许我走，帮助我的走！甚至运用你为爱国的热情！你的儿子要求着灵魂的解放。专此，敬叩安好！

重儿谨上

五月四日

这是韩子重 1939 年 5 月 4 日写给父亲韩任民的家书。

韩子重写这封家书时年仅 17 岁，其父韩任民时任国民党成都军管区副司令兼参谋长。为了投奔革命，韩子重毅然离开家乡成都去陕北，临行前留下了这封家书。

在遵从父命与奔赴敌后之间，他面临着两难的选择，内心也有过激烈的挣扎。但是在贪图安逸与民族大义之间，他毅然决然地选择了后者。他解释自己之所以抛弃安逸生活，参加八路军的原因："我要求一个合理的社会，所以我提起了走，我过不惯这样不生不死的生活。我知道，陕北最低限度呼吸是自由的。我知道得清清楚楚的，陕北的一切都不是反动的。"尽管陕北地区生活艰苦，但却是自由的，活泼的，富有朝气的，对他这样一位富有满腔爱国热情，无法对血淋淋的残酷社会熟视无睹的革命青年而言，陕北的生活充满了无限的吸引力，革命的理想信念指引着他前进。

对于未来，他充满豪情："我要一个斗争生活，我要一个跋山涉水的环境来训练我的身体。"折射出一位革命青年排除万难投身革命的热情。

这封信既有理智的分析，又充满激情，不仅反映了韩子重对家人的深情，更展现出共产党人志存高远、勇于担当的高尚品格与坚定的理想信念。

53 彭林初致母亲

（1939 年 6 月 15 日）

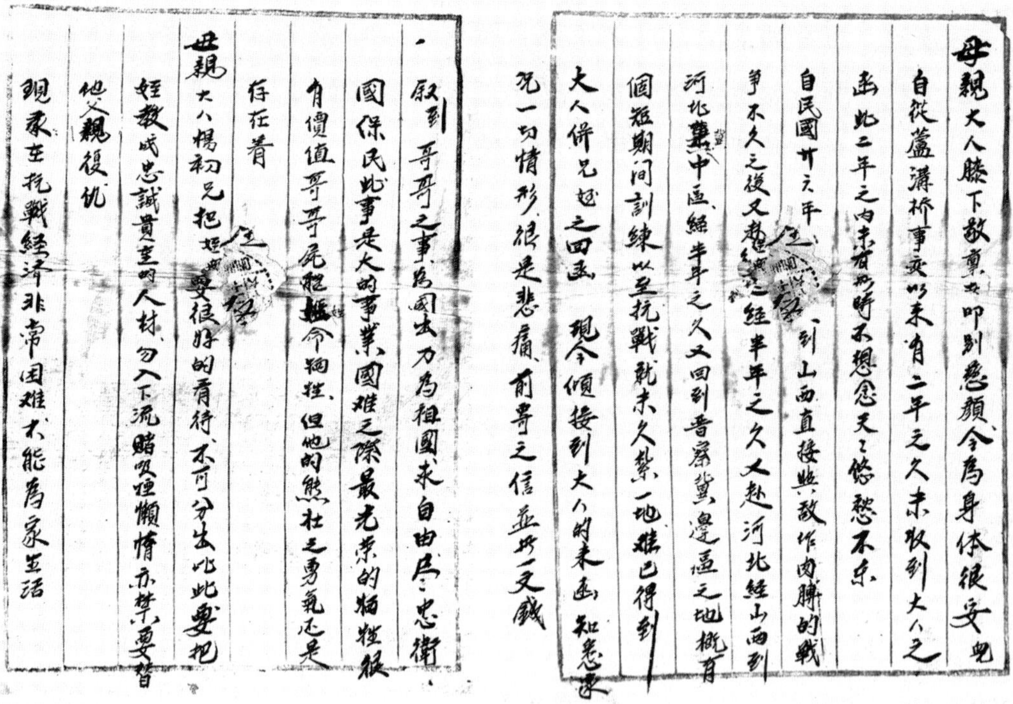
母親大人膝下敬稟者、叩别慈顏、今為身体很安、兒
自從盧溝橋事变以来、有二年之久未收到大人之
函、此二年之內未有那時不想念天天悠愁不乐
自民國廿六年、[illegible]、到山西直接與敵作肉膊的戰
爭、不久之後又赴[illegible]經半年之久、又赴河北、經山西到
河北冀中區、經半年之久、又回到晉察冀邊區之地、概有
個短期间訓練、以至抗戰就未久禁一地、雖已得到
大人併兄嫂之回函、現今頃接到大人的來函、知悉家
况一切情形、很是悲痛、前寄之信並於一支[illegible]
一、叙到哥哥之事、為國出力、為祖國求自由、尽忠衛
國保民、此事是大的事業、國難之際最光荣的犧牲、很
有價值、哥哥[illegible]命犧牲、但他的熊壯之勇氣还是
存在着
母親大人、楊初兄把姪[illegible]要很好的看待、不可分出此此、要把
姪教成忠誠貫[illegible]的人材、勿入下流、賭吹煙懶惰亦禁、要替
他父親復仇
現家在抗戰經济非常困难、不能為家生活

彭林初（? — ?）

湖南慈利人。1934 年参加红军，在全民族抗战中牺牲。

母亲大人膝下：

敬禀者，叩别慈颜，今为身体很安。儿自从芦沟桥事变以来，有二年之久未收到大人之函。此二年之内，未有□时不想念，天天悠〔忧〕愁不乐。

自民国廿六年□□□到山西直接与敌作肉膊〔搏〕的战争，不久之后又赴□□经半年之久，又赴河北经山西到河北冀中区，经半年之久又回到晋察冀边区之地概有个短期间训练以至抗战，就未久扎一地，难已〔以〕得到大人并兄侄之回函。现今倾接到大人的来函，知悉家况一切情形很是悲痛，前寄之信并无一文钱。叙到哥哥之事，为国出力，为祖国求自由，尽忠卫国保民，此事是大的事业。国难之际，最光荣的牺牲很有价值。哥哥尸〔身〕体姓〔性〕命牺牲，但他的熊〔雄〕壮之勇气还是存在着。

母亲大人、杨初兄把侄儿要很好的看待，不可分出比〔彼〕此，要把侄教成忠诚贵重的人材，勿入下流，赌吸烟懒惰亦禁，要替他父亲复仇。

现我在抗战，经济非常困难，不能为家生活。

这是彭林初 1939 年 6 月 15 日在山西临县参加整训时写给母亲的家书。

全民族抗战爆发后，彭林初随部队在河北、山西之间辗转作战，有两年没有得到家中消息。在这两年中，彭林初无时无刻不想念自己的母亲。在外作战的儿子，更是让白发苍苍的老母牵肠挂肚。在山西临县参加部队整训时，彭林初终于收到了久违的家信，得知哥哥已经阵亡的噩耗。这封家书是彭林初写给母亲的回信。

哥哥英勇牺牲，弟弟依然奋战在抗战前线。彭林初在回信时强忍悲痛宽慰母亲："叙到哥哥之事，为国出力，为祖国求自由，尽忠卫国保民，此事是大的事业。国难之际，最光荣的牺牲很有价值。哥哥身体性命牺牲，但他的雄壮之勇气还是存在着。"八路军战士就是这样满怀国恨家仇，视死如归、前赴后继地投入到民族解放的神圣事业中。彭林初最后嘱托家人："要把侄教成忠诚贵重的人材，勿入下流，赌吸烟懒惰亦禁，要替他父亲复仇。"在抗战英烈精神的感召下，革命薪火生生不息，抗战精神代代相传。

54 许晓轩致三妹

（1939 年 12 月 21 日）

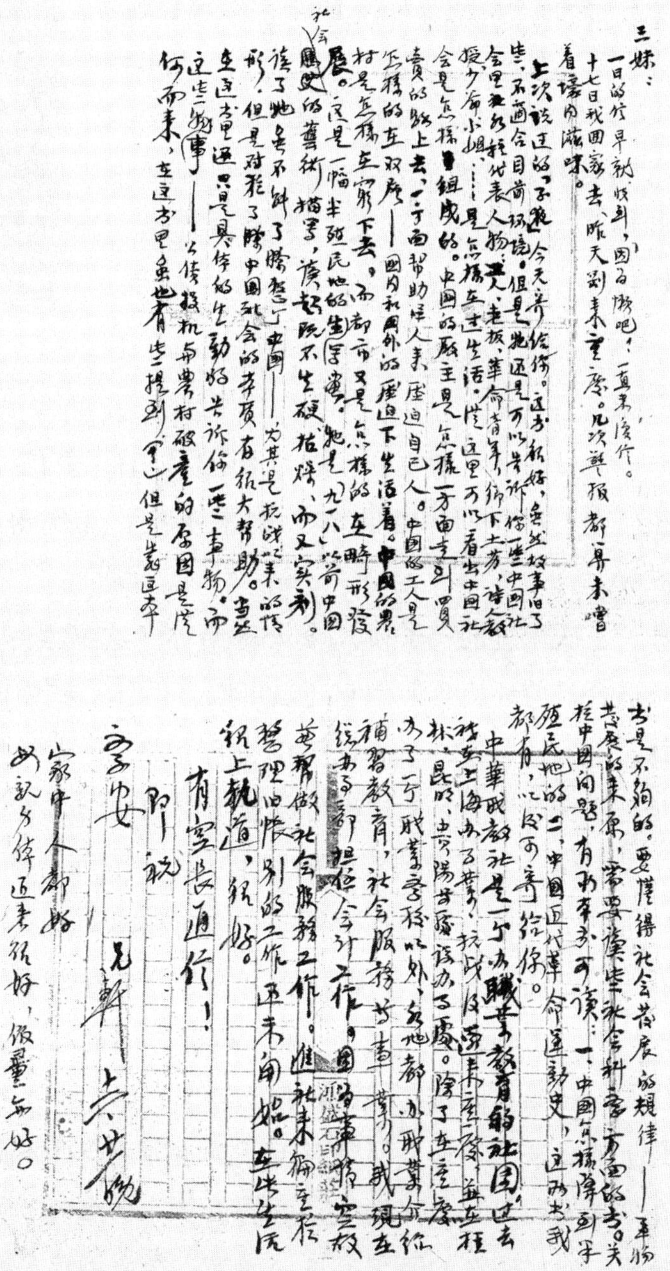

三妹：

一日的信早就收到了，因为懒吧！一直未复你。

十七日我回家去，昨天到素重处。几次导报都寄来，尝着得有滋味。

上次说过的《子夜》今天寄给你。这书很好，虽然故事旧了些，不适合目前环境。但是她还是可以告诉你一些中国社会里各种典型代表人物：工人、老板、革命青年、乡下土劳、诗人、教授、少爷、小姐……是怎样在过生活。从这里可以看出中国社会是怎样组成的。中国的厂主是怎样一方面去剥削工人，一方面帮助洋人来压迫自己人。中国的工人是怎样的在双层——国内和国外的压迫下生活着。中国的农村是怎样在衰落下去，而都市又是怎样的在畸形发展。这是一幅半殖民地的生活写真，她是九一八以前中国社会历史的艺术描写，广说既不生硬枯燥，而又真实。读了她虽不能了解整个中国——尤其是抗战以来的情形，但是对于了解中国社会的本质有很大帮助。书虽在这书里还只是具体的生动的告诉你一些事物，而这些事物——外货侵入，农村破产的原因是从何而来，在这书里虽也有些提到，但是专述本书是不够的。要懂得社会发展的规律——社会发展的来源，需要读些社会科学方面的书。关于中国问题，有两本书可读：一、中国怎样沦为半殖民地的；二、中国近代革命运动史。这两本我都有，以后可寄给你。

中华职教社是一个办职业教育的社团。过去在上海办了许多事业，抗战后迁来重庆，并在桂林、昆明、贵阳等设办事处。除了在重庆办了一个职业学校以外，各地都办职业介绍、补习教育、社会服务等事业。我现在总办事部担任会计工作，因为事情空闲，并帮做社会服务工作。此外整理旧帐，别的工作还未开始。在此生活很上轨道，很好。

有空长通信！

即祝

安

晓轩 十二、廿一晚

家中人都好

如钦身体近来很好，饭量亦好。

许晓轩（1916—1949）

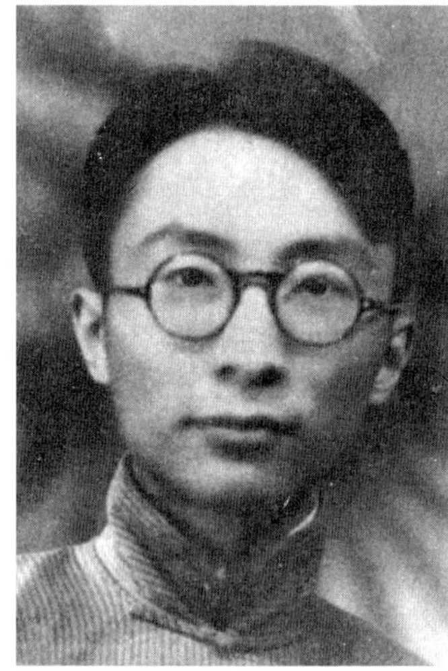

学名永安，江苏江都（今扬州市江都区）人。1938 年 5 月，加入中国共产党。1939 年春，任中共川东特委青委宣传部部长，兼《青年生活》杂志发行人。1940 年 4 月，因叛徒出卖被捕。辗转关押于贵州息烽集中营、重庆白公馆监狱。在狱中，坚持与敌人斗争，是狱中党支部负责人。1949 年 11 月 27 日慷慨就义，时年 33 岁。

三妹：

一日的信早就收到，因为懒吧，一直未复信。

十七日我回家去，昨天刚来重庆。几次警报都算未尝着壕内滋味。

上次说过的《子夜》今天寄给你。这书很好，虽然故事旧了些，不适合目前环境，但是它还是可以告诉你一些中国社会里各种代表人物：工人、老板、革命青年、乡下土劣、诗人教授、少爷、小姐……是怎样在过生活。从这里可以看出中国社会是怎样组成的，中国的厂主是怎样一方面走到买卖的路上去，一方面帮助洋人来压迫自己人，中国的工人是怎样的在双层——国内和国外的压迫下生活着。中国的农村是怎样在穷下去，而都市又是怎样的在畸形发展。这是一幅半殖民地的写生画。它是“九一八”以前中国社会的艺术描写，读起既不生硬、枯燥，而又实〔深〕刻。读了它虽不能了瞭整个中国——尤其是抗战以来的情形，但是对于了瞭中国社会的本质有很大帮助。当然在这书里还只是具体的生动的告诉你一些事物，而这些事物——公债投机与农村破产的原因是从何而来，在这书里虽也有些提到，但是靠这本书是不够的。要懂得社会发展的规律——事物发展的来原，需要读些社会科学方面的书。关于中国问题，有两本书可读：一、《中国怎样降到半殖民地的》，二、《中国近代革命运动史》。这两书我都有，以后可寄给你。

中华职教社是一个办职业教育的社团，过去我在上海办事业，抗战后迁来重庆，并在桂林、昆明、贵阳等处设办事处。除了在重庆办了一个职业学校以外，各地都办职业介绍、补习教育、社会服务等事业。我现在总办事部担任会计工作。因为事情空，故兼帮做社会服务工作。进社来偏重于整理旧帐，别的工作还未开始。在此生活很上轨道，很好。

有空长〔常〕通信！

即祝

学安！

兄轩

十二、廿一晚

家中人都好。

母亲身体近来很好，饭量亦好。

这是许晓轩1939年12月21日在重庆写给三妹许永清的家书。

许晓轩是小说《红岩》中许云峰的原型之一。当时，许晓轩已走上革命道路。他组织读书会、话剧团、宣讲队、合唱队等，积极向工人宣传抗日救亡的道理，力图扩大革命影响。写这封家书时，许晓轩受党组织的委派，在重庆中华职工教育社担任财务会计。

在家书中，许晓轩向三妹介绍长篇小说《子夜》，这是茅盾创作的五四运动以来第一部革命文学长篇作品。孙晓轩指出该书刻画的人物、内容是近代中国“一幅半殖民地的写生画”，“对于了瞭中国社会的本质有很大帮助”。然而，单纯看革命文学作品还不够。许晓轩建议三妹多了解社会发展的规律，“读些社会科学方面的书”，并向她推荐两本研究近代中国半殖民地半封建社会性质及革命问题的红色著作。这封家书既展现了许晓轩对近代中国社会性质的深刻认识，也反映出他对家人思想成长的关心。通过向三妹介绍革命书籍，启发她思考，引导她走上革命道路，体现出许晓轩作为一名优秀共产党员扎实的理论素养、坚定的革命意志和广阔的革命胸襟。

55 潘涛致妻子

（1940 年 2 月）

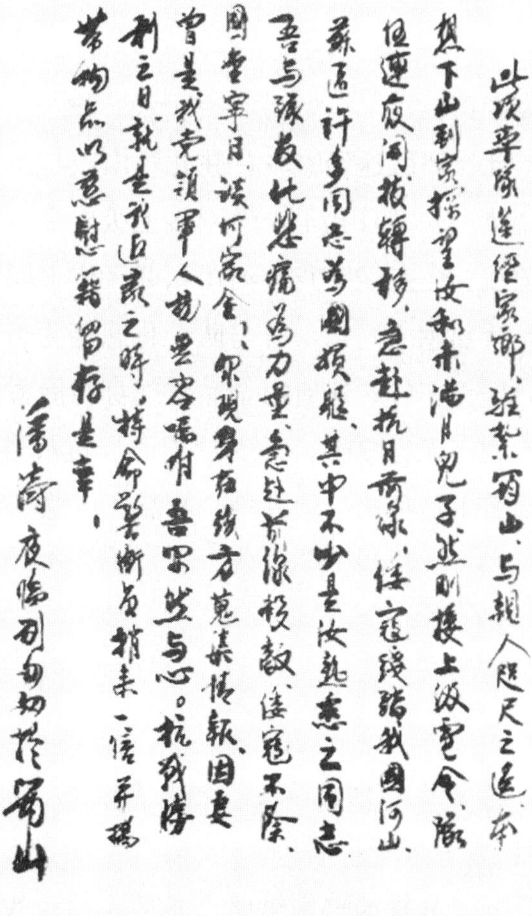

云妻春英：

此次率队途经家乡，驻紮雾山，与亲人咫尺之遥，本想下山到家探望汝和未满月儿子，然刚接上级电令，队伍连夜开拔转移，急赴抗日前线。倭寇践踏我国河山，苏区许多同志为国捐躯，其中不少是汝熟悉之同志。吾与张叔化悲痛为力量，急赴前线杀敌。倭寇不除，国无宁日，谈何家舍？舍现身在后方蒐集情报，因要曾是我党领军人物，岂容嗜有善罢笑与心。抗战胜利之日，就是我返家之时。特命警卫员捎来一信并携带物品以意慰，藉留存是幸。

潘涛 夜临别匆匆于雾山

潘涛（1912—1940）

湖北阳新人。1927 年 1 月，赴武昌中央农民运动讲习所学习。1928 年，返乡参加土地革命，向广大人民群众传播革命思想。1930 年 7 月，加入中国共产党，并参加红军。全民族抗战爆发后，参加新四军。1940 年初，率队在湖北嘉鱼开展游击战，在与日寇的遭遇战中牺牲，时年 28 岁。

吾妻春英：

此次率队途经家乡，驻扎�山，与亲人咫尺之遥，本想下山到家探望汝和未满月儿子，然刚接上级电令，队伍连夜开拔转移，急赴抗日前线。倭寇践踏我国河山，苏区许多同志为国损〔捐〕躯，其中不少是汝熟悉之同志，吾与队友化悲痛为力量，急赴前线杀敌。倭寇不除，国无宁日，谈何家全？尔现身在后方搜集情报，因妻曾是我党领军人物，无容嘱咐，吾安然与心。抗战胜利之日，就是我返家之时。特命警卫员捎来一信并携带物品，以慈〔兹〕慰藉，留存是幸。

潘涛

夜临别匆匆于筠山

这是潘涛 1940 年 2 月随部队从筠山转移之前，写给妻子贾春英的家书。

面对日寇的野蛮侵略，潘涛在信中告诉爱妻：“倭寇践踏我国河山，苏区许多同志为国捐躯，其中不少是汝熟悉之同志，吾与队友化悲痛为力量，急赴前线杀敌。倭寇不除，国无宁日，谈何家全？”行文中依稀可见当年战争硝烟中的峥嵘岁月，表达了共产党人信念如炬、前赴后继、义无反顾的抗战决心，奏响了气壮山河的英雄凯歌。

潘涛心中虽挂念妻子和未曾谋面的儿子，但为了抗战，他舍家为国，与亲人咫尺之遥不能相见。“抗战胜利之日，就是我返家之时”。潘涛以自己的实际行动，诠释了先国后家、誓与日本侵略者血战到底的爱国情怀。

56 何功伟致父亲

（1941 年 2 月 19 日）

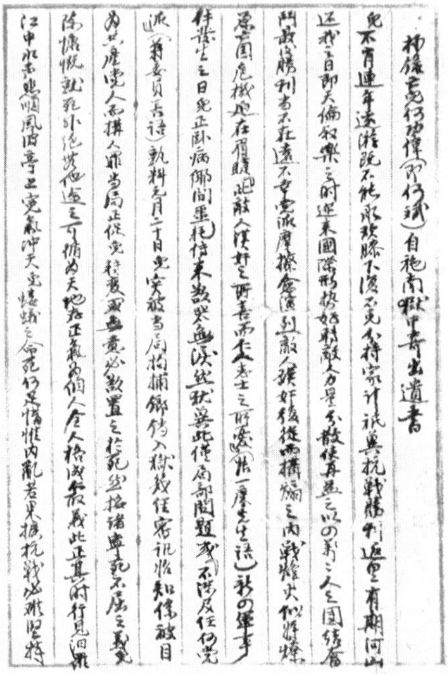

手稿1

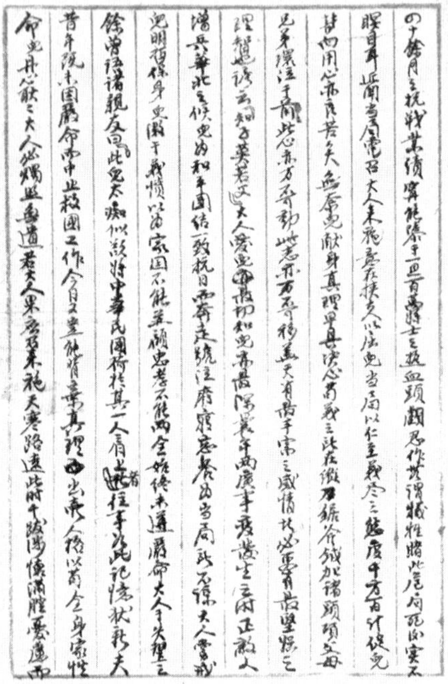

手稿2

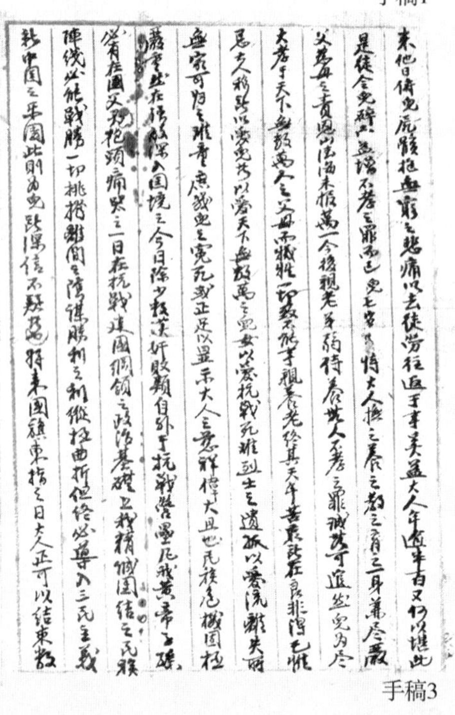

手稿3

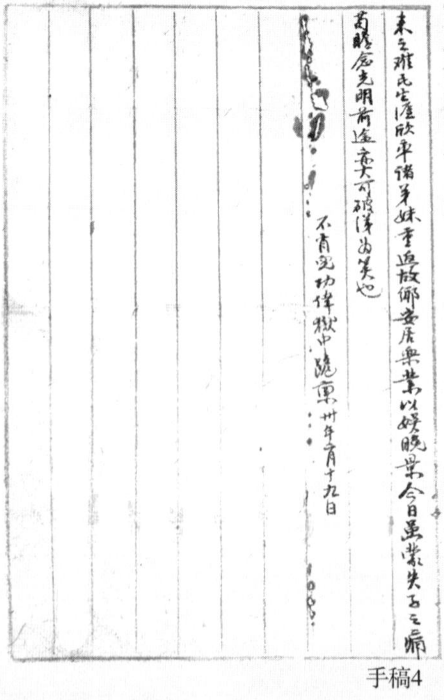

手稿4

何功伟（1915—1941）

又名何斌、何彬、何明理，笔名辛烈，湖北咸宁人。1935年积极参加一二·九爱国运动。1936年加入中国共产党。全民族抗战爆发后，奉命返回家乡开辟抗日根据地，担任中共鄂南特委书记、鄂西特委书记等职。1941年1月因叛徒告密被捕。同年11月17日英勇就义，时年26岁。

儿不肖，连年远游，既不能承欢膝下，复不克分持家计。只冀抗战胜利，返里有期，河山还我之日，即天伦叙乐之时。迩来国际形势好转，敌人力量分散，使再益之以四万万人之团结奋斗，最后胜利当不在远。不幸党派摩擦，愈演〈愈〉烈，敌人汉奸复从而构煽之，内战烽火似将燎原，亡国危机迫在眉睫，“此敌人汉奸之所喜，而仁人志士之所忧”（张一麐先生语）。新四军事件发生之日，儿正卧病乡间。噩耗传来，欲哭无泪。然犹冀此仅局部问题，或“不涉及任何党派”（蒋委员长语）。孰料元月二十日，儿突被当局拘捕，锒铛入狱，儿经审讯，始知系被目为共产党人而构入罪。当局正促儿转变，或无意必欲置之于死，然按诸宁死不屈之义，儿除慷慨就死外，绝无他途之可循。为天地存正气，为个人全人格，成仁取义，此正其时。行见汨罗江中，水声悲咽；风波亭上，冤气冲天。儿蝼蚁之命，死何足惜！惟内乱若果扩〈大〉，抗战必难坚持，四十余月之抗战业绩，宁能隳于一旦！百万将士之热血头颅，忍作无谓牺牲！睹此危局，死后实不瞑目耳！

近闻当局电召大人来施，意在挟大人以屈儿，当局以“仁至义尽”之态度，千方百计促儿转向，用心亦良苦矣。无奈儿献身真理，早具决心，苟义之所在，纵刀锯斧钺加诸头项，父母兄弟环泣于前，此心亦万不可动，此志亦万不可移。盖天有最丰富之感情者，必更有最坚强之理智也。谚云：“知子莫若父。”大人爱儿最切，知儿亦最深。曩年两广事变发生之时，正敌人增兵华北之候，儿为和平团结、一致抗日而奔走号泣，废寝忘餐，为当局所不谅。大人尝戒儿明哲保身。儿激于义愤，以为家国不能并顾，忠孝不能两全，始终未遵严命。大人于失望之余，曾语诸亲友曰：“此儿太痴，似欲将中华民国荷于其一人肩上者！”往事如此，记忆犹新。夫昔年既未因严命而中止救国工作，今日又岂能背弃真理、出卖人格以苟全身家性命？儿丹心耿耿，大人必烛照无遗。若大人果应召来施，天寒路远，此时千〈里〉跋涉，怀满腔忧虑而来；他日俯儿尸骸，抱无穷悲痛以去，徒劳往返，于事奚益？大人年逾半百，又何以堪此？是徒令儿〈心〉碎，而益增不孝之罪而已。

儿七岁失恃，大人抚之养之，教之育之，一身兼尽严父慈母之责。恩山德海，未报万一。今后亲老弟弱，侍养无人，不孝之罪，诚无可逭。然儿为尽大孝于天下无数万人之父母而牺牲一切，致不能事亲养老，终其天年，苦衷所在，良非得已。惟恳大人移所以爱儿者以爱天下无数万之儿女，以爱抗战死难烈士之遗孤，以爱流离失所无家可归之难童，庶儿，儿之冤死或正足以显示大人之慈祥伟大。且也，民族危机固极严重，然在强敌深入国境之今日，除少数汉奸败类自外于抗战营垒，凡我黄帝子孙必有在国父灵抱头痛哭之一日。在抗战建国纲领之政治基础上，我精诚团结之民族阵线，必能战胜一切挑拨离间之阴谋。胜利之利〔路〕，纵极曲折，但终必导入三民主义新中国之乐园，此则为儿所深信不疑者也。将来国旗东指之日，大人正可以结束数〈年〉来之难民生涯，欣率诸弟妹重返故乡，安居乐业以娱晚景。今日虽蒙失子之痛，苟瞻念光明前途，亦大可破涕为笑也。

不肖儿功伟狱中跪禀

卅年二月十九日

这是何功伟1941年2月19日写给父亲的家书。

何功伟被捕后，国民党当局利用各种手段，千方百计地拉拢诱惑，企图动摇他的信仰，但均未成功。于是，特务依照陈诚的指示，找来何功伟的父亲，妄图用骨肉亲情来软化他的意志。何功伟在得知此事后，便给父亲写下了这封诀别信。

何功伟首先向父亲吐露内心的歉疚之情："儿不肖，连年远游，既不能承欢膝下，复不克分持家计。只冀抗战胜利，返里有期，河山还我之日，即天伦叙乐之时。"随后，他向父亲详细分析了国际国内形势的演进，叙述自己被捕的经过，揭露国民党挑动摩擦、破坏抗战的阴谋。他坚定地写道："为天地存正气，为个人全人格，成仁取义，此正其时。""惟内乱若果扩大，抗战必难坚持，四十余月之抗战业绩，宁能隳于一旦！百万将士之热血头颅，忍作无谓牺牲！"掷地有声，展现出一名共产党员以天下人为念，舍生取义的革命气节。

接着，他向父亲揭露了国民党为了达到让他投降的目的，通过挟持父亲逼迫他屈服的卑鄙伎俩；劝慰父亲不要误入圈套，跋涉前来，强调："儿献身真理，早具决心，苟义之所在，纵刀锯斧钺加诸头项，父母兄弟环泣于前，此心亦万不可动，此志亦万不可移。"表达了为真理献身的决心。

"胜利之路，纵极曲折……儿所深信不疑者也。"即便身陷牢狱之中，他对抗战必将取得胜利、中华民族终将获得新生，充满了乐观主义精神，这也是何功伟不惜牺牲生命也要追求的光明未来。

这封家书，声声血泪，字字千钧，既彰显了普通人难以割舍的父子亲情，更显现出一名共产党员超越生死的对国家民族的爱，作出了一个钢铁男儿在大是大非面前如何抉择的坚定回答。

57 黄诚致未婚妻

（1941年4月22日）

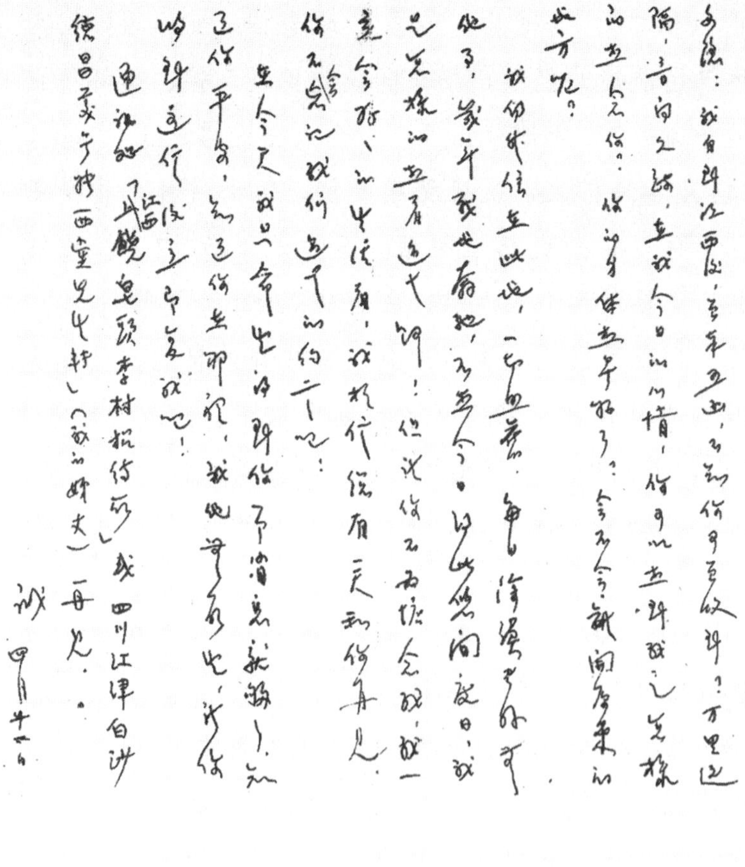

多德：我自别江西后，至未五函，不知你可否收到？万里迢隔，音问久疏，在我今日的心情，你可以在料我之苦楚的。在这个时候，你的身体在干好了？今天今天，新闻广来的地方呢？

我仍然住在此地，一切无虑。每日除党务外做了，几乎我也有趣，不如今日。以此悠闲度日，我是有苦楚的在身边大坏！但说你不要怀念我，我一直会好，的生活有，我现在很有一天到你身边。你不会忘记我们过了的约定吧！

在今天我只希望许你早日回来就好了。知道你平安，我知道你在那里，我便可安心，请你将许达到你家吧！

通讯处「江西鹰皇李村拐行所」或四川江津白沙德昌义字转西蜜兄收转（我的姊夫）一母见。

诚

四月廿二日

黄诚（1914—1942）

原名庆和，号幼山，河北安次（今属廊坊）人。1932年，考入天津北洋工学院预科。1934年，考入清华大学地学系。1935年，领导清华大学学生参加一二·九爱国运动。1936年1月，加入中国共产主义青年团。同年4月，加入中国共产党。1938年，经陈毅介绍参加新四军，任新四军政治部秘书长。1941年1月，在皖南事变中被俘。1942年4月英勇就义，时年28岁。

文隐：

我自到江西后，曾去五函，不知你可曾收到？万里远隔，音讯久疏，在我今日的心情，你可以想到我是怎样的想念你？你的身体想早好了？会不会离开原来的地方呢？

我仍然住在此地，一切照旧，每日除读书外无他事，几年战地奔驰，不想今日得此悠闲度日，我是怎样的想着过去啊！但请你不必惦念我，我一定会好好的生活着，我相信总有一天和你再见，你不会忘记我们过去的约言吧！

在今天我只希望得到你一个消息就够了，知道你平安，知道你在那里，我也无所望，望你收到这信后，立即复我吧！

通讯处“江西上饶皂头李村招待所”或“四川江津白沙德昌美号张西堂先生转”（我的姊丈），再见。

诚

四月廿二日

这是黄诚1941年4月22日在江西上饶集中营，写给未婚妻刘文隐的家书。

1941年1月5日，新四军在安徽泾县茂林地区陷入国民党军队重围。在危急关头，黄诚奋勇当先，率兵冲杀，激战七昼夜，终因弹尽粮绝，寡不敌众，于13日不幸被俘，被囚于上饶集中营。在狱中，他写下这封家书。

黄诚首先表达了对爱人的思念与牵挂，关心对方的身体和处境，铮铮铁骨亦有柔情。接着，黄诚讲述了自己的近况："一切照旧，每日除读书外无他事。"他十分怀恋过去为革命在战场上奔驰的岁月，对革命前途和幸福生活充满美好的憧憬，深情地对未婚妻许下诺言："我一定会好好的生活着，我相信总有一天和你再见。"展现出共产党人相信革命必胜的乐观主义精神。

在狱中，黄诚面对敌人严刑拷打的威胁、高官厚禄的诱惑，毫不动摇，坚贞不屈，与同志组成秘密党支部，多次组织越狱、抗工、绝食、暴动，坚持斗争。黄诚牺牲时，刘文隐已安全抵达延安，但因思念爱人，她不久便病故了。1944年9月，陈毅在延安获读这封家书时，感慨万千，赞誉黄诚"被俘不屈，志量可佩"，并赋诗："松冈明月魂如在，记取铁窗仍多情。临难铮铮风骨好，皖山不负夜台行。"这也是黄诚英勇不屈一生的真实写照。

58 孙晓梅致姨母

（1941 年 5 月 1 日）

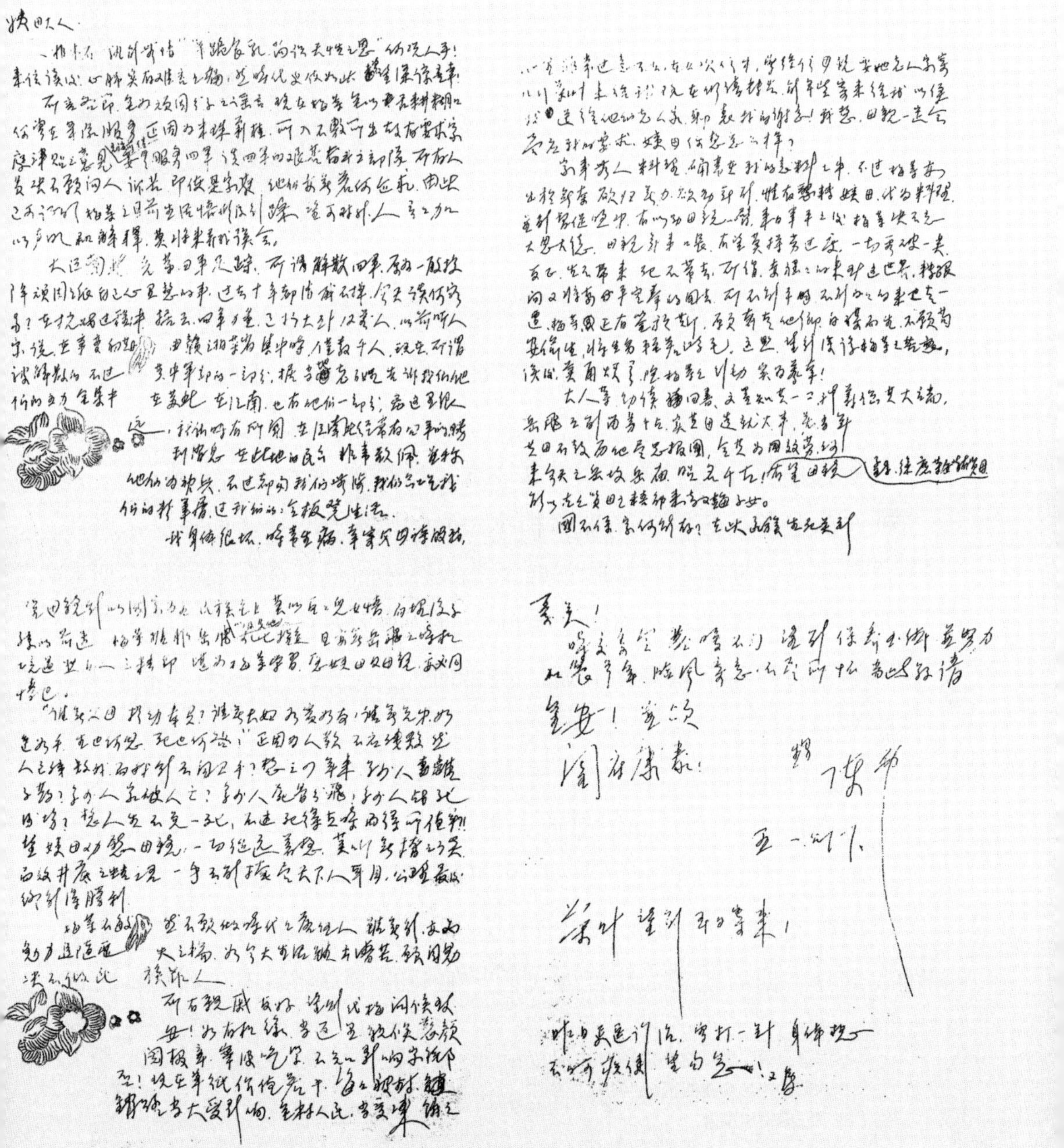

孙晓梅（1914—1943）

女，化名陈云，浙江富阳人。全民族抗战爆发后，拿起手中的笔，积极宣传抗日。1938年10月，参加新四军。1940年9月，加入中国共产党；同年前往苏南敌后抗日根据地，开展抗日民运工作。1943年5月，护送我党干部返回途中，在南京龙潭被日军逮捕，英勇就义，时年29岁。

姨母大人：

“人非木石，孰能无情？”“羊跪食乳，尚识天性之恩”，何况人乎！来信读后，心肺实存难言之痛！然时代迫使如此，曾望深谅是幸！

所言各节，全为顽固分子之谣言，现在梅等全以舌耕糊口[①]，何曾在军队服务？正因为米珠薪桂[②]，所入不敷所出，故有要求家庭津贴之意见见诸前信；要是服务四军，谈四军的艰苦奋斗之部队，所有人员决不愿向人诉苦，即使是家庭，他们亦无若何企求。由此已可证明梅等之目前生活情形及行踪，望可对外人言之，加以声明和解释，莫将来弄成误会。

大江南北尽第四军足踪。所谓解散四军，原为一般投降顽固派自己心里想的事，过去十年都消灭不掉，今天谈何容易？在抗战过程中，据云，四军力量已扩大到12万人。以前听人家说，在事变[③]初期，由赣湘等省集中时，仅数千人，现在所谓被解散的不过其中军部的一部分。据当地老百姓告诉我们，他们的主力全集中在苏北。在江

① 以舌耕糊口：孙晓梅在苏南从事党的地下工作，为了掩护自己和保护家庭而这样写的。
② 米珠薪桂：形容新四军当时的艰苦条件。
③ 事变：皖南事变。

南，也有他们一部分，离这里很远，我们时有所闻，在江南北经常有四军的胜利消息，在此地的民众，非常敬佩，并称他们为神兵。不过都与我们无涉，我们只吃我们的粉笔屑，过我们的冷板凳生活。

我身体很坏，时常生病。幸寄父母[1]侍服我，心里非常过意不去。在上次信中，曾经信母亲，要她老人家寄几斤茶叶来给我，现在仍请转告，能早些寄来给我以便我送给他们老人家，聊表我的谢意！我想，母亲一定会答应我的要求，姨母你想怎么样？

家事无人料理，确常在我的意料之中，不过梅等亦出于无奈。欲归无力，欲动无能，惟有恳转姨母代为料理，并能督促煦弟，有以助母亲一臂，来日事平之后，梅等决不忘大恩大德。母亲年事日长，有望莫操劳过度，一切看破一点。反正，生不带来，死不带去，所谓赤裸裸的来到这世界，转眼间又将赤手空拳的回去，所不能平的，不能白白的来世走一遭。梅等正有鉴于斯，愿奔走他乡，自谋而生，不愿苟安偷生，将生易轻若鸿毛，这点望能深谅梅等之苦衷，俟后莫再烦言□梅等之行动，实为□幸！

大人等幼读四书，文墨知其一二种，义识其大端。岳飞之能留〔流〕芳千古，实其母造就大半。若当年其母不鼓历〔励〕他尽忠报国，令其为国效劳，何来今天之岳坟、岳庙昭名千古？孟子、徐庶等要皆有贤母，有望母亲能以古之贤母之精神来教诲子女。

国不保，家何能存？在此民族生死关头，望母亲能以国家为主、民族至上，莫以区区儿女情，而埋没子孙的前途。梅等虽非岳飞以及其他人可比拟，且亦无岳飞之时机、境遇，然古人之精神，堪为梅等学习，想姨母及母亲亦必同情也。

“谁无父母，提幼〔携〕奉〔捧〕负？谁无夫妇，如宾如友？谁无兄弟，如足如手？生也何恩，死也何咎！”正因为人类不应残杀，

---

① 寄父母：孙晓梅的干父母，新四军驻地群众。

然人已残杀我，而我能不自卫乎？想三四年来，多少人妻离子散？多少人家破人亡？多少人尸骨分飞？多少人战死沙场？想人生不免一死，不过死得其时而得所值乎?！望姨母劝慰母亲，一切从远着想，莫听无稽之谈，而效井底之蛙语，一手不能掩尽天下人耳目，公理最后终能得胜利。

梅等不敏，然不愿做时代之落伍人；虽无能，亦必勉力追随历史之轮。如今天生活虽云清苦，愿自勉，决不做民族罪人。所有亲戚友好，望能代梅问候致安！如有机缘，当返里亲候慈颜。阅报章，宁波吃紧，不知影响家乡否？现在草纸价值若干，海口被封，销路当大受影响，全村人民，当受冻饿之忧矣！

时交夏令，寒暖不匀，望能保养玉体，并努力加餐是幸。临风寄意，不尽所怀。专此敬请

金安！并颂

阖府康泰！

甥陈云

五一　灯下

茶叶望能早日寄来！

昨日延医诊治，曾打一针，身体想不日可痊健，望勿念！又写。

这封家书是孙晓梅1941年5月1日在苏南写给姨母的回信。

1941年春，孙晓梅在苏南从事党的秘密抗日工作时，接到了姨母来信。当时正值皖南事变后不久，国民党政府宣布取消新四军番号，姨母在信中对孙晓梅的安危深表关切，望其能念及母女之情，及时回家侍奉老母。孙晓梅接信后，给姨母写了这封家书。

“‘羊跪食乳，尚识天性之恩’，何况人乎！”孙晓梅对不能在母亲

膝下尽孝"心肺实存难言之痛"，但"国不保，家何能存"，誓言"梅等不敏，然不愿做时代之落伍人；虽无能，亦必勉力追随历史之轮。如今天生活虽云清苦，愿自勉，决不做民族罪人"，希望母亲"能以国家为主、民族至上，莫以区区儿女情，而埋没子孙的前途"。孙晓梅的选择看似"绝情"，但她看重的是对祖国、对民族的大爱，希望姨母和母亲能够理解，并请她们效仿岳飞、孟子、徐庶等人的母亲，支持自己为革命理想而奋斗的伟大志向。"想人生不免一死，不过死得其时而得所值乎?!"正是凭着这种高尚的人生态度，孙晓梅走上了抗日救国的革命道路，献出了宝贵的生命。

59 张文彬致侄儿

（1941年9月10日）

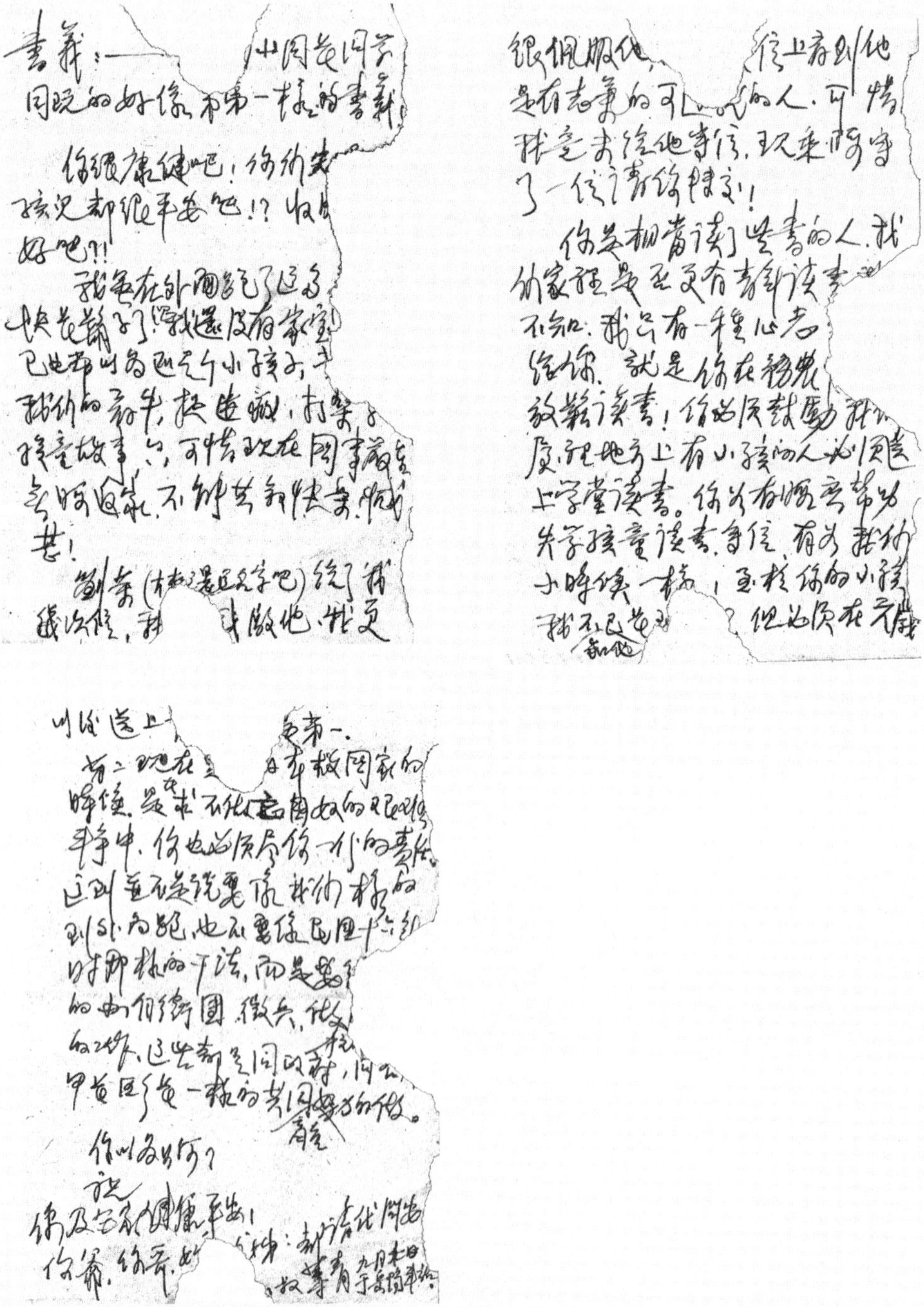

张文彬（1910—1944）

原名张莼青，湖南平江人。1925年，加入中国共产主义青年团。1927年，加入中国共产党。1928年7月，率领部分工农赤卫队参加红5军。1934年10月，随红三军团参加了长征。1936年，被派到西安，领导中共西北特别支部对杨虎城进行统战工作。西安事变后，作为中共代表之一参加谈判。1941年香港沦陷后，参与指挥省港大营救。1942年，率中共南方工委转移时被江西省中统特务机关秘密抓捕。1944年8月，因受长期折磨而病逝在狱中，时年34岁。

书义：……[①]小同长同学同玩的好像弟弟一样的书义：

你很康健吧！你们……孩儿都很平安吧!？收……好吧?!

我虽在外面跑了这多……快长胡子了。但我还没有家室……己也常以为还是个小孩子……我们的看牛，捉迷藏，打架子……孩童故事，只可惜现在国事严重，无暇返家，不能共叙快乐，憾甚！

刘荣（大概是这名字吧）给了我几次信，我……感激他，我更很佩服他……信上看到，他是有志气的可造就的人，可惜我竟未给他写信，现趁暇写了一信。请你转交！

你是相当读了些书的人，我们家里是否更有青年读书……不知，我只有一种心志……给你，就是你在务农……放松读书！你必须鼓励我们屋里地方上有小孩的人，必须送上学堂读书。你如有暇，应帮助失学孩童读书、写信，有如我们小时候一样！至于你的小孩，我不知

① 原信件残损，下同。

他已长到……但必须在六岁以后送上……是第一。

第二，现在是……救国家的时候，是在求不做亡国奴的艰难斗争中，你也必须尽你一份的责任。这到〔倒〕并不是说要像我们样的到外面跑，也不要像民国十六年时那样的干法，而是要……的办自卫团、征兵、做抗……的工作，这些都是同政府、同……甲长区乡长一样的共同商量努力的做。

你以为如何？

祝

你及全家健康平安！

你爷、你哥、□□□姊，都请代问安！

□叔莼青九月十日于岳阳车站

这是张文彬1941年9月10日在湖南岳阳写给侄儿张书义的家书。因年代久远，信件多处残损。

张文彬在家书中，回忆了和张书义一起成长的经历，字里行间浸透着对童年的美好回忆。他告诉侄儿："你必须鼓励我们屋里地方上有小孩的人必须送上学堂读书。"要求侄儿"帮助失学孩童读书、写信"。少年强则国强，张文彬想得很长远，他关心的不仅是时下的救亡图存，更希望革命事业后继有人。

张文彬在信中还教导侄儿，"现在是……救国家的时候，是在求不做亡国奴的艰难斗争中，你也必须尽你一份的责任"，可以各种形式投身到抗日洪流中。正是在张文彬这样的革命先烈教育和感召下，在中华民族面临亡国灭种的危难之际，地无分南北、人无分老幼，中华儿女担负起了守土抗敌、共御外侮的责任，赢得了近代以来中国反抗外敌入侵的第一次完全胜利。

60 彭雪枫致未婚妻（节录）

（1941年9月14日）

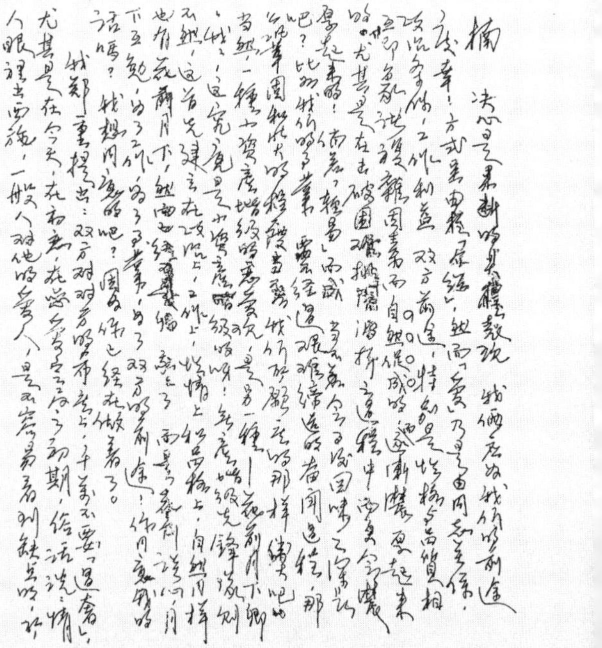

手稿1

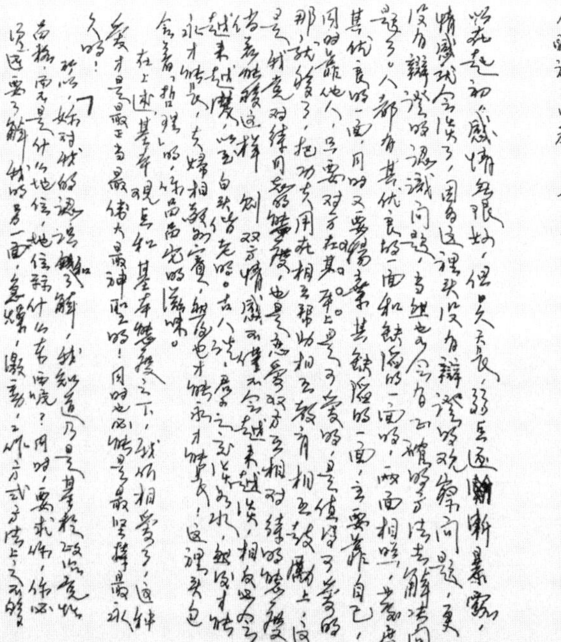

手稿2

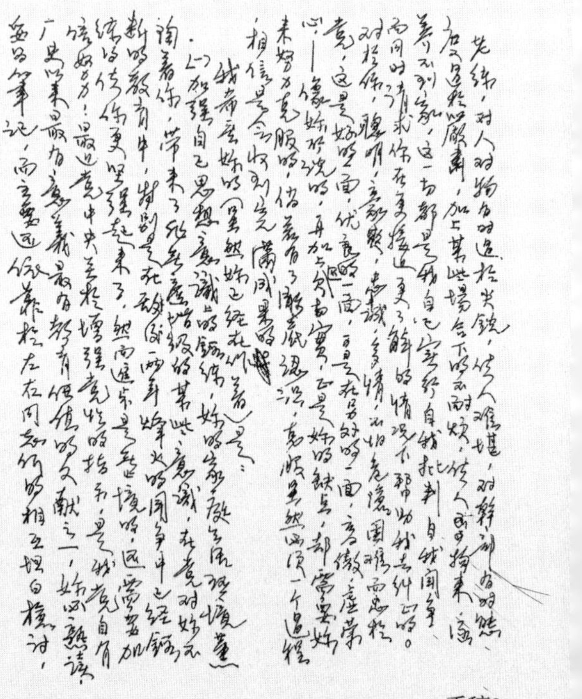

手稿3

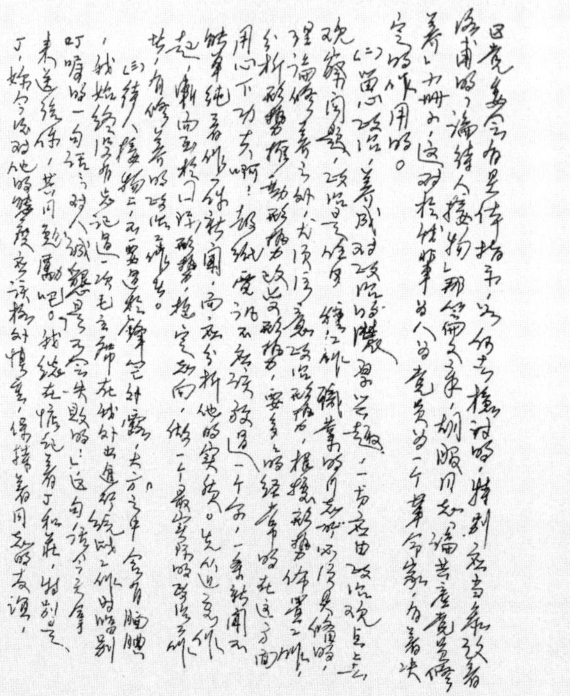

手稿4

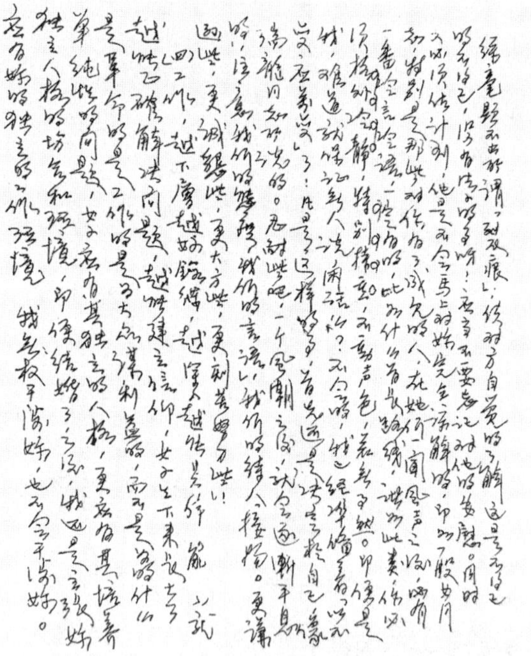

手稿5

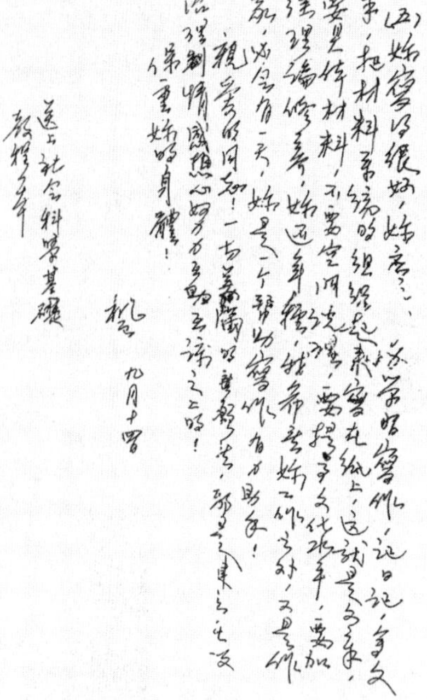

手稿6

彭雪枫（1907—1944）

河南镇平人。1925 年，参加中国共产主义青年团。1926 年，加入中国共产党。曾从事学运、兵运工作，参与领导农民暴动，开展党的秘密工作。1930 年，到中央苏区，参加了历次反“围剿”作战和长征。1936 年，参加东征。全民族抗战爆发后，任八路军总部参谋处处长兼驻晋办事处主任。1938 年 9 月，组建新四军游击支队，领导开辟豫皖苏边区抗日根据地。后任新四军第 6 支队司令员兼政治委员、八路军第 4 纵队司令员。1941 年皖南事变后，任新四军 4 师师长、淮北军区司令员，领导根据地军民同日伪军进行艰苦斗争，巩固和发展了淮北抗日根据地。1944 年 8 月，奉命指挥所部进行西进战役。1944 年 9 月 11 日，在河南夏邑八里庄作战时壮烈牺牲，时年 37 岁。

楠：

决心是果断的具体表现，我俩应为我们的前途庆幸！方式虽由于“介绍”，然而“爱”乃是由于同志关系、政治条件、工作利益、双方前途，特别是性格与品质相互印象诸复杂因素而自然促成的，而逐渐浓厚起来的。尤其是在击破困难、排除波折之过程中而更会浓厚起来的！倘若“轻易”而成，当不会事后回味之深长吧？比如我们的事业，要不经过艰难缔造的奋斗过程，那么巩固和壮大的程度当不如我们所愿望的那样伟大吧！当然，一种小资产阶级的恋爱观，是另一种——花前月下，卿卿我我，这究竟是小资产阶级的呀！无产阶级先锋队则不然，这首先建立在政治上、工作上、性情上和品格上，自然同样也有花前月下，然而已经不是卿卿我我了，而是花前谈心，月下互勉，为了工作，为了事业，为了双方的前途！你同意我的话吗？我想同意的吧？因为你已经在做着了。

我郑重提出：双方对对方的希望上，千万不要“过奢”，尤其是在今天，在初恋，在恋爱定局之初期。俗话说：情人眼里出西施，一般人对他的爱人，是不容易看到缺点的。所以在起初，感情无限好，但日久天长，弱点逐渐暴露，情感就会淡了，因为这里头没有辩证地观察问题，更没有辩证地认识问题，当然也不会有正确的方法去解决问题了。人都有其优良的一面和缺陷的一面的，两面相照，发展其优良的一面，同时又要扬弃其缺陷的一面。主要靠自己，同时靠他人。只要对方在基本上是可爱的，是值得可爱的，那就够了，把功夫用在相互帮助、相互教育、相互鼓励上。这是我党对待同志的态度，也是恋爱双方互相对待的态度。倘若能够这样，则双方情感不仅不会越来越淡，相反必会越来越浓，以至白头偕老的。（略）

在上述基本观念和基本态度之下，我们相爱了，这种爱才是最正当最伟大最神圣的！同时也必能是最坚持最永久的！

所以，你对我的认识和了解，我知道乃是基于政治、党性、品格，而不是什么地位。地位算什么东西呢？同时，要求你，你必须还要了解我的另一面：急躁，激动，工作方式、方法上之不够老练，对人对物有时过于尖锐，使人难堪，对干部有时态度过于严肃，加上某些场合下的不耐烦，使人拘束，涵养不到家，这一切都是我自己实行自我批判、自我斗争而同时请求你在更接近更了解的情况下，帮助我去纠正的。对于你，聪明，豪爽，忠诚，多情，不怕危险困难而忠于党，这是好的一面，优良的一面，可是在另外的一面，高傲，虚荣心——像你所说的，再加上还欠切实，正是你的缺点，却需要你来努力克服的。倘若有了彻底认识，克服虽然必须一个过程，相信是会收到完满成果的。

我希望你的（虽然你已经在做着）是：

（一）加强自己思想意识上的锻练〔炼〕。你的家庭生活环境熏陶着你，带来了非无产阶级的某些意识，在党对你不断的教育中，特别是在敌后两年烽火的斗争中已经锻练〔炼〕得使你更坚强起来了。然而进步是无止境的，还需要加倍努力！最近党中央关于增强党性的指示，是我党自有历史以来最有意义最有教育价值的文献之一，你必熟读，妥为笔记，而主要还依靠于左右同志们的相互坦白检讨。区党委会有具体指示，如何去检讨，特别应当参考看洛甫的《论待人接物》那篇文章，胡服[①]同志《论共产党员的修养》小册子，这对于我辈为人、为党员、为一个革命家，有着决定的作用的。

（二）留心政治，养成对政治的浓厚兴趣，一切应从政治观点上去观察问题。政治是任何种工作职业的同志所必须具备的。理论修养之外，尤须注意政治形势，根据形势布置工作，分析形势，推动形势，改变形势。要多多的经常的在这方面用心下功夫啊！报纸电讯不应该放过一个字，一条新闻不能单纯看作一件新闻，而应分析他〔它〕的实质。先从近处作起，渐而致于国际形势，抱定志向，做一个最实际的政治工作者，有修养的政治工作者。

（三）待人接物上，不要过于锋芒外露，大方之中含有腼腆。我始终没有忘记过一次毛主席在我外出进行统战工作时临别叮嘱的一句话："对人诚恳是不会失败的！"这句话今天拿来送给你，共同勉励吧。（略）注意我们的态度，我们的言语，我们的待人接物，更谦逊些，更诚恳些，更大方些，更刻苦努力些！

（四）工作，越下层越好锻练〔炼〕，越深入越能具体了解，也就越能正确解决问题，越能建立信仰。女子生下来长大了是革命的，是工作的，是为大众谋利益的，而不是为的什么单纯性的问题。女子应有其独立的人格，更应有其培养独立人格的场合和环境，即便结婚了之后，我还是主张你应有你的独立的工作环境，我无权干涉你，也不

---

① 胡服：刘少奇。

会干涉你。

（五）你写得很好，你应该努力学习写作，记日记，写文章。把材料系统的组织起来写在纸上，这就是文章。要具体材料，不要空洞说理，要提高文化水平，要加强理论修养。（略）

亲爱的同志！一切美满的愿望，都是建立在政治理智、情感热心、努力互助互谅之上的！

保重你的身体！

枫

九月十四日

送上《社会科学教程》一本。

这是彭雪枫1941年9月14日写给未婚妻林颖的家书。10天后，两人在战火中举行了婚礼。

彭雪枫在信中向未婚妻倾诉自己对她的爱慕之情，他说："'爱'乃是由于同志关系、政治条件、工作利益、双方前途，特别是性格与品质相互印象诸复杂因素而自然促成的，而逐渐浓厚起来的。"体现出两人的感情是在共同奋斗中凝结起来的，是建立在共同的革命理想与信念基础上的，是崇高、纯洁与真挚的。

彭雪枫在信中检讨自己性格上的缺点，例如急躁，激动，工作方式、方法上之不够老练，对人对物有时过于尖锐，使人难堪，等等。他希望在自我批判、自我斗争的同时，革命伴侣能够帮助自己不断改正缺点，体现出一名共产党人时时严格要求自己、追求进步的高尚品质。在信中，他对未婚妻提出几点希望，希望她提高文化水平，加强理论修养，反映出革命者的赤诚之心与坦率态度，革命事业与个人情感融为一体，字字句句都浸透着革命者的赤诚与真挚。

61 冼星海致妻子

（1941年9月18日）

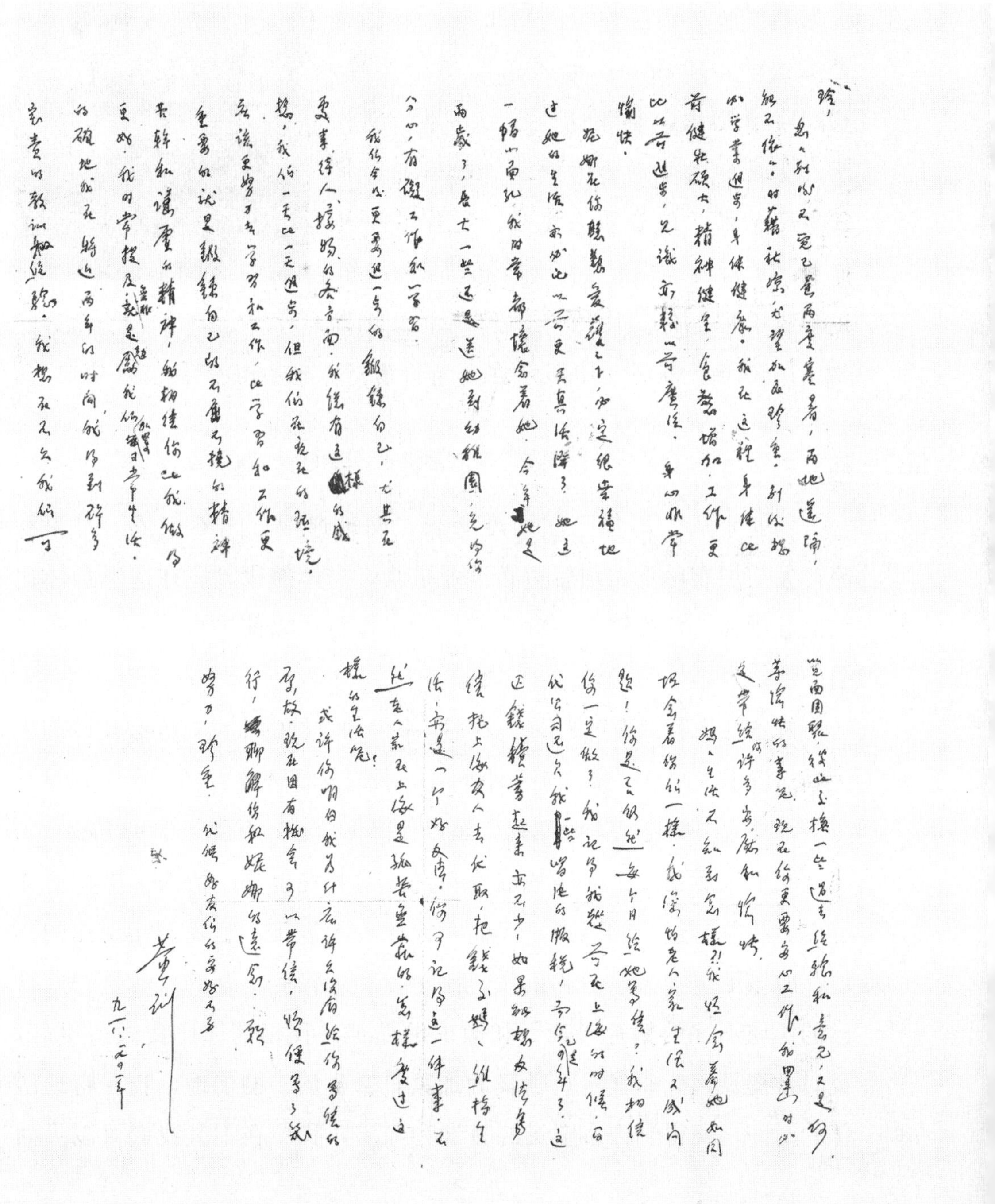

玲，

匆匆别后又竟已差两年了，两地远隔，能不依依？时值秋凉，尤望加爱珍重。别后想必学业进步，身体健康。我在这里身体比前健壮硕大，精神健旺，食欲增加，工作更比以前进步，见识亦较以前广阔，身心非常愉快。

妮娜在你殷勤爱护之下，必定很幸福地过她的生活，亦必比以前更天真活泼了。她这一幅小照我时常都怀念着她。今年她是两岁了，长大一些还是送她到幼稚园，免少你分心，有碍工作和学习。

我们今后更要进一步的锻炼自己，尤其在处事待人、接物的各方面。我总有这样的感想，我们一天比一天进步，但我们在现在的环境，应该更努力去学习和工作，比学习和工作更重要的就是锻炼自己的不屈不挠的精神、苦干和谦虚的精神，能相信你也能做得更好。我时常提及，就是[illegible]能使我们[illegible]生活。的确地我在将近两年的时间我得到许多宝贵的教训和经验。我想在不久我们一可能团聚，然后又换一些经验和意见，又是何等愉快的事呢。现在你更要安心工作，[illegible]更常给你许多安慰和快乐。

妈妈生活不知怎样？我很念着她如同怀念着你们一样。我深信老人家生活不会[illegible]题！你是否仍然每个月给她写信？我相信你一定做了。我记得我从前在上海的时候，有[illegible]，今年已四年了。这些钱积蓄起来亦不少，如果能托朋友兑换托上海友人去代取，把钱给妈妈，维持生活，亦是一个好办法。你可记得这一件事。不然，老人家在上海是孤苦无依的，怎样度过这样的生活呢！

或许你明白我为什么许久没有给你写信的原故。现在因有机会可以带信，顺便写了几行，聊解你和妮娜的远念。祝

努力，珍重。代候好友们的安好不另

黄训

九、一八、一九四一年

冼星海（1905—1945）

曾用名黄训、孔宇，澳门人。1926 年，考入北京大学音乐传习所。1927 年，进入上海国立音乐学院学习。1929 年，赴巴黎勤工俭学。1931 年，考入巴黎音乐学院。1935 年秋回国，参加抗日救亡运动，创作了大量富有战斗色彩的歌曲。1938 年，担任鲁迅艺术学院音乐系主任，创作了不朽名作《黄河大合唱》《在太行山上》《生产运动大合唱》等。1939 年，加入中国共产党。1940 年赴苏联，1945 年在莫斯科病逝，时年 40 岁。

玲：

匆匆别后，不觉已届两度寒暑，两地遥隔，能不依依！时藉秋凉，尤望加衣珍重。别后想必学业进步，身体健康。我在这里身体比前健壮硕大，精神健全，食欲增加，工作更比以前进步，见识亦较以前广泛，身心非常愉快。

妮娜在你殷勤爱护之下，必定很幸福地过她的生活，亦必比以前更天真活泼了。她这一幅〔副〕小面孔，我时常都怀念着她。今年她是两岁了，长大一些还是送她到幼稚园，免得你分心，有碍工作和学习。

我们今后更要进一步的锻炼自己，尤其在处事、待人、接物的各方面。我总有这样的感想，我们一天比一天进步，但我们在现在的环境，应该更努力去学习和工作。比学习和工作更重要的，就是锻炼自己的不屈不挠的精神，苦干和谦虚的精神，我相信你比我做得更好，我时常提及，无非就是勉励我们加紧日常生活。的确地，我在将近两年的时间，我得到许多宝贵的教训和经验，我想在不久我们可以见面团聚，彼此交换一些过去经验和意见，又是何等愉快的事呢。现在你更要安心工作，我回来时必定带给你许多安慰和愉快。

妈妈生活不知到〔道〕怎样？我怀念着她如同怀念着你们一样，我深怕老人家生活又成问题！你是否仍然每个月给她写信？我相信你一定做了。我记得我从前在上海的时候，百代公司还欠我一些唱片的版税，而今已是四年了，这匹〔笔〕钱积蓄起来亦不少，如果能想办法写信托上海友人去代取，把钱交妈妈维持生活，亦是一个好办法。你可记得这一件事，不然老人家在上海是孤苦无靠的，怎样度过这样的生活呢？

或许你明白我为什么许久没有给你写信的原故，现在因有机会可以带信，顺便写了几行，聊解你和妮娜的远念。愿努力、珍重！代候好友们的安好，不另。

黄训

九一八，一九四一年

这是冼星海 1941 年 9 月 18 日在苏联写给妻子钱韵玲的家书。

写这封家书时，冼星海跟妻子已阔别两年。他在家书中表达对妻子和女儿深深的思念之情。他说：“两地遥隔，能不依依！”“妮娜在你殷勤爱护之下，必定很幸福地过她的生活……我时常都怀念着她。”

冼星海与妻子互勉，“我们一天比一天进步，但我们在现在的环境，应该更努力去学习和工作。比学习和工作更重要的，就是锻炼自己的不屈不挠的精神，苦干和谦虚的精神”。这朴素的语言体现出冼星海无时无刻都在追求进步的精神风貌。在家书的最后，冼星海对母亲的思念娓娓道来，对母亲在沦陷区的生活关心备至。质朴的话语中蕴含着丰富的情感，真挚而动人，折射出这位人民音乐家的细腻感情和高尚品格。

62 周饮冰致妹妹（节录）

（1941年12月18日）

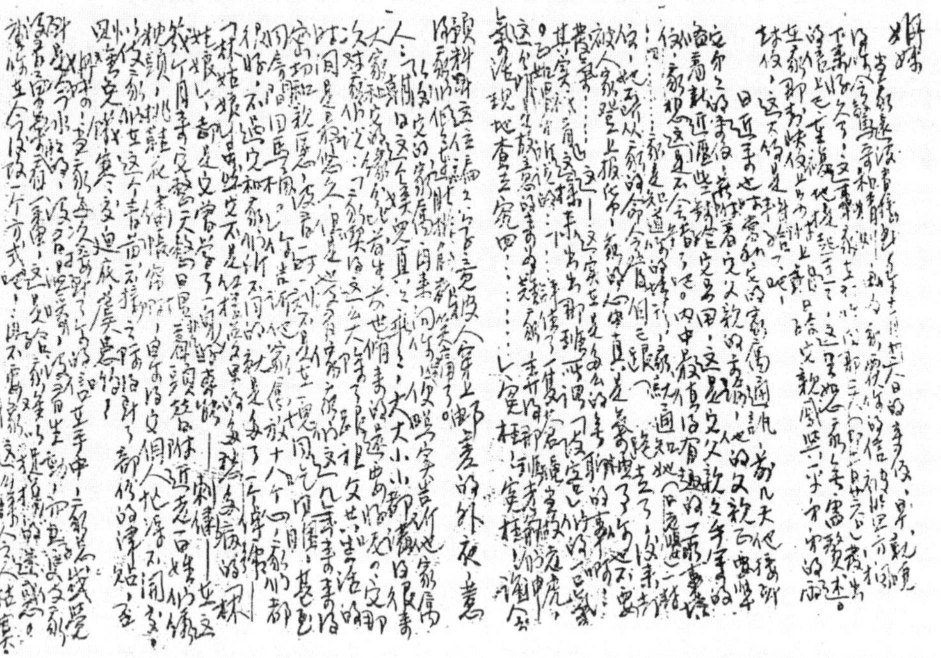

周饮冰（1913—1942）

原名周涓，浙江平阳人。1935 年，加入中国共产党。1936 年，任中共瑞安县仙降区区委书记。1937—1938 年，在温州从事革命工作。1938 年 10 月 10 日，新四军驻温州通讯处遭国民党顽固派突查，多人被逮捕。周饮冰以新四军代表身份前去交涉，遭到扣押。1942 年 6 月英勇就义，时年 29 岁。

姗妹：

（略）

你接到了这一封信，希冀你切切告诉我，我所需要晓得的事情，或者关于你自己和春[①]的生活状况，我想这不会连累了你吧！在我这里是绝对没有什么问题的，监方对全体在监人依照狱规条例不许阅读有关国内时事的消息，其余的在国际形势它是不干涉的，并且这位监狱长亦经常召集全体监犯报告国际动态与国内抗战等等新闻。

最近听说在太平洋方面英、美、日已正式宣战，这足资证明英美诸国再不能犹豫与避免旋〔卷〕入战争。尤其是在德苏开始战争以后，显然地，英美对德、意、日轴心国所采取的态度更日趋于强硬化，而且更积极地援助苏联与我国抗战。这为的是什么呢？如果我们中国和苏联万一不能获得胜利，那末希特勒和日本强盗就心满意足停止了它侵略的野心吗？不会的，因为法西斯强盗最大的目标的不仅仅对着中国与苏联，他〔它〕的难填的欲壑正在企图怎样去征服全世界。无疑义的，中苏的失利会给予英美以无比的打击，因此，它不得不放弃抱着原有旁观的态

① 春：周饮冰的妹夫、周姗姗的丈夫黄加春。

度，而纵〔决〕然地结成了一个 ABCD[①] 最有强力的反侵略阵线。这个强大的阵线会获得全世界一切被压迫的人民爱戴和同情，甚至德国和日本国内的优秀的人民也会参加到这里来。我相信唯有这，人类才能生存与进步。现在我们来决定这战争的结果是什么呢？——站在反侵略的是属于光明的、正义的；站在侵略方面是黑暗的、残酷的，这个战争就叫做光明与黑暗的搏战。倒退的野蛮的民族最终必陷于毁灭，而进步的文明〈的民族〉将永恒的幸福。

姗妹！我们是多么兴奋啊！可是我们什么都得不到，犹如“世外桃源”一般，所得到的唯一在看守们透过来句把的标题而已，我们很希望你今后多多写些关于这类的消息。此外，企望着在这个大时代里我们中国目前政治有一个很好的转变，配合整个的军事，趁着这个机会来一个大反攻。

今天我们全监人已得监方许可，请求中央政府“请缨杀敌”的代电已发出，不近〔久〕（即明年元旦）就会在各报纸上登载——如《东南日报》《前线日报》《闽北日报》等都有一份。请你注意看一看吧！

近来很好，幸勿为念！祝贺

新年快乐！

八哥饮冰上

十二、十八

这是周饮冰 1941 年 12 月 18 日在狱中写给妹妹周姗姗的家书。

此时，皖南事变已经发生，日本偷袭珍珠港，太平洋战争爆发，国际形势十分紧张。狱中的周饮冰无法全然知晓这些重大事件，只能

① ABCD：A 即 America，美国；B 即 British，英国；C 即 China，中国；D 即 Dutch，荷兰。

通过零碎的消息进行了解。即便如此，他对世界反法西斯战争仍十分关心。在信中，他分析道："英、美、日已正式宣战，这足资证明英美诸国再不能犹豫与避免卷入战争。"清醒地认识到，法西斯欲壑难填，目标也不仅仅是中国与苏联；英美诸国帮助中国抗战，完全是出于国家利益的考虑。他将这场战争称为"光明与黑暗的搏战"，"倒退的野蛮的民族最终必陷于毁灭，而进步的文明的民族将永恒的幸福"，相信最终一定是光明战胜黑暗，体现了周饮冰坚信抗战必将取得胜利的革命乐观主义精神。

想到法西斯将被打败，中国乃至世界将迎来和平，他不禁感到一阵兴奋。然而，他很快意识到，自己能够获取的信息太少了。他希望妹妹"今后多多写些关于这类的消息"。即便身陷囹圄，不能亲上战场杀敌，周饮冰仍时刻心系国家和民族的命运，但他未能亲眼看到战争的结束。好在，"光明与黑暗的搏斗"的结果是迎来了光明。如今山河稳固、国泰民安，足以告慰英灵。

63 邹毅致祖父

（1942 年 6 月 20 日）

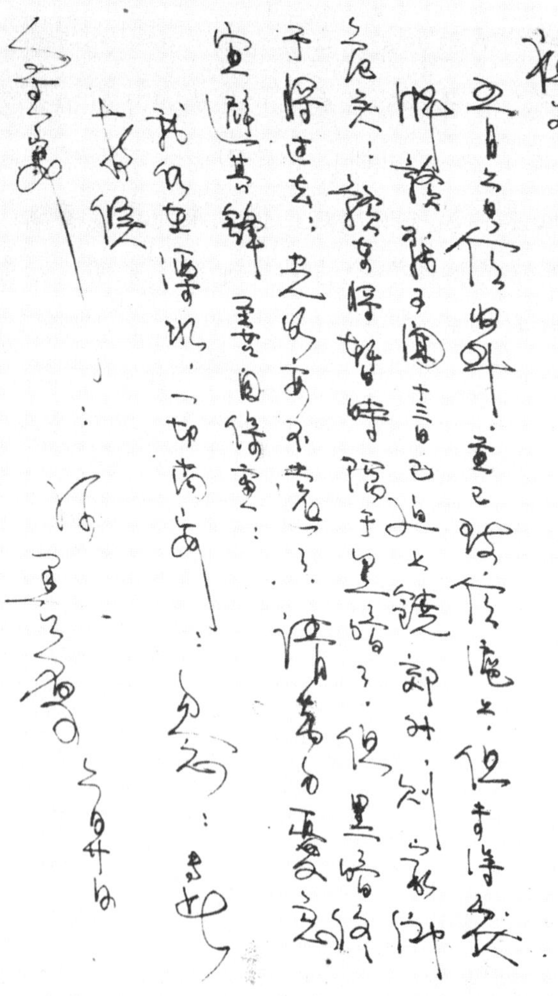

邹毅（1918—1943）

又名邹善厚，江西横峰人。1938 年，加入中国共产党。1939 年，到华中、苏南地区工作。1941 年 12 月，奉命到溧水韩胡从事抗日工作。1943 年 7 月 8 日，遭国民党顽固派部队包围，突围时壮烈牺牲，时年 25 岁。

祖父：

五月六日信收到，并已致信沪上，但未得复。

浙赣战事[1]，闻十三日已迫上饶郊外，则家乡危矣！赣东将暂时隔于黑暗了，但黑暗终于将过去！光明亦不远了。请万勿忧急。宜避其锋，善自保重！

我仍在溧水，一切尚安。勿念！专此

敬候

金安！

孙善厚

六月廿日

这封家书是邹毅 1942 年 6 月 20 日在苏南写给祖父邹献庭的回信。“浙赣战事，闻十三日已迫上饶郊外，则家乡危矣！赣东将暂时隔于黑暗了，但黑暗终于将过去！光明亦不远了。”邹毅以寥寥数语，论及抗战形势，谈及家乡灾变，分析抗战前途，表现了共产党人的坚

① 浙赣战事：1942 年 5 月，日军发动的打通浙赣路和清除衢州空军基地威胁的浙赣战役。

定理想信念和深厚家国情怀。

邹毅从小跟随父亲在革命队伍里长大，父亲被敌人杀害后，他决心将父辈未竟的革命事业进行到底，曾写下这样的诗句：“月圆心独缺，日圆江山缺”，“来日方长，报国有志。”

64 吴沧波致弟弟

（1942 年）

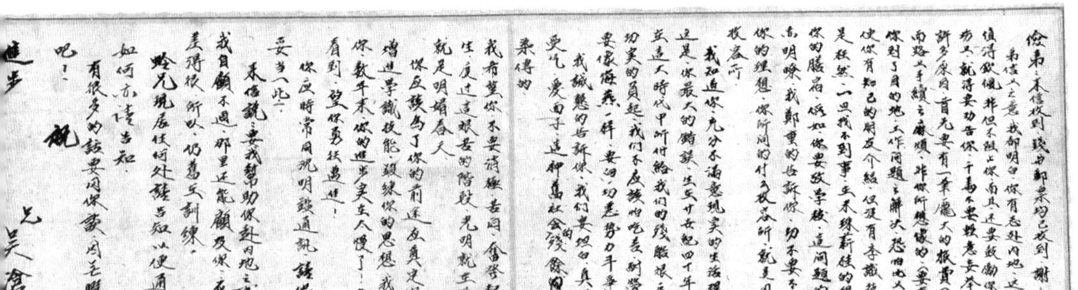

倹弟：来信收到，照片郵票均已收到，謝謝。

弟信中之意，我都明白，你有志赴内地，这崇高的志向，当然值得欽佩，非但不阻止你，而且还要鼓励你，但是，站在我的立场上，就得要劝告你：千萬不要轻意妄举的离开，因為有許多原因，首先要有一筆龐大的旅費（起碼要五千元以上）而路上手續之麻煩，非你所想像的，（要有切实的保證）即使你到了目的地，工作問題之解决，恐怕也天天还要难吧，即使你有知己的朋友介紹，但没有专識技能和工作能力，亦是枉然，一旦找不到事，在米珠薪桂的現在，那一個来招待你的膳宿，假如，你要考學校，這問題的困難，想你自己亦明瞭，我鄭重的告訴你，切不要不加思索的实行你的理想，你所问的什么收容所，就是同港大一样的难民收容所。

我知道你，充分不满意現实的生活環境，而感到苦悶，这是，你最大的錯誤，生在廿世紀四十年代的我輩青年人，在这大時代中所付給我们的艰巨的任務，当然，要切实的负起，我们不应该怕吃苦，耐勞，怕受气，青年人要像海燕一样，要向一切恶势力斗争。

我誠懇的告訴你，我们要坦白，真誠，不要虚偽，怕受气，爱面子，這种舊社会的残餘渣滓是切不应该秉傳的。

我希望你，不要消極，苦悶，奮發起来，創造你的新生，度过这艰苦的階段，光明就在前面，嚴冬过去，就是明媚春天。

你应該为了你的前途，及奠定你新生的基礎，增进學識技能，鍛鍊你的思想，我不客气你的批評你，数年来，你的进步实在太慢了！在你的信上就可以看到，望你勇往邁进！

你应時常同兆明联通訊，請他指示，我想比較妥当一些。

来信說：要我帮助你赴内地之事，实在惭愧，我自顧不遐，那里还能顧及你，及自己各方面均差得很，所以，仍舊在訓練。

黔兄現居住何处，請告知以便通訊，明魏兄近况如何，亦请告知。

有很多的話要同你談，因无暇多冩，下次再談吧！

祝

進步

兄 吴滄波又

吴沧波（1919—1942）

江苏松江（今属上海）人。青年时代受到良好教育，懂俄语、法语及日语。1939 年春，加入新四军，任兵站文书等职。1941 年 1 月皖南事变后不幸被捕，被关押在上饶集中营周田监狱。1942 年壮烈牺牲，时年 23 岁。

俭弟：

来信收到，钱与邮票均已收到，谢谢。

弟信上之意，我都明白，你有志赴内地，这崇高的志向，当然值得钦佩，非但不阻止你，而且还要鼓励你。但是，站在我的立场上，就得要劝告你，千万不要轻意妄动的离开。因为有许多原因，首先要有一笔庞大的旅费（起码要在千元之上），而路上手续之麻烦，非你所想像的（要有切实的担保）。即使你到了目的地，工作问题之解决，恐怕比上天还要难吧！即使你有知己的朋友介绍，但没有学识技能与工作能力亦是枉然。一旦找不到事，在米珠薪桂的现在，那一个来招待你的膳宿？假如你要考学校，这问题的困难，想你自己亦明了。我郑重的告诉你，切不要不加思索的实行你的理想。你所问的什么收容所，就是同沪上一样的难民收容所。

我知道你充分不满意现实的生活环境而感到苦闷，这是你最大的错误。生在廿世纪四十年代的我辈青年人，在这大时代中所付给我们的残酷艰巨的任务，当然要切实的负起，我们不应该怕吃苦耐劳、怕受气。青年人要像海燕一样，要向一切恶势力斗争。

我诚恳的告诉你，我们要坦白、真诚，不要虚伪、怕受气、爱面子，这种旧社会的残余是切不应该染传的。

我希望你不要消极、苦闷，奋发起来，创造你的新生，度过这艰苦的阶段，光明就在前面。严冬过去，就是明媚春天。

你应该为了你的前途应奠定你新生的基础，增进学识技能，锻练

〔炼〕你的思想。我不客气的批评你，数年来，你的进步实在太慢了！在你的信上就可以看到，望你勇往迈进！

你应时常同沈明鉴通讯，请他指示，我想比较妥当一些。

来信说要我帮助你赴内地之事，实在惭愧，我自顾不周，那里还能顾及你。应〔因〕自己各方面均差得很，所以，仍旧在训练。

蛉兄现居住何处，请告知，以便通讯。明鉴兄近况如何，亦请告知。

有很多的话要同你谈，因无暇多略，下次再谈吧！

祝

进步！

兄吴沧波上

这是吴沧波1942年写给弟弟吴生俭的家书。

1941年12月7日，日本偷袭珍珠港，太平洋战争爆发。吴沧波的弟弟吴生俭此时正在上海南京路的信大祥绸布庄工作。作为国际化大城市，上海势必受到冲击。对于弟弟“有志赴内地”的打算，吴沧波肯定道：“这崇高的志向，当然值得钦佩，非但不阻止你，而且还要鼓励你。”不过，经受过革命洗礼后，吴沧波对于社会复杂情形的了解，自然远胜其弟。他指出，如要行动，还存在种种困难。作为同龄人，吴沧波对弟弟的苦闷感同身受，他鼓励弟弟：“要像海燕一样，要向一切恶势力斗争”，“要坦白、真诚，不要虚伪、怕受气，爱面子”。为了前途，要加强学习，增进学识技能，锻炼思想，奋发起来，创造新生。此时此刻，吴沧波被关押在国民党政府的监狱中，接受所谓的“训练”，如此热情地勉励弟弟，是因为坚信“严冬过去，就是明媚春天”。

“严冬过去，就是明媚春天。”虽然吴沧波未能亲睹到春天，但数年后，中国人民击败日寇，中国共产党领导人民推翻国民党政府，建立起新中国，春风轻拂了祖国的每一寸山河。

65 李育才致父母亲（节录）

（1943 年 3 月 20 日）

父
母親

記得去年陽歷九月由在東北接到家中一信。我
那時是在难中，是給我们的敌人——日本帝國主义者
作工。但当時由于数年未寄家信也不知家中之情形，
接到信后是如何的高幸啊。但是不管怎樣是环境之
不同精神不很敌而不能将詳情稟明，只寫了一封簡
單的回信。

現在不同了。那時離家四千余里今天已不止一
千了。那時給敌人作工，今天又继續为中華民族，為革
命而服务。那時生活不自由，経常受气，現在呢？已
完全進了自由幸福快樂的場所，回到了我一年前的
崗位。只很想念您们想念家中及故鄉之一切。但是
民族革命尚未成功，敌人还佔着我们許多土地需要把
他趕出去來得全國民众之自由，國家之独立。因此还得
繼續努力以完成中華民族之偉大任务。这樣你兒就
不能先回家。在國家方面應趕走日寇，在個人方面应
弄個樣子，有了眉毛。正因此今時寫这封家信安慰
伯、和娘及家中所惦念兒之諸人，以免今后日夜不安
為兒担心。另外也要簡单的报明近六年来之個人史
及樣係服云諸情形。

離家后到今天（三月二十日）已整整的六年零一個月了，
無時無刻不惦念。
伯、娘，兒望您们身体永遠的健康，事事都無一不如意，那才
是兒之幸福。並望信告兒家中及故鄉之一切情形，望替兒
問候諸位，叔父、叔母及姐姐弟妹，也叫他们放心。並
問請舅父舅母及各親戚，敬祝他们身体健康，並要替兒向
五爺面前請安。
民国二十六年離家红17师后九月在太原参加少年先鋒
隊。1938.1月（二十七）任付班長，5月任班長，那時和敌人战斗在
寒陵、汾城，8月任政治工作员。第二年（1939）10月即任連長
率有五十人，与敌搏战年余也打了許多胜仗，也捉过日本人，
也和日本人拼过刺刀。当然兒也遭遇过危險，曾有一次子
彈打通了裤底和裤底，没有傷着肉。1941年（三十年）8月又升
任付营長，与敌人轉战在汾陽、文水、交城及太原。不幸
于12月被敌人捉住，主要因当時未跟隊伍一人走離，槍
又坏了，跟的几個人都被敌人打死捉去。從此就受上生
来所未受过的罪了。在汾陽坐了七天監獄，到太原坐了一
月監獄，就送到東北作了工。三一年（1942）八月就跑出来了，
帶了二十余人，跑了一千多里到山海关又叫捉住，坐了十天監
獄又送回去，才接到了家信，馬上給家寫了回信，又開始二次脫
逃。9月十四号有同志们的幫助坐汽車到奉天，又碰着两

姻同志又帮助了二十余元，坐火車到了天津，下車后到咱们的冀（河北）中敌后抗日游击根据地，找到了我们自己的队伍——八路軍。这才算是受尽了千辛萬苦，经过了许多危險，回到了自己祖國的战場。從头年12月被俘到第二年九月跑出，共計九個月受了很多辛苦，但是还算不幸中之一幸，到處都得到同志朋友之幫助。刚捉住一塊被抓的当然是我们的战士同志，对我一定很好，有了吃的他们不吃也得拿给我，大衣他们不蓋也跟我蓋。那樣好，我心如何能下去？最后是有individual同它有罪都是大家的事了，最好的是不管敌人怎樣打问，他们总不露一句真言，使敌弄不清我是幹部，他以為我也是个战士，因而才有今天的命在。在東北同樣也是到處得到同志们的幫助，59团供给主任任学恭同志幫助了钱又给买药吃，212旅指导员丁蓥同志给幫助十余元，59团政治指导员雍千钧同志也给幫助过二十余元。總而言之，到處都有干部和战士给幫忙，所以受的罪还不算甚大，这真是不幸中之萬幸，從此就自由了。

接着咱们的八路軍就一節一節把我向回送了，（晉西北）從冀中軍区送过平汉（北平到汉口）鉄路（在保定）到了咱们的晉（山西）察（察哈尔）冀（河北）边区（敌后抗日游擊根据地），又派兵護送过正太（正定到太原）鉄路，到了敌后抗日游擊根据地晉冀魯豫边区（山西、河北、山東、河南的边境）太行軍区，十一月走到了八路軍總司令部，才决定我回原来的部隊，又送过白晉（白圭镇到晉城）鉄路到了太岳軍区，又送过同蒲（大同到蒲州）鉄路到了晉（山西）西北抗日根据地，回到了八分区（汾陽、孝义、交城）原来自己的部隊。在这一路上虽然辛辛苦苦走了二千里路了，但是一路之上都是八路軍过敌伍区有隊伍護送，平常走路又给發路费（粮票、菜金），發鞋袜，还给發衣服，所以又不受冷又不受餓，而且还在所过的地方在部隊中都是以肉飯相待，一下子吃的我發了胖，身体也非常好，望勿惦念！

以上这是六年来的簡單情形，由此就可了解你兒了。現在分配到五支隊司令部任[illegible]参謀之職，一切都很好，望勿惦念！

兒究竟什么時候回家呢？在堂前尽孝呢？这是家中最需要我答覆的问題，很簡單，抗战勝利了，日本鬼子趕出去，坐汽車火車回家。什么時候才能打走日本鬼子呢？又是一個需要答覆的问題，很快，今年是黎明前的黑暗，也就是抗战最后的一年，求得勝利的一年，顶遠顶多明年春天日本人就完全可以打出去，这是很有把握的，因為國際上蘇联打垮了德意，國内敌人所佔的地方到處都有八路軍，有抗日根据地，敌人只佔了些鉄路汽路及大城市，那末你兒明年春天或夏天就可以回家了，只有一年，望耐心一些，六年已过去了，何在一年呢？那時節天下太平，父子團圓，你看多高幸福。即如说到那時兒还是因其他不能回家，但總可以

把全家請来住到大城市裡去，兒總可亲奉養伯，费心把祖奉老送终，尽他二三十年孝，我想还是不成问题。因为这個天下太平民族独立的打成也有你兒的一份，那時的新中國前面不同是和平的幸福的，平等的独立的繁荣的新三民主义的新中國建立，当哥也可送到学校（不出钱）去念書，因為那是有我们一份呢？國家的大事我们也可以管管，因為那事也有我们一份。就談上這些，請来信告兒些事情吧。

專此敬請

福安

男 育才 [印章]

来信至

山西晉西北軍區第八軍分區五支隊交李育才即可

或交

山西交城第五支隊交我也可

並祝

全家大小均安

李育才（1917—1946）

别名李践，陕西澄城人。1937 年，在山西参加八路军。同年，加入中国共产党。1938—1945 年，历任连长、副营长、支队参谋、县游击大队副大队长等职，率队在山西境内与日军作战。1946 年 7 月，在与阎锡山军队的作战中，身负重伤，壮烈牺牲，时年 29 岁。

父母亲：

记得去年阳历九月在东北接到家中一信，我那时是在难中，是给我们的敌人——日本帝国主义者作工。但当时由于数年未写家信，也不知家中之情形，接到信后是如何的高幸〔兴〕啊！但是不管怎样是环境之不同，精神不快，故而不能将详情禀明，只写了一封简单的回信。

现在不同了，那时离家四千余里，今天已不上一千了。那时给敌人作工，今天又继续为中华民族、为革命服务了。那时生活不自由，经常受气，现在呢？已完全进了自由幸福快乐的场所，回到了我一年前的岗位。儿很想念您们，想念家中及故乡之一切。但是民族革命尚未成功，敌人还占着我们许多土地，需要把他赶出去，求得全国人民之自由，国家之独立。因此还得继续努力，以完成中华民族之伟大任务。这样你儿就不能先回家。在国家方面，应赶走日寇；在个人方面，应弄个样子，有了眉毛〔目〕。正因此，今特写这封家信安慰伯和娘及家中所惦念儿之诸人，以免今后日夜不安，为儿担心。另外，也要简单的报明近六年来之个人史及被俘脱出诸情形。

离家后到今天（三月二十日）已整整的六年零一个月了，无时无刻不惦念。伯、娘，儿望您们身体永远的健康，事事都无一不如意，那才是儿之幸福，并望信告儿家中及故乡之一切情形。望替儿问候诸位叔父、叔母及姐姐、弟妹，也叫他们放心。并问诸舅父、舅母及各亲戚，我祝他们身体健康。主要替儿向五爷面前请安。

民国二十六年离家，经十七师后，九月在太原参加少年先锋队。1938年1月（二七年）任副班长，5月任班长，那时和敌人战斗在襄陵、汾城，8月任政治工作员。第二年（1939）10月即任连长，率百五十人与敌转战年余，也打了许多胜仗，也捉过日本人，也和日本人拼过刺刀。当然儿也遭遇过危险，曾有一次子弹打通了鞋底和袜底，没有伤着肉。1941年（三十年）8月又升任副营长，与敌人转战在汾阳、文水、交城及太原。不幸于12月被敌人捉住，主要因当时未跟队伍，一人远离，枪又坏了，跟的几个人都被敌人打死捉去。从此就受上生来所未受过的罪了。在汾阳坐了七天监狱，到太原坐了一月监狱，就送到东北作了工。三一年（1942）八月就跑出来了，带了二十余人，跑了一千多里，到山海关又叫捉住，坐了十天监狱又送回去，才接到了家信。马上给家写了回信，又开始第二次脱险。9月14号有同志们的帮助，坐汽车到奉天，又碰着两个同志，又帮助了二十余元，坐火车到了天津，下车后到咱们的冀（河北）中敌后抗日游击根据地，找到了我们自己的队伍——八路军，这才算是受尽了千辛万苦，经过了许多危险，回到了自己祖国的战场。从头年12月被俘到第二年九月跑出，共计九个月，受了很多辛苦。但是还算不幸中之一幸，到处都得到同志朋友之帮助，刚捉住，一块被捉的当然是我们的战士同志，对我一定很好，有了吃的他们不吃也得拿给我，大衣他们不盖也让我盖，那样好我心如何能下去？最后是有福有罪都是大家的事了。最好的是不管敌人怎样打问，他们总不露一句真言，使敌弄不清我是干部，他以为我也是个战士，因而才有今天的命在。在东北同样也是到处得到同志们的帮助，59团供给主任任学恭同志帮助了十元，又给买药吃；212旅指导员丁鳌同志给帮助十余元；59团政治指导员雍千钧同志也给帮助过二十余元。总而言之，到处都有干部战士给帮忙，所以受的罪还不算甚大，这真是不幸中之万幸，从此就自由了。

接着咱们的八路军就一节一节把我向回送了（晋西北）。从冀中军区送过平汉（北平到汉口）铁路（在保定），到了咱们的晋（山西）察（察哈尔）冀（河北）边区（敌后抗日游击根据地），又派兵护送过正太（正定到太原）铁路，到了敌后抗日游击根据地晋冀鲁豫边区（山西、河北、山东、河南的边境）太行军区，十一月走到了八路军总司令部，才决定我回原来的部队。又送过白晋（白圭镇到晋城）铁路，到了太岳军区，又送过同蒲（大同到蒲州）铁路，到了晋（山西）西北抗日根据地，回到了八分区（汾阳、文水、交城）原来自己的部队。在这一路上虽然辛辛苦苦走了二千里路，但是，一路之上都是八路军，过敌占区有队伍护送，平常走路又给发路费（粮票、菜金），发鞋袜，还给发衣服，所以又不受冷又不受饿，而且还在所过的地方在部队中都是以肉饭相待，一下子吃的我发了胖，身体也非常好，望勿惦念！

（略）

儿究竟什么时候回家呢？在堂前尽孝呢？这是家中最需要我答复的问题。很简单，抗战胜利了，日本鬼子赶出去，坐汽车火车回家。什么时候才能打走日本鬼子呢？又是一个需要答复的问题。很快，今年是黎明前的黑暗，也就是抗战最后的一年，求得胜利的一年，顶远顶多明年春天日本人就完全可以打出去，这是很有把握的。因为国际上苏联打垮了德、意，国内敌人所占的地方到处都有八路军，有抗日根据地，敌人只占了些铁路、汽路及大城市，那末你儿明年春天或夏天就可以回家了，只有一年，望耐心一点。六年已过去了，何在一年呢？那时节天下太平，父子团圆，你看多高幸〔兴〕啊！（略）

专此，敬请

福安！

男育才叩禀

阳历三月廿号，阴历二月十五日

来信至山西晋西北军区第八军分区五支队交李育才即可，或交山西交城第五支队交我也可。并祝全家大小均安。

这是李育才 1943 年 3 月 20 日在山西写给父母的家书。

1941 年 12 月，因寡不敌众，李育才被日军俘虏，押往东北做劳工。他受尽折磨，直至 1942 年 9 月才成功逃离战俘营，回到抗日根据地。在家书中，他向父母详细介绍了自己离家六年投身革命的经历，尤其是被日军俘虏后的种种遭遇，以及在同志们帮助下，努力逃离虎口，最终回到祖国的经过，展现出李育才对党和国家的无限忠诚，以及同志之间患难与共、团结抗敌的革命友谊。李育才充满豪情地向家人承诺，等“抗战胜利了，日本鬼子赶出去，坐汽车火车回家”，相信中国将很快取得战争的胜利，充分展现出抗战必胜的革命乐观主义精神。

抗战胜利后，李育才却倒在了国民党反动派的枪口之下。家人苦苦等待，直到中华人民共和国成立后也没有音信传回，1952 年登报寻人，方知他早已血洒太原。李育才用鲜血和生命践行了自己“求得全国人民之自由，国家之独立”的铮铮誓言。

66 陈振华致父母亲

(1944 年 10 月 26 日?)

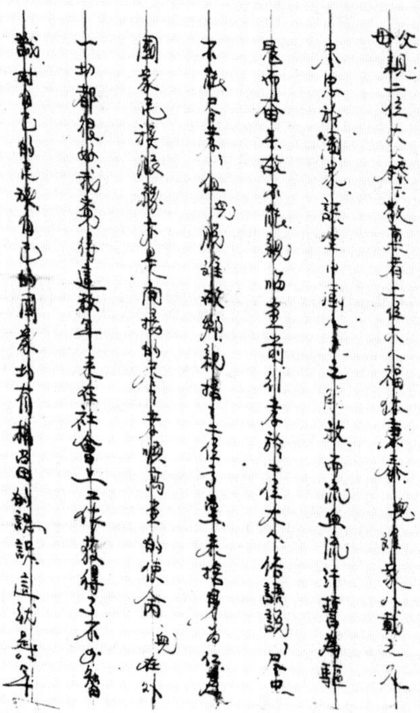

手稿1

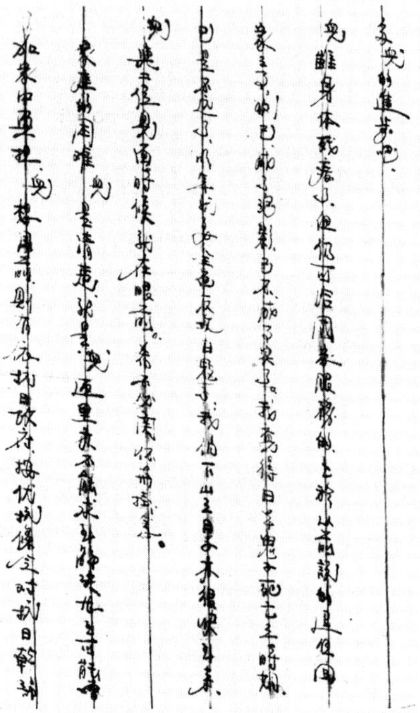

手稿2

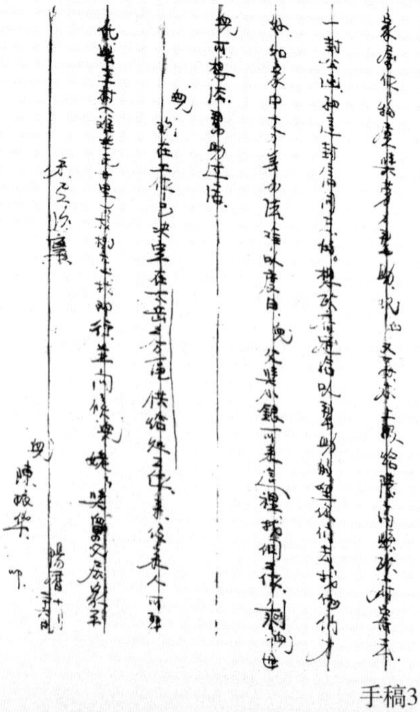

手稿3

陈振华（1922—1947）

山西晋城人。全民族抗战爆发后，参加山西青年抗敌决死队，加入中国共产党。后进入八路军 129 师 386 旅。先后在太岳军区第 3 军分区供给处、晋冀鲁豫野战军第 4 纵队独立旅卫生处工作。1947 年 8 月，跟随部队跨越黄河天险，挺进豫西、陕南等地。在湖北郧西县一次战斗中，为保护战友壮烈牺牲，时年 25 岁。

父母亲二位大人膝下：

敬禀者，二位大人福体康泰！

儿离家八载之久，尽忠于国家，谋全中国人民之解放而流血流汗，誓为驱寇而奋斗，故不能亲临堂前行孝于二位大人。俗语说，尽忠不能尽孝。但儿脱离故乡亲〈人〉，舍了二位高堂，来舍身为仁，为国家民族服务，亦是间接的尽了孝顺高堂的使命。儿在外一切都很好，我觉得这数年来在社会上工作获得了不少智识，对自己的民族、自己的国家均有相当的认识，这就是八年多儿的进步吧。

儿虽身体残废了，但仍可给国家服务的，至于从前说的退伍回家之事，现已成了泡影，已不成事实了。我觉得日本鬼子死亡之时期已是不远了，明年就要全面反攻日寇了，我们下山之日子亦很快到来，儿与二位见面时候就在眼前。希不必关怀与挂念。

家庭的困难儿是清楚，就是儿这里亦不能求到解决，甚至可能增加家中负担。儿想目前则有依抗日政府，按优抚条令对抗日干部家属作物质与劳力帮助。现儿又要求上级给陵高县政府寄去一封公函和这封信同去的，想政府定给以帮助的，望你们去找他们才好。如家中十分无办法难以度日，儿父与小银可来这里找个工作，剩儿母儿可想法帮助过活。

儿现在［工作］已决定在太岳三分区供给处工作。来信来人可到冀氏县王村（离冀氏廿里）核桃庄找即行。并问候儿姥姥与舅父居家平安。

儿陈振华叩

阳历十月二十六日

这是陈振华写给父母的家书，据内容推测写于 1944 年 10 月 26 日。

写这封家书时，陈振华尽管是一位 20 岁左右的青年，却已经成为久经沙场、身经百战的坚强战士。他在信中说：“离家八载之久，尽忠于国家，谋全中国人民之解放而流血流汗，誓为驱寇而奋斗，故不能亲临堂前行孝于二位大人。”鲜明地反映出陈振华深明大义，以国家和民族利益至上的责任意识与觉悟，同时也表达了他对不能侍奉双亲的深深歉疚。

关于未来，陈振华写道，“儿虽身体残废了，但仍可给国家服务”，日寇未除，还不能退伍回家，但相信随着全面反攻的到来，团聚之期定然不远。这反映出，他立定从军报国之志，坚持战斗在第一线的英雄气概以及坚信抗战必胜的豪迈情怀。这是一位热血男儿在民族生死存亡关键时刻的无悔抉择，更是千千万万个从军报国青年的鲜活例子。

67 郝济民致父母亲

（1945 年 3 月 30 日）

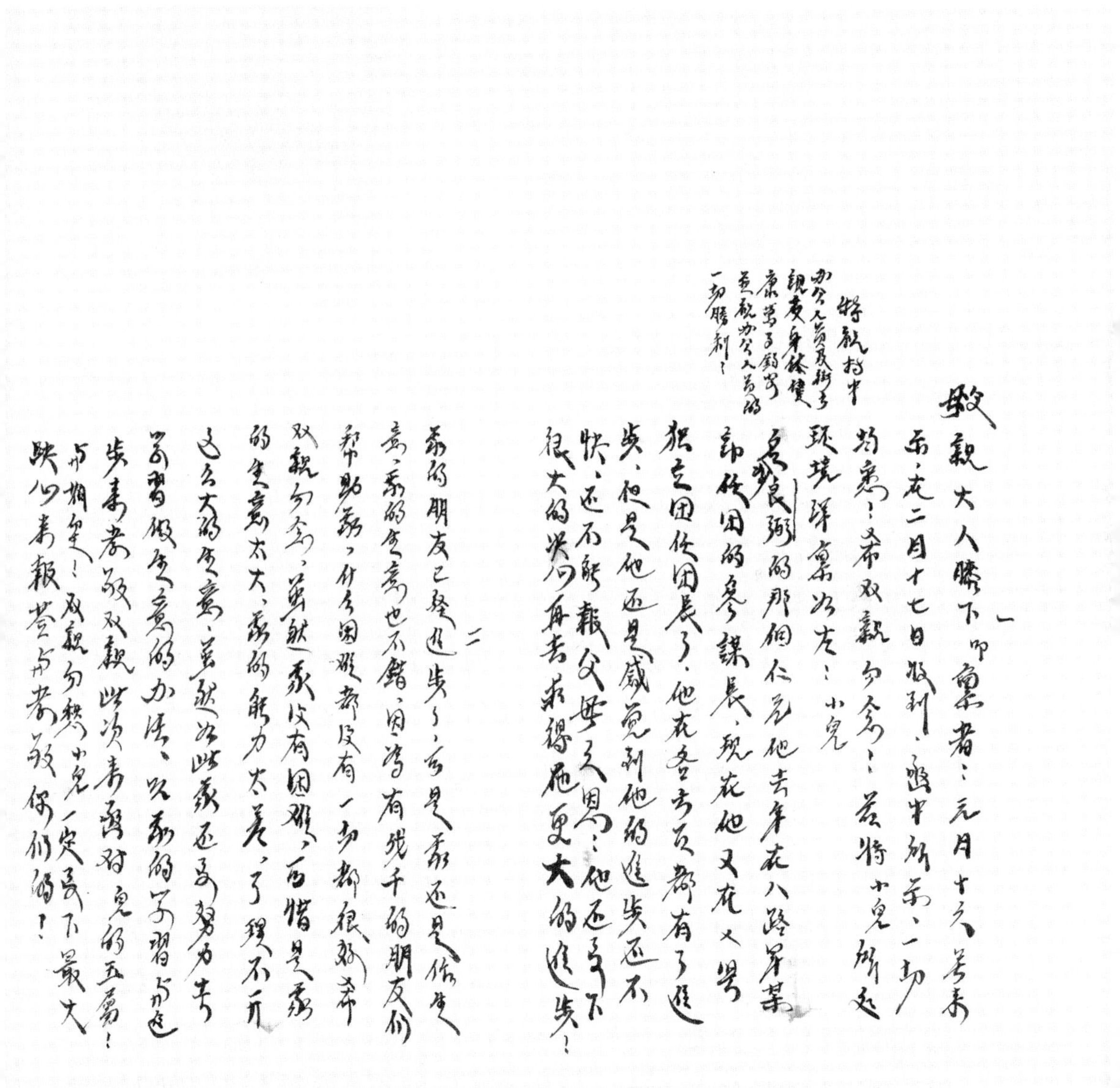

敬

一

親大人膝下叩禀者：元月十六号来
示，在二月十七日收到，晚中所示，一切
均悉！又希双親勿念！兹将小儿所处
环境详禀如左：小儿
在岳良谿的那個仁兄他去年在八路军某
部作团的参谋長，现在他又在×县
独立团作团長了，他在各方面都有了進
步，但是他还是感觉到他的進步还不
快，还不能报父母之恩；他还要下
很大的决心再去求得更大的進步！

特祝核中
办公人员及街方
银庆身体健
康弟子铭写
并祝办公人员的
一切胜利！

二

我的朋友已經進步了，可是我还是依然
如此，我的生意也不錯，因為有幾千的朋友們
帮助我，什么困难都没有，一切都很好，希
双親勿念，并且我没有困难，可惜是我
的生意太大，我的能力太差，了理不开
这么大的生意，并且如此我还要努力去
学习做生意的办法，以我的学习与進
步来孝敬双親，此次来函对儿的五勉！
亦非期望！双親勿愁，小儿一定要下最大
决心来报答和孝敬你們的！

郝济民（1904—1946）

原名郝良弼，河北正定人。1936 年入伍，曾参加平型关大战。1940 年 10 月，随八路军第 5 纵队司令员黄克诚南下，开赴苏北盐阜区阜宁县。1943 年 7 月，被选举为阜东县人民抗日自卫武装委员会委员，领导全县抗日武装斗争。1944 年，任阜东县独立团团长。1946 年 3 月，任华中野战军第 10 纵队 82 团副团长。同年 7 月，率部参加苏中战役。8 月 16 日，在邵伯保卫战中牺牲，时年 42 岁。

特祝村中办公人员及街乡亲友身体健康，万事均安，并祝办公人员的一切胜利！①

父母亲大人膝下：

叩禀者，元月十六号来示，在二月十七日收到，函中所示一切均悉！希双亲勿念！兹将小儿所处环境详禀如左：小儿名叫良弼的那个仁兄，他去年在八路军某部任团的参谋长，现在他又在×县独立团任团长了，他在各方面都有了进步，但是他还是感觉到他的进步还不快，还不能报父母之恩！他还要下很大的决心再去求得他更大的进步！我的朋友已经进步了，可是我还是作生意。我的生意也不错，因为有成千的朋友们帮助我，什么困难都没有，一切都很好，希双亲勿念。虽然我没有困难，可惜是我的生意太大，我的能力太差，了〔料〕理不开这么大的生意。虽然如此，我还要努力去学习做生意的办法，以我的学习与进步来孝敬双亲。此次来函对儿的玉属，与期

① 这句写于家书正文上方的天眉处。

望！双亲勿愁，小儿一定要下最大决心来报答与孝敬你们的！

双亲已经能得到村中办公人员的优待，这是小儿最愉快与最放心的一点，也是小儿最惨〔惭〕愧的一点！为什么呢？因为我的生意还没有做的很好，所以我惨〔惭〕愧。小儿一定要下定最大决心来把生意做的更好，来回答村中办公人员对双亲的照顾！

双亲问道这边的环境吗？这边的环境很好，在小儿刚到这边来时老百姓是饥寒交迫，讨饭的难民是成群结队。这几年来群众的生活日渐改善了，现在我做生意所走过的地方，连一个讨饭的人也看不见了，大家都有饭吃、有衣穿，民情非常高张〔涨〕！这边的大米卖到千二百元法币一斗（一斗四十八斤），其它小麦、□头卖七八百元一斗，物价在去年上长〔涨〕最历割〔厉害〕，今年好了。

双亲要来看看小儿吗？从咱家打平汉路的车到开封，捣〔倒〕陇海路的车，到海州下车，骑行经响水再到东坎镇，足足有二千多里路，途中又不好走，再加上双亲年迈体弱，异常不便，小儿还是恳求双亲不来为妙。自然双亲能得到办公人员的劳心帮助与优待，何苦还要到小儿这里来呢？小儿希望双亲不要来，恐双亲路遇不利。儿望双亲在堂好好保重玉体，不必远行，是儿之幸也！

希双亲经常给小儿通信教训。余言再禀。

专祝

春安！

阴历二月十七日

儿郝济民叩

这是郝济民1945年3月30日写给父母亲的家书。这封珍贵的家书共5页，是郝济民的外甥仝建军于2015年9月11日捐赠给中国人民抗日战争纪念馆的。

郝济民于1942年至1945年期间，曾四次分别从原阜宁县东坎镇（今滨海县）华峰商店、阜东商店、益三宝号、益三商店给家人父母写信。1945年后，郝济民和家人失去联系。家人经过69年的苦苦寻找，直至2015年才得知郝济民的最终下落。

由信封上的文字可知，家书写于1945年农历二月十七日。由家书的第一句话可知，父母于1945年1月16日写的家书，郝济民直到一个多月后的2月17日才收到，可见当时收到一封家书是多么困难！由于家书是由抗日根据地寄给敌占区的父母的，因日伪检查极为严苛，抗日家属处境极为危险，所以为了家人安全，家书中使用了一些暗语，向家人报告自己的战斗生活情况。如家书中讲的“良弼的那个仁兄”的事，其实是郝济民向父母汇报自己的近况，“我的生意”指革命事业。家书中郝济民以“下定最大决心来把生意做的更好”的暗语来表达自己献身革命的坚定信念。

68 林晖致父亲

（1945年5月14日）

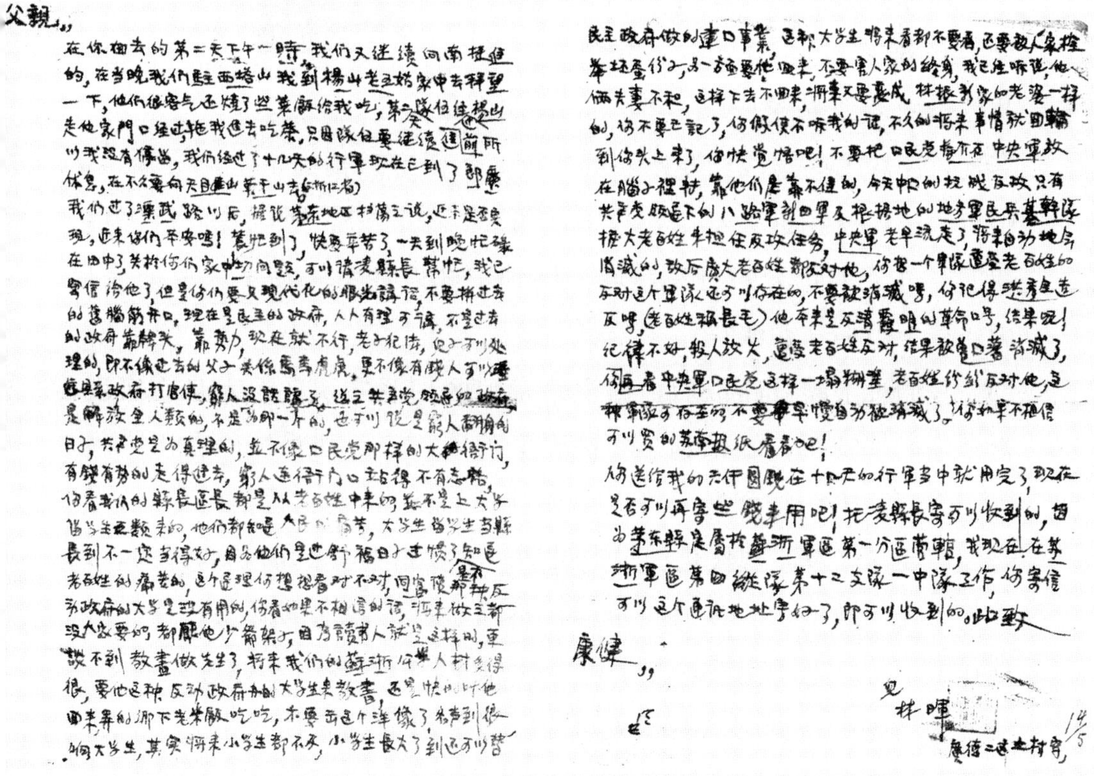

父親：

在你回去的第二天下午一時，我們又繼續向南挺進的，在當晚我們駐西塔山，我到楊山老王姑家中去拜望一下，他們很客气还燒了些菜飯給我吃，第二天隊伍從楊山走他家門口經过，拖我進去吃茶，只因隊伍要繼續進前，所以我沒有停留，我們經过了十幾天的行軍，現在已到了郎溪休息，在不久要向天目山、莫干山去（在浙江省）。

我們过了溧武路以后，據說茅东地区掃蕩之說，近来是否实現，近来你們平安嗎！蠶忙到了，快要辛苦了，一天到晚忙碌在田中了，关于你們家中一切問題，可以請凌縣長幫忙，我已寄信給他了，但是你們要用現代化的眼光講話，不要拼过去的舊腦筋开口，現在是民主的政府，人人有理可講，不是过去的政府靠[illegible]，靠勢力，現在就不行，老子犯法，兒子可以处理的，即不像过去的父子关係馬馬虎虎，更不像有錢人可以叫(?)縣政府打官使，窮人沒話講了。這是共產党領導的政府是解放全人類的，不是为那一个的，也可以說是窮人翻身的日子，共產党是为真理的，並不像国民党那样的大衙門，有錢有勢的走得進去，窮人连衙門口站得不有(?)志格(?)，你看我們的縣長區長都是从老百姓中来的，並不是上大学留学生出頭来的，他們都知道人民的痛苦，大学生留学生当縣長到不一定当得好，因为他們是过舒服日子过慣了，知道老百姓的痛苦的，這个道理你想想看对不对，回家後(?)都是不是反动政府的大学是沒有用的，你看如果不相信的話，將来做主都沒人家要的，都嫌他少爺架子，因为讀書人就是这样的，更談不到教書做先生了，將来我們的蘇浙什么人材多得很，要他这种反动政府办的大学生来教書，还是快叫他回来弄的鄉下老米飯吃吃，不要在这个洋緣(?)了，希望到很多大学生，其实將来小学生都不及，小学生長大了到还可以替民主政府做的建国事業，这种大学生將来看都不要看，还要被人家挖苦坏蛋(?)你們，另一方面要他回来，不要害人家的終身，我已經听說，他倆夫妻不和，这样下去不回来，將来又要变成林振(?)家的老婆一样的，你不要忘記了，你假使不听我的話，不久的將来事情就回輪到你头上来了，你快覺悟吧！不要把国民党擺在中央軍放在腦子裡去，靠他們是靠不住的，今天中国的抗战反攻只有共產党領導下的八路軍新四軍及根據地的地方軍民兵基幹隊提大老百姓来担任反攻任务，中央軍老早溜走了，將来自动地会消滅的，故后廣大老百姓都反对他，你想一个軍隊遭受老百姓的反对这个軍隊还可以存在的，不要被消滅嗎，你記得洪秀全造反嗎（老百姓稱長毛）他本来是反清覆明的革命口号，結果呢！紀律不好，殺人放火，遭受老百姓反对，結果被曾国藩消滅了，你再看中央軍国民党这样一塌糊塗，老百姓們都反对他，这种軍隊可存在的，不要幸早慢自动被消滅了。你如果不相信可以買的蘇南報紙看看吧！

你送給我的三仟圓錢在十幾天的行軍当中就用完了，現在是否可以再寄些錢来用吧！托凌縣長寄可以收到的，因为茅东縣是屬於蘇浙軍區第一分區管轄，我現在在蘇浙軍區第四縱隊第十二支隊一中隊工作，你寄信可以这个通訊地址寄好了，即可以收到的。此致

康健

兒 林暉

康修(?)二送(?)林村寄 14/5

林晖（1921—1945）

又名林正富，江苏丹阳人。中国共产党党员。1940 年，参加新四军，随部队转战南北。1945 年 9 月，在浙江吴兴攻打伪军据点时壮烈牺牲，时年 24 岁。

父亲：

在你回去的第二天下午一时，我们又继续向南推进的。在当晚，我们驻西塔山，我到杨山老五姑家中去拜望一下，他们很客气，还烧了些菜饭给我吃。第二天，队伍经过杨山，走他〔她〕家门口经过，拖我进去吃茶，只因队伍要继续前进，所以我没有停留。我们经过了十几天的行军，现在已到了郎广休息，在不久要向天目山、莫干山去（浙江省）。

我们过了溧武路以后，据说茅东地区扫荡之说，近来是否实现，近来你们平安吗！农忙到了，快要辛苦了，一天到晚忙碌在田中了。关于你们家中一切问题，可以请凌县长[①]帮忙，我已写信给他了。但是你们要又〔有〕现代化的眼光讲话，不要拼过去的旧脑筋开口，现在是民主的政府，人人有理可讲，不是过去的政府靠牌头，靠势力，现在就不行，老子犯法，儿子可以处理的，即〔既〕不像过去的父子关系马马虎虎，更不像有钱人可以□进县政府打官使〔司〕，穷人没话说了。总之，共产党领导的政府，是解放全人类的，不是为那一个的，也可以说是穷人翻身的日子。共产党是为真理的，并不像国民党那样的大衙门，有钱有势的走得进去，穷人连衙门口站得不有志〔资〕格。你看我们的县长、区长都是从老百姓中来的，并不是上大

① 凌县长：茅东县抗日民主政府县长凌海波。

学、留学生之类来的，他们都知道人民的痛苦。大学生、留学生当县长到〔倒〕不一定当得好，因为他们是过舒福〔服〕日子过惯了，是不知道老百姓的痛苦的，这个道理你想想看对不对，同富资那种反动政府的大学是没有用的。你看如果不相信的话，将来做之都没大家要的，都厌他少爷架子。因为读书人就是这样的，更谈不到教书做先生了。将来我们的苏浙公学，人材多得很，要他这种反动政府办的大学生来教书？还是快的〔点〕叫他回来，弄的〔点〕乡下老米饭吃吃，不要出这个洋像〔相〕了。名声到〔倒〕很响〈的〉大学生，其实将来小学生都不及，小学生长大了到〔倒〕还可以替民主政府做的〔点〕建国事业。这种大学生将来看都不要看，还要被人家检举坏蛋份子。另一方面要他回来，不要害人家的终身。我已经听说，他俩夫妻不和，这样下去不回来，将来又要变成林振新家的老婆一样的，你不要亡〔忘〕记了。你假使不听我的话，不久的将来，事情就回〔会〕轮到你头上来了，你快觉悟吧！不要把国民党、蒋介石、中央军放在脑子里转，靠他们是靠不住的。今天中国的抗战反攻，只有共产党领导下的八路军、新四军及根据地的地方军、民兵基干队、扩〔广〕大老百姓来担任反攻任务，中央军老早流〔溜〕走了，将来自动地会消灭的，敌后广大老百姓都反对他。你想一个军队遭受老百姓的反对，这个军队还可以存在的，不要被消灭吗？你记得洪秀全造反吗（老百姓称长毛）？他本来是反清覆〔复〕明的革命口号，结果呢，纪律不好，杀人放火，遭受老百姓反对，结果被曾国藩消灭了。再你看中央军、国民党这样一塌糊涂，老百姓纷纷反对他，这种军队可存在的，不要早慢自动被消灭了。你如果不相信，可以买的〔点〕苏南报纸看看吧！

你送给我的六仟圆钱，在十几天的行军当中就用完了，现在是否可以再寄些钱来用吧？托凌县长寄可以收到的，因为茅东县是属于苏浙军区第一分区营〔管〕辖。我现在在苏浙军区第四纵队第十二支队

一中队工作，你寄信可以这个通讯地址寄好了，即可以收到的。此致
康健！

儿林晖
广德二区上村寄
14/5

这是林晖1945年5月14日在安徽广德写给父亲的家书。

林晖写这封家书时，德国法西斯已经战败投降，日本法西斯的彻底失败也为期不远。由于国民党当局坚持独裁统治，拒绝进行民主改革，中国面临着光明与黑暗两种前途、两种命运的时刻。

林晖在信中，向父亲讲述了共产党与国民党的区别：“共产党领导的政府，是解放全人类的，不是为那一个的，也可以说是穷人翻身的日子。共产党是为真理的，并不像国民党那样的大衙门，有钱有势的走得进去，穷人连衙门口站得不有资格。”“今天中国的抗战反攻，只有共产党领导下的八路军、新四军及根据地的地方军、民兵基干队、广大老百姓来担任反攻任务，中央军老早溜走了，将来自动地会消灭的，敌后广大老百姓都反对他。”劝说父亲：“不要把国民党、蒋介石、中央军放在脑子里转，靠他们是靠不住的。”林晖不仅是一个战斗员，而且是一个宣传员。他选定了主义、站定了队伍，因此成为了人民景仰的英雄。

69 刘卓人致妻子

（1945 年 9 月 17 日）

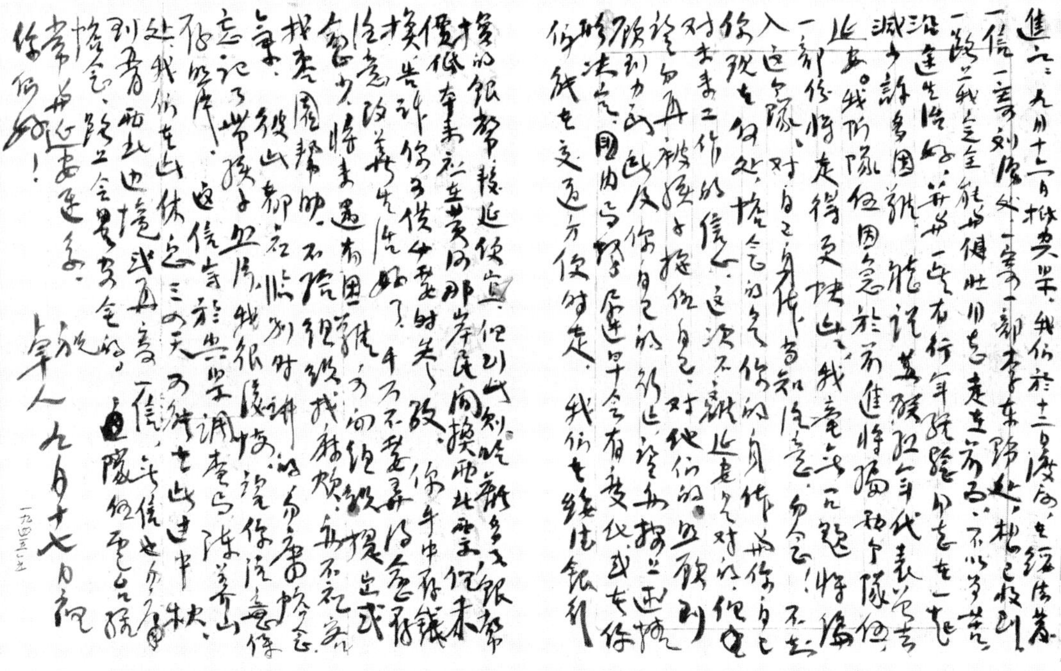

刘卓人（1918—1946）

原名刘兴礼、刘柏森，曾用名刘明、刘国华，辽宁法库人。1931 年，九一八事变后流亡北平考入东北中学。1935 年，因参加一二·九运动而被捕入狱，后经地下党多方营救获释。1936 年 11 月，加入中国共产党。后任《西北文化日报》中共特支书记、副刊编辑。1942 年到延安。抗战胜利后到东北，先后任法库县公安局局长、组织部长等职。1946 年 5 月，在赴农村工作途中与国民党土匪遭遇，不幸被俘，就义于五台村，时年 28 岁。

进之：

九月十六日抵兴县，我们于十二日渡河，在绥德发一信，一寄刘涌处，一寄一部李东野处，想已收到。一路上我完全能与健壮同志走在前面，不以为苦，沿途生活好，并与一些有行军经验同志在一起，减少许多困难。听说苏联红军代表曾去延安。我们队伍因急于前进，将编两个队伍，一部份将走得更快些，我毫无问题将编入这个队，对自己身体当知注意，勿念！不知你现在何处，惦念的是你的身体与你自己对未来工作的信心，这次不离延安是对的。但望勿再被孩子拖住自己，对他们的照顾到［顾到］力所能及。你自己的行止，望亦按上述情形决定。国内局势迟早会有变化，或者你们能在交通方便时走。我们在绥德银行换的银币较延便宜，但到此则吃亏多了。银币价低，本来应在黄河那岸民间换西北票，但未换。告诉你可供必要时参考。你手中存钱注意改善生活好了，千万不要弄的愈存愈少，将来遇有困难，可向组织提出或找枣园帮助，不给组织找麻烦，亦不应客气。彼此都应临别时讲的，勿庸惦念。忘记了带孩子照片，我很后悔，望你注意保存照片。

这信写于兴县调查局陈养山处，我们在此休息三四天，可能在此过中秋。到晋西北边境或再写一信。无信也勿庸惦念，路上会是安全的，队伍电台经常与延安连系。

祝

你们好！

卓人

九月十七日夜

这是刘卓人1945年9月17日写给妻子袁远的家书。

抗日战争胜利后，中共中央派大批干部和部队挺进东北，刘卓人积极响应党中央号召，加入第一批前往东北的干部大队。9月17日，大队抵达晋西北兴县欢度中秋佳节之前，刘卓人给妻子写了这封家书。刘卓人首先谈到了自己的行军情况，这也是妻子最关心的问题。当时，他身患肺病，体力不支，但不以为苦，以极大的毅力克服困难。他说："一路上我完全能与健壮同志走在前面"，表示部队整编之后，他将加入行军速度更快的队伍，充分表现出他的革命乐观主义和艰苦奋斗精神。刘卓人也表达了对于妻子、儿女的关心和思念。当时妻子正在病中，还要带两女一儿，他希望妻子能照顾好自己和儿女，"不给组织找麻烦"。从家书中，我们可以看到刘卓人为了革命事业一往无前的理想信念，也可以看到他作为丈夫和父亲的脉脉温情。

70 王墉致母亲

（1946 年 3 月 13 日）

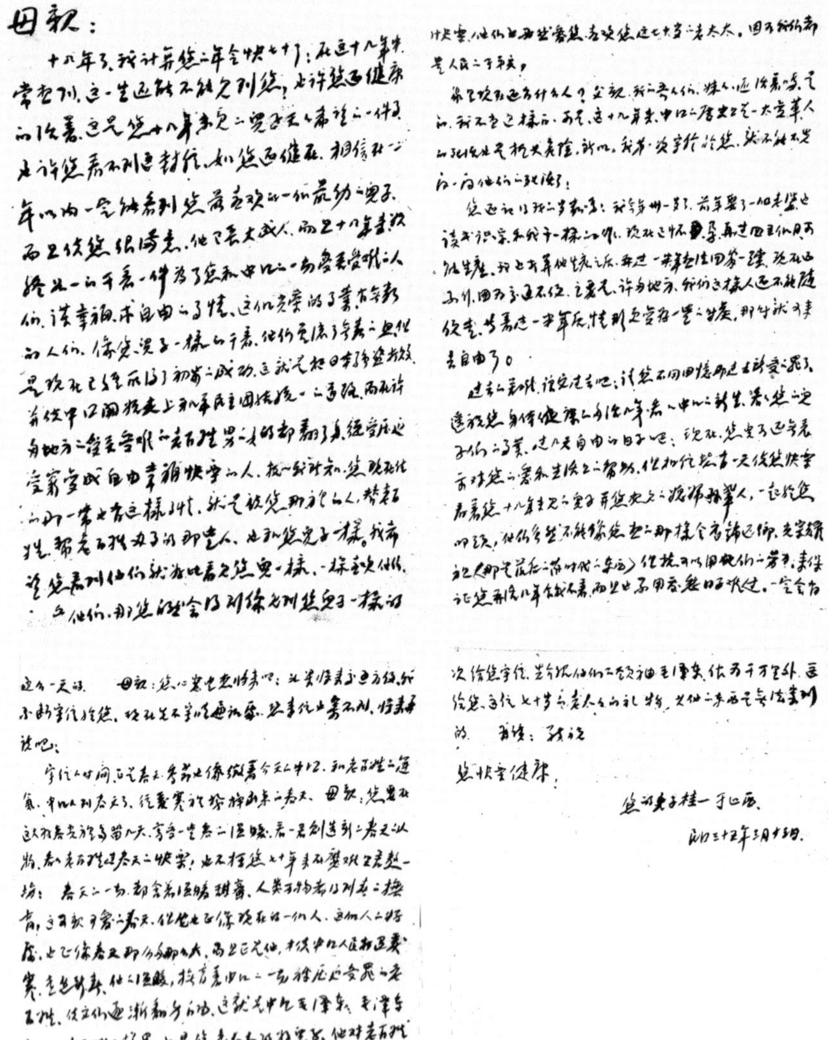

王墉（1915—1948）

乳名桂一，河北乐亭人。1918 年迁居黑龙江省拜泉县。1931 年九一八事变后参加马占山部队，抵抗日军侵略。1936 年，加入中国共产党。1937 年 1 月，加入牺盟会。后来参加山西青年抗敌决死队，并随决死队到晋东南，创建太岳区抗日根据地。1941 年 5 月，率部南下开辟岳南抗日根据地。1945 年，任太岳第五军分区副司令员，后任司令员，率部参加上党战役。1948 年，壮烈牺牲，时年 33 岁。

母亲：

十几年了，我计算您的年令〔龄〕快七十了。在这十几年中常想到，这一生还能不能见到您。也许您还健康的活着。这是您十几年未见的儿子天天希望的一件事。也许您看不到这封信。如您还健康，相信在一二年以内一定能看到您最喜欢的一个最幼的儿子，而且使您很满意。他已长大成人，而且十几年来，始终如一地干着一件为了您和中国的一切受苦受难的人们谋幸福、求自由的事情。这个光荣的事业，有无数的人们，像您儿子一样的干着。他们更流了无数的血。但是现在已经取得了初步的成功，这就是把日本强盗打败，并使中国开始走上和平、民主、团结、统一的道路。而在许多地方的受苦受难的老百姓，男的女的都翻了身，从受压迫、受穷变成自由、幸福、快乐的人。据我所知，您现在住的那一带也有这样事情。就是说您那里的人，替老百姓、帮老百姓办事的那些人，也和您儿子一样。我希望您看到他们就好比看见您儿子一样，一样喜欢他们，亲爱他们，那您自然会得到像见到您儿子一样的快乐。他们也必然爱您、喜欢您这七十岁的老太太，因为我们都是人民的子弟兵！

家里现在还有什么人？父亲、我的哥哥们、妹妹还活着吗？是的，我不当这样的，可是，这十几年来，中国的历史上是一大变革，人的死活也是极大危险，所以，我第一次写信给您，就不能不先问一问他们的死活了！

您还记得我的岁数吗？我今年卅一岁了，前年娶了一个老婆，也读书识字，和我干一样的工作，现在还怀孕，再过四五个月可能生产。我也打算他〔她〕生产之后，再过一半年，想法回家一趟。现在还不行，因为交通不便，主要是许多地方我们这样人还不能随便走。等着过一半年后，情形要变好一些的时候，那时就可来去自由了。

过去的苦难，让它过去吧，请您不用回忆那过去所受的罪了。遥祝您身体健康的多活几年，看看中国的新生，看看您的儿子们的事业，过几天自由的日子吧！现在，您儿子还无〈法〉表示对您的爱和生活上的帮助，但相信，总有一天使您快乐看着您十几年未见的儿子并您想见的媳妇、孙辈人，一起给您叩头！他们虽然不能像您想的那样会衣锦还乡、光宗耀祖（那是落后的旧时代的东西），但总可以用他们的劳力，来保证您再活几年饿不着，而且也不用发愁日子难过。一定会有这么一天的。母亲，您心里总想将来吧？如果将来交通方便，我不断写信给您，现在先不写明通讯处，恐来信也寄不到，将来再说吧！

写信的时间，正是春天，季节也象征着今天的中国和老百姓的运气，中国人到春天了，从严寒里扎挣出来的春天。母亲，您要在这大好春光里多留几天，享受一些春的温暖，看一看创造新的春天的人物，看看老百姓过春天的快乐，也不枉您七十年来在磨难里苦熬一场！春天的一切，都含着温暖甜蜜。人类万物都得到春的抚育，这可亲可爱的春天。但它也正像现在的一个人，这个人的好处也正像春天那么多那么大，而且正是他，才使中国人民打退严寒，走进新春。他的温暖，抚育着中国的一切被压迫受罪的老百姓，使他们逐渐翻身自由，这就是中国毛泽东。毛泽东是中国老百姓的救星，也是您老太太的好儿子。他对老百姓像对自己父母一样的亲爱尊敬。而且，整天为了老百姓干事。他真好，没有他，中国早灭亡了；没有他，您的儿子也早就随着中国的灭亡而死去了。正是他——毛泽东，挽救了中国，挽救了受苦受难的中国老百姓；正是他，领导着您的儿辈们英勇的和日本人、中国的坏蛋们打仗，终于把日本人打败了。中国坏蛋们虽然还未全打干净，但在许多地方确是没有坏蛋的份了，而社会里，老百姓慢慢的也有力量也有权利了。您儿子第一次给您写信，先介绍他们的领袖毛泽东，作为千万里外送给您这位七十岁的老太太的礼物，其他的东西是无法写到的。再谈。敬祝

您快乐健康！

您的儿子桂一于山西

民国三十五年三月十三日

这是王墉1946年3月13日写给母亲的家书。

写这封家书时，他与母亲已经十几年未见面了。他说："十几年了，我计算您的年龄快七十了。在这十几年中常想到，这一生还能不能见到您。也许您还健康的活着。这是您十几年未见的儿子天天希望的一件事。也许您看不到这封信。"家书中满含着对母亲深深的思念，又怀着对母亲生死未卜的忐忑，复杂情绪在不经意间从笔下流露出来。

在家书中，王墉提到自己的事业，是始终如一地为一切受苦受难的人们谋幸福、求自由。这反映出，以王墉为代表的共产党员，为了实现民族独立、国家富强、人民幸福的宏伟梦想，不惜抛头颅洒热

血，舍生忘死，不懈追寻理想的高贵品质与精神追求。

家书中还流露出王墉对中国社会即将摆脱黑暗、迎来光明，中国人民当家作主的欣喜之情，同时特意向母亲介绍了中国共产党的领袖毛主席。他说："他的温暖，抚育着中国的一切被压迫受罪的老百姓，使他们逐渐翻身自由，这就是中国毛泽东。毛泽东是中国老百姓的救星，也是您老太太的好儿子。他对老百姓像对自己父母一样的亲爱尊敬。"这封家书是一位共产党员的内心独白，更是一位革命者的真情流露。他对中国共产党领导全国人民获得民族独立与解放的坚定信念，对于领袖毛主席的衷心拥护与无限爱戴，很能打动人。

71　冯庭楷致兄长

（1946年4月25日）

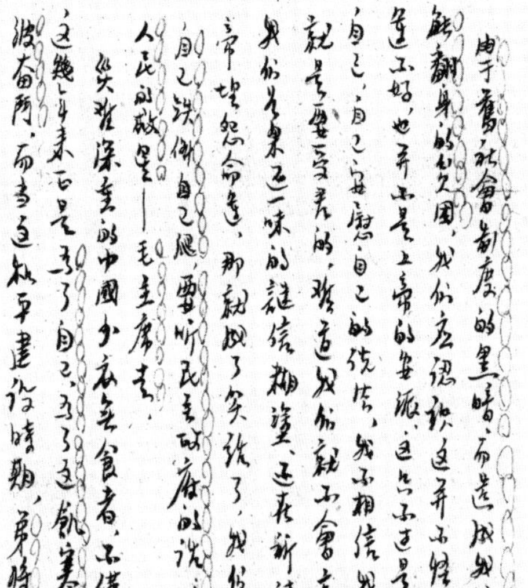
由于旧社会制度的黑暗，而造成我们连年不
能翻身的穷困，我们应认识这并不怪我们的命
运不好，也并不是上帝的安派，这只不过是自己骗
自己，自己安慰自己的说法。我不相信我们生来
就是要受苦的，难道我们就不会享福吗?!
我们不要再这一味的迷信糊涂，还在新请依赖上
帝，埋怨命运，那就是天大的笑话了，我们还是要
自己洗刷自己，要听民主政府的话，跟着
人民的救星——毛主席走。
现在深重的中国，少衣无食者，不仅咱一家，弟
这几年来正是为了自己，为了这饥寒的一群奔
波奋斗，而为这我军建设时期，弟将更加努力，

手稿2

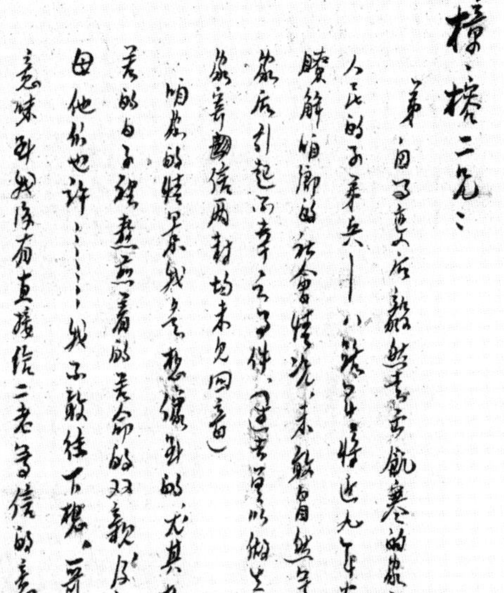
楼楼二兄：
弟自从离开那贫苦饥寒的家庭，参加了
人民的子弟兵——八路军，转眼已九年光景，因而
对于咱乡的社会情况，未能自然了解，只得从
家庭引起不幸之事件，（这是受了时代的社会所迫
然寄去家信两封均未见回音）
咱家的情况我是想象到的，尤其想到在贫
苦的日子里熬煎着的老命的双亲，及年迈的祖
母，他们也许……我不敢往下想。哥哥，你们会
意味到我没有直接给二老写信的意思吧，

手稿1

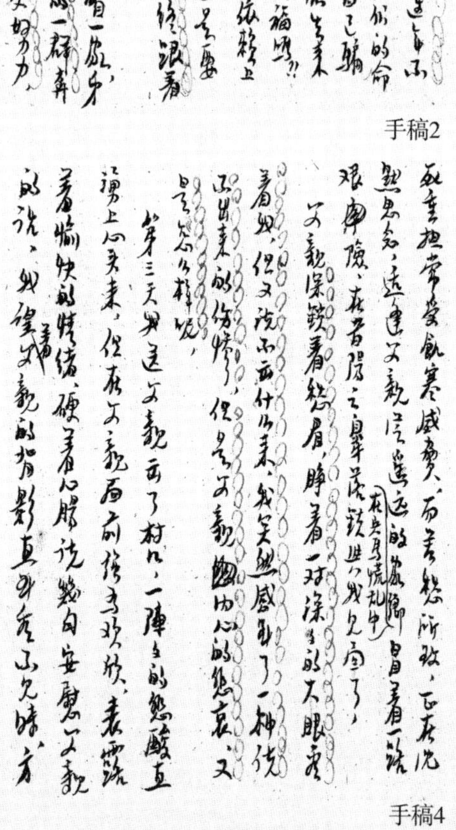
活重担，常受饥寒威胁，而是愁所致，正在沉
默思念，这时父亲偏巧送我家（在是眼镜坑中）鼻看着一幕
艰难，在昔日之鼻孔流出，我见面了，
父亲保持着愁眉，睁着一对深沉的大眼看
着我，但又说不出什么来，我突然感到了一种说
不出来的伤情，但是父亲内心的悲哀，又
是怎么样呢。
第三天我送父亲出了村儿，一阵阵的辛酸直
涌上心头来，但在父亲面前仍是欢欣，表露
着愉快的情绪，硬着心肠说几句安慰父亲
的话，我望着父亲的背影直到看不见时，方

手稿4

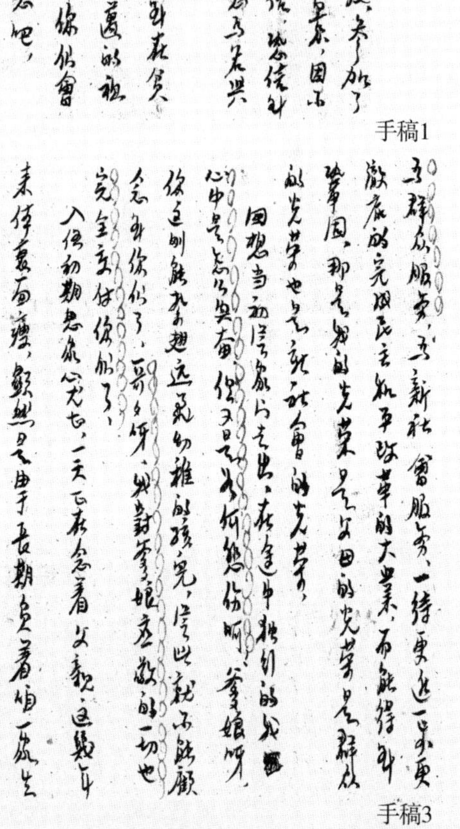
为群众服务，为新社会服务，一待更进一步更
彻底的完成民主教育改革的大业，而能得到
胜利，那是我的光荣，是咱家的光荣，是群众
的光荣，也是新社会的光荣。
回想当初离家时情景，在途中想到的我[illegible]
心中是怎么兴奋，但又是何等的伤心啊，爹娘呀
你这们能想起远我幼稚的孩儿，从此就不能服
侍你们了，哥哥呀，我对爹娘应尽的一切也
完全交付你们了。
入伍初期忠孝心尤切，一天正在念着父亲，这几年
来体质面瘦，虽然是由于长期受着咱们一家生

手稿3

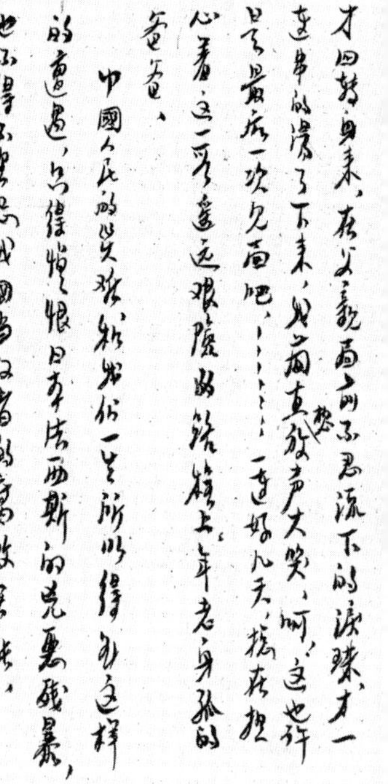
才回转身来，我的热泪再也不忍流下的滚珠，才一
走开的溃了下来，几乎要放声大哭，啊，这也许
是最后一次见面吧，……一走好几天，想到想
心着，这一带遥远艰险的路程上，年老身孤的
爸爸，
中国人民的灾难，我们一生所以得到这样
的遭遇，只得憎恨日本法西斯的凶恶残暴，
也不得不埋怨我国当权者的腐败无能，

手稿5

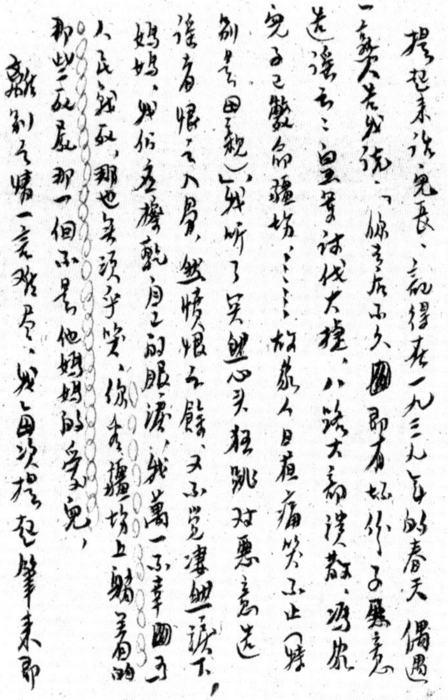
想起来说儿长，就得在一九三九年的春天 偶遇
一家人若说：「你年后不久即有好儿子，愚意
送您云云，皇军讨伐大槐，八路大部撤退，游散
儿子已数命殒坊……」故家人日夜痛哭不止（特
别是母亲），我听了实在心头狂跳，对恶意送
信者恨之入骨，然愤恨不能，又不觉凄然泪下，
妈妈，我们是多么执自己的眼泪，我万一不幸死了
人民解放，那也会含笑，你会埋坊上躺着的
那些死尸那一个不是他妈妈的爱儿，
离别之情一言难尽，我每次想起笔来即

手稿6

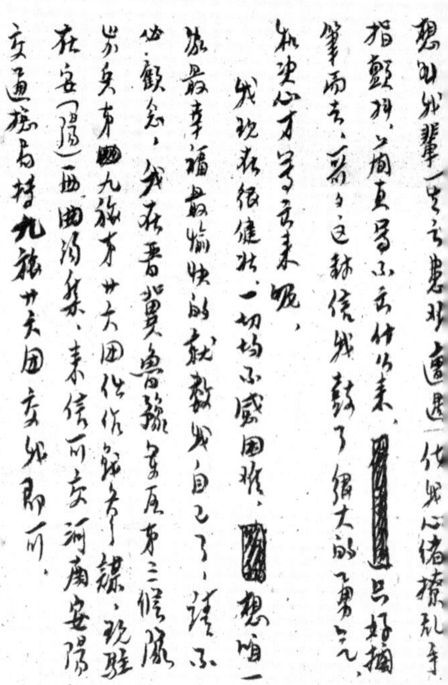
想到我辈一生之悲哀遭遇，使我心绪撩乱，手
指颤抖，简直写不出什么来，[redacted]只好搁
笔而去，前日这封信我鼓了很大的勇气，
和决心才写出来呢，
我现在很健壮，一切均不感困难，[redacted]想咱一
家最幸福最愉快的就数我自己了，请不
必顾念，我在晋冀鲁豫军区第三纵队
第六第九旅第廿六团任作战参谋，现驻
在安（阳）西曲沟集，来信可交河南安阳
交通局转九旅廿六团交我即可。

手稿7

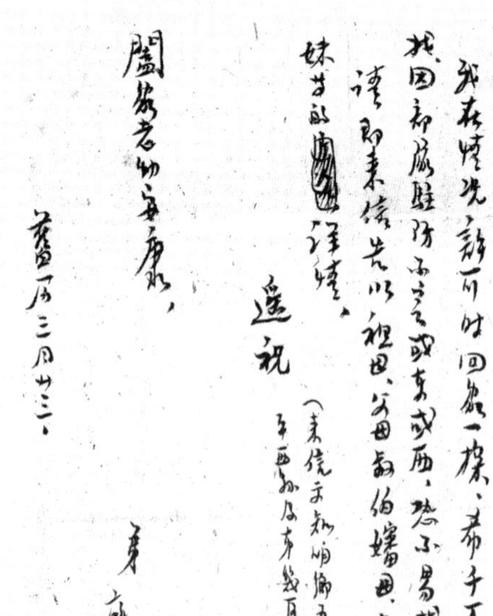
我在情况许可时回家一探，希千万不要来
找，因部队驻防不定，或东或西，恐不易找寻，
请即来信告以祖母、父母亲伯婶母、兄弟姊
妹等的[redacted]详情，
遥祝
（来信可称呼五千或五西称及本姓）
阖家老幼安康，
儿 庭模
四月廿五夜
发函于三月廿二。

手稿8

冯庭楷（1923—1946）

山西平定人。1938 年 5 月，参加八路军。1940 年 6 月后，担任 385 旅 14 团司令部测绘员、太行军区第三军分区司令部作战参谋。1945 年 10 月，任晋冀鲁豫野战军 3 纵队 9 旅司令部作战股参谋。1946 年 1 月，任晋冀鲁豫野战军 3 纵队 9 旅 26 团作战参谋。同年 9 月 18 日，在山东巨野作战中遭到敌机轰炸，壮烈牺牲，时年 23 岁。

樟、榕二兄：

弟自事变后，毅然走出饥寒的家庭，参加了人民的子弟兵——八路军。将近九年光景，因不了解咱乡的社会情况，未敢贸然写信，恐信到家后引起不幸之事件（过去曾以做生意为名与家寄信两封，均未见回音）。

咱家的情景，我是想像到的，尤其想到在贫苦的日子里熬煎着的苦命的双亲及年迈的祖母，他们也许……我不敢往下想。哥哥，你们会意味到我没有直接给二老写信的意思吧？

由于旧社会制度的黑暗，而造成我们连年不能翻身的贫困。我们应认识，这并不怪我们的命运不好，也并不是上帝的安派，这只不过是自己骗自己、自己安慰自己的说法。我不相信我们生来就是要受苦的。难道我们就不会享福吗?！我们如果还一味的谜〔迷〕信、糊涂，还在祈祷、依赖上帝，埋怨命运，那就成了笑话了。我们还是要自己跌倒自己爬，要听民主政府的话，始终跟着人民的救星——毛主席走。

灾难深重的中国少衣无食者，不仅咱一家，弟这几年来正是为了自己，为了这饥寒的一群，奔波奋斗。而当这和平建设时期，弟将更努力，为群众服务，为新社会服务，一〔以〕待更进一步、更彻底的完成民主和平改革的大业，而能得到巩固，那是我的光荣，是父母的光荣，是群众的光荣，也是新社会的光荣。

回想当初从家门走出，在途中独行的我，心中是怎么兴奋，但又是如何悲伤呵！爹娘呀，你这刚能扎翅远飞幼稚的孩儿，从此就不能顾念到你们了。哥哥呀，我对爹娘应敬〔尽〕的一切，也完全交付你们了。

入伍初期，思家心尤切。一天正在念着父亲，这几年来体衰面瘦，显然是由于长期负着咱一家生死重担，常受饥寒威胁而苦愁所致。正在沉默思念，适逢父亲从遥远的家乡，在兵马慌乱中冒着一路艰险，在昔阳之皋落镇与我见面了。

父亲深锁着愁眉，睁着一对深深的大眼看着我，但又说不出什么来。我突然感到了一种说不出来的伤惨，但是父亲内心的悲哀又是怎么样呢?

第三天，我送父亲出了村口，一阵阵的悲酸直涌上心头来，但在父亲面前强为欢欣，表露着愉快的情绪，硬着心肠说几句安慰父亲的话。我望着父亲的背影直到看不见时，方才回转身来。在父亲面前不忍流下的泪珠，才一连串的淌了下来。我简直想放声大哭，呵！这也许是最后一次见面吧……一连好几天，总在担心着这一段遥远艰险的路程上年老身孤的爸爸。

中国人民的灾难，和我们一生所以得到这样的遭遇，只得憎恨日本法西斯的凶恶残暴，也不得不埋怨我国当权者的腐败无能。

提起来话儿长，记得在一九三九年的春天，偶遇一熟人告我说："你走后不久，即有坏份子恶意造谣云：皇军讨伐大捷，八路大部溃散，冯家儿子已毙命疆场……故家人日夜痛哭不止（特别是母亲）。"

我听了突然心头狂跳，对恶意造谣者恨之入骨，然愤恨之余，又不觉凄然泪下。妈妈，我们应擦干自己的眼泪，我万一不幸为人民战死，那也无须乎哭。你看，疆场上躺着的那些死尸，那一个不是他妈妈的爱儿？

离别之情，一言难尽。我每次提起笔来即想到我辈一生之患难遭遇，使我心绪撩〔缭〕乱，手指颤抖，简直写不出什么来，只好搁笔而去。哥哥，这封信，我鼓了很大的勇气和决心才写出来呢！

我现在很健壮，一切均不感困难。想咱一家最幸福、最愉快的就数我自己了，请不必顾念。我在晋冀鲁豫军区第三纵队步兵第九旅第廿六团任作战参谋，现驻在安（阳）西曲沟集。来信可交河南安阳交通总局转九旅廿六团交我即可。

我在情况许可时回家一探，希千万不要来找，因部队驻防不定，或东或西，恐不易找寻。

请即来信告以祖母、父母、叔伯婶母、兄弟姊妹等的详情。

来信示知咱乡为平东县或平西县及第几区。

遥祝

阖家老幼安康！

弟庭楷

四月廿五号

旧历三月廿三〔四〕

这是冯庭楷 1946 年 4 月 25 日写给兄长的家书。

冯庭楷自 15 岁参加八路军到写家书时，已离家近九年。提到家乡与亲人，他内心忐忑不安，对家人的生活状况，他极为挂念：“咱家的情景，我是想像到的，尤其想到在贫苦的日子里熬煎着的苦命的双亲及年迈的祖母，他们也许……我不敢往下想。”短短一句，革命者丰富与细腻的情感世界，立刻展现于读者眼前。冯庭楷回顾自己参加革命的初衷，希望获得家人的理解，并且努力让家人认识到完成民主和平改革大业的重要意义。这也是无数共产党员不懈追求、不怕牺牲并矢志不渝的革命理想。冯庭楷写道：“从家门走出，在途中独行的我，心中是怎么兴奋，但又是如何悲伤呵！爹娘呀，你这刚能扎翅远飞幼稚的孩儿，从此就不能顾念到你们了。”他把对家人的感情倾诉在笔墨之中，既饱含着无限思念之情，又有不能侍奉家人的愧疚，感人而真挚。革命者在外奔波、难以与亲人相聚的无奈心情在这里淋漓尽致地反映出来。冯庭楷的家书不仅是一个人的内心独白，更是无数共产党员家国情怀、牺牲奉献的真实写照。

72 查茂德致妻子

（1947 年 4 月 22 日）

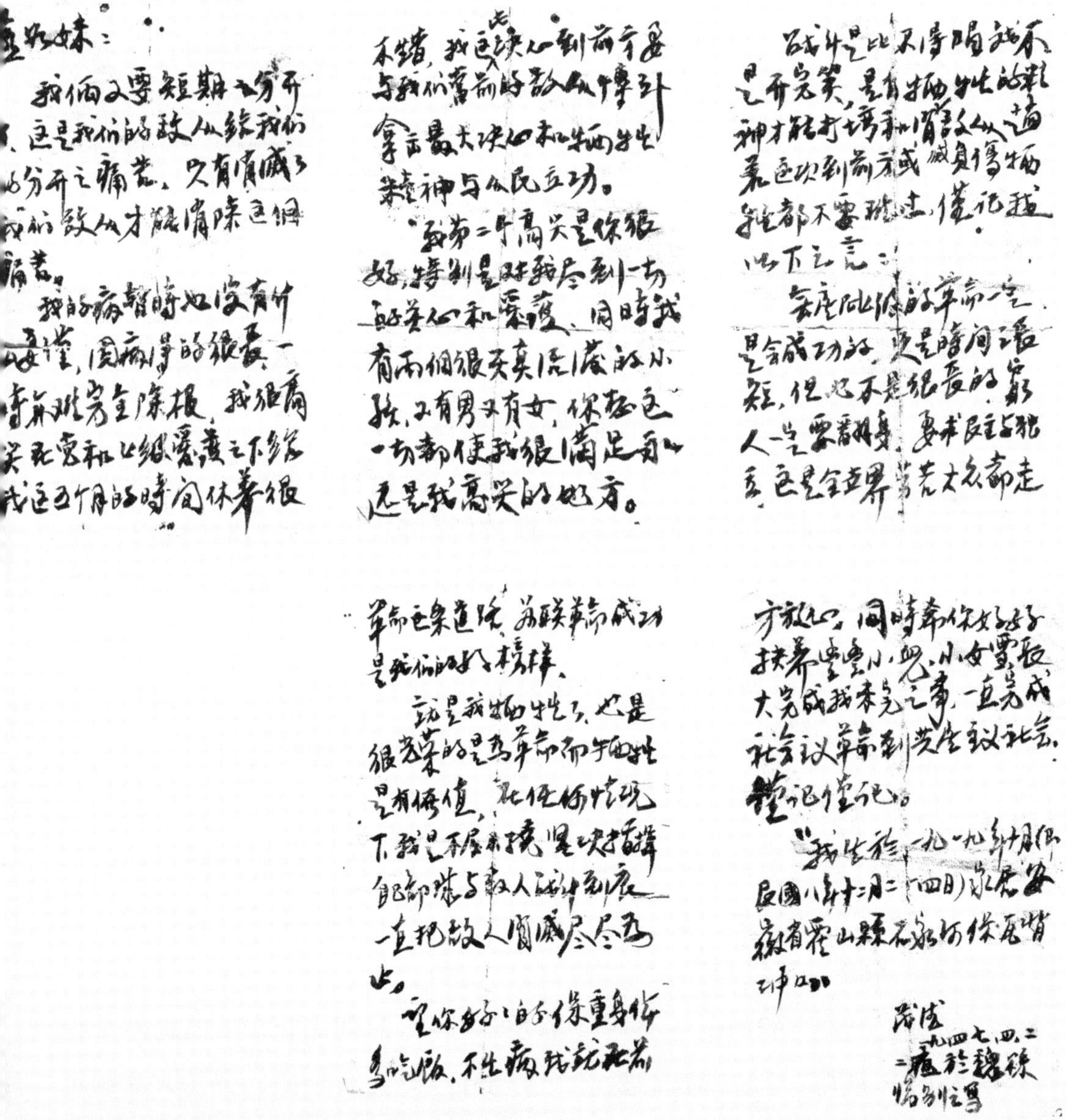

亚妹妹：

我俩又要短期的分开，这是我们的敌人给我们的分开之痛苦。只有消灭了我们敌人才能消除这个痛苦。

我的病离时如没有什么要紧，阿病得的很长，一时并非完全除根。我很高兴我亲爱和心爱的爱护之下，我这五个月的时间休养很不错。我已决心到前方去与我们当前的敌人作斗争，拿出最大决心和牺牲精神与人民立功。

我第二件高兴是你很好，特别是对我尽到一切的关心和爱护。同时我有两个很天真活泼的小孩，又有男又有女，你和这一切都使我很满足，和这是我高兴的地方。

为什么比不得唱我不是开玩笑，是有牺牲的精神才能打垮和消灭敌人。这次到前方或负伤牺牲都不要难过。仅记我以下之言：

我们的革命一定是会成功的，只是时间迟早。但也不是很长的。穷人一定要翻身，要求民主与独立。这是全世界劳苦大众都走革命之道路。苏联革命成功是我们的好榜样。

就是我牺牲了，也是很光荣的。是为革命而牺牲是有价值。在任何情况下我是不屈服的。是决不会叛变，能够跟与敌人斗争到底，一直把敌人消灭尽为止。

望你好好的保重身体，多吃饭，不生病，我就和前方放心。同时希你好好扶养小儿小女，要长大完成我未完之事，一直完成社会主义革命到共产主义社会。切记，懂了吧。

我生于一九一九年十月（民国八年十二月二十四日）家居安徽省霍山县[illegible]保店[illegible]

茂德

一九四七，四，二二于魏家临别之写

查茂德（1919—1947）

安徽霍山人。1931 年，参加红军。1933 年，加入中国共产党。先后随军转战于安徽、湖北、四川、西康、甘肃、陕西、河北、河南、山西九省。历任排长、宣传队长、参谋长、红四方面军指挥部参谋、晋冀鲁豫军区独立旅副旅长等职。1947 年，在参加攻取安阳的战斗中英勇牺牲，时年 28 岁。

喜如妹：

我俩又要短期之分开了，这是我们的敌人给我们的分开之痛苦，只有消灭了我们敌人，才能消除这个痛苦。

我的病暂时也没有什么要仅〔紧〕，因病得的很长，一时亦难完全除根。我很高兴在党和上级爱护之下给我这五个月的时间休养，很不错。我这次决心到前方要与我们当前的敌人搏斗，拿出最大决心和牺牲精神与人民立功。

我第二个高兴是你很好，特别是对我尽到一切的关心和爱护。同时我有两个很天真活泼的小孩，又有男又有女，你想这一切都使我很满足，永远是我高兴的地方。

战斗是比不得唱戏，不是开完〔玩〕笑，是有牺牲的精神才能打垮和消灭敌人。趟〔倘〕若这次到前方或负伤牺牲都不要难过，仅〔谨〕记我以下之言：

无产阶级的革命一定是会成功的，只是时间之长短，但也不是很长的。穷人一定要翻身，要求民主与独立，这是全世界劳苦大众都走革命这条道路，苏联革命成功是我们的好榜样。

就是我牺牲了，也是很光荣的，是为革命而牺牲，是有价值的，在任何情况下，我是不屈不挠坚决指挥自己部队与敌人战斗到底，一直把敌人消灭尽为止。

望你好好的保重身体，多吃饭，不生病，我就在前方放心。同时希你好好扶养丰丰小儿、小女雪，长大完成我未完之事，一直完成社会主义革命到共产主义社会。仅〔谨〕记、仅〔谨〕记！

我生于一九一九年十月（即民国八年十二月二十四日），家居安徽省霍山县石家河保瓦背冲口。

茂德

一九四七，四，二二夜，于魏县临别之写

这是查茂德1947年4月22日在即将奔赴前线之际，写给妻子的家书。

由于对敌作战，查茂德长期生活于恶劣条件之下，身体状况已然很差，于是党组织批准他在河北邢台休养五个月。1947年，当听说解放军要南下彻底消灭安阳一带的敌人时，他不顾病体，坚决请战。在这次战斗中，查茂德指挥部队，连续攻克敌人五个据点，在亲临前沿阵地观察敌情时，不幸中弹牺牲。

查茂德深知家人惦记他的病体，也同样感受到离别之苦，但他仍将革命事业置于首位，并把为此而牺牲视作无上光荣。因此，在家书中，他再三向妻子强调革命事业的重要意义：于公，只有通过革命才能使广大穷人翻身，取得民主和独立；于私，是敌人造成了他们这个小家的别离，只有消灭敌人，才能消除这一痛苦。他坚信革命一定是会成功。查茂德不仅劝慰妻子，不要因其受伤或牺牲而难过，还殷殷嘱托一双儿女要继承他未竟之事业，为完成社会主义革命，进入到共产主义社会而努力奋斗。

这封家书的字里行间，流露出一名共产党员赤诚无私的红心和满腔沸腾的热血，彰显了查茂德对共产主义理想的执着坚守、对革命事业的矢志不渝和高度自觉的革命意识，也承载着他对亲人的无限眷恋。在小家和大家、个人利益和革命事业之间，查茂德毅然选择了后者，最终用生命谱写出壮丽的英雄史诗。

73　刘登辉致母亲

（1947年4月24日）

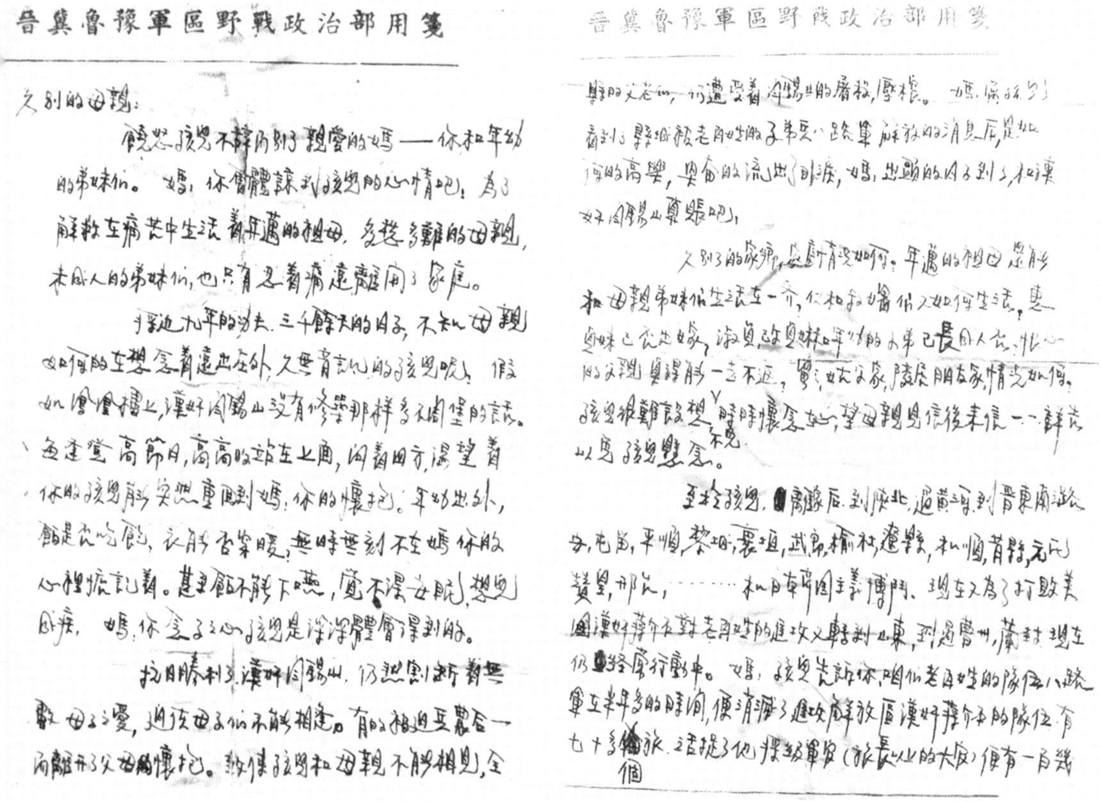

晋冀鲁豫軍區野戰政治部用箋

久别的母親：

饒恕孩兒不辭而别了親愛的媽——你和年幼的弟妹們。媽，你會體諒我孩兒的心情吧！為了解救在痛苦中生活着年邁的祖母，多愁多難的母親，未成人的弟妹們，也只有忍着痛遠離開了家庭。

轉過九年的光景，三千餘天的日子，不知母親如何的在想念着遠出在外，久無音訊的孩兒呢！假如不像墻上，漢奸閻錫山没有修築那樣多碉堡的話，每逢佳節日，高高的站在上面，向着四方渴望着你的孩兒能突然重回到媽，你的懷抱。年幼出外，飯是否吃飽，衣服可穿暖，無時無刻不在媽你的心裡惦記着。甚至飯不能下嚥，覺不得安眠，想兒成疾，媽，你這[illegible]心孩兒是深深體會得到的。

抗日勝利了，漢奸閻錫山仍然割斷着無數母子之愛，迫使母子們不能相逢。有的被迫要農舍一[illegible]離開了父母的懷抱。致使孩兒和母親不能相見，全

晋冀鲁豫軍區野戰政治部用箋

縣的父老們，仍遭受着閻錫山的屠殺，壓榨。媽，你聽到了翼城被老百姓盼來了第一八路軍解放的消息后，是如何的高興，興奮的流出了眼淚，媽，出頭的日子到了，和漢奸閻錫山算賬吧！

久别了的家鄉，近來情况如何？年邁的祖母還能和母親弟妹們生活在一齊，你和叔嬸們又如何生活？惠姐妹已否出嫁，淑貞、改貞姊妹年少的小弟已長成人否，非常的父親是否能一去不返？舅舅姑父家，親戚朋友家情况如何，孩兒很難設想，不覺時時懷念在心，望母親見信後來信一一詳告，以免孩兒懸念。

至於孩兒，離家後，到陝北，過黄河，到晋東南[illegible]安，屯留，平順，黎城，襄垣，武鄉，榆社，遼縣，和順，昔陽，元氏，贊皇，邢台，……和日本帝國主義搏鬥。現在又為了打敗美國漢奸蔣介石對老百姓的進攻又轉到山東，到過曹州，蘭封，現在仍經常行動中。媽，孩兒告訴你，咱們老百姓的隊伍八路軍在半年多的時間，便消滅了進攻解放區漢奸蔣介石的隊伍有七十多個旅，活捉了他將級軍官（旅長以上的大官）便有一百幾

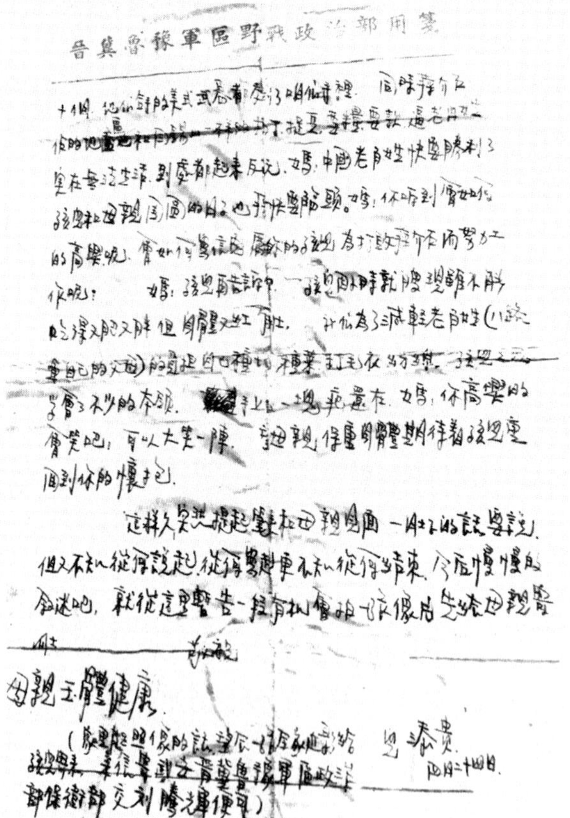
晋冀鲁豫军区野战政治部用笺

十個。他們計的美式武器都落到咱們手裡。同時我們在

你的地區也和同志們一樣打了 提高生產要鼓 通老百姓一

實在無法生活，到處都起來反抗。媽，中國老百姓快要勝利了

孩兒和母親團圓的日子也就快要臨頭。媽！你聽到會如何

的高興呢。會如何高興說：原來你的孩兒為打敗蔣介石而努力工

作呢！ 媽：孩兒再告訴你，孩兒回來時就瘦得離不開

吃得又肥又胖，但身體又紅又壯。 我們為了減輕老百姓（人民

拿自己的父母）的負担，自己種地 種菜 打毛衣 紡線，孩兒又

學會了不少的本領。[illegible]手上一塊疤還在。媽，你高興的

會笑吧！可以大笑一陣。 母親，保重身體，期待着孩兒重

回到你的懷抱。

這樣又是提起孩兒和母親見面一件的話要說，

但又不知從何說起，從何寫起更不知從何結束，今後慢慢的

叙述吧。就從這里暫告一段，有機會拍一張像片先給母親寄

此致 敬禮

母親玉體健康。

（家里想照像的話，望你一起全家照寄給 兒 添貴

孩兒，來信寄到晉冀魯豫軍區政治 四月二十四日

部保衛部交劉騰之轉便可）

刘登辉（1923—1948）

原名刘添贵，又名刘腾辉，山西中阳人。1938 年，赴延安抗日军政大学学习。同年，加入中国共产党。1939 年 7 月，在八路军总部兵工部、晋冀鲁豫军区政治部保卫部工作。1947 年，跟随刘邓大军跃进大别山，从机关调到武装工作队开展地方工作。1948 年 5 月，在大别山地区的战斗中壮烈牺牲，时年 25 岁。

久别的母亲：

饶恕孩儿不辞而别了亲爱的妈——你和年幼的弟妹们。妈！你会体谅到孩儿的心情吧？为了解救在痛苦中生活着年迈的祖母、多愁多难的母亲、未成人的弟妹们，也只有忍着痛远离开了家庭。

将近九年的功夫、三千余天的日子，不知母亲如何的在想念着远出在外、久无音讯的孩儿呢？假如凤凰楼上，汉奸阎锡山没有修筑那样多碉堡的话，每逢登高节日，高高的站在上面，向着四方，渴望着你的孩儿能突然重回到妈——你的怀抱。年幼出外，饭是否吃饱？衣能否穿暖？无时无刻不在妈——你的心里惦记着。甚至饭不能下咽，觉不得安眠，想儿成疾。妈，你念子之心孩儿是深深体会得到的。

抗日胜利了，汉奸阎锡山仍然割断着无数母子之爱，迫使母子们不能相逢，有的被迫兵农合一而离开了父母的怀抱，致使孩儿和母亲不能相见。全县的父老们，仍遭受着阎锡山的屠杀、压榨。妈，当孩儿看到了县城被老百姓的子弟兵八路军解放的消息后，是如何的高兴，兴奋的流出了眼泪。妈，出头的日子到了，和汉奸阎锡山算账吧！

久别了的家乡，家庭情况如何？年迈的祖母还能和母亲弟妹们生活在一齐？你和叔婶们又如何生活？惠贞妹已否出嫁？淑贞、改贞妹和年幼的小弟已长成人否？恨〔狠〕心的父亲真得能一去不返？舅舅、姑父家、邻居朋友家情况如何？孩儿很难设想，不免时时怀念在心，望母亲见信后来信一一详告，以免孩儿悬念。

至于孩儿，离家后，到陕北，过黄河，到晋东南之潞安、屯留、平顺、黎城、襄垣、武乡、榆社、辽县、和顺、昔县、元氏、赞皇、邢台……和日本帝国主义搏斗。现在又为了打败美国汉奸蒋介石对老百姓的进攻，又转到山东，到过曹州、开封，现在仍经常行动中。妈，孩儿告诉你，咱们老百姓的队伍八路军在半年多的时间，便消灭了进攻解放区汉奸蒋介石的队伍有七十多个旅，活捉了他将级军官（旅长以上的大官）便有一百几十个，他们拿的美式武器都交到了咱们手里。同时蒋介石占的地区也和阎锡山一样的抓丁、捉兵、要粮、要款，逼老百姓实在无法生活，到处都起来反抗。妈，中国老百姓快要胜利了，孩儿和母亲团圆的日子也将快要临头。妈，你听到会如何的高兴呢？会如何写信勉励你的孩儿为打败蒋介石而努力工作呢？

妈，孩儿再告诉你，孩儿因小时就瘦，现虽不能吃得又肥又胖，但身体又红有〔又〕壮。我们为了减轻老百姓（八路军自己的父母）的负担，自己种地种菜、打毛衣、纺线。孩儿已经学会了不少的本领。手上的一块疤还在。妈，你高兴的会笑吧？可以大笑一阵。望母亲保重身体，期待着孩儿重回到你的怀抱。

这样久，突然提起笔来和母亲见面，一肚子的话要说，但又不知从何说起，从何写起，更不知从何结束。今后慢慢的叙述吧！就从这里暂告一段，有机会拍一张像片先给母亲寄回去。敬祝

母亲玉体健康！

儿添贵

四月二十四日

家里能照像的话，望合一张全家近影给孩儿寄来。来信寄武安晋冀鲁豫军区政治部保卫部交刘腾辉便可。

这是刘登辉1947年4月24日写给母亲的家书。

在家书的开头，刘登辉向母亲表达了不辞而别、没能待在母亲身边的歉疚之情。接着他动情地写道："将近九年的功夫、三千余天的日子，不知母亲如何的在想念着远出在外、久无音讯的孩儿呢……年幼出外，饭是否吃饱？衣能否穿暖？无时无刻不在妈——你的心里惦记着。甚至饭不能下咽，觉不得安眠，想儿成疾。"刘登辉换位思考，设身处地从母亲的角度，诉说对儿子的种种挂念。

接着刘登辉向母亲解释了自己不能立即返乡的原因，那就是日本虽然投降了，但是国内的反动力量尚未消灭，革命还未取得彻底的成功。刘登辉南征北战，尽管才二十余岁，但已经在艰苦环境中锻炼成为一个坚强的战士。这封家书用饱含感情的笔调抒发了一个从军在外的共产党员的繁忙生活、思乡之情与坚定意志。

74 栗政通致妹妹

（1947年6月15日）

政芳妹：

你的来信于六月一日顺利的收到了。数年的分别，悠久的思念，能在今天的夕阳之下互相在诉着离别后的一切，使我异常的兴奋。

在这艰难的战争日月里，你们能够这样坚强的成长，这的确是你们的进步和成绩。望你们努力吧，前途是无限的光明。

离开家园的我，茫茫十个年头了。一九四四年的冬天部队奉令南征，就在延安同你们远别了。跋涉着驰在祖国的战争烽火里，经过四十天的战斗生活，胜利的达到了湖南省，在长沙及湘江、洞湖一带展开了游击战争。从南征开始我就转向军事工作了，特告。

到达江南之后，不久建立了湘粤赣边区（江西、湖南、湖北）。后来因敌伪顽合流扫荡，不能巩固，故此部队又奉令继续南进，经过了三十余天的行军作战到达了广东省的南雄县。日本宣布投降，国内情况之变化，马上奉令北返。这时的情况非常紧张，蒋介石调了七个师进剿、堵击，企图将我们消灭在湘粤赣之山区。由于战士们的坚决，冲出了重围，经过了廿天的艰苦行军，胜利的与江北新四军五师在中原会合了，从此告别了江南。

江南的确不坏，长年春色宜人，到处是青山绿野，气候温和，长年吃大米，居屋丰富。由于国民党黑暗的统治，人民亦是悲痛凄凉悲惨的日子。

过后我们到达中原后，不久宣布了停战令，我们就停止在中原待令调遣。可是无耻背信弃义的蒋介石又调动了七个军的兵力将我们重重包围，以及经济封锁，企图将我们这支部队困饿而死。因为共产党同广大群众有密切的关系，困不死，饿不死。最后蒋介石发动了攻击，企想把我军消灭在中原地带。在这样的情况下，我军被迫突围，由湖北礼山、黄皮等地向着西北前进了。蒋介石仍在各地调兵追剿、堵击，由于敌人多之大，造成我军战斗的坚决艰苦，一天打几次仗，有时还吃不到饭。因为人口稀少，我还记得在陕南曾有三天未见村庄，所谓无人区。因为敌人到处布置了军队，我军为了避开，尽量走小路。战斗的生活经过了十艰苦生活，最后胜利的回到延安，南征北返共计两万二千里。

回到延安不到一个月，因为战争的需要，我们又奉令奔驰了。经过了一个月的行军到达了山东渤海军区工作了。我现在很好，请勿念，再告吧。

庆祝我们的胜利，望你们努力的前进！

来信寄至山东渤海军区教导旅三团。

我付去的像片你们收到了没有，见信后速回音。

愚兄 政通

写于六月十五日

栗政通（1923—1949）

河北平山人。1937 年，参加八路军。1938 年，加入中国共产党。曾参加百团大战、延安保卫战、孟良崮战役、淮海战役，亲历南泥湾大生产运动、南征北返等。1949 年 6 月，在攻占陕西眉县马家山的战斗中壮烈牺牲，时年 26 岁。

政华妹：

你的来信于六月一日顺利的收到了。数年的分别，悠久的远念，能在今天的信上互相告诉着离别后的一切，使我异常的兴奋。

在这灾难的战争日月里，你们锻炼得这样坚强有为，这的确是你们的进步和成绩，望你们努力吧，前途是无限的光明。离开家庭的我茫茫十一个年头了。一九四四年的冬天，部队奉令南征，就在延安同你们远别了。战马似的我奔驰在祖国的战争烽火里，经过四十天的战斗生活，胜利的达到了湖南省，在长沙及湘江、洪湖一带展开了游击战争。从南征开始，我就转向军事工作了，特告。

到达江南之后不久，建立了湘鄂赣边区（江西、湖南、湖北），后来因敌伪顽合流“扫荡”，不能巩固，故此部队又奉令继续南进，经过了三十余天的行军作战，到达了广东省的南雄县。日本宣布投降，国内情况之变化，马上奉令北返。这时的情况非常紧张，蒋介石调了七个师追剿堵击，企图将我们消灭在湘粤赣之八脉山间。尤〔由〕于战士们的坚决，冲出了重围。经过了廿天的战斗行军，胜利与江北新四军五师在中原会合了，从此告别了江南。

江南的确不坏，长年春色宜人，到处是青山绿野，气候温和，长年吃大米，产量丰富。尤〔由〕于国民党黑暗的统治，人民亦是过着惨痛凄凉悲啼的日子。

我们到达中原后，不久宣布了停战令，我们就停止在中原，待令调遣。可是，无耻背信弃意〔义〕的蒋介石，又调动了七个军的兵力，将我们重重包围以及经济封锁，企图将我们这支部队困饿而死。因为共产党同广大群众有密切的关系，困不死，饿不死。最后蒋介石发动了攻击，忘〔妄〕想把我军消灭在中原地带。在这样的情况下，我军被迫突围，由湖北礼〔醴〕山、黄皮〔陂〕等地向着西北前进了。蒋介石仍在各地调兵追剿堵击。由于敌人兵力之大，造成我军战斗的紧张艰苦，一天打几次仗，有时还吃不到饭。因为人口稀少，我还记得在陕南，连着走了三天看不到村庄，所谓“无人区”。因为敌人到处布置了军队，我军为了避免损失，尽量走小路。战斗的生活经过了一年零十个月的艰苦生活，最后胜利的回到延安。南征北返共计两万二千里。

回到延安不到一个月，因为战争的需要，我们又奉令奔驰了，经过一个月的行军到达了山东渤海军区工作了。我现在很好，请勿念。再告吧！

庆祝最后的胜利，望你们努力的前进吧！

来信寄至山东渤海军区教导旅三团。

愚兄政通

写于六月十五日

我付去的像片你们收到了没有？见信请速来回音。

这是栗政通1947年6月15日写给妹妹栗政华的家书。1947年6月1日，栗政通收到了妹妹栗政华的家书。数年音讯隔绝后重新恢复联系，栗政通兴奋之情溢于言表，于是写下这封回信。

在家书中，栗政通对妹妹的成长表示了肯定与欣慰，勉励她继续努力上进，追求光明的前景。他向妹妹叙述了自己艰苦的战斗历程，从1944年底奉命南征，开展游击战，在日伪和国民党的夹缝中发展壮大自身的力量，直到形势变化后返回中原地区，最后胜利返回延安，整整一年有余，行程两万二千里。军队在行军作战过程中克服了多方面的挑战，他写道：“由于敌人兵力之大，造成我军战斗的紧张艰苦，一天打几次仗，有时还吃不到饭。因为人口稀少，我还记得在陕南，连着走了三天看不到村庄。”这反映出共产党领导下的人民军队敢打硬仗、不怕疲劳、英勇善战的精神。正是在这种精神的激励下，人民军队从胜利走向胜利。

75 黄叔雷致妻子（节录）

（1947 年 9—10 月）

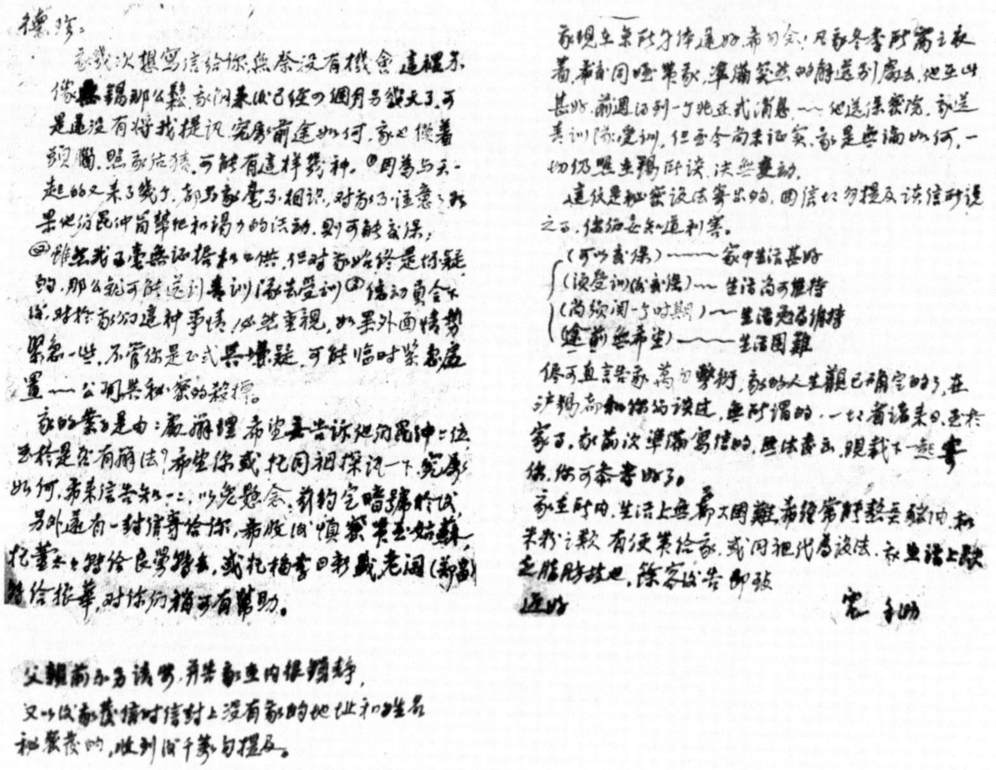

樸珍：

我幾次想寫信給你，無奈沒有機會。這裡不像無錫那么鬆，我們來此已經四個月多幾天了，可是還沒有將我提訊，究竟前途如何，我也摸不着頭腦。照我估猜，可能有這樣幾种。㊀因為與我一起的又來了幾个，都與我毫不相識，對我們注意了，如果他們民仲肯幫他和竭力的活動，則可能交保；㊁雖然我了無証據和口供，但對我始終是懷疑的，那么就可能送到集訓隊去受訓；㊂總動員令下後，對於我們這种事情，必然重視，如果外面情勢緊急一些，不管你是正式或嫌疑，可能臨時緊急處置——公開與秘密的殺掉。

我的意思是由：嚴蘇理希望去告訴他們民仲：位去於是否有辦法？希望你或托同祖探訊一下，究竟如何，希來信告知一二，以免懸念。前約定暗號於信，

另外還有一封信寄給你，希收信慎密，來去姑蘇托董太太轉給良學轉去，或托梅書日新戲老潤（郭副）轉給振華，對你們稍可有幫助。

我現在在此身体還好，希勿念！只要冬季所需之衣着，希即同啞弟弟，準備寄出的轉送到處去，他亞此甚好。前週得到一个非正式消息——他送保密局，我送集訓隊受訓，但至今尚未証實。我是無論如何，一切仍照老鴉所談，決無變動。

這次是秘密設法寄出的，回信切勿提及該信所談之事，使他們要知道利害。

{ （可以交保）——家中生活甚好
（須受訓（或交保））——生活尚可維持
（尚須関一个時期）——生活勉強維持
（前途無希望）——生活困難

倘可直言告我，萬勿弊飾，我的人生觀已確定的了，在滬錫都和你們談過，無所謂的，一切看諸未來，悉於家了。我前次準備寫信的，無法寄出，現裁下一起寄你，你可參考好了。

我在所內，生活上無甚大困難，希經常將整無錢內和米粉之類，有便寄給我，或同祖代為設法。我生活上缺乏脂肪故也。餘容後告。即頌

近好

雷 手啓

父親前亦多請安，并告我在内很好，

又以往我發信時信封上沒有我的地址和姓名，秘密發的，收到信千萬勿提及。

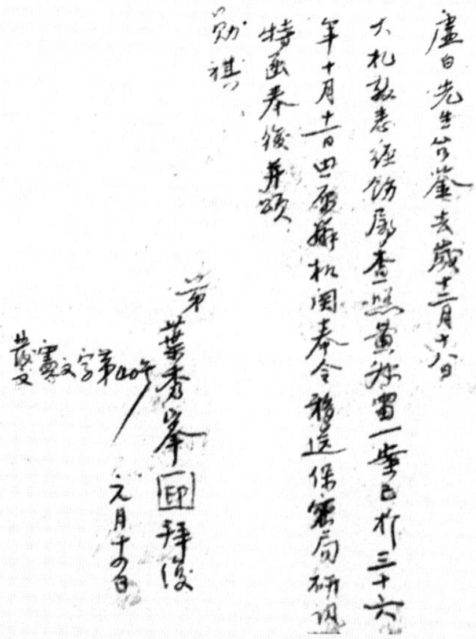

虛白先生台鑒：去歲十二月十八日大札敬悉。經飭屬查黃叔雷一案，已於三十六年十月十四日由蘇州機關奉令移送保密局訊辦。特函奉復，并頌
勋祺

弟 葉秀峯〔印〕拜復
元月十四日

發文 審文字第四〇號

黄叔雷（1907—1948）

江苏常熟人。金陵大学毕业后，返乡从事航运业。1937年11月日军侵占常熟后，走上抗日道路，加入常熟人民抗日自卫队。1946年，加入中国共产党。同年9月，随部队北撤途中，前往中共华中十地委社会部，从事地下工作。1947年1月，由于叛徒出卖，与妻女同时被捕。1948年12月，在南京雨花台英勇就义，时年41岁。

德珍：

我几次想写信给你，无奈没有机会，这里不像无锡那么松，我解来后已经四个月另几天了，可是还没有将我提讯，究属前途如何，我也摸〈不〉着头脑。照我估猜，可能有这样几种：①因为与天〈石〉一起的又来了几个，都与我毫不相识，对我不注意了。如果他们昆仲肯帮忙和竭力的活动，则可能交保。②虽然我事毫无证据和口供，但对我始终是怀疑的，那么就可能送到青训队去受训。③总动员令下后，对于我们这种事情必然重视，如果外面情势紧急一些，不管你是正式与嫌疑，可能临时紧急处置——公开与秘密的杀掉。

（略）

这信是秘密设法寄出的，回信切勿提及该信所说之事，你们要知道利害。

（可以交保）——家中生活甚好

（须受训后交保）——生活尚可维持

（尚须关一个时期）——生活勉为维持

（前途无希望）——生活困难

尽可直言告我，万勿敷衍。我的人生观已确定的了，在沪、锡都和你们谈过，无所谓的，一切看诸来日。至于家事，我前次准备写信的，无法发出，现裁下一起寄你，你可参考好了。

我在所内，生活上无多大困难，希经常能熬点猪油和米粉之类，有便带给我，或同祖代为设法。我生活上缺乏脂肪故也。余容后告。即致近好！

震手泐

（略）

这是黄叔雷1947年9—10月间写给妻子的家书。

黄叔雷出身绅富家庭，在民族大义的感召下，抛弃优渥的生活，走上抗日救国的革命道路。抗战胜利后，从事地下工作，活动区域位于国民党政府统治核心地带。1947年1月30日，黄叔雷不幸被淞沪警备司令部稽查处逮捕。同年5月，被转解到南京保密局监狱。根据家书中“我解来后已经四个月另几天了”可知，此封家书当写于1947年9—10月间。对于自己将被如何处置，黄叔雷估计有“交保”、“送到青训队去受训”、“公开与秘密的杀掉”几种可能。在生死关头，黄叔雷极为镇定。之所以如此，正因为其人生观已确定，判决如何都无所谓。当然，黄叔雷并非全然没有牵挂，在另一封家书中，他详述对三个孩子未来的考虑和安排。2005年，黄叔雷的幼女黄荷将珍藏多年的父亲家书等遗物，赠送给南京雨花台烈士纪念馆。烈士的拳拳爱国之情，定会得到传承与弘扬。

76 冯和兰致姐姐

（1947 年 10 月 11 日）

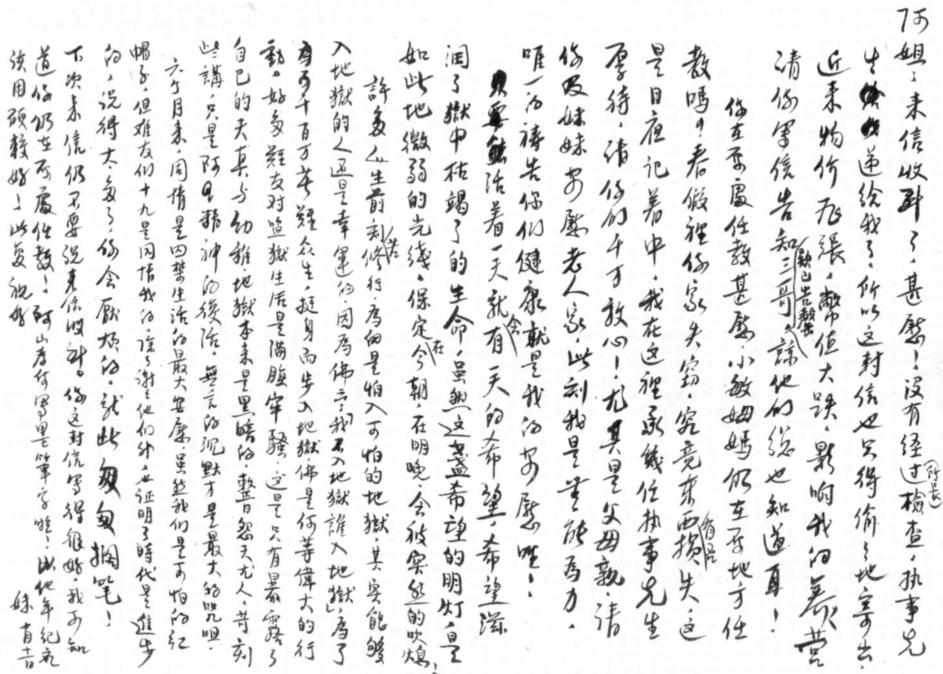

阿姐：来信收到了，甚么！没有经过(所长)检查，执事先生把它递给我了，所以这封信也只得偷偷地寄出。近来物价飞涨，币值大跌，影响我们姊妹。请你写信告知三哥(就是告訴)他们，给他知道耳！

你在那處任教甚麼？小敏姆妈仍在那地方任教吗？春假里你家失窃，究竟东西损失(有多少)？这是日夜记着中。我在这里承钱任执事先生厚待，请你们千万放心！尤其是父母亲，请你及妹妹安慰老人家，此刻我是无能为力，唯一的祷告你们健康就是我的安慰哩！！只要能活着一天就(会)有一天的希望，希望滋润了狱中枯竭了的生命，虽然这盏希望的明灯是如此地微弱的光线，保定今朝(在)明晚，会被寒风的吹熄！

许多人生前刻(苦)修行，为的是怕入可怕的地狱，其实能够入地狱的人还是幸运的，因为佛云：我不入地狱谁入地狱，为了度万千百万芸芸众生，挺身而步入地狱，佛是何等伟大的行动。好多难友对这狱生活是满腹牢骚，这里只有暴露了自己的天真与幼稚，地狱本来是黑暗的，整日怨天尤人，苛刻些讲，只是阿Q精神的復活，无言的沉默才是最大的咒咀。

六个月来，同情是囚禁生活的最大安慰，虽然我们是可怕的红帽子，但难友们十九是同情我的，除了谢谢他们外，亦证明了时代是进步的。说得太多了，你会厌烦的，就此匆匆搁笔！

下次来信仍不要说甚么，信收到。你这封信写得很好，我不知道你仍在那處任教！阿山有什写甚么笔墨吗！此信年纪无法用颇较好！此复 祝好

妹 有吉

冯和兰（1917—1947）

女，又名荷香，浙江鄞县（今宁波市鄞州区）人。1936 年秋，考入鄞县县立女子中学。1938 年 1 月，读完初中二年级上学期后，坚决反对包办婚姻，随姐姐到镇海县横河乡公德小学任教。全民族抗战爆发后，积极参加抗日救亡运动。1939 年 4 月，加入中国共产党。入党后，冯和兰一面积极发展党组织，一面负责开设识字班。1947 年 4 月，被叛徒出卖，不幸被捕，在狱中坚持斗争。同年 11 月 6 日，在鄞县英勇就义，时年 30 岁。

阿姐：

来信收到了，甚慰！没有经过所长检查，执事先生递给我了，所以这封信也只得偷偷地寄出。近来物价飞张〔涨〕，币值大跌，影响我的营养。请你写信告知三哥，款已告罄，谅他们总也知道耳！

你在原处任教，甚慰，小敏姆妈仍在原地方任教吗？春假里你家失窃，究竟东西有否损失，这是日夜记着中〔的〕。我在这里承几位执事先生厚待，请你们千万放心。尤其是父母亲，请你及妹妹安慰老人家，此刻我是无能为力，唯一的祷告你们健康就是我的安慰哩！

活着一天，就会有一天的希望。希望滋润了狱中枯竭了的生命，虽然这盏希望的明灯是如此地微弱的光线，保〈不〉定在今朝，在明晚，会被突然的吹熄！

许多人生前刻苦修行，为的是怕入可怕的地狱。其实，能够入地狱的人还是幸运的，因为佛云：“我不入地狱，谁入地狱？”为了千百万苦难众生，挺身而步入地狱，佛是何等伟大的行动。好多难友对监狱生活是满腹牢骚，这是只有暴露了自己的天真与幼稚。地狱本来是黑暗的，整日怨天尤人，苛刻些讲，只是阿Q精神的复活，无言的沉默才是最大的咒咀〔诅〕。

六个月来，同情是囚禁生活的最大安慰。虽然我们是可怕的红帽子，但难友们十九是同情我的。除了谢谢他们外，也证明了时代是进步的。说得太多了，你会厌烦的，就此匆匆搁笔。

下次来信仍不要说来信收到。你这封信写得很好，我可知道你仍在原处任教。阿山为何写墨笔字啦？以他年纪应该用硬较好。

此复

祝好！

妹

十月十一日

这是冯和兰1947年10月11日写给姐姐冯仪的家书。

冯和兰被当地百姓誉为“浙东刘胡兰”“宁波江姐”。丈夫李健民的父亲李琯卿是著名教育家，与蔡元培等过从甚密。家书中的“三哥”即李琯卿的三子李价民。在李健民、李价民兄弟的引导下，冯和兰走上革命道路。在狱中，她坚持斗争，抱着“我不入地狱，谁入地狱“的坚定信念，毫不畏惧。在她看来，监狱就是地狱，地狱是黑暗的；难友们对监狱生活满腹牢骚，实在是天真幼稚。

革命志士同样是一位慈爱的母亲。她对孩子的成长十分关心，连写字用笔这样的细节也关注到了。之后，在遗书中，冯和兰再次提到孩子：“缘山、平山两儿，望多多照顾，待他们长大成人，请告诉他们：我是为人民而死，顾不得儿女，请他们原谅我！”巾帼英雄，浩气长存，永垂青史！

77 李白致弟弟

（1948 年 4 月 22 日）

祥庆二弟弟：

我虽写信给双亲的时候，都曾问达你们，但未能单独写信给你二人，想必你们会原谅我的。现在恰有闲暇特地来与你们谈谈，对于外界的情形我不能详细告诉你们，这是你们也知道的，我只有以下面的话对你们来讲讲：

回忆当年我与你们分别的时候，你们都还是小孩子，一切都还不能自立，在那时因家境贫苦，大家都受着那很苦难熬的生活，我出外之后，幸奉双亲之力，汝等之助，得以维持家庭生计，你二人亦由此逐渐长大，现在可说是都能独撑一面，单持一方了。现在家庭虽不算是富裕，或者比前总要好得多吧，这当然一方面是要归功于双亲之力，同时也是你二人之努力得到的果实。

近日来听说祥庆二弟之间略有不睦，这真使我万分痛心，不孝的我既不能在家侍奉双亲，你二人又不能同心一致的替双亲分忧，使双亲因此烦恼终日，你二人应摸心想想，年高的双亲现已年达半百有余，人生在世能几何，不想法减少双亲苦闷，反各存私见去使双亲着急，这真是你二人太不孝了，这固然会使人们议论不妙，那你二人内心有何忍耶？兄弟间口头争吵是难免的，大家都应退一步想想，遇到难处让让，应该各把互助互让的精神，谁不对，都应以坦白的态度去解决他，自己也应以沉静的头脑去细思自己的缺点，往往是因不肯承认错误，而把他人的忠告当作恶言，这是要不得的，自己有错误，就要接受他人的忠言，从实际去改正自己的错误，这才真是一个有希望的青年。绝不应因一点小事在兄弟间进行明争暗斗，使得合家难安，老是责怪他人，我希望你二人从此再不应各存私见，二人同心协力去建造一个快乐幸福的家庭而努力奋斗。

你二人正是少年之老的时候，古今中外像你二人那般年纪建功立业的亦难数举此後家庭生活樣樣是門庭之重任，正是你二人的肩上，以你們不應怠忽寶貴的時光，讓其流水般的過去，隨時隨刻都應注意對自己的學習。一個人立於天地間，都有自己一定的宗旨，將來自己準備做個何等樣的人，農工商學兵都應自擇其一。譬如你們現在都是以農為主，那你們就應專心研究，如何改進農業生產的發展，從實踐中去得出經驗來，從他人的經驗中去追求上進。尤為重要的，是在今日人之理論的學習，在目前大時代中，要論准備做一樣樣什么事，都離不開文字的通達，科学常識的初步了解，否則有責难任。在上海這城市中許多青年，若是二人大都能熟説的流利的英文，我因之英文算術不好，許多事情都是感到吃虧。你二人更加要努力去學習，因為小時讀書讀得少，現在又不學習，恐怕將來連簡單的書報都看不懂，書信都不會寫，那你二人就錯過了自己的寶貴的光陰，成一個人群中的落伍者，永遠都要受他人的指使，遇事遭受他人的愚弄，這是你二人要懂記的。

人外鄉的風味，我是嘗够了的，想起來有許多地方真是令人難忘的，我自離開家庭之奔他方，走遍了全國三分之二以上的地方，要想在家那么自由快乐是難找到的。幾年來，我有幾次都是一死裏逃生，受盡了風霜雨雪之苦，才有今日閑居上海。古語説得好：「在家千日好，出外半朝難」，這是確實的。我現居上海，早有高尚職業，住的是高樓洋房，食與穿的都不在他人之下，可説是最舒暢的生活了。但一想到又親及你二人的童年艰难，我們是何嘗不在想念到你們呢！你們雖沒有見到外鄉的繁荣，但你們在家是自由自在，耕作度日，閑時暢叙天倫之樂，這是我望之甚而不能得到的，亦是我最感無有的事了。

餘不多敘，後會一定有期

近佳

華初

你嫂嫂鄭申，囑我代問你二人及弟婦玉貞及樺生安好

李白（1910—1949）

原名李华初，化名李霞、李静安，湖南浏阳人。1927 年，加入中国共产党。1930 年，参加红军。后任通信连指导员。1934 年 6 月，在中央苏区无线电训练班学习报务。中央红军开始长征后，任红五军团电台台长兼政治委员。1937 年受党组织委派，到上海担任党的秘密电台报务员。1948 年 12 月，在上海不幸遭敌逮捕，狱中始终坚守党的秘密。1949 年 5 月 7 日，被秘密杀害于上海浦东戚家庙，时年 39 岁。

庆、祥二弟：

我屡次写信给双亲的时候，都曾问过你们，但未能单独写信给你二人，想必你们是会原谅我的。现在恰有闲暇特地来与你们谈谈。对于外界的情形我不能详细告诉你们，这是你们也知道的，我只有以下的几句话对你们来讲讲。

回忆当年我与你们分别的时候，你二人都还是小孩子，一切都还不能自立。在那时因家境贫苦，大家都度着那艰苦难熬的生活。我出外之后，幸奈双亲之力、汝等之助，得以维持家庭生计，你二人亦由此逐渐长大，现在可以说是都能独撑一面、单持一方了。现在家庭虽不算是富裕，或者比前总要好得多吧？这当然一方面是要归功于双亲之力，同时也是你二人之助所得到的果实。

近日来听说庆、祥二弟之间略有不睦，这真使我闻之痛心。不孝的我既不能在家侍奉双亲，你二人又不能同心一致的替双亲分忧，反使双亲因此烦恼终日。你二人应扪心想想，年高的双亲现已年过半百有余，人生在世几何！不想法减少双亲苦闷，反各存私见去使双亲着急，这真是你二人太不孝了。这固然会使人们议论不妙，即你二人内心亦何忍耶？兄弟间口头争吵是难免的，大家都应退一步想，遇事虽〔须〕让三分，应该各抱互助互让的精神，谁不对，都应以坦白的态度去纠正他，自己也应以沉静的头脑去细思自己的缺点。往往是因不肯承认错误，而把他人的忠告当作恶言，这是要不得的。自己有错误，就要接受他人的忠言，从实际上改正自己的错误，这才真是一个有后望的青年。绝不应因一点小事，在兄弟间进行明争暗斗，使得合家难安，去遗笑他人。我希望你二人从此再不应各存私见，二人同心协力，为建造一个快乐幸福的家庭而努力奋斗。

你二人正是少年立志的时候，古今中外像你二人那般年纪建功立业的亦难数举。改善家庭生活、振兴门庭之重任，正是在你二人的肩上，你们不应将宝贵的时光让其流水般的过去，随时随刻都应注意到自己的学习。一个人立于天地间，都有自己一定的宗旨，将来自己准备做个何等样的人，农工商学兵都应自择其一。譬如你们现在都是以农为主，那你们就应专心研究如何改进农业生产的发展，从实践中去得出经验来，从他人的经验中去追求上进。尤为重要的是文化理论的学习。在目前大时代中，无论准备做一样什么事，都离不开文字的通达，科学常识的初步了解，否则有责难任。在上海这城市中，许多车夫以及工人大都能说几句流利的英文，我因英文、算术不好，许多事情都是感到吃亏。你二人更加要努力去学习，因为小时读书读得少，现在又不学习，恐怕将来连简单的书报都看不懂，普通的信件都不会写，那你二人就错过了自己的宝贵的光阴，成一个人群中的落伍者，永远都要受他人的指使，遇事遭受他人的愚弄，这是你二人要谨记的。

外乡的风味，我是尝够了的，想起来有许多事情真是令人难忘的。我自离别家庭远奔他方，走遍了全国三分之二以上的地方，要想在家那么自由快乐是难找到的。几年来我有几次都是死里逃生，受尽风霜雨雪之苦，才有今日闲居上海。古语说得好："在家千日好，出外半朝难。"这是确实的。我现居上海，早有高尚职业，住的是高楼洋房，食的穿的都不在他人之下，可说是最舒畅的生活了，但一想到双亲及你二人的辛苦艰难，我们又何尝不在想念你们呢？你们虽没有见到外乡的繁荣，但你们在家是自由自在，耕作度日，闲时畅叙天伦之乐，这是我羡慕而不能得到，亦是我最感苦痛的事了。

余不多叙，后会一定有期。

近佳！

华初

你嫂嫂慧中嘱我代问你二人及弟媳玉贞及桂生安好。

这是李白 1948 年 4 月 22 日在上海写给两个弟弟李华庆和李华祥的家书。

李白出身贫苦家庭，作为家中长子，很早就承担起家庭责任。离家参加革命后，他时刻牵挂着家中亲人，靠着书信与父母联系，过问弟弟们的成长。当得知庆、祥二弟间略有不睦，使双亲烦恼终日时，李白"闻之痛心"，便写下这封家书劝解二人。家书写道，兄弟间"遇事须让三分，应该各抱互助互让的精神"，期望二人同心协力，为建造一个快乐幸福的家庭而努力奋斗。在家书中，李白还向两个弟弟着重强调了立志的重要性，认为"随时随刻都应注意到自己的学习"，珍惜光明，尤其要加强文化理论的学习。反映出李白对兄弟成长的关心。

李白少年立志，毅然决定辞家而去，参加到党的革命事业中，用无线电架起了上海和延安之间的空中桥梁。在此期间，他和敌人斗智斗勇，严守党的秘密，最终付出了生命，为解放事业作出了巨大的贡献。

78 秦明致岳母

（1948年5月16日）

1948年5/16

岳母大人：

慈爱的老人家，您好吗？一月多的时光没有给您写信了！请原谅我！离开
我们回来以后，我们常常想起您老人家的慈爱的情景，和过孤零的
生活，和一个时刻怀念着的心绪，特别是在别时刻令泪的令嫒，刺痛
您老人家的心情，催您老人家老的更快。但这一切反转来都呈现在令嫒的
脸上，她是异常脆弱的女子，在白天在店里工作，晚上睡眠、吃饭，亦在
怀念着你老家，她因此也常常流泪。她虽然如此，但她总有个信心一定能看
见您老人家，她总把自己全心寄托在胜利的明天。她常说，如果她看见您
老人家的时候，她绝好好侍奉一个时间。但是战争带来了痛苦，拆散儿女的好
梦，现在她只好寄托在和平的明天。

您老人家的一切和我们夫妻离散都深刻在心，交着我的脑海。但我用
“忍耐解决一切，总有那一天会好的”的来安慰自己、保重自己。因此我
现在一切均好，请勿挂念。同样的我请您老人家以忍耐，听其自然，
等和平的到来，多活些时间，能看见令嫒，这是我唯一的愿望。至于我自己的
一切都不由我来决定，我也采取听其自然的态度，现在都不去计较他。只
在等着和平的明天。这是我敬禀您老人家的。此请

金安！

并问张府诸姐健康！

婿 秦明 五月十六日

秦明（1916—1948）

原名乔映淮，字清川，甘肃靖远人。1937年11月，加入中国共产党。次年10月，在陕西泾阳中国青年干部训练班学习。1939年2月，被组织派到靖远从事革命活动，历任中共靖远县委秘书、书记。1940年9月，返回延安，任边区政治学院、延安大学教员。1946年4月，前往国民党统治区靖远与海原一带，努力恢复党组织。1947年5月，被马鸿逵部逮捕。1948年10月，在南京雨花台英勇就义，时年32岁。

岳母大人：

慈爱的老人家，您好吗？一月多的时光，没有修书请安了，请原谅我！虽我用“好”来请安，但我总不能不想起您老人家的愁苦的情景，年迈孤零的生活和一个时刻惦念着的心绪。特别是远别时刻含泪的令嫒，刺痛着您老人家的心绪，催您老人家老得更快，但这一切反转来都呈现在令嫒的脑际。她是异常脆弱的女子，在白天、在夜里，工作、学习、睡眠、吃饭，都在怀念着您老〈人〉家，她因此也常流泪。她虽然如此，但她总有个信心一定能看见您老人家。她总把母女会见寄托在胜利的明天。她常说，如果她看见您老人家的时候，她绝好好侍俸〔奉〕一个时间。但是战争带来了痛苦，把会见的日子拖长了，现在她只好寄托在和平的明天。

您老人家的一切和我们夫妻离散都时刻在绞着我的脑质〔汁〕，但我用“想不能解决一切，愁对于人是没有一点好处的”来安慰自己，保重自己。因此我现在一切均好，请能释念。同样的，我请您老人家减少愁思，听其自然。让和平早日到来，多活些时间，能看见令媛，这是我唯一的愿望。至于我自己的一切，都不由我来决定，我也采取听其自然的态度，死活都不去计较他，只有等着和平的明天。这是我敬禀您老人家的。此请

金安！并候□□襟兄之秀姐建〔健〕康。

婿秦明

胡月十六日

这是秦明1948年5月16日写给岳母的家书。

1947年3月，国民党军队向陕甘宁边区发动重点进攻，马鸿逵部第81师乘机占领陇东地区，秦明等同志在环县南部开展游击战。同年5月，由于被人告密，秦明不幸被捕，次年被押送至南京。这封家书便是秦明于牺牲前几个月写于南京的。

家书中提到的“令媛”，指秦明的夫人党培英（党瑶池）。1938年，秦明在靖远工作期间，两人结为革命伴侣，曾一同前往陕西泾阳学习。秦明被捕前，已经两个多月未能见到妻子与孩子。写下这封家书时，又已过去一年时间。秦明对于岳母和妻子的眷念之情，浸满字里行间。同时，家书更表达出与妻子无法侍奉岳母，且使老人家时刻惦念两人的歉疚之情。具体到个人，虽然入狱后，受到敌人百般折磨，但秦明仍表示自己一切均好，并说：“至于我自己的一切……采取听其自然的态度，死活都不去计较他，只有等着和平的明天。”这种豁达是源于对革命事业的坚定信念。虽然信中未提及，但秦明此时已经与陕甘宁晋绥联防军新编第11旅第1团政治委员高波秘密串联，建立党支部，策划越狱。在秦明引导下，乔映渭（乔公望）、乔映洛及乔映澍（乔雨生）等兄弟先后走上革命道路，被誉为“抗战四兄弟”。1948年10月，秦明壮烈牺牲。乔氏兄弟沿着其革命道路继续前行。

79 张学云致妻子

（1948 年 6 月 19 日）

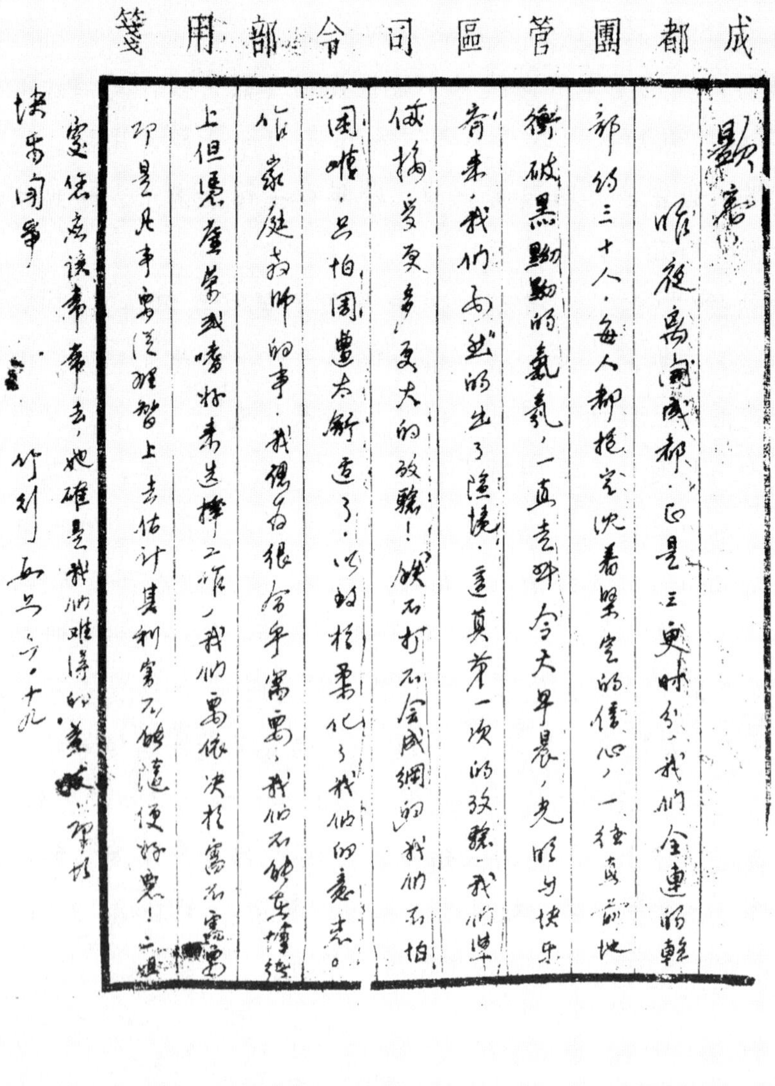

成都團管區司令部用箋

勷君：

昨夜离開成都，正是三更时分，我们全連的幹部约三十人，每人都抱定沈着坚定的信心，一往直前地衝破黑黝黝的氣氛，一直走到今天早晨，光明与快乐寄来，我们安然的出了险境，這真第一次的攷驗，我们準備接受更多、更大的攷驗！决不打不会成鋼的，我们不怕困难，只怕困難太解決了，以致柔化了我们的意志。作家庭教师的事，我想有很合乎需要，我们不能专憑熱上但憑羣眾或嗜好来选擇工作，我们需依决於需不需要，即是凡事要從理智上去估计其利害，不能隨便行事！二姐處您應該常常去，她確是我们难得的益友□理想

快樂闲事。

竹村 卅七、六、十九

张学云（1922—1949）

字竹行，四川越西人。1942 年，从国民党中央陆军军官学校毕业并留校任教。1944 年，到川康绥靖公署特务团任职。1947 年，加入中国共产党。1948 年，在国民党军队内开展策反工作。1949 年 1 月，因叛徒出卖被捕，关押于重庆渣滓洞监狱。1949 年 11 月 27 日，国民党将关押的“政治犯”全部处决，他试图夺枪未成，便挺身堵枪口，壮烈牺牲，时年 27 岁。

显荣：

昨夜离开成都，正是三更时分，我们全连的干部约三十人，每人都抱定沉着坚定的信心，一往直前地冲破黑黝黝的气氛，一直走到今天早晨，光明与快乐齐来，我们安然的出了险境。这算第一次的考验，我们准备接受更多更大的考验。“铁不打不会成钢的”，我们不怕困难，只怕周遭太舒适了，以致于柔化了我们的意志。作家庭教师的事，我认为很合乎需要，我们不能在情绪上但凭虚荣或嗜好来选择工作，我们要依决于需不需要，即是凡事要从理智上去估计其利害，不能随便好恶。二姐处您应该常常去，她确是我们难得的益友。即颂

快乐斗争！

竹行再上

六、十九

这是张学云 1948 年 6 月 19 日写给妻子余显荣的家书。

夜间急行军突破国民党的封锁线，这一经历令张学云印象深刻，并记录在给妻子的家书中，一位年轻人的革命干劲及乐观向上的精神跃然纸上。张学云与战友们“抱定沉着坚定的信心，一往直前地冲破黑黝黝的气氛”，迎得“光明与快乐齐来”，摆脱了险境。黑暗与光明是极具引申义的词汇。革命者对光明的深情向往，是对革命事业成功、社会发展进步的热烈企盼。

张学云不惧困难，直面考验，斗志昂扬。他深知，“铁不打不会成钢的”，甚至担心安逸的环境会消磨人的意志。这种保持头脑清醒、具有忧患意识的工作和生活状态对革命事业大有裨益。张学云希望妻子凡事从理智上去估计其利害，不能随便好恶，这也体现出他自身的理智性。革命事业的成功需要像张学云这样能够沉着冷静地接受更多、更大考验的革命者。

80 丁行致妻子

（1948年8月22日）

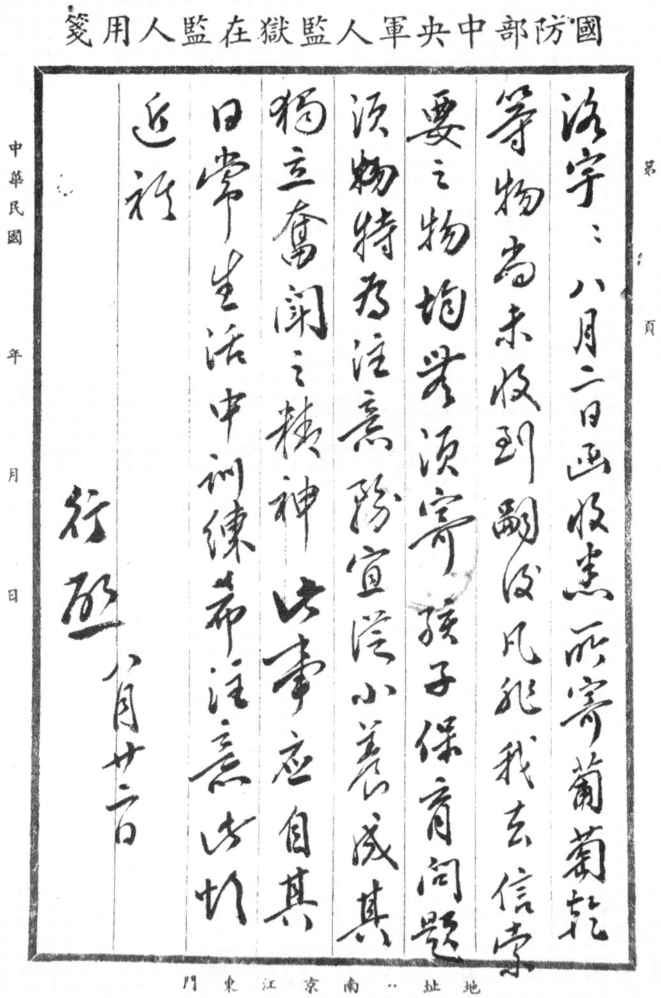

國防部中央軍人監獄在監人用箋

第　頁

漪宇：八月二日函收悉。所寄葡萄乾等物尚未收到。關於凡兒我去信索要之物均無須寄。孩子保育問題須物特為注意，務宜從小養成其獨立奮鬥之精神，此事應自其日常生活中訓練，希注意此點。

近祺

行啟

八月廿二日

中華民國　年　月　日

地址：南京江東門

丁行（1908—1948）

又名丁行之、丁可壮，山西夏县人。1927年8月，加入中国共产党。1927年12月至1928年1月，两次组织夏县农民暴动。暴动失败后，在西北军池峰城部，以特殊身份从事党的地下工作。抗战胜利后，任国民党保定绥靖公署军法处少将副处长，兼河北省政府机要秘书，利用特殊身份，从事地下情报工作。1947年9月，北平地下电台被敌人破获，丁行被捕。1948年10月19日，在南京雨花台英勇就义，时年40岁。

洛宇：

八月二日函收悉，所寄葡萄干等物尚未收到，嗣后凡非我去信索要之物均无须寄。孩子保育问题，须特为注意，务宜从小养成其独立奋斗之精神。此事应自其日常生活中训练，希注意。

此颂

近祺！

行启

八月廿二日

这是丁行1948年8月22日在狱中写给妻子的遗书，主要谈及对孩子的教育问题。信很简短，但辞约义丰，蕴含的道理非常深刻。怎么教育孩子？一句话：“务宜从小养成其独立奋斗之精神。”“独立奋斗”四字，凝结着丁行对四十年人生经验的总结和思考。

独立，意味着首先要独立思考，立定正确的志向，然后以百折不回的毅力去努力实现自己的志向。1927 年，教师出身的丁行加入中国共产党。“当时大革命失败，白色恐怖笼罩。在这样血雨腥风的形势下，父亲毅然入党，革命意志非常坚定。”丁行的女儿丁奂吾回忆说。丁行认准了共产党，立定了革命的志向后，不管历经多少艰难险阻，都没有动摇过，直到最后为革命英勇牺牲。丁行在历史的转折关头，果断地站在真理的一方，选择中国共产党，从而走上了正确的人生道路。独立，意味着要去掉依赖之心，有独立奋斗和独当一面的气魄和能力。丁行长期战斗在党的地下情报战线，是潜伏在敌穴中的孤胆英雄。这种工作具有特殊性，比在战场上正面厮杀更危险，而且少有援军，没有独立奋斗的精神和能力是无法胜任的。奋斗，意味着要不畏难，肯吃苦。人生就要吃苦，工作就是战斗。一个人只有能吃苦，肯奋斗，才能成功，才能有出息，才能为党和人民作出自己应有的贡献。共产党人和革命英烈是不怕牺牲、艰苦奋斗的典范。

独立奋斗是革命精神和民族精神的具体体现。中国革命历经磨难赢得胜利，靠的就是独立奋斗、不怕牺牲的精神。“务宜从小养成其独立奋斗之精神”，这不仅是丁行对自己孩子教育的寄语，也是对天下所有孩子教育的主张，更是他对传承革命精神和民族精神的希望所在。丁行牺牲时，留下一双儿女，女儿丁奂吾 3 岁，儿子丁令吾只有 1 岁。姐弟俩按照父亲的遗愿，独立奋斗，长大后均考入大学，毕业后从事军工科研工作，把毕生心血献给了祖国的国防事业。

81 朱瑞致母亲兄长

（1948年9月8日）

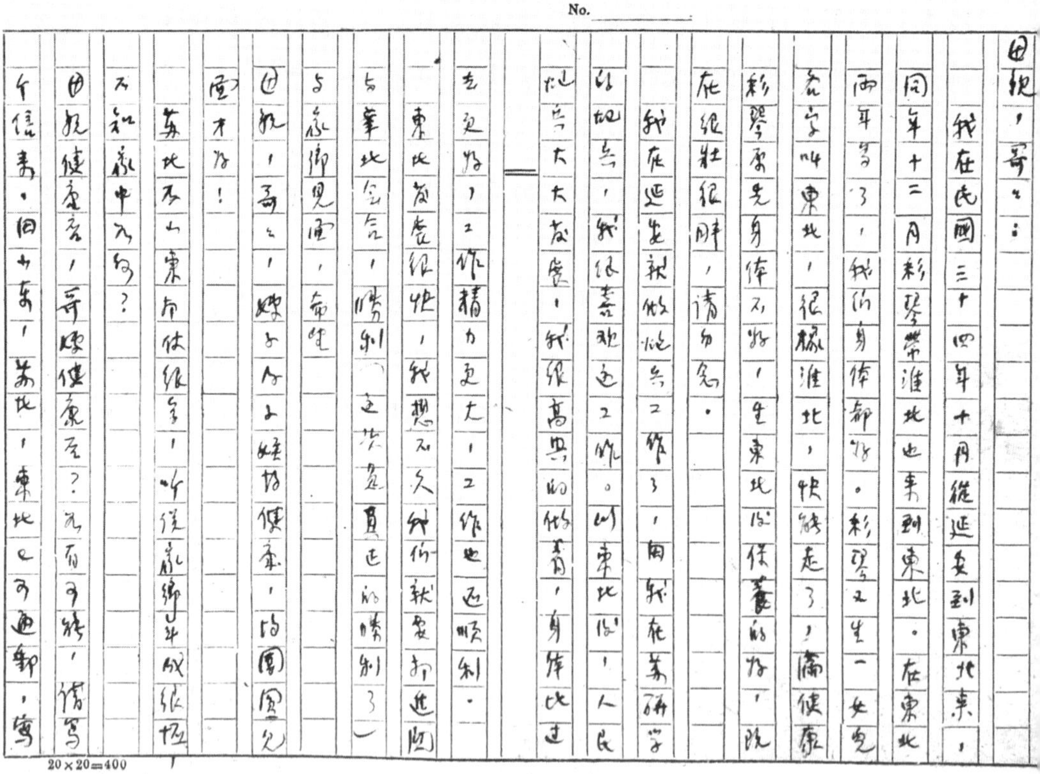

No.

信是于所寄到的，亦是慢马，不要紧！

农民翻身，国家才能强盛，我家有地出租，

这就是地主，应献积蓄，把地自动让给农民，

这才算是彻底的革命家庭。我想

国家及哥嫂也是早都明了。我记得在西安时

国家及哥哥都谈过，我家都参加革命了，望

母亲以国家为重的。这是对的！

弟比及山东跑后，士杰及陈一如，现在都跑到

东北了，说来他们我们，现分配在哈尔滨工

作（公安局工作）。他们都好。在东北坤一2

==

生个儿子，名字叫七七（因七七生），一切都很

好。这有些他朱家姊妹跑到东北，我的来信

此外，他们，以前都回山东及苏北了。我去按

到陈家寨一封信，她曾信告诉我她回山东去

了。我同她也未见过面。

张坤一说，大弟在记者中失掉，随我到后

有？

国航是否仍在二姐家住？二姐家情况如何，

各戚友情况如何？请保暖。

田为化撒

东北人民解放军炮兵政治部胥干报社原稿用纸

20×20=400

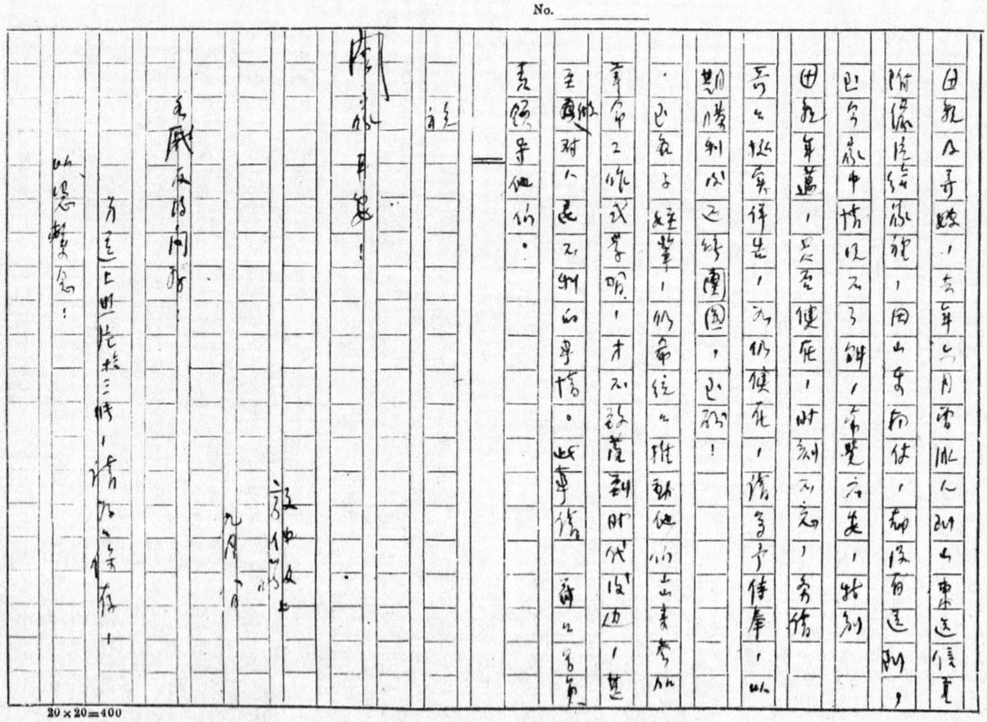

No.

因我及哥哥，去年六月曾派人到山东送信，竟
附信给家里，因山东局势，都没有送到，
正家中情况不了解，常觉忧虑，特别
因我年迈，又多病，时刻不忘，务请
哥哥抛弃保守，为你健康，请多多保重，以
期胜利以后的团圆，至盼！
．正气与侄辈，你[illegible]绕着推动他们出来参加
革命工作或学习，才不致落到时代后边，甚
至[illegible]对人民不利的事情。此事请[illegible]之[illegible]弟
责领导他们。

[illegible]

阖家平安！

[illegible]

[illegible]

九月十日

20×20=400

東北人民解放軍砲兵政治部骨幹幫社原稿用紙

朱瑞（1905—1948）

乳名敦仲，江苏宿迁人。1924 年，考入广州大学，并加入中国社会主义青年团。1926 年 2 月，进入莫斯科中山大学学习。次年秋，进入莫斯科炮兵学校学习。1928 年，加入苏联共产党，后转为中国共产党党员。1930 年初回国后，先后担任中共中央军委参谋科参谋、长江局军委参谋长兼秘书长。1932 年，抵达中央苏区，后参加长征。长期主持东北炮兵学校与东北军区炮兵工作。1948 年 10 月，在辽沈战役攻克义县战斗中壮烈牺牲，时年 43 岁。

母亲、哥哥：

我在民国三十四年十月从延安到东北来，同年十二月彩琴带淮北也来到东北。在东北两年多了，我们身体都好。彩琴又生一女儿，名字叫东北，很像淮北，快能走了，满健康。彩琴原先身体不好，生东北后保养的好，现在很壮很胖，请勿念。

我在延安就做炮兵工作了，因我在苏联学的炮兵，我很喜欢这工作。到东北后，人民炮兵大大发展，我很高兴的做着，身体比过去更好，工作精力更大，工作也还顺利。

东北发展很快，我想不久我们就要打进关，与华北会合，胜利（这次是真正的胜利了）与家乡见面。希望母亲、哥哥、嫂子及子侄均健康，均团圆见面才好！

苏北及山东打仗很多，听说家乡年成很坏，不知家中如何？

母亲健康否？哥嫂健康否？如有可能，请写个信来，因山东、苏北、东北已可通邮，写信是可以寄到的，只是慢点，不要紧。

农民翻身，国家才能强盛，我家有地出租，这就是地主，应做模范，把地自动让给农民，这才算名符其实的革命家庭。我想母亲及哥嫂必定早都做到。我记得在山东时母亲及哥哥都说过，我家都参加革命了，要地是没用处的。这是对的！

苏北及山东跑反，士杰及坤一、小玲都跑到东北了，后来找到我们，现分配在哈尔滨工作（公安局工作）。他们都好，在东北坤一又生个儿子，名字叫七七（因七七生），一切都很好。还有其他朱家姊妹跑到东北，我均未找到他们，后来又都回山东及苏北了。我只接到陈爱华一封信，她写信告诉我她回山东去了，我同她也未见过面。

听坤一说，大卓在跑反中失掉，现找到没有？母亲是否仍在二姐家住？二姐家情况如何，各戚友情况如何？均请赐知。

因为记挂母亲及哥嫂，去年六月曾派人到山东送信并附像片给家里，因山东打仗，都没有送到，至今家中情况不了解，常觉不安。特别母亲年迈，是否健在，时刻不忘，务请哥哥据实详告，如仍健在，请多予侍奉，以期胜利后还能团圆，至盼！

至各子侄辈，仍希统统推动他们出来参加革命工作或学习，才不致落到时代后边，甚至做对人民不利的事情。此事请哥哥多负责领导他们。

祝

阖家平安！

敦仲敬上

九月八日

各戚友均问好。

分送上照片拾三张，请好好保存，以慰系念！

这是朱瑞 1948 年 9 月 8 日写给母亲与兄长的家书。

朱瑞8岁时失去父亲，由母亲抚养成人，堂兄弟姊妹颇多。高中毕业时，家人均希望他就近入南京的东南大学或北上报考北京大学，但朱瑞坚持南下广东，从此走上革命道路。写这封家书时，朱瑞与家人已六七年未能相见，十分记挂家中亲人。解放战争爆发后，山东根据地是国民党军队进攻的重点地区。苏北及山东处于战火之中，朱瑞不可能不担心家中亲人的安危。此时，东北战场正如家书所言“发展很快”，也就是辽沈战役即将打响了。朱瑞不无期待地写道：“我想不久我们就要打进关，与华北会合，胜利（这次是真正的胜利了）与家乡见面。”战场形势之外，朱瑞首先介绍了自己小家庭的近况，又反复述及士杰、坤一、小玲、陈爱华及大卓等亲友情况，并鼓励子侄辈积极参加革命工作，跟上时代发展步伐。写家书时，朱瑞正准备上前线。这封家书未及寄出，朱瑞便在战场上壮烈牺牲，最终未能与亲人团聚。

82 江竹筠致表弟

（1949 年 8 月 27 日）

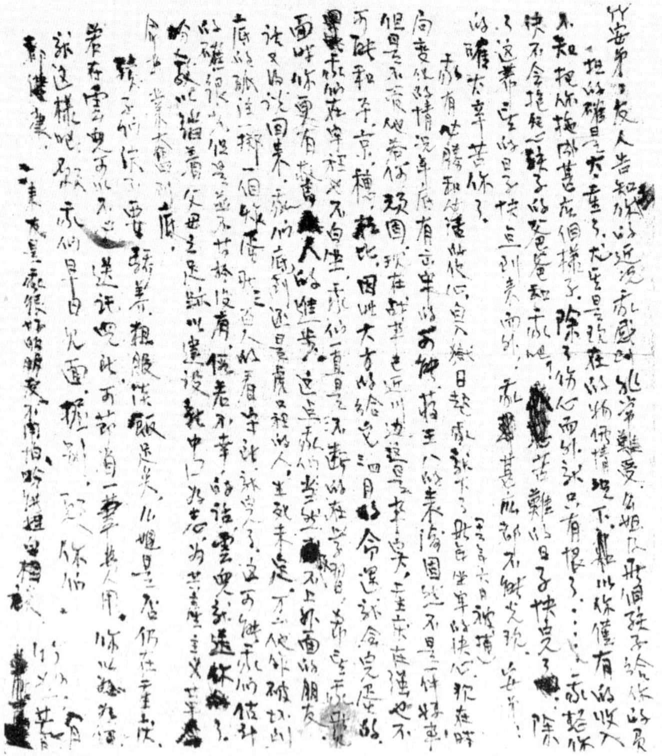

竹安弟：友人告知你的近况，我感到非常难受。幺姐及两个孩子给你的负担的确是太重了，尤其是现在的物价情况下，以你仅有的收入，不知把你拖成甚么个样子。除了伤心而外，就只有恨了……我想你决不会抱怨孩子的爸爸和我吧？苦难的日子快完了，除了这希望的日子快点到来而外，我什么都不能兑现。安心吧，的确太辛苦你了。

我有必胜和必活的信心，自入狱日起（去年六月被捕）我就下了两年坐牢的决心，现在时局变化的情况，年底有出牢的可能，蒋王八的来渝固然不是一件好事，但是不管他如何顽固，现在战事已近川边，这是事实，重庆再强也不可能和平、京、穗、[illegible]比，因此大方的给它三四月的命运就会完蛋的。我们在牢里也不白坐，我们一直是不断的在学习，希望你在外面吧，你更有书本的进步。这点我们当然赶不上外面的朋友。话又说回来，我们到底还是虎口里的人，生死未定，万一他们被打到底的时候，[illegible]一个，我们三百人的看守说，就完了。这可能我们估计的确很小，但是并不等于没有，假若不幸的话，云儿就送给你了，盼教以踏着父母之足迹，以建设新中国为志，为共产主义革命事业奋斗到底。

孩子们决不要娇养，粗服淡饭足矣。幺姐是否仍在重庆？若在，云儿可以不必送托儿所，可节省一笔费用。你以为如何？就这样吧，愿我们早日见面。握别。愿你们都健康。

来友是我很好的朋友，不用怕，盼坦白相谈。

竹姐 八月廿七日

江竹筠（1920—1949）

女，四川自贡人。1939 年，加入中国共产党。1940 年秋，进入中华职业学校学习，并担任该校地下党组织负责人。1944 年，考入四川大学，以普通学生的身份做党的工作。1945 年，与彭咏梧结婚，后留在重庆负责处理党内事务和内外联络工作，同志们亲切地称她江姐。1948 年，彭咏梧牺牲后，江竹筠接替其工作。同年 6 月 14 日，因叛徒出卖被捕，关押于重庆渣滓洞监狱。1949 年 11 月 14 日壮烈牺牲，时年 29 岁。

竹安弟：

友人告知我你的近况，我感到非常难受。幺姐及两个孩子给你的负担的确是太重了，尤其是现在的物价情况下，以你仅有的收入，不知把你拖成甚么个样子。除了伤心而外，就只有恨了……我想你决不会抱怨孩子的爸爸和我吧？苦难的日子快完了，除了这希望的日子快点到来而外，我甚么都不能兑现。安弟！的确太辛苦你了。

我有必胜和必活的信心，自入狱日起（去年六月被捕）我就下了两年坐牢的决心。现在时局变化的情况，年底有出牢的可能。蒋王八的来渝固然不是一件好事，但是不管他若何顽固，现在战事已近川边，这是事实，重庆在〔再〕强也不可能和平、京、穗相比，因此大方的给它三四月的命运就会完蛋的。因此我们在牢里也不白坐，我们一直是不断的在学习，希望我俩见面时你更有惊人的进步。这点我们当然及不上外面的朋友。话又得说回来，我们到底还是虎口里的人，生死未定，万一他作破坏到底的孤注一掷，一个炸蛋〔弹〕，两三百人的看守所就完了。这可能我们估计的确很少，但是并不等于没有。假若不幸的话，云儿就送你了。盼教以踏着父母之足迹，以建设新中国为志，为共产主义革命事业奋〈斗〉到底。

孩子们决不要骄〔娇〕养，粗服淡饭足矣。幺姐是否仍在重庆？若在，云儿可以不必送托儿所，可节省一笔费用。你以为如何？就这样吧！愿我们早日见面。握别。愿你们都健康。

竹姐

八月廿七日

来友是我很好的朋友，不用怕，盼能坦白相谈。

这是江竹筠1949年8月27日在重庆渣滓洞狱中，写给表弟谭竹安的家书，也可以说是一封托孤遗书。

这封家书写作时，江竹筠同室难友曾紫霞在中共地下党的营救下，即将获释出狱。出狱的前一天晚上，江竹筠把竹筷一端磨尖做笔，用棉花灰制成墨水，在极其隐秘和艰苦的情况下写了这封“托孤信”，委托出狱的曾紫霞交给表弟谭竹安。

江竹筠写下这封家书时，全国大部分地区已经解放，国民党当局仍盘踞西南负隅顽抗。江竹筠对革命形势充满乐观主义精神，在家书中写道：“我有必胜和必活的信心……重庆再强也不可能和平、京、穗相比，因此大方的给它三四月的命运就会完蛋的。”自信而坚定的话语，展现出一个共产主义战士的大无畏精神与革命豪情。

考虑到敌人在失败前有可能丧心病狂地处决政治犯，在信中江竹筠对谭竹安说：“我们到底还是虎口里的人，生死未定……假若不幸的话，云儿就送你了。”展现了她作为母亲对孩子难以割舍的亲情。当时国民党统治全面崩溃，货币贬值，物价飞涨，江竹筠又为谭竹安以极少的收入负担幺姐及两个孩子的生活而感到难过。在信中，她做了最后的托付："孩子们决不要娇养，粗服淡饭足矣。"这是一位革命者母亲在生死未卜的时刻，给她的孩子留下的遗产，体现出一种崇尚艰苦朴素的共产党人的优良家风。

83 毛岸英致表舅

（1949年10月24日）

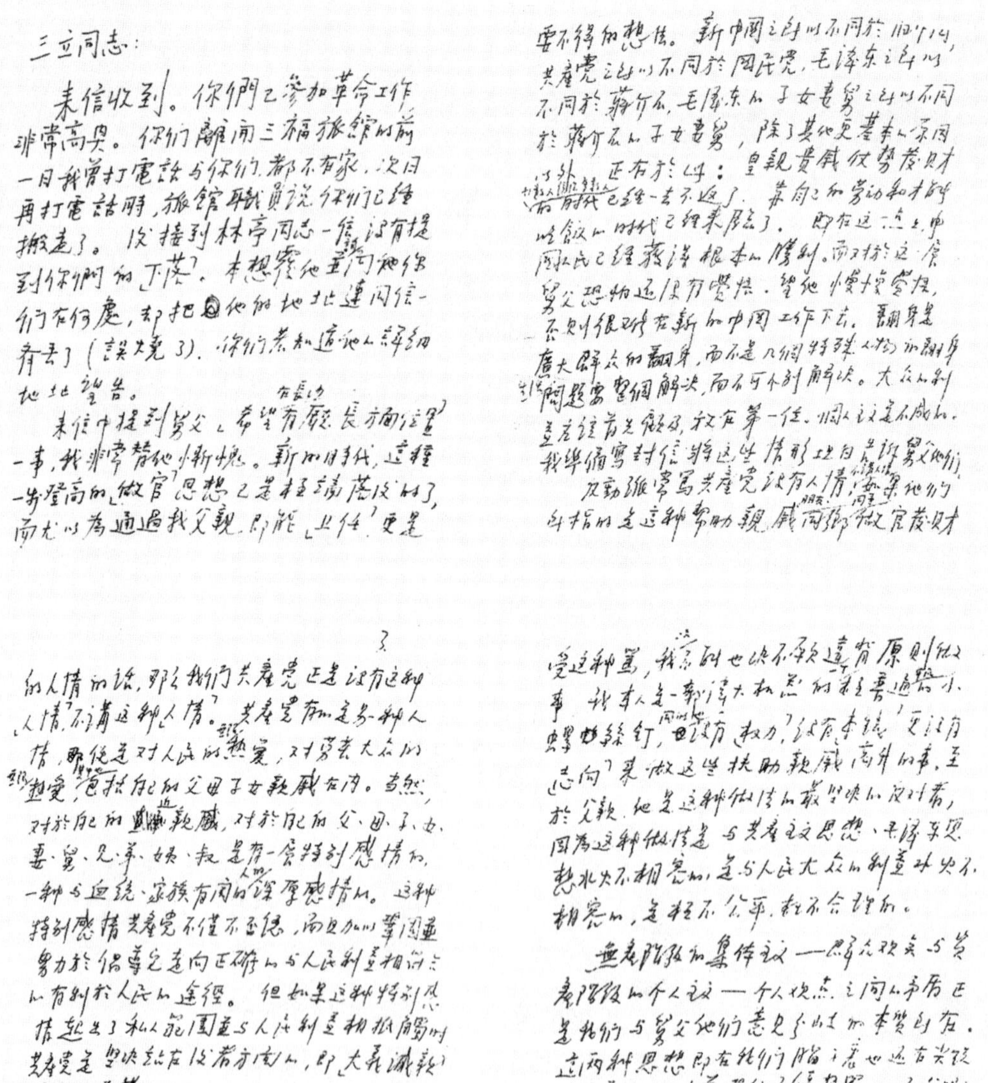

三立同志：

来信收到。你们已参加革命工作非常高兴。你们离开三福旅馆的前一日我曾打电话与你们，都不在家，次日再打电话时，旅馆职员说你们已经搬走了。后接到林亨同志一信，说有提到你们的下落。本想登门拜访你们在何处，却把他的地址连同信一齐丢了（误烧了）。你们若知道他的详细地址望告。

来信中提到舅父“希望有较大的政治地位”一事，我非常替他惭愧。新的时代，这种一步登高的“做官”思想已是极端落后的了，而尤以为通过我父亲即能“上任”更是要不得的想法。新中国之所以不同于旧中国，共产党之所以不同于国民党，毛泽东之所以不同于蒋介石，毛泽东的子女妻舅之所以不同于蒋介石的子女妻舅，除了其他更基本的原因以外，正在于此：皇亲贵戚仗势发财、作威作福的时代已经一去不返了。靠自己的劳动和才能吃饭的时代已经来临了。即在这一点上中国人民已经获得根本的胜利。而对于这一点舅父恐怕还没有觉悟。望他慢慢觉悟，否则很难在新的中国工作下去。翻身是广大群众的翻身，而不是几个特殊人物的翻身。生活问题要整个解决，而不可个别解决。大众的利益应该首先顾及，放在第一位。个人主义是不成的。我准备写封信将这些情形坦白告诉舅父他们。

反动派常骂共产党没有人情，倘若他们所指的是这种帮助亲戚朋友做官发财的人情的话，那么我们共产党正是没有这种人情，不讲这种人情。共产党有的是另一种人情，那便是对人民的热爱，对劳苦大众的热爱，包括自己的父母子女亲戚在内。当然，对于自己的近亲，对于自己的父、母、子、女、妻、舅、兄、弟、姨、叔是有一定的特别感情的，一种与血统、家族有关的人的深厚感情的。这种特别感情共产党不仅不否认，而且加以巩固并努力于引导它走向正确的与人民利益相符合的有利于人民的途径。但如果这种特别感情超出了私人范围并与人民利益相抵触时，共产党是坚决站在后者方面的，即大义灭亲亦在所不惜。

我爱我的外祖母，我对她有深厚的描写不出的感情，但她也许现在在骂我不孝，骂我不照顾杨家，不照顾向家；我得忍受这种骂，我宁死也不愿违背原则做一件哪怕是一件小事。我本人是一部巨大机器的一个普通的小螺丝钉，同时没有“权力”，没有“本钱”，更没有“志向”来做这些扶助亲戚高升的事。至于父亲，他是这种做法的最坚决的反对者，因为这种做法是与共产主义思想、毛泽东思想水火不相容的，是与人民大众的利益水火不相容的，是极不公平、极不合理的。

无产阶级的集体主义——群众观点与资产阶级的个人主义——个人观点之间的矛盾正是我们与舅父他们意见分歧的本质所在。这两种思想即在我们脑子里也还有头绪矛盾，只不过前者占了优势罢了。而在舅父的脑子里，在许多其他类似舅父的人的脑子里，则还是后者占着绝对优势，[illegible]他本人的本质了[illegible]。

不一定是这样的。

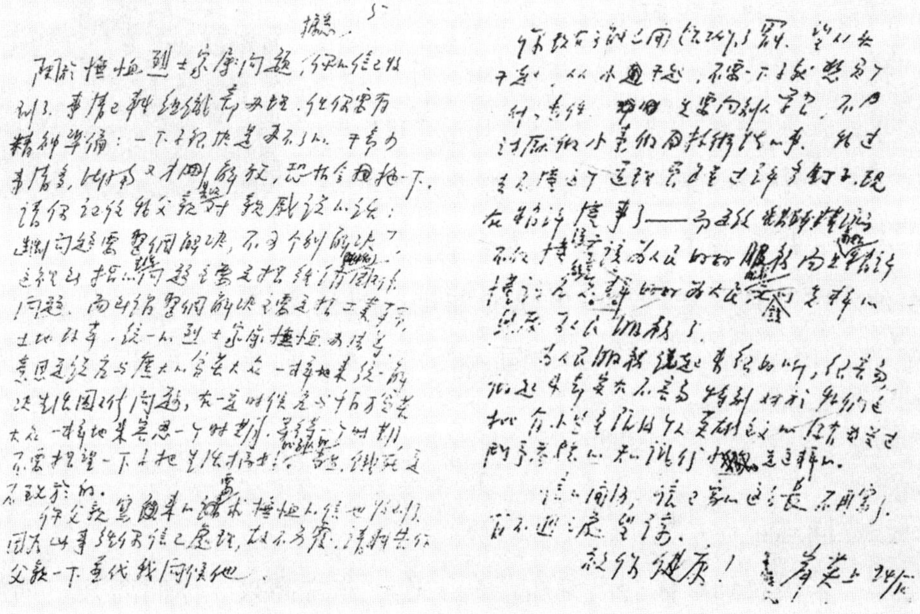

毛岸英（1922—1950）

名远仁，湖南湘潭人。毛泽东与杨开慧的长子。1930年10月，杨开慧被捕，随其一起被关进监狱。杨开慧牺牲后，辗转漂泊，后被护送到上海，进入大同幼稚园抚养。1936年11月，赴苏联学习。1940年，加入苏联共产主义青年团。1941年，进入列宁军政学校学习，参加苏联卫国战争，转战欧洲战场。1946年，回到延安，加入中国共产党。新中国成立初期，担任北京机器总厂党总支副书记。1950年10月，参加中国人民志愿军。同年11月25日，在美军空袭中牺牲，时年28岁。

三立同志：

来信收到。你们已参加革命工作，非常高兴。你们离开三福旅馆的前一日，我曾打电话与你们，都不在家，次日再打电话时，旅馆职员说你们已经搬走了。后接到林亭同志一信，没有提到你们的“下落”。本想复他并询问你们在何处，却把他的地址连同信一齐丢了（误烧了）。你们若知道他的详细地址望告。

来信中提到舅父“希望在长沙有厅长方面位置”一事，我非常替他惭愧。新的时代，这种一步登高的“做官”思想已是极端落后的了，而尤以为通过我父亲即能“上任”，更是要不得的想法。新中国之所以不同于旧中国，共产党之所以不同于国民党，毛泽东之所以不同于蒋介石，毛泽东的子女妻舅之所以不同于蒋介石的子女妻舅，除了其他更基本的原因以外，正在于此：皇亲贵戚仗势发财、少数人统治多数人的时代已经一去不返了。靠自己的劳动和才能吃饭的时代已经来临了。在这一点上，中国人民已经获得根本的胜利。而对于这一层，舅父恐怕还没有觉悟。望他慢慢觉悟，否则很难在新的中国工作下去。翻身是广大群众的翻身，而不是几个特殊人物的翻身。生活问题要整个解决，而不可个别解决。大众的利益应该首先顾及，放在第一位。个人主义是不成的。我准备写封信将这些情形坦白告诉舅父他们。

反动派常骂共产党没有人情，不讲人情，如果他们所指的是这种帮助亲戚朋友、同乡同事做官发财的人情的话，那么我们共产党正是没有这种“人情”，不讲这种“人情”。共产党有的是另一种人情，那便是对人民的无限热爱，对劳苦大众的无限热爱，其中也包括自己的父母子女亲戚在内。当然，对于自己的近亲戚，对于自己的父、母、子、女、妻、舅、兄、弟、姨、叔是有一层特别感情的，一种与血统、家族有关的人的深厚感情的。这种特别感情，共产党不仅不否认，而且加以巩固并努力于倡导它走向正确的与人民利益相符合的有利于人民的途径。但如果这种特别感情超出了私人范围并与人民利益相抵触时，共产党是坚决站在后者方面的，即“大义灭亲”亦在所不惜。

我爱我的外祖母，我对她有深厚的描写不出的感情，但她也许现在在骂我“不孝”，骂我不照顾杨家，不照顾向家。我得忍受这种骂，我决不能也决不愿违背原则做事。我本人是一部伟大机器的一个极普通平凡的小螺丝钉，同时也没有“权力”，没有“本钱”，更没有“志向”来做这些扶助亲戚高升的事。至于父亲，他是这种做法的最坚决的反对者，因为这种做法是与共产主义思想、毛泽东思想水火不相容的，是与人民大众的利益水火不相容的，是极不公平、极不合理的。

无产阶级的集体主义——群众观点与资产阶级的个人主义——个人观点之间的矛盾，正是我们与舅父他们意见分歧的本质所在。这两种思想即在我们脑子里也还在尖锐斗争着，只不过前者占了优势罢了。而在舅父的脑子里，在许多其他类似舅父的人的脑子里，则还是后者占着绝对优势，或者全部占据，虽然他本人的本质可能不一定是坏的。

关于抚恤烈士家属问题，据悉你的信已收到了。事情已经转组织部办理。但你要有精神准备：一下子很快是办不了的。干部少事情多，湖南又才解放，恐怕会拖一下。请你记住我父亲某次对亲戚说的话："生活问题要整个解决，不可个别解决。"这里所指的生活问题，主要是指经济困难问题，而所谓整个解决，主要是指工业革命、土地改革、统一的烈士家属抚恤办法等，意思是说应与广大的贫苦大众一样地来统一解决生活困难问题，在一定时候应与千百万贫苦大众一样地来容忍一个时期，等待一个时期，不要指望一下子把生活搞好，比别人好。当然，饿死是不致于的。

你父亲写来的要求抚恤的信也收到了。因为此事经你信已处理，故不另复，请转告你父亲一下，并代我问候他。

你现在可能已开始工作了罢！望从头干起，从小干起，不要一下子就想负个什么责任。先要向别人学习，不讨厌做小事，做技术性的事。我过去不懂这个道理，曾碰过许多钉子，现在稍许懂事了——即是说□□□□□□□□不仅懂得应该为人民好好服务，而且开始稍许懂得应该怎样好好为人民服务，应该以怎样的态度为人民服务了。

为人民服务说起来很好听，很容易，做起来却实在不容易，特别对于我们这批有小资产阶级个人英雄主义的，没有□受过斗争考验的知识份子是这样的。

信口开河，信已写得这么长，不再写了。有不周之处望谅。

祝你健康！

岸英上

24/10

这是毛岸英1949年10月24日写给表舅向三立的家书。

毛岸英童年曾在外祖母向家度过，与向家亲戚感情深厚。1949年10月，正值新中国建立之初，党和国家需要大批干部，向三立来信提到表兄杨开智要求照顾，并提出当官的愿望。10月24日，毛岸英写下这封回信，阐发了共产党人为广大人民群众谋利益的思想，坚持原则，理直气壮地拒绝了舅父杨开智的不正当要求。

在家书中，毛岸英断然拒绝舅父想要在长沙谋取官职的想法，他写道："新的时代，这种一步登高的'做官'思想已是极端落后的了，而尤以为通过我父亲即能'上任'，更是要不得的想法。"他强调："皇亲贵戚仗势发财、少数人统治多数人的时代已经一去不返了。"这反映出毛岸英以一名共产党员的身份严格要求自己，没有半点优越感，从来不搞特权，清楚地表达了对共产党人品格、价值取向的正确认识。中国共产党是将人民的利益放在首位的，政策的出发点是要照顾到多数人的利益，而不是成为少数人谋取利益的手段。毛岸英不会因对亲人的爱而牺牲人民的利益，违背共产党员的原则，"'大义灭亲'亦在所不惜"。这是以民为本、全心全意为人民服务的生动诠释，更烘托出毛岸英一心为公、坦荡无私的革命者形象。字里行间反映出共产党人坚定的人民立场。

84 李骝先致父亲

（1950 年 2 月 2 日）

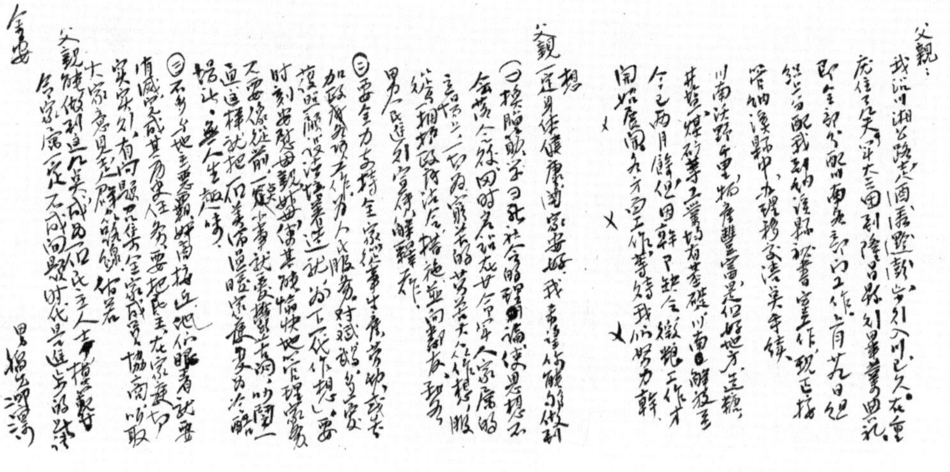

父親：

我從川湘公路走酉、秀、黔、彭[illegible]入川，已久在重庆住了[illegible]天，[illegible]大三輪到隆昌縣[illegible]典礼，即全部分配川南各部门工作。前几日组织上分配我到納溪縣秘書室工作，现正在納溪縣中办理移交清点手续。

川南沃野千里，物产豐富，是個好地方，盐、糖、煤、矿等工業均有基礎。川南自解放至今已兩月餘，但因幹部缺乏，征粮工作才開始展開，尚有工作等待我們努力幹。

想父親一定身体健康，闔家安好。我希望你能够做到：

(一)換腦筋，学习新社会的理論，使思想不会落后。同时要认识在共产党領导下人民大众的[illegible]，一切为[illegible]的[illegible]大众作想，服从[illegible]政府法令措施，並向鄰友勸导。男一定遵守你的解释作。

(二)要全力支持全家从事生产劳动，或参加政府[illegible]工作，为人民服务。对弟妹的教育，[illegible]不应该再抱着过去的[illegible]作想。要时刻安慰母親，[illegible]其愉快地管理家务。不要像从前一样，为小事就责[illegible]。因为这样就把[illegible]日[illegible]家庭[illegible]。

(三)不要[illegible]地主恶霸，[illegible]他们眼看就要消滅，[illegible]历史任务，要把地主在家庭[illegible]大家意見[illegible]，[illegible]有向[illegible]全家[illegible]協商以取得[illegible]。

父親[illegible]做到这几点，[illegible]成为[illegible]民主人士，[illegible]全家庭一定不成问题。时代是進步的。

敬祝

全安

男 骝先 二月二日

李骝先（1932—1950）

安徽无为人。1949 年 6 月，考入解放军二野军政大学。1949 年底，随部队进军大西南。1950 年 1 月底，被分配到四川省纳溪县人民政府工作，任秘书，参加征粮剿匪战斗。因内奸出卖，惨遭杀害，时年 18 岁。

父亲：

我沿川湘公路，走酉、秀、黔、彭步行入川已久。在重庆住了几天，军大三团到隆昌县行毕业典礼，即全部分配川南各部门工作。上月廿九日组织上分配我到纳溪县秘书室工作，现正接管纳溪县中，办理移交清点手续。

川南沃野千里，物产丰富，是个好地方。造糖、井盐、煤矿等工业均有基础。川南解放至今已两月余，但因干部缺乏，征粮工作才开始展开，各方面工作等待我们努力干。

想父亲一定身体健康，阖家安好，我希望你能够做到：

（一）换脑筋，学习新社会的理论，使思想不会落人之后，同时应站在革命军人家属的立场上，一切为穷苦的劳苦大众作想，服从拥护政府法令、措施，并向邻友和各界人民进行宣传解释工作。

（二）要全力支持全家从事生产、劳动，或参加政府各项工作，为人民服务。对斌、鹉[①]多爱护照顾，设法培养造就（为下一代作想）。要时刻安慰母亲、姑母，使其能愉快地管理家务，不要像从前，一点小事就爱郁苦闷，吵闹一通，这样就把一个美满温暖家庭变为冷酷场

① 斌、鹉：李骝先的弟弟李斌、五妹李芳妹。

所，无人生趣味。

（三）不多与地主、恶霸、奸商接近，他们眼看就要消灭，完成其历史任务。要把民主在家庭切实实行，有问题召集全家成员协商，听取大家意见，走群众路线。

倘若父亲能做到这几点，成为一个民主人士，模范革命家属一定不成问题。时代是进步的。此请

金安！

男骝先叩禀

二、二

这是李骝先1950年2月2日在四川纳溪写给父亲的一封家书。落笔之时，他正担任纳溪县人民政府秘书，开展征粮剿匪工作。

在家书中，李骝先告知父亲自己毕业后的工作分配情况。他认为川南地区沃野千里，物产丰富，地方工业基础稳固。但因干部缺乏，他主动担负起征粮任务。为增强家人的革命精神，尽快转变思想，李骝先条理清晰地写下对父亲的几点嘱咐。短短几句话，李骝先对家人思想和行动进步的殷切期待、对祖国和民族的热爱之情跃然纸上。令人痛惜的是，这封家书寄出后不足两月，李骝先便壮烈牺牲。但以他为代表的大批共产主义战士，始终坚持中国共产党的领导，坚持社会主义道路，在中华民族伟大复兴的道路上前仆后继，努力奋斗。

85 王建鼎致妻子

（1950年2月23日）

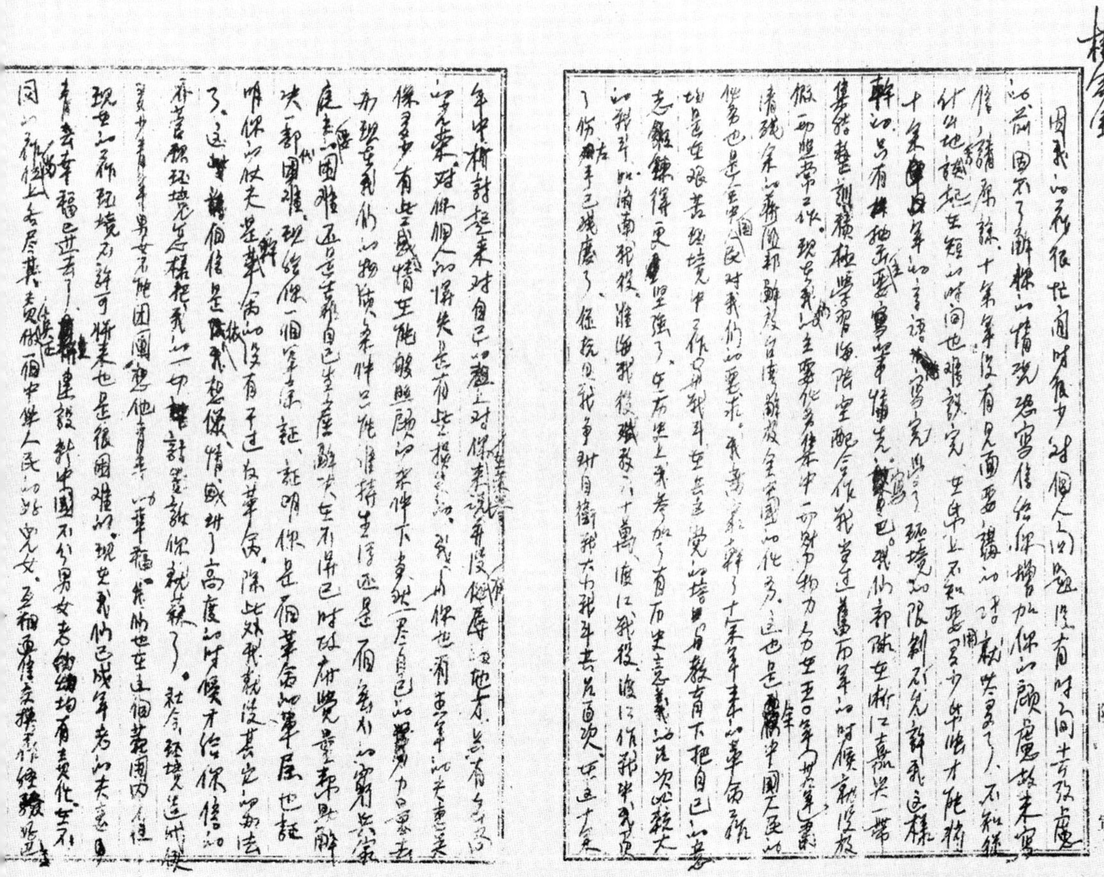

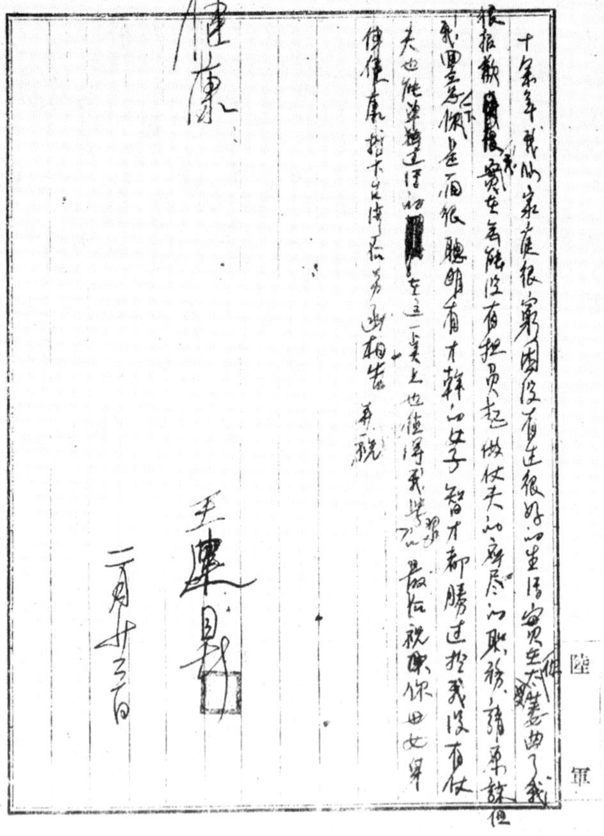

十余年我的家庭很窮困沒有過很好的生活實在太委曲了你我很抱歉我實在無能沒有担負起做丈夫的應尽的職務請原諒我回憶你是個很聰明有才幹的女子智才都勝過我我沒有你大也能洋溢達到[redacted]在這一點上也值得我學習最后祝你母女身体健康 措大生活不另函相告 並祝

健康

王凜

二月廿六日

王建鼎（1919—1951）

四川开江人。中国共产党党员。1938年11月，赴延安抗日军政大学学习。1940年6月到八路军129师工作，先后参加过百团大战、反“扫荡”战斗等。在解放战争中曾参加孟良崮战役、淮海战役、渡江作战等重要战役。历任班长、排长、营长、团参谋长等职。1951年6月10日，在抗美援朝战争中牺牲，时年32岁。

桂会全：

因我的工作很忙，闲时很少，对个人问题没有时间去考虑的。前因不了解你的情况，恐写信给你增加你的顾虑，故未写信，请原谅。十余年没有见面，要讲的话就太多了。不知从什么地方谈起，在短的时间也难说完。在纸上不知要用多少纸张才能将十余年的言语写完。受了环境的限制，不允许我这样干的，只有抽出主要的事情先写巴〔吧〕！

我们部队在浙江嘉兴一带集结整训，积极学习海陆空配合作战，当过旧历年的时候就没放假，一切照常工作。现在我们的主要任务，集中一切财力、物力、人力在五〇年肃清残余的蒋匪邦〔帮〕，解放台湾，解放全中国的任务。这也是全中国人民的任务，也是全中国人民对我们的要求。

我离家干了十余年来的革命工作，均是在艰苦环境中工作与战斗，在共产党的培〈养〉与教育下，把自己的意志锻炼得更坚强了。在历史上，我参加了有历史意义的几次比较大的战斗，如济南战役、淮海战役（歼敌六十万）、渡江战役，渡江作战中我负了伤，左手已残废了。从抗日战争到自卫战，大小战斗共几百次。在这十余年中检讨起来，对自己的〈思〉想上，对你，在荣誉来说，并没有侮辱的地方，只有无尚的光荣。对你个人的得失，是有些损失的。

我与你也有青年的夫妻关系，多少有些感情，在能够照顾的条件下当然尽自己的力量去办理。在我们的物质条件只能维持生活，还是一个无□的穷兵。家庭主要的困难还是靠自己生产解决，在不得已时政府觉〔尽〕量帮助解决一部分困难。现给你一个军属证，证明你是一个革命的军属，也证明你的仗〔丈〕夫是干革命的，没有干过反革命，除此外我就没其它的办法了。这个信是依我想像，情感到了高度的时候才给你信的。不管你环境怎样，把我的一切话告诉你就算了。社会、环境造成使多少青年男女不能团圆，想〔享〕他青年的幸福。我们也在这个范围内，不但现在的工作环境不许可，将来也是很困难的。现在我们已成年老的夫妻，青年幸福已过去了。建设新中国不分男女老幼，均有责任。在不同的工作岗位上各尽其责，真正做一个中华人民的好儿女。

互相通信交换工作经验好巴〔吧〕？当然在可能的条件下，尽量争取在〈一〉块过生活，那是再好没有了。我离家十余年，我们家庭很穷困，没有过很好的生活，实在你太受萎曲〔委屈〕了，我很报〔抱〕歉，我实在无能，没有担负起做仗〔丈〕夫的应尽的职务，请原谅。但我回意〔忆〕一下，你是一个很聪明、有才干的女子，智才都胜过于我，没有仗〔丈〕夫也能单独过活的。在这一点上也值得我学习的。最后祝你母女身体健康，打下台湾后，另函相告。并祝
健康！

王建鼎（印）

二月廿三日

这是王建鼎 1950 年 2 月 23 日在浙江嘉兴一带，写给阔别十余年

的妻子桂会全的家书。

王建鼎在家书中首先提到自己当下的工作和生活情况，指出1950年的春节部队没能放假，一直在紧锣密鼓地进行整训，着重练习海陆空配合作战，为解放台湾做准备。紧接着，王建鼎回顾自己十余年的革命生涯。家书未提及战功，连左手负伤留下终身残疾这样严重的状况也轻飘飘地一笔带过。这份波澜不惊的背后隐藏着多少硝烟笼罩下的血雨腥风？时任团参谋长的王建鼎是真正身经百战的优秀军官，战争何等残酷他怎会不知！可家书是写给久未谋面的妻子的，这触及到一个男人心中最柔软的一部分。王建鼎为追求革命理想在外艰苦奋斗多年，他自然不愿让自己至亲之人日日牵挂，时时忧心。

王建鼎随信寄给妻子一个军属证，但也很有觉悟地提醒妻子道："家庭主要的困难还是靠自己生产解决。"同时，他勉励妻子："现在我们已成年老的夫妻，青年幸福已过去了。建设新中国不分男女老幼，均有责任。在不同的工作岗位上各尽其责，真正做一个中华人民的好儿女。"这样的肺腑之言显然超越了男女之间的小情小爱，王建鼎将革命同路人的携手前行、砥砺奋进、生死相依看得更重。

王建鼎在落笔时不会预料到，形势很快发生变化，他将赴朝参与抗美援朝作战，并血洒三八线。"身既死兮神以灵，魂魄毅兮为鬼雄。"后人不会忘却革命先烈的努力和牺牲，将默默在心中为革命先烈们竖起一座座丰碑。

86 骆正体致兄姐

（1950年7月10日）

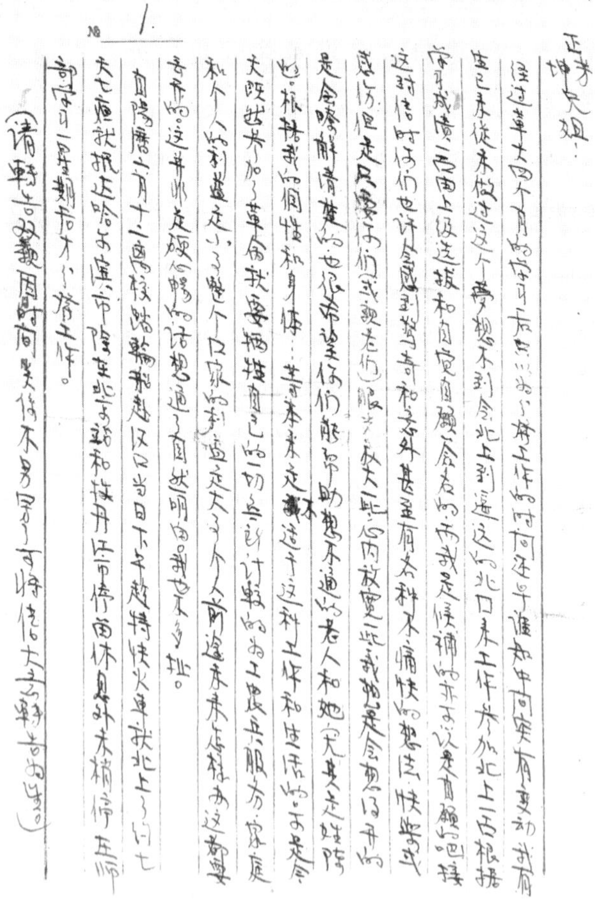

№ 1.

正芳
坤兄姐：

经过革大四个月的学习后只以为以为本工作的时间还早谁知中间突有变动我有幸已来从未做过这个梦想不到会北上到遥远的北口来工作并参加北上一团根据学习成绩一面由上级选拔和自觉自愿二个条件而我是候补的并可以说是自愿的回接这封信时你们也许会感到惊奇和意外甚至有各种不痛快的想法快乐或感伤但是只要你们或现在你们服从大多数大眼光向放宽一些我想是会想得开的是会了解清楚的也很希望你们能帮助想不通的老人和她究其是姑陆她。根据我的个性和身体……本来是不适于这种工作和生活的可是会大既然参加了革命我要牺牲自己的一切无所计较的为工农兵服务家庭和个人的利益是小了整个国家的利益是大了个人前途未来怎样为这都要去弃的。这并非是硬心肠的话想通了自然明白我也不多扯。

自阳历六月十六离校踏轮船赴汉口当日下午趁特快火车就北上了约七天七夜就抵达哈尔滨市除在北京站和牡丹江市停留休息外未稍停在路前后一星期后才分配工作。

（请转告双亲因时间关系不另写了可将信大意转告为是）

骆正体（1927—1951）

湖北枣阳人。1950 年，投笔从戎，在部队里从事文化教育工作。朝鲜战争爆发后，加入中国人民志愿军炮兵部队，在某团担任文化教员。1951 年，入朝参战，曾深入敌营，获得重要情报。同年 4 月 5 日，遭敌机轰炸，不幸牺牲，时年 24 岁。

正芳、正坤兄姐：

经过革大四个月的学习后，只以为分发工作的时间还早，谁知中间突有变动。我有生以来从未做过这个梦，想不到会北上到遥远的北国来工作。参加北上，一面根据学习成绩，一面由上级选拔和自觉自愿签名的，而我是候补的，亦可说是自愿的吧！接这封信时，你们也许会感到惊奇和意外，甚至有各种不痛快的想法，快乐或感伤，但是只要你们（或亲老们）眼光放大一些，心内放宽一些，我想是会想得开的，是会了解清楚的，也很希望你们能够帮助想不通的老人和她（尤其是姓陈的）。根据我的个性和身体……等，本来是不适于这种工作和生活的。可是今天既然参加了革命，就要牺牲自己的一切，无所计较的为工农兵服务，家庭和个人的利益是小事，整个国家的利益是大事，个人前途未来怎样办，这都要丢弃的。这并非是硬心畅〔肠〕的话，想通了自然明白。我也不多扯。

自阳历六月十二离校，踏轮船赴汉口，当日下午趁特快火车就北上了，约七天七夜就抵达哈尔滨市，除在北京站和牡丹江市停留休息外未稍停，在师部学习一星期后才分发工作。

此次由中南局调来大批青年学生，中南军大、湖南军大、建设学院、中原大学、革命大学等学校共来一千多人，政府准备调来十年〔万〕青年在百万国防军（四野）中利用三年的时间扫除部队中的文盲，一般的战士提高到高小毕业的程度，营团级干部提高到初中毕业，团师级干部提高到高中毕业的程度，卷入〈这〉个文化建设的热潮，建立近代化的国防军。这次根据程度高低，能力志趣等，我们有的干政治文化工作团，财经管理，教育医务……等工作，三五年后根据局势的发展和需要，再施行转业退伍，轮流还乡……只要坚决为工农兵服务，未来不会有失业不幸的痛苦的。初来时不服水土，吃不惯高粱和包谷米，多少有点痛苦，过冬也惯了，打破了顾虑，安定了心情。

经过万里行程，沿途所见惟有河南北部及黄河两岸等地比较凄惨。那的多半是荒原千里，地广人稀，中原之战给一般人民痛苦太大了，他们有的没有耕牛，只得用一个人掌着犁，四五个男女在前面拉，这样翻土种地，没有人打麦用拖石滚打场，黄河两岸的人民可说最苦了。河北省开的荒地最多，老少无闲人，老百姓的生活十分快乐。在北京丰台车站停了半天，那里人对人非常客气，可视他们一般的政治觉悟都很高，政府在此省到底是不同些。十五日转哈市，快车过山海关和秦皇岛，这里有些地方工业还好，有些地方经过战争破坏，可真不忍看了。那里工人成千，多半都很忙碌的工作。锦州至沈阳道路上是一片荒凉，这儿是打过数次大战的大好山河，无人耕种，荒草没人径，广大山坡白骨磷磷，破车倒房，随处可见。车到沈阳近郊，只见烟冲〔囱〕如林，烟雾满天，尽是大工厂，可说是社会未来美景。据说这里比日本在这时工业还要发达，千万劳动人们在生产在忙碌工作，到处是一片新气象。

东北天气比较寒冷，每天早晚还要盖棉被穿棉衣，麦子刚才扬花出穗。这里土地特别肥，种庄稼从来不要上粪的，老百姓生活过得很好，每年收的粮食吃不完，喂猪也用粮食，很小的家有时可用到电灯，普遍都喂两三匹马或牛，大山内到处是草，也不愁吃，到处是柴，也不愁烧，到处都是地，想种多少都可，一家喂两三个大猪羊，真是太富有了。可惜是人口太少，电灯电话多，宽的大街合着眼走碰不倒〔到〕人。成千万的解放军同志在广大的土地上，展开了大生产运动，上级今秋每人要缴纳二千五百斤公粮，现在全军开了两万多亩，秋后保证超过生产任务。另外还要分利，一部分参加国营集体农场种地，还有进行掏沙金的，每人每天可得一万人民币的黄金。还有进行伐木的，遍山都是二人合抱的大树，此地真是太富了。现在的军人可真变了样啦，他们在前线能打仗，在后方又能生产。这里交通也很便利，老百姓小学生好多都坐火车汽车上学或下地，犁地用洋犁或拖拉机。因为粪没地方消，所以有些地方或乡村很脏，苍蚊成堆。十月秋收后，全军卷入文化学习，开始正规学校生活，使军队学校化。解放军要求受教育是他们的权利，为他们服务教育他们，识字是知识青年应该做和必需的事。我虽然才出学校，毫无才智能力和办事经验，可是我尽我最大努力去为他们服务工作，相信是会有办法的。今后工作或许会很忙，无时间写信时，希望你们并转告亲友长老要谅解。希常来信指教交流学习心德〔得〕。

此敬

革命敬礼！

愚弟正体

于桦南军营

阳七、十日

请转告双亲，因时间关系不另写了，可将信大意转告为望。

请安慰、问候长者等，恕不另复；请告钦弟住址为盼。

补：我很希望你们能参加短期的轮训班，以有利你们二位思想的改造，认识过去和现在的社会和国家，这实在太重要了。

这是骆正体1950年7月10日在桦南军营，写给哥哥骆正坤和姐姐骆正芳的家书。

1950年，骆正体从革命大学毕业后，毅然决定投笔从戎，到人民军队从事文化教育工作。在家书中，骆正体告诉哥哥和姐姐自己选择北上参军的种种缘由，希望他们能够从内心深处接受自己的选择并做好其他亲属的思想工作，表示："既然参加了革命，就要牺牲自己的一切，无所计较的为工农兵服务，家庭和个人的利益是小事，整个国家的利益是大事。"他还述说了自己北上工作的辗转奔波和在途中的所见所闻。中原地区的贫瘠荒凉与东北地区的繁华富庶形成鲜明对比，这一点给骆正体留下深刻印象。此外，他还告诉兄姐自己在军队中的具体任职，表示会尽自己最大努力去为人民军队服务。在家书最后，骆正体嘱咐兄姐代自己向家人问好，并勉励他们参加短期轮训班，提高自己的思想觉悟，以便更好地建设国家、服务社会。一个二十几岁的革命战士，能有这样的认识、这样的觉悟、这样的境界，令人敬佩。

87 况重晚致哥哥

（1951 年 6 月 5 日）

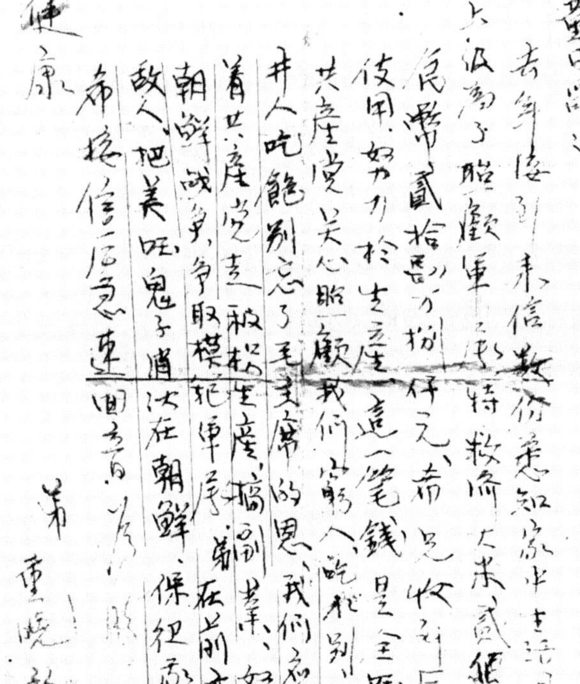

哥哥：

去年接到來信，敬悉知家中生活困難，

上級為了照顧軍屬，特救濟大米貳佰斤，折

人民幣貳拾萬元，希兄收到後，簡省

使用，努力於生產，這一筆錢是全體人民節

共產黨關心照顧我們窮人，吃飽別忘了掘

井人，吃飽別忘了毛主席的恩，我們應永遠跟

着共產黨走，積極生產，搞副業，努力支援

朝鮮戰爭，爭取模範軍屬，弟在前方多殺

敵人，把美帝鬼子消滅在朝鮮，保衛我們祖國。

希接信後急速回音，此致

健康

弟 重晚 啟

6月5日

况重晚（1913—1952）

江西高安人。中国共产党党员。1946 年，被国民党军队抓壮丁，在 1948 年的辽沈战役中，弃暗投明，加入中国人民解放军。1950 年 10 月，参加中国人民志愿军，赴朝参战。1952 年 7 月，在反细菌战中壮烈牺牲，时年 39 岁。

重日哥哥：

去年接到来信数份，悉知家中生活困难，上级为了照顾军属，特救济大米贰百斤，折人民币贰拾肆万捌仟元，希兄收到后尚为伎〔支〕用，努力于生产。这一笔钱是全国人民与共产党关心照顾我们穷人，吃水别忘了淘井人，吃饱别忘了毛主席的恩，我们应永远跟着共产党走，积极生产，搞副业，努力支援朝鲜战争，争取模范军属。弟在前方多杀敌人，把美国鬼子消灭在朝鲜，保卫我们祖国。希接信后急速回音为盼。祝

健康！

弟重晚启

1951 年 6 月 5 日

这是况重晚 1951 年 6 月 5 日写给哥哥况重日的家书。

况重晚的这封家书，朴素的语言之中饱含着真挚的感情——对家人的眷念，对国家的责任，对人民的热爱，对党的忠诚……这些感情凝成一句发自内心的话："吃水别忘了淘井人，吃饱别忘了毛主席的恩，我们应永远跟着共产党走。"况重晚曾经被抓壮丁，当过国民党军队的兵，对国民党军队军纪涣散、军官打骂士兵等司空见惯的现象深恶痛绝；加入中国人民解放军后，看到部队纪律严明，将领爱兵如

子，况重晚深受触动。从家书中能够看出，党和政府对自己家庭的关心照顾使况重晚内心十分感动。他嘱咐家人要感谢党和人民的恩情，一心一意跟党走，积极生产，支援前线，争当模范军属。

在况重晚的心目中，没有共产党的领导，就没有国家的独立、人民的解放和每一个家庭的幸福。他对党的绝对忠诚，既是出于朴素直接的感恩心理，又是出于冷静思考的理性认识。况重晚的这封家书，饱含着对党的无限忠诚和深情，是进行党史学习教育的生动教材。

88 黄继光致母亲

（1952 年 4 月 29 日）

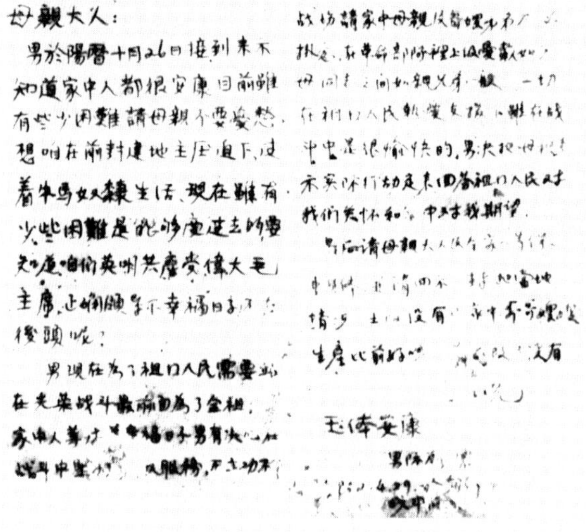

母親大人：

男於陽曆十月26日接到來[illegible]知道家中人都很安康，目前雖有些少困難，請母親不要憂愁。想咱在前封建地主压迫下，过着牛馬奴隸生活，現在雖有少些困難，是能够度过去的，要知道咱們英明共產黨偉大毛主席，正領[illegible]幸福日子[illegible]後頭呢！

男現在為了祖國人民需要，站在光榮战斗最前面，為了全祖[illegible]家中人享[illegible]幸福日子，男有决心[illegible]战斗中[illegible]服務，[illegible]立功[illegible]

战场，請家中母親[illegible]

[illegible]

[illegible]一切

[illegible]

[illegible]很愉快的，男决把[illegible]

[illegible]祖國人民对

我們[illegible]期望。

男[illegible]請母親大人[illegible]

[illegible]

[illegible]

生產比前好[illegible]沒有

[illegible]

玉体安康

男[illegible]

[illegible]4.29[illegible]

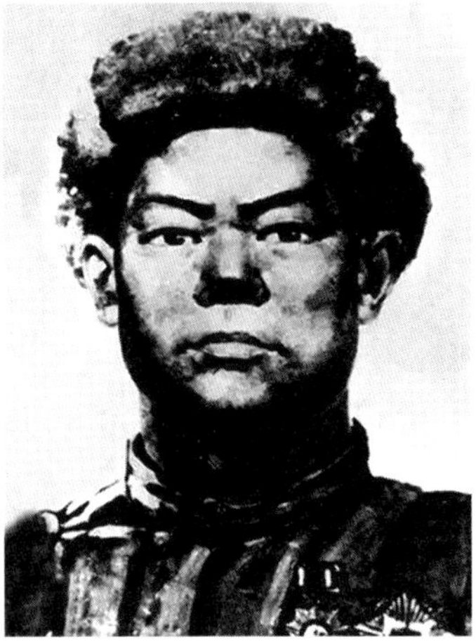

黄继光（1931—1952）

原名黄积广，四川中江人。1951年，参加中国人民志愿军。1952年，加入中国新民主主义青年团。同年10月19日，在上甘岭战役夺取某高地的战斗中，用胸膛堵住敌地堡机枪射孔，为保证部队攻克高地而壮烈牺牲，时年21岁。部队党委追认他为中国共产党党员。中国人民志愿军总部为他追记特等功，授予“中国人民志愿军特级战斗英雄”称号。

母亲大人：

男于阳历十月26日接到来示，知道家中人都很安康，目前虽然有些少困难，请母亲不要忧愁。想咱在前封建地主压迫下，过着牛马奴隶生活，现在虽有少些困难，是能够度过去的。要知道咱们英明共产党伟大毛主席正确领导下，幸福的日子还在后头呢！

男现在为了祖国人民需要，站在光荣战斗最前面，为了全祖国家中人等过着幸福日子，男有决心在战斗中坚持为人民服务，不立功不下战场。请家中母亲及哥嫂弟弟不必挂念，在革命部队里，上级爱护如父母，同志之间如亲兄弟一般，一切在祖国人民热爱支援下，虽在战斗中，是很愉快的。男决把母亲□示实际行动来回答祖国人民对我们关怀和家中对我期望。

最后请母亲大人及全家人等保重身体，并请回示一封，把当地情况、土改没有，及家中哥哥嫂嫂生产比前好吗？

敬祝

玉体安康！

男继光禀

1952.4.29 于朝鲜战斗前

这是黄继光1952年4月29日写给母亲邓芳芝的家书。

黄继光父亲早逝，跟随母亲一起生活，和母亲的感情极深。1951年10月26日，他接到家书，得知母亲因家中生活困难而担忧，黄继光写来回信，安慰母亲，字里行间体现出参军离家后对母亲的深切挂念。

家书也充满着民族大义和爱国情怀。黄继光出身于贫苦农民家庭，10岁就给地主打长工，在封建地主的压迫下，过着奴隶般的生活，直到跟着共产党、毛主席闹革命，才最终得到解放。为了巩固革命的胜利果实，为了捍卫新生的人民政权，1951年3月，他积极响应祖国的召唤，参加了中国人民志愿军，投入到保家卫国的抗美援朝战争中。在家书中，他写道："为了祖国人民需要，站在光荣战斗最前面，为了全祖国家中人等过着幸福日子，男有决心在战斗中坚持为人民服务，不立功不下战场。"一字一句，铿锵有力，荡气回肠，充分展现出黄继光为国献身、不怕牺牲的崇高精神。

89 康致中致妻子

（1953 年 3 月 4 日）

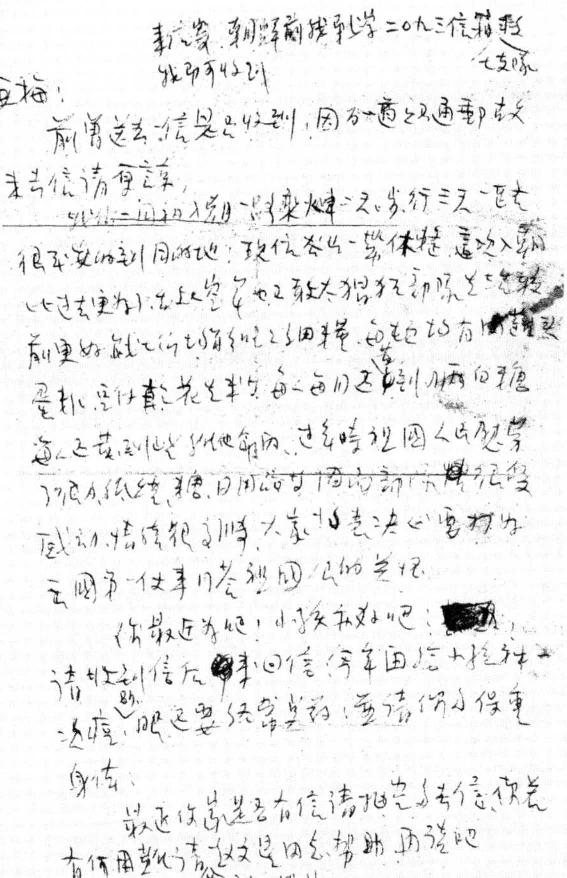

寄交家 朝鲜前线军邮二〇九三信箱转 七支队
康致中收

亚梅：

前曾送去一信是否收到，因为一直也没通邮故未去信请原谅，

我们二月初入朝一路乘火车二天，步行三天一直走很平安的到目的地，现住在山一带休整，这次入朝比过去更有信心，上至首长下至战士[illegible]部队生活较前更好，战士们每人每日吃三两细粮，每月均有[illegible]罐头、香烟、花生米等，每人每月还发到一两白糖，每人还发到慰问品，这是祖国人民慰劳[illegible]纸烟、糖、日用品等[illegible]

[illegible]大家都表决心要打好在国外第一仗来回答祖国人民的关怀。

你最近好吧！小孩都好吧！[redacted]，请收到信后来回信，[illegible]

[illegible]还要经常来信，并请你多保重身体。

最近你若是有信请把它寄去信[illegible]有何困难请[illegible]帮助解决吧

祝你好

致中 三月四号十一时

康致中（1919—1953）

陕西西安人。1937 年 2 月，参军入伍。同年，加入中国共产党，并进入延安抗日军政大学学习。1953 年 1 月 22 日，入朝参战，参与春季反登陆战役准备和夏季进攻战役。同年 6 月 26 日，遭美机轰炸牺牲，时年 34 岁。

来信寄，朝鲜前线战字二〇九三信箱七支队转，我即可收到。

亚梅：

前曾送去一信，是否收到？因为一道上不通邮，故未去信，请原谅。

我们二月初入朝，一路乘火车二天、步行三天，一路很平安的到目的地！现住谷山一带休整。这次入朝比过去更好了，敌人空军也不敢太猖狂。部队生活较前更好，战士们均能吃上细粮，每顿均有肉罐头、蛋粉、豆腐干、花生米等，每人每月还发到四两白糖。每人还发到些维他命丙。过年时祖国人民慰劳了很多纸烟、糖、日用品等。因而部队很受感动，情绪很高涨，大家均表决心要打好出国第一仗，来回答祖国人民的关怀。

你最近好吧？小孩亦好吧？

请收到信后来回信。今年再给小孩种一次痘，沙眼还要经常点药，并请你多保重身体。

最近你家是否有信？请抽空多去信。你若有何困难，请告赵文星同志帮助。再谈吧。

祝你好！

致中

三月四号十一时

这是康致中1953年3月4日在朝鲜战场写给妻子高亚梅的家书。1953年1月，中国人民志愿军第1军第7师第19团团长康致中率部入朝参战，到达预定作战地点后，为了让妻子了解自己在朝鲜的情况，写下了这封家书。

在家书中，康致中告诉妻子这次入朝十分顺利，经过5天的长途跋涉后，自己已经平安到达目的地。他还指出自己在部队上的生活有了很大改善，不仅能够吃到细粮，而且还有各种肉制品和营养品，而这很大程度上都来自于祖国人民的大力支持。所以，为了回报祖国和人民，康致中下定决心，一定要尽最大努力作战，取得战斗的胜利。他还亲切地询问了妻儿最近的生活状况，嘱咐妻子要多加注意自己和孩子的身体健康。

家书深切地展现了康致中对妻儿的关心和思念，抒发了他对祖国和人民的深厚感情，生动地表现了一名志愿军指挥员为保家卫国而奋斗到底的坚定决心和可贵品质。

90 杜耀亭致妻子

（1953 年 5 月 26 日）

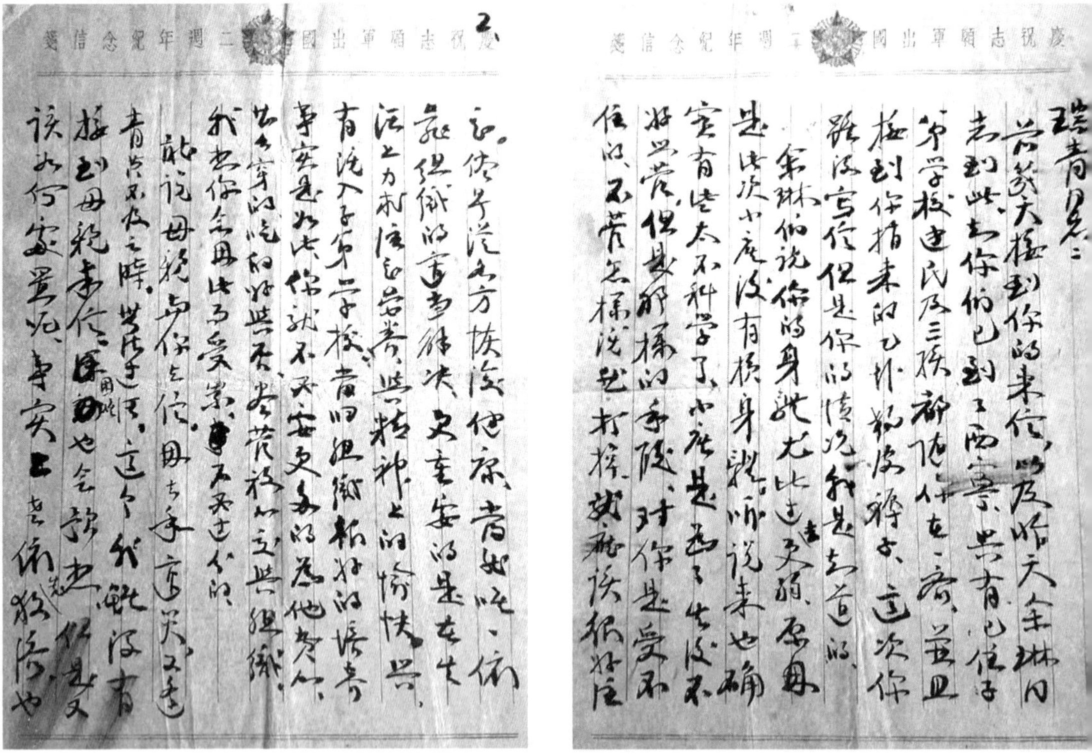

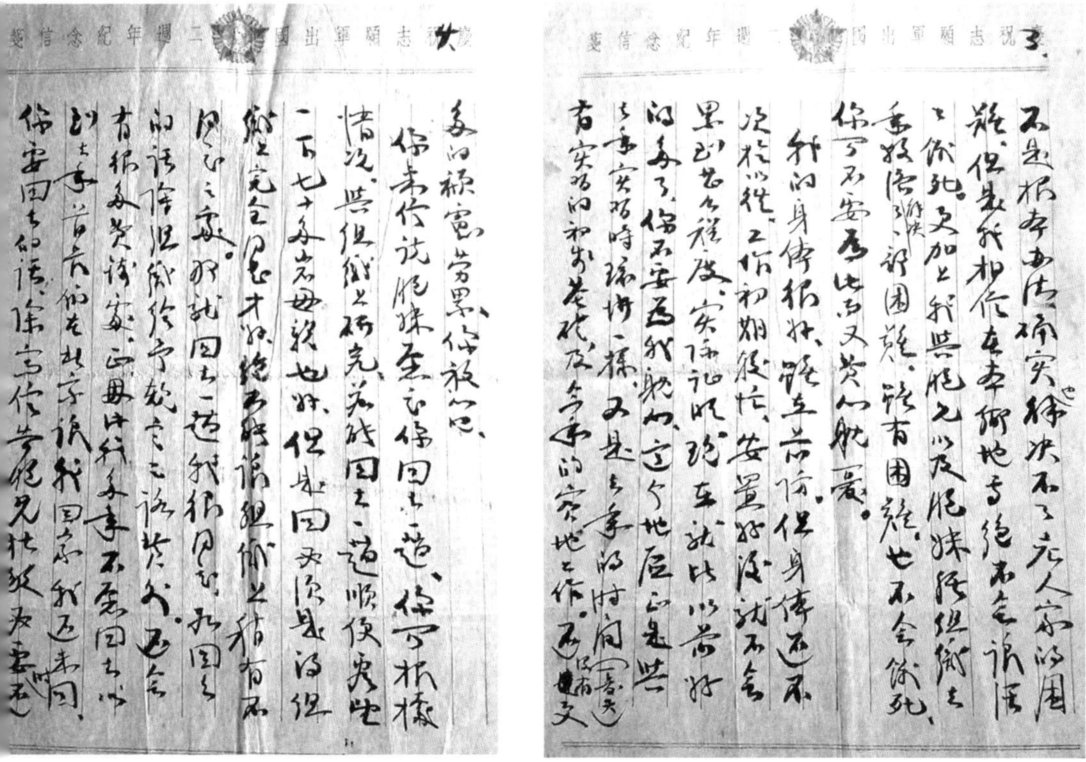

杜耀亭（1917—1953）

山西崞县人。1937 年，参加八路军，次年加入中国共产党。1953 年 1 月，随部队入朝作战，任志愿军 1 军 7 师后勤处处长，参加了春季反登陆战役和夏季进攻战役。同年 7 月 26 日，在朝鲜前线牺牲，时年 36 岁。

瑞青同志：

前几天接到你的来信，以及昨天余琳同志到此，知你们已到了西宁，兴有已住子弟学校，建民及三孩都随你在一齐，并且接到你捎来的一块狗皮褥子。这次你虽没写信，但是你的情况我是知道的。

余琳们说你的身体尤比过去更弱，原因是此次小产后有损身体，听说来也确实有些太不科学了。小产是为了生后不好□管，但是那样的手段，对你是受不住的。不管怎样，既然打掉，就应该很好注意，尽早从各方恢复健康。当然啦，依靠组织的适当解决，更重要的是在生活上力求注意营养与精神上的愉快。兴有既入子弟学校，当归组织极好的培养，事实是如此，你就不必要更多的为他费心，什么穿的、吃的好与否，尽管放心交与组织。我想你会因此事受累，不必过分的。

听说母亲与你去信。因去年遭灾，又逢青黄不及之时，无法过活。这个我虽没有接到母亲来信，困难也会预想。但是又该如何处置呢，事实上老依靠救济也不是根本办法，确实也解决不了老人家的困难。但是我相信在本乡地面绝不会让活活饿死，更加上我与胞兄以及胞妹经组织去年救济，解决了一部困难，虽有困难，也不会饿死，你可不要为此而又费心担忧。

我的身体很好，虽在前方，但身体还不次于以往。工作初期较忙，安置好后就不会累到甚么程度。实际证明，现在就比以前好的多了，你不要为我担心。这个地区正是与去年实习时环境一样，又是去年的时间（夏天），有实习的初步基础及今年的实地工作，还没有更多的顾虑劳累，你放心吧。

你来信说胞妹愿意你回去一趟，你可根据情况与组织上研究，若能回去一趟，顺便看望一下七十多岁母亲也好。但是，回必须是得组织上完全同意才好，绝不能让组织上稍有不同意之处。那就回去一趟，我很同意。如回去的话，除组织给予规定之路费外，还会有很多费钱处。正因此，我多年不愿回去。□到去年首长们在北京，让我回家，我还未回。你要回去的话，除写信告胞兄杜敏，必要时还得让家兄国英帮助一下。如果借了他的款子时，多少数，就告诉我，以便由我补还他。

杜敏仍在中南军区干部部，你可去信。我昨天写过一信。胞妹的信我不另写了，你写信时代问。国英在兰州畅家巷，门牌二百六十号。

尚斌们都好，李洵、向叔珍们也来了。

雪原、友贞、瑞华、学琴代问候好，不另写信，因他们有人去信提，不再谈。

好好注意身体！

耀亭

5.26

这是杜耀亭1953年5月26日在朝鲜前线写给妻子吕瑞清的家书。1953年1月，杜耀亭奉命随部队入朝参战。5月，志愿军发起夏季进攻战役，是我军在抗美援朝战争中规模最大的一次阵地进攻战役。战事正酣之际，杜耀亭匆匆写下这封家书。

在家书中，杜耀亭十分关心妻子小产后的身体状况，也牵挂着家中生活困难的老母亲，但他深信当地党组织会给予妥善的照顾。至于已入住子弟学校的孩子，他更是放心，让妻子“尽管放心交与组织”，表现出对党组织无条件的信任。当妻子为回家一趟的事情征求他意见时，他首先要求妻子去和党组织商量，说道：“必须是得组织上完全同意才好，绝不能让组织上稍有不同意之处。”唯有组织上先同意了，他才能够应允。杜耀亭并非不孝敬自己的母亲，他时刻谨记自己是一名革命军人、共产党员，要自觉遵守党的纪律，不能自由散漫，犯个人主义错误。他不仅严于律己，处处按组织制度办事，对家人也是同样的高标准、严要求，展现了一名模范共产党员高度的组织纪律性。

杜耀亭自觉做到了在思想上认同组织，在工作上服从组织，在情感上信赖组织，始终对党的事业忠心耿耿，从不计较个人得失，保持了艰苦奋斗、全心全意为人民服务的本色，丝毫没有辜负党和人民的信任。

91 雷锋致三叔

（1962 年 6 月 26 日）

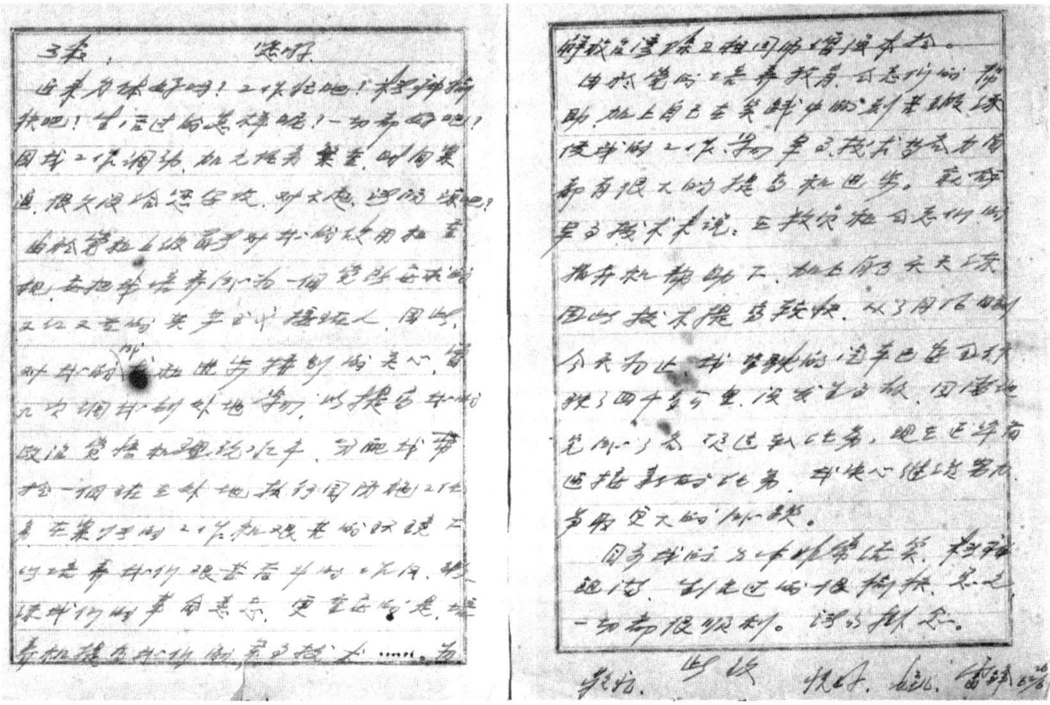

雷锋（1940—1962）

原名雷正兴，湖南长沙人。1957 年，加入中国新民主主义青年团。1958 年后，先后在团山湖农场、鞍山钢铁厂和鞍钢弓长岭矿山等地工作。1960 年 1 月，参加中国人民解放军。同年 11 月，加入中国共产党。荣立二等功一次，三等功三次，团、营嘉奖多次。1962 年 8 月 15 日，在执行运输任务时不幸遇难，时年 22 岁。

三叔：

您好！

近来身体好吗？工作忙吧？精神愉快吧？生活过的怎样呢？一切都好吧？因我工作调动，加之任务繁重，时间紧迫，很久没给你写信，对不起，请原谅吧！

由于党和上级首长对我的信用和重视，要把我培养成为一个党所要求的又红又专的共产主义接班人，因此，对我的成长和进步特别的关心。曾几次调我到外地学习，以提高我的政治觉悟和理论水平，分配我带领一个班在外地执行国防施工任务，在紧张的工作和艰苦的环境下以培养我们艰苦奋斗的作风，锻炼我们的革命意志，更重要的是培养和提高我们的军事技术……为解放台湾、保卫祖国而增强本领。

由于党的培养教育，同志们的帮助，加上自己在实践中的刻苦锻炼，使我的工作、学习军事技术等各方面都有很大的提高和进步。就拿军事技术来说，在教员和同志们的指导和帮助下，加上自己天天练，因此技术提高较快。从 3 月 16 日到今天为止，我驾驶的汽车已安全行驶了四千多公里，没发生事故，圆满地完成了各项运输任务。现在正准备迎接新的任务，我决心继续努力，争取更大的成绩。

目前我的身体非常结实，精神饱满，生活过得很愉快，总之一切都很顺利。请勿挂念。

此致

敬礼！

祝好！

侄儿雷锋

62/6/26

这是雷锋1962年6月26日写给三叔雷明光的家书。

雷明光是雷锋家乡亲人中收到他家书最多的一位，也是他最为亲近的人。雷锋成为孤儿后，曾在三叔家生活过两年，三叔给予他无微不至的照顾，让他真正感受到家庭的温暖。雷锋入伍远离家乡后，每当自己有好消息时，都会给三叔写信报喜。

在这封家书中，雷锋首先向三叔表达最真挚的问候，真切地展现了对三叔的牵挂与敬爱。他表示自己长时间未能来信，是因为按上级要求带领一个班的战士去外地执行国防施工任务了，字里行间透露出他长时间未给三叔写信的愧疚之情。接下来，雷锋向三叔汇报了自己的工作情况，并向三叔表示，自己“决心继续努力，争取更大的成绩”，展现出雷锋从不躺在功劳簿上，对待工作精益求精、严格要求、永不满足的钻研和拼搏精神。通过这封家书，雷锋真实的内心世界跃然纸上，让我们明白雷锋是如何将“我活着就是为了使别人过得更美好”作为一句誓言贯彻生命始终的。

1963年3月5日，毛泽东主席题词“向雷锋同志学习”，此后每年的3月5日都成为“学雷锋日”。雷锋的一生虽然短暂，但他在平凡中铸就伟大，诠释了“人的生命是有限的，可是为人民服务是无限的，我要把有限的生命投入到无限的为人民服务之中去”这句至理名言的真谛。雷锋是时代的楷模，雷锋精神是永恒的，是中华民族宝贵的精神财富，将永远激励着中华儿女在新时代奋勇前进。

92 郭永怀致女儿

（1968 年 11 月 3 日）

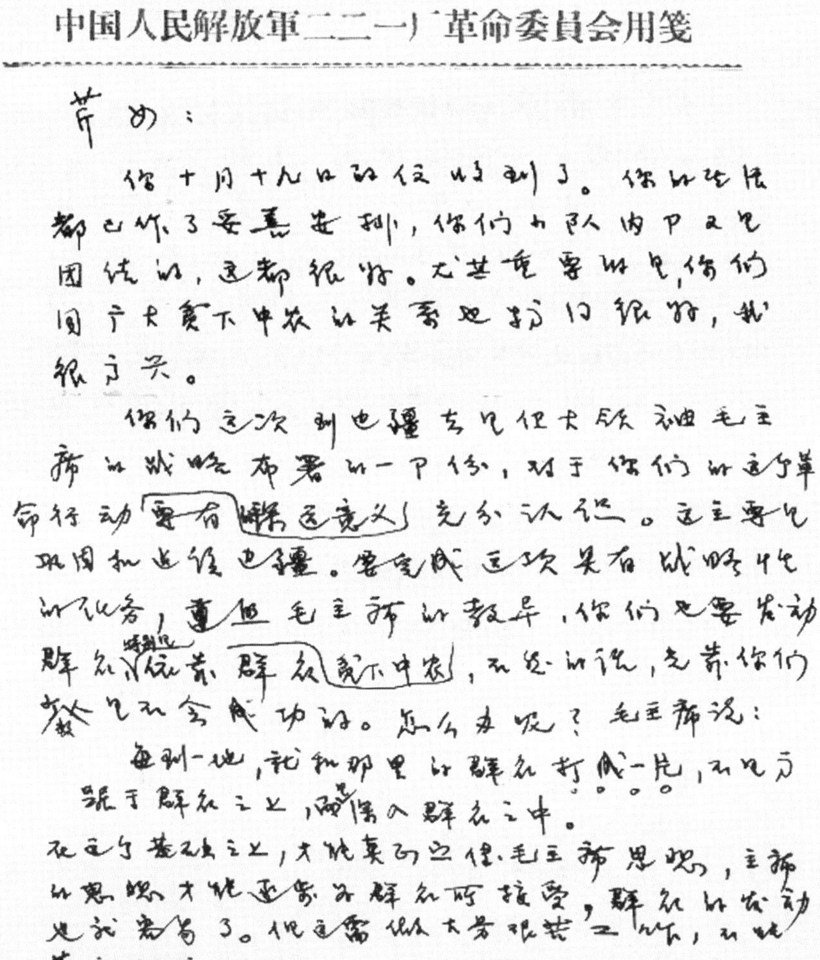

中国人民解放軍二二一厂革命委員会用箋

芹芹：

你十月十八日的信收到了。你的生活都已作了妥善安排，你们小队内部又是团结的，这都很好。尤其重要的是，你们同广大贫下中农的关系也搞得很好，我很高兴。

你们这次到边疆去是伟大领袖毛主席的战略布署的一部分，对于你们的这个革命行动要有深远意义充分认识。这主要是巩固和建设边疆。要完成这项具有战略性的任务，遵照毛主席的教导，你们也要发动群众，特别是依靠群众贫下中农，不然的话，光靠你们数量是不会成功的。怎么办呢？毛主席说：

每到一地，就和那里的群众打成一片，不是高踞于群众之上，而是深入群众之中。

在这个基础之上，才能真正宣传毛主席思想，主席的思想才能逐步为群众所接受，群众的发动也就容易了。但这需做大量艰苦工作，不能等闲视之。

中国人民解放軍二二一厂革命委員会用箋

为了更好地宣传毛泽东思想、鼓足群众干劲，你们的毛泽东思想宣传队，还要组织起来。你们那里是人少地多的地方，是不缺水，化肥是不够的。你们应该制订冬季工作规划，重点是为明年增产作好准备（如整田、积肥、修水利、等）。解决公共积累不断增加的问题，除大力增加粮食之外，还要发展付业，如养猪、山区种植油料作物、水果、等。你们应该调查研究一番，看看农业农民的方向究竟是什么？

布鞋暂没有，你是否要了脚样寄来？待有了货一定买。这里有一种翻皮棉鞋，本想代你买一双，因为尺寸没有，没敢买。

手好了没有？初劳动时要注意，过猛和粗心是一样的，都是不对的。这一定要向贫下中农学习。

爸爸 3/11

郭永怀（1909—1968）

山东荣成人。著名力学家、应用数学家，我国近代力学事业奠基人之一，唯一以烈士身份被追授“两弹一星”功勋奖章的科学家。1935 年，毕业于北京大学物理系并留校攻读研究生。1940 年出国，先后在加拿大、美国留学，获美国加州理工学院博士学位，后任美国康奈尔大学教授。1956 年，放弃美国优渥的工作和生活条件回到祖国，为我国科学教育事业和国防科技事业的发展作出卓越贡献。1961 年，加入中国共产党。1968 年 12 月 5 日，因飞机失事牺牲，用生命保护了祖国的核机密，时年 59 岁。

芹女：

你十月十九日的信收到了。你的生活都已作了妥善安排，你们小队内部又是团结的，这都很好。尤其重要的是，你们同广大贫下中农的关系也搞得很好，我很高兴。

你们这次到边疆去是伟大领袖毛主席的战略布署的一部份，对于你们的这个革命行动的深远意义要有充分认识。这主要是巩固和建设边疆。要完成这次具有战略性的任务，遵照毛主席的教导，你们也要发动群众，特别是依靠贫下中农群众，不然的话，光靠你们少数人是不会成功的。怎么办呢？毛主席说：“每到一地，就和那里的群众打成一片，不是高踞于群众之上，而是深入〈于〉群众之中。”

在这个基础上，才能真正宣传毛主席思想，主席的思想才能逐步为群众所接受，群众的发动也就容易了。但这需做大量艰苦工作，不能等闲视之。

为了更好地宣传主席思想，鼓午〔舞〕群众干劲，你们的毛泽东思想宣传队，还应组织起来。你们那里是人少地多的地方，总不缺水，但肥是不够的。你们应该拟写冬季工作规划，重点是为明年增产作好准备（如整田、积肥、修水利等）。解决公共积累不断增加的问题，除大力增加粮食之外，还要发展付业，如养猪，山区种植油料作物、水果等。你们应该调查研究一番，看看农业发展的方向究竟是什么。

布鞋暂没有，你是否画个脚样寄来？待有了货一定买。这里有一种翻皮棉鞋，本想代你买一双，因为尺寸没有，没敢买。

手好了没有？初劳动时要注意，过猛和粗心是一样的，都是不对的。这一定要向贫下中农学习。

爸爸

3/11

这是郭永怀 1968 年 11 月 3 日写给女儿郭芹的最后一封家书。当时，年仅 17 岁的郭芹正在内蒙古农区插队。一个月后，郭永怀因飞机失事而牺牲，再也无法兑现为女儿买布鞋的承诺，留下永远的遗憾。

家书中，郭永怀告诫女儿要发扬艰苦奋斗、无私奉献的精神。然后，围绕着怎样完成这项艰巨的任务，他进一步指出，应与群众打成一片，“特别是依靠贫下中农群众”。只有主动深入到群众中间去，着手发动群众，才能真正宣传毛主席思想。郭永怀还叮嘱女儿要注意调查和研究群众最关心的农业发展问题，只有急群众之所急，解群众之所忧，时刻把群众利益放在首位，才能鼓舞起群众的干劲，实现巩固和建设边疆的最终目的。

郭永怀用自己为人民服务的实际行动为女儿做了榜样——他毅然

回到百废待兴的祖国，献身国防科技事业，不计名利，孜孜求索。著名“两弹一星”元勋、中国航天事业奠基人钱学森先生提到郭永怀时称赞道：“作为我们国家的一个科学技术工作者，作为一个共产党员，活着的目的就是为人民服务，而人民的感谢就是一生最好的评价。”

93 代友洪给父母亲的遗书（节录）

（1984年4月23日）

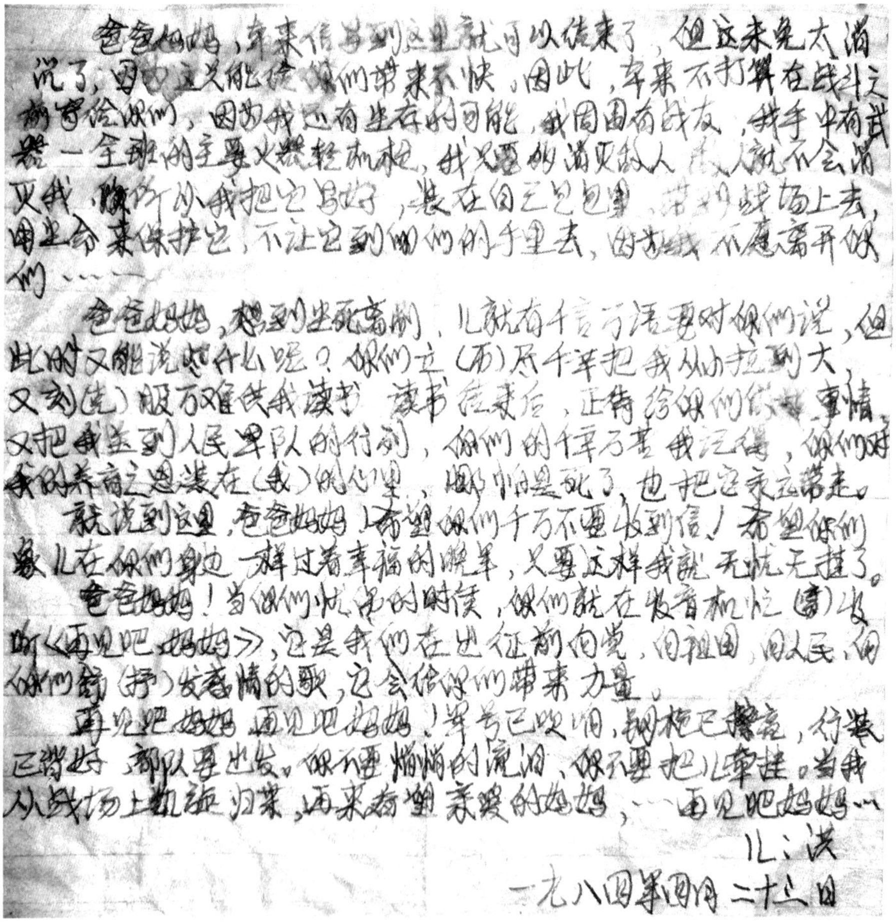

爸爸妈妈，本来信写到这里就可以结束了，但这未免太消沉了，因为这只能给你们带来不快，因此，本来不打算在战斗之前寄给你们，因为我还有生存的可能，我周围有战友，我手中有武器——全班的主要火器轻机枪，我只要能消灭敌人，敌人就不会消灭我，所以我把它写好，装在自己的包里，带到战场上去，用生命来保护它，不让它到敌人的手里去，因为我不愿离开你们……

爸爸妈妈，想到生死离别，儿就有千言万语要对你们说，但此时又能说些什么呢？你们立（历）尽千辛把我从小拉到大，又克（克）服万难供我读书，读书结束后，正待给你们做点事情，又把我送到人民军队的行列，你们的千辛万苦我记得，你们对我的养育之恩装在（我）的心里，哪怕是死了，也把它永远带走。

就说到这里，爸爸妈妈！希望你们千万不要收到信！希望你们象儿在你们身边一样过着幸福的晚年，只要这样我就无忧无挂了。

爸爸妈妈！当你们忧伤的时候，你们就在收音机旁（旁）收听《再见吧，妈妈》，它是我们在出征前向党、向祖国、向人民、向你们敬（抒）发衷情的歌，它会给你们带来力量。

再见吧妈妈，再见吧妈妈！军号已吹响，钢枪已擦亮，行装已背好，部队要出发。你不要悄悄地流泪，你不要把儿牵挂。当我从战场上凯旋归来，再来看望亲爱的妈妈……再见吧妈妈……

儿：洪

一九八四年四月二十三日

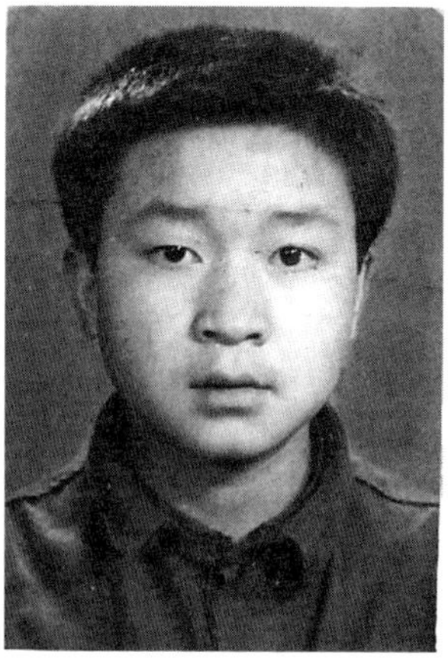

代友洪（1963—1984）

云南昭通人。1983 年 1 月，参军入伍。1984 年 4 月 28 日，在对越自卫反击战收复老山作战中英勇牺牲，时年 21 岁。

爸爸妈妈：

今天是四月二十三日早，我们已经喝了出征酒，部队全部整装待发，准备奔赴疆场了。

爸爸妈妈，前段时间我很少给你们写信，大概你们也感到奇怪吧！其实这并不奇怪，作为军人，只要有情况、有行动，就不准随便发信了。那么今天当然是绝密的时刻，我怎能够向你们写信呢！据说，人只要快临战时，一心一意都赴在战场上了，但我自己只有 90%的在这方面，而有 10%的在想着你们。

只要有空，我的心就回到了你们前不久给我的那封信上。虽然那封信我已烧掉了（因为我给你们回了信），但是，它始终缠绕着我的心。爸爸妈妈，应当说，作为军人，每时每刻都要以祖国为重，只要祖国有危险，我们就没有权利想私事！因此，我给你们写信，并非为它，而是想对你们说，我已经作好了一切准备，上战场去战斗，为祖国立功，为你们传喜报。如果是牺牲了，也使你们知道，我是为了保卫祖国而死的，并非贪生怕死而亡的。一个人的行动都在受其思想支配，请你们相信我不会做丢名败姓的叛徒，我是光荣的，你们也是光荣的。

（略）

我们作为祖国的保卫者，人民受尽灾难，难道我们心中无愧吗？我们对得起祖国和人民对我们的养育之恩吗？爸爸妈妈，我们的事业是正义的，我们的领土我们一定能够夺得回来，我们一定能够胜利，我们一定能凯旋归来，哪怕是不幸，只要我们的国家富强，人民安康，我们就满足了，只要你们不伤心、不流泪，把我们的家乡建设得更好，更富裕，我们死者的心就安然了。

爸爸妈妈，万一我真的“光荣”了，望你们要想开些，绝对不能因为我而损坏你们的身体。我知道你们都老了，且多病，离不了我，但是，只要你们知道，是我们在前边保卫祖国，你们才过得美好，全中国人民才得幸福。（略）如果没有美好的国家，哪怕是有几十个儿女也没有用。只要国家富强了，哪怕没有儿女，也照样过得幸福美满。虽然我们家里困难很大，但党和政府是不会忘记我们的，人民不会忘我们的，有党和人民的关怀，你们的晚年将是幸福美满的。

（略）

就说到这里，爸爸妈妈，希望你们千万不要收到信！希望你们像儿在你们身边一样过着幸福的晚年，只要这样我就无忧无挂了。

爸爸妈妈，当你们忧伤的时候，你们就在收音机忙收听《再见吧，妈妈》，它是我们在出征前向党、向祖国、向人民、向你们舒〔抒〕发感情的歌，它会给你们带来力量。

再见吧妈妈，再见吧妈妈！军号已吹响，钢枪已擦亮，行装已背好，部队要出发。你不要悄悄的流泪，你不要把儿牵挂。当我从战场上凯旋归来，再来看望亲爱的妈妈……再见吧妈妈……

儿：洪

一九八四年四月二十三日

这是代友洪1984年4月23日开赴前线时写给父母的遗书。

写这封遗书时，代友洪和战友们已喝过出征酒，整装待发，即将奔赴战场。由于部队行动需要保密，不能随便发信，代友洪便写了这封遗书，抒发对亲人的思念，表达自己抗击侵略者、保卫祖国领土的决心。

在战场上，作为一名解放军战士的代友洪是英勇无畏的，而在遗书中，他只是思念父母、一心尽孝的儿子。如若不幸真的发生，他盼望父母将忧伤寄托于收听战士们抒发感情的歌曲之中，歌声会带来力量，劝慰他们，像他承欢膝下那样安度幸福晚年。

“作为军人，每时每刻都要以祖国为重，只要祖国有危险，我们就没有权利想私事！”“只要我们的国家富强，人民安康，我们就满足了。”一腔大爱，令人敬佩，令人感动。在硝烟弥漫的战场上，无数个像代友洪一样的年轻战士，把对家人的眷恋化作对国家的赤诚。他们深知，祖国的利益高于一切，捍卫国家主权和领土完整是中国人民解放军的神圣使命。应该说，一条安宁而稳定的边防线是老百姓安心生产生活、过上好日子的基础。为此，我们永远不应忘记，解放军战士不惜用生命和鲜血谱写出的英雄赞歌。

94 吴锋平致父母亲（节录）

（1984年11月20日）

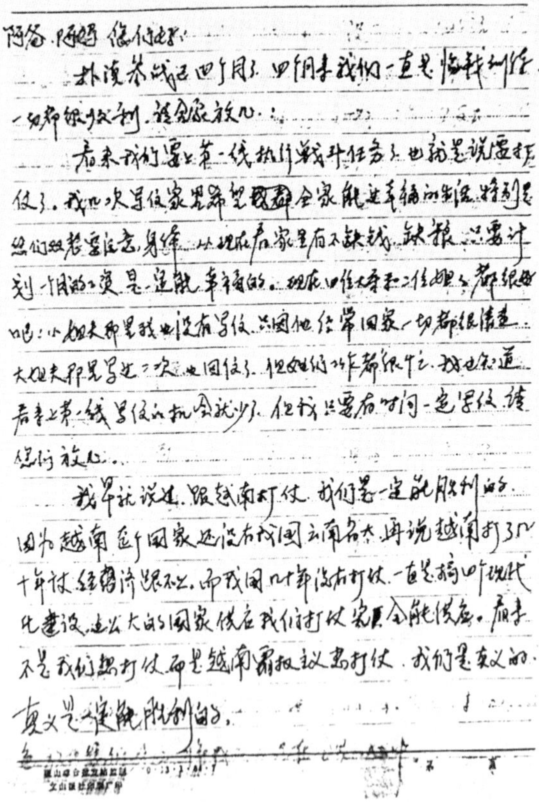

阿爸、阿妈：您们好！

对越作战已四个月了，四个月来我们一直是临战训练，一切都很顺利，请全家放心。

看来我们要上第一线执行战斗任务了，也就是说要打仗了。我现在只希望家里全家能过幸福的生活，特别是您们双老要注意身体。从现在看家里有不缺钱、缺粮，只要计划一下用的话，还是一定能幸福的。现在四姐大哥和二姐她们都很好吧？小姐夫那里我也没有写信，只因他经常回家，一切都很清楚。大姐夫那里写过二次，也回信了，但她们工作都很忙。我也知道看来上第一线写信的机会就少了，但我只要有时间一定写信，请您们放心。

我早就说过，跟越南打仗，我们是一定能胜利的。因为越南这个国家还没有我国云南省大，再说越南打了三十年仗，经济跟不上。而我国几十年没有打仗，一直是搞四个现代化建设，这么大的国家假如我们打仗，完全能保卫。看来不是我们想打仗，而是越南霸权主义要打仗，我们是正义的，正义是一定能胜利的。

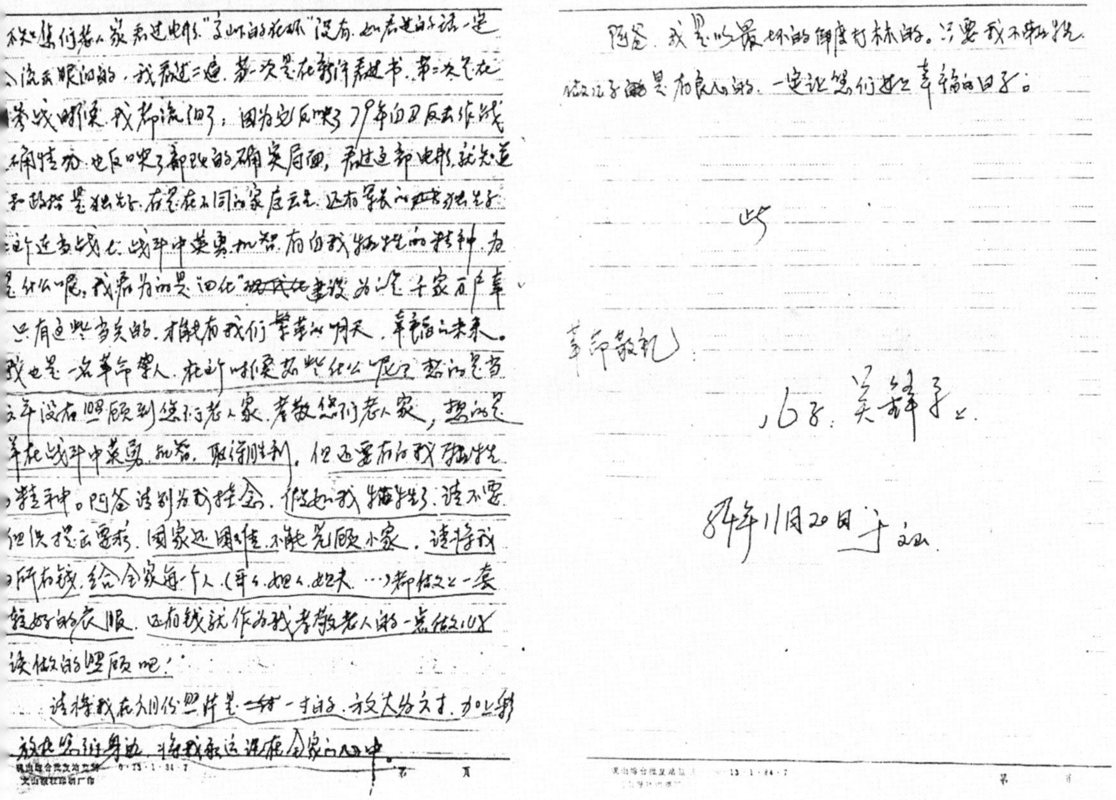

不知您们老人家看过电影"高山下的花环"没有。如看过的话一定会流眼泪的。我看过二遍，第一次是在新华书店，第二次是在参战时候，我都流泪了。因为它反映了79年自卫反击作战的情况，也反映了部队的确实局面。看过这部电影就知道了战士是独生子，有是在不同的家庭出生。还有军长的独生子在这场战斗中英勇机智，有自我牺牲的精神。为了什么呢，我认为就是四化"~~[illegible]~~建设，为了千家万户幸福有这些英雄的，才能有我们繁荣的明天，幸福的未来。我也是一名革命军人，在这时候要想些什么呢？想的是当兵年没有照顾到您们老人家，孝敬您们老人家，想的是在战斗中英勇机智，取得胜利，但还要有自我牺牲的精神。阿爸请别为我担心，假如我牺牲了，请不要向组织提出要求，国家还困难，不能光顾小家，请将我的所有钱，给全家每个人（哥哥、姐姐、妹妹……）都做上一套较好的衣服，还有钱就作为我孝敬老人的一点做儿子该做的照顾吧！

请将我在入伍时照片是一寸的，放大为六寸，加上彩放在您们身边，将我永远深在全家人心中。

阿爸，我是以最坏的角度打算的。只要我不牺牲，做儿子的总是有良心的，一定让您们过上幸福的日子。

此

革命敬礼：

儿子：吴锋平上。

84年11月20日于文山

吴锋平（1960—1985）

浙江建德人。1979 年 1 月入伍，历任班长、排长。1984 年 7 月，参加对越自卫反击战，并在前线加入中国共产党。1985 年 2 月，主动要求到号称“八十年代的上甘岭”的新设前沿炮前观察所。同年 4 月 2 日，因连长负重伤，奉命代理连长，出色地完成了战斗任务。1985 年 4 月 30 日，在指挥炮击越军 395 高地时，被敌弹击中，英勇牺牲，时年 25 岁。

阿爸、阿妈您们好：

赴滇参战已四个月了，四个月来我们一直是临战训练，一切都很顺利，请全家放心！

看来我们要上第一线执行战斗任务了，也就是说要打仗了。我几次写信家里，希望全家能过幸福的生活，特别是您们双老要注意身体。从现在看，家里有不缺钱、缺粮，只要计划一个月的工资，是一定能幸福的。现在四位大哥和二位姐姐都很好吧！小姐夫那里我也没有写信，只因他经常回家，一切都很清楚。大姐夫那里写过二次，也回信了。但姐们工作都很忙，我也知道，看来上第一线写信的机会就少了，但我只要有时间一定写信，请您们放心。

（略）

不知您们老人家看过电影《高山下的花环》没有，如看过的话，一定会流出眼泪的。我看过二遍，第一次是在新华看过书，第二次是在云南参战的时候，我都流泪了。因为它反映了 79 年自卫反击作战真确情况，也反映了部队的确实局面。看过这部电影，就知道连长和政指是独生子，右〔又〕是在不同的家庭出生，还有军长的独生子也在这个连当战士，战斗中英勇机智，有自我牺牲的精神。为的是什么呢？我看为的是“四化”建设，为的是千家万户幸福。只有这些当兵的，才能有我们繁荣的明天、幸福的未来。而我也是一名革命军人，在这个时候想些什么呢？想的是当兵六年没有照顾到您们老人家，孝敬您们老人家，想的是这样在战斗中英勇机智，取得胜利。但还要有自我牺牲的精神。阿爸，请别为我挂念，假如我牺牲了，请不要向组织提出要求，国家还困难，不能光顾小家。请将我的所有钱，给全家每一个人（哥哥、姐姐、姐夫……），都做上一套比较好的衣服，还有钱就作为我孝敬老人的一点做儿子应该做的照顾吧！

请将我在六月份照片是一寸的，放大为六寸，加上彩色，放在您们身边，将我永远埋在全家的心中。

阿爸，我是以最坏的角度打算的。只要我不牺牲，做儿子的是有良心的，一定让您们过上幸福的日子。

此

革命敬礼！

儿子：吴锋平上

84年11月20日于文山

这是吴锋平1984年11月20日奔赴前线之际写给父母亲的家书。

吴锋平首先向父母汇报了四个月训练的情况，并告诉父母，他马上就要去第一线执行战斗任务了，鼓励家人好好生活，特别叮嘱两位老人保重身体，也深情地问候了哥哥、姐姐，并表示在战斗间隙会给家中去信，请家人放心。朴素的文字中闪现着对家人的关怀，也能看到一颗拳拳报国之心。

吴锋平向父母简要地说明了对越自卫还击战的必要性和正义性，充分表达了祖国必胜的信念。重点讲述了1979年对越自卫作战中涌现的英雄烈士的感人事迹对自己的教育和激励。英雄的壮举，自我牺牲的精神，为的是四化建设，为的是千家万户的幸福，充分体现了新时代革命军人坚定的理想信念和崇高的精神境界。

吴锋平甚至向家人提出，如果自己牺牲在战场上，不要向组织提出要求，因为现在国家还困难，不能光顾小家。简明而真诚的话语，蕴含着新时代革命军人高尚的爱国之情和报国之志，展现出舍小家为大家的高尚道德情操。

95 孔繁森致女儿

（1994年1月16日）

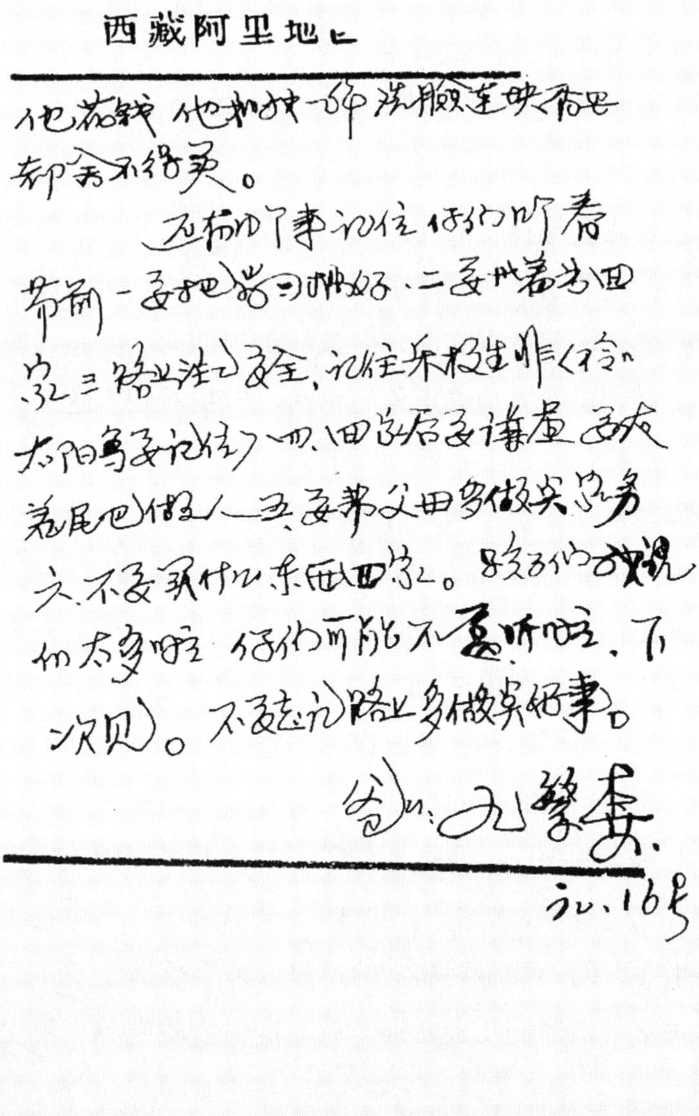

西藏阿里地区

他花钱 他妈妈一辈子洗脸连块香皂都舍不得买。

还有几件事记住你们听着 春节前一要把学习搞好、二要代替我回家 三路上注意安全，记住来校坐车非常冷 太阳帽要记住了 四、回家后要谦虚 要夹着尾巴做人 五、要帮父母多做实家务事，不要买什么东西回家。跟你们说的太多啦 你们可能不爱听啦。下次见。不要忘记路上多做实好事。

爸爸：孔繁森

元、16号

孔繁森（1944—1994）

山东聊城人。1966 年 9 月，加入中国共产党。1979 年第一次赴藏，任中共日喀则地委宣传部副部长，后改任岗巴县委副书记兼县检察院检察长。1988 年第二次进藏，先后任拉萨市副市长、阿里地委书记兼阿里军分区党委第一书记、阿里地区政协主席。1994 年 11 月 29 日，在新疆考察边贸工作途中，因车祸不幸殉职，时年 50 岁。

玲玲：

爸爸我提笔首先向你的几位朋友、我的几位干女儿问好。自从收到你们给我的明信片后几乎天天都要看两遍，凡是看了明信片、贺年片后都感到，我虽在高原，但是最幸福的人。我虽在高原世界屋脊的屋脊上过着正常人难以想象的生活，但我看到有这么多的女儿在想着我，盼着我，我身上有使不完的劲，心中有说不出的愉快。我多么希望给你们寄几张贺年卡，可惜阿里这个地方根本找不到。有时我找几张信纸，也要跑好几个单位。玲玲，你们几姊妹在搞好学习的同时，要想办法把身体搞好，多吃点好东西，替我这个远在天边的老爸爸多吃上几口。这里鸡蛋 1.05 元一个，菠菜八元钱一斤，大白菜六元钱一斤，而且有时买不到。所以说你们想吃什么就吃什么，由我给你们付钱。前天我出发去慰问煤矿工人和八二兵站的战士，他们生活在海拔五千七百米的深山，我给他们带了几个香蕉，因天冷都冻啦！工人们竟没有见过香蕉，更不用说吃啦！全矿只有一台电视机，工人穷得不如四川要饭的，我看后非常的难过。地委行署也拿不出什么礼品给他们，每家只给他们几十元钱，可在这白雪皑皑的世界里，又能买到什么呢？他们非常满意，看到我们在大雪飘飘的时节来贺他们的藏历年（牧区和农区藏历年时间不一样），他们感动得哭了。全地区只有一所中学，全地区入学率只有20%多，有的县级干部也没有上过学。但他们对毛主席的感情深，对共产党的感情深。你们几位小姊妹记住，天下还有不少的人温饱问题没解决，主要是他们没文化、没知识。你们要努力学习，将来一定会成为社会上有用的人、有出息的人。我多么渴望再上两年学，可惜没有机会了。

玲玲并几位好女儿，我多么想见到您，在一起吃顿饭、唱唱歌，看来今年不成啦！我想春节后，我要出发，第一站就是你们学校，看看学校、看看老师、看看你们。

西藏可能没有让你们满意的纪念品，今日只好让小唐给你们捎来一点藏香和咖啡，就算我这个高原老人给你们的纪念品吧！

小唐是个好同志，你们不要让他花钱。他和我一样，洗脸连块香皂都舍不得买。

还有几个事记住，你们几个春节前，一要把学习搞好；二要带着书回家；三路上注意安全，记住乐极生悲（玲玲太阳鸟要记住）；四回家后要谦虚，要夹着尾巴做人；五要帮父母多做点家务；六不要买什么东西回家。孩子们，我说的太多啦！你们可能不愿听啦！下次见。不要忘记路上多做点好事。

爸爸：孔繁森

元、16号

这是孔繁森1994年1月16日在西藏阿里写给女儿孔玲的家书。

孔繁森写这封信的时候，孔玲正在重庆西南政法大学读书。信中所称的“几位干女儿”是指孔玲同寝室的几个女孩，她们都非常喜欢孔繁森，都跟他通过信，亲切地叫他“孔爸爸”。孔繁森对孔玲和这“几位干女儿”非常牵挂，他说：“自从收到你们给我的明信片后几乎天天都要看两遍，凡是看了明信片、贺年片后都感到，我虽在高原，但是最幸福的人。”孔繁森关心和爱护她们，叮嘱她们学习好，生活好，注意身体，将来成为对社会有用的人。

孔繁森是一个对儿女、对人民充满爱的人。“一个人爱的最高境界是爱别人，一个共产党员爱的最高境界是爱人民。”这是孔繁森一生都在践行着的人生信条。他在给孔玲写这封家书的时候，西藏阿里地区的生活条件是正常人难以想象的艰苦，连几张贺年卡都找不到，有时候身为地委书记的他找几张信纸，也要跑好几个单位。不管条件怎样艰苦，孔繁森都怀着对藏族同胞真挚的感情，长期坚持在这里干下去。这种对藏族人民的深厚感情，在很大程度上来自于他坚持不懈地深入群众，了解群众，和当地群众形成了血肉相连、不可分割的紧密关系。孔繁森提到，有一次他去慰问煤矿工人，为工人们带去了几个香蕉，发现工人们以前从来没见过，更谈不上吃过。这些情况他看后非常难过。工人们看到地委、行署派人在大雪纷飞的时节来贺他们的藏历年，竟感动得哭了。在西藏，孔繁森和当地人民同苦同乐，同喜同悲，心相连，情相依，在思想感情上已经完全融合在一起了，他舍不得离开西藏，西藏人民也舍不得他。

“要学习孔繁森同志的境界感。他有一句名言：‘爱的最高境界就是爱人民。’”2003年，时任浙江省委书记的习近平，在《之江新语》中这样写道。孔繁森以自己密切联系群众的实际行动，增强了共产党人爱的境界感，揭示了臻达此情此境的正确途径，那就是：以人民为中心，始终和人民在一起。这是他乐于扎根西藏，献身藏族同胞的奥秘所在；这是共产党人升华爱的境界感，“不忘初心，牢记使命”的根本所在。

96 许杏虎致父母与姐姐姐夫

（1999 年 2 月 9 日）

中华人民共和国大使馆用笺

亲爱的爸爸、妈妈，你们好！

姐、姐夫好！

正值新春佳节，朱颖和我在这里衷心地祝愿你们阖家欢乐，身体健康，万事如意！

如果能在节前收到信，请姐在拜年时代我向各位亲戚，尤其伯伯、姑姑及许海、许龙问好：虽远离家乡，但家中之每一丝气氛会伴随着我们。我们更是惦念家中的一切。

姐夫的信上月底收到，前一段时间我一直没在贝尔格莱德，而在离此450公里的一个叫马其顿国家的首都，因为他们同台湾建立外交关系，我们作为记者前去凑热闹来着。因此

第　　页

中华人民共和国大使馆用笺

就没能及早写出信，以便使你们肯定能在节前收到。

在国外过春节肯定没有国内热闹，但我们已有了一个比较充实的安排，比如到外地去洗温泉，去别人那里作客、请朋友吃饭，以及参加使馆的棋牌活动等，另外我们这里的卫星电视也能看到中央4台的春节节目，只不过家中晚8点的春节晚会这里由于时差，这里是下午1点。

妈妈的肩膀现在怎么样了，下次来信一定要告诉我一声。看到圆圆有出息的样子，我们很高兴，对他的成绩应该鼓励，我这个做舅舅的回去后一定会有所表示的。

第　　页

中华人民共和国大使馆用笺

过节不同于过日子，用不着太节约，包括吃的、穿的、用的，别舍不得花。爸妈年纪一年大于一年了，他们之要求不管合不合理，都要尽量去满足，希望姐姐能理解我的想法。

朱颖姐说春节前要给你们寄些东西，不管是什么，都是她们对爸妈的心意，姐见了便时给朱颖爸妈拜个年，打个电话、问候问候。

最后祝你们过个愉快的春节。

杏虎

99年2月9日

此致敬礼

后天有人回北京。今天中午我才从马其顿回来。

第　　页

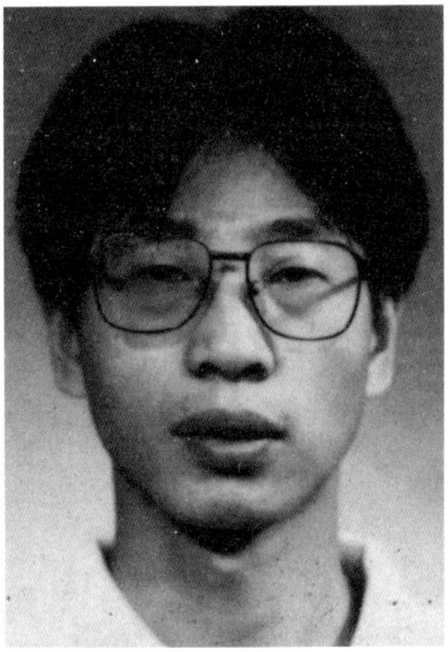

许杏虎（1968—1999）

江苏丹阳人。1986 年，考入北京外国语大学东欧语系塞尔维亚语专业。毕业后，分配到光明日报社国际部工作。1993 年 2 月，加入中国共产党。1998 年 7 月，受光明日报社委派，携妻子朱颖赴南斯拉夫联盟共和国工作。1999 年 5 月 8 日凌晨，在以美国为首的北约轰炸中国驻南联盟大使馆时不幸遇难，时年 31 岁。

亲爱的爸爸、妈妈你们好！

姐、姐夫好！

正值新春佳节，朱颖和我在这里衷心地祝愿你们合家欢乐，身体健康，万事如意！

如果能在节前收到信，请姐在拜年时代我向各位亲戚，尤其伯伯、姑姑及许海、许龙问好；虽远离家乡，但家中过年的气氛会伴随着我们，我们更是惦念家中的一切。

姐夫的信上月底收到，前一段时间我一直没在贝尔格莱德，而在离此 450 公里的一个叫马其顿国家的首都。因此就没能及早写出信，以便使你们肯定能在节前收到。

在国外过春节肯定没有国内热闹，但我们已有了一个比较充实的安排，比如到外地去洗温泉，去别人那里作客，请朋友吃饭，以及参加使馆的棋、牌活动等，另外我们这里的卫星电视也能看到中央四台的春节节目，只不过家中晚八点的春节晚会由于时差，这里是下午一点。

妈的肩膀现在怎么样了？下次来信一定要告知我一声。看到昊昊有出息的样子，我们很高兴，对他的成绩应该鼓励，我这个做舅舅的回去后一定会有所表示的。

过节不同于过日子，用不着太节约，包括吃的、穿的、用的别舍不得买。爸妈年纪一年大于一年了，他们的要求不管合不合理，都要尊重和满足，希望姐能理解我的想法。

朱颖妈说春节前要给你们寄些东西，不管是什么，都是他们对爸妈的心意，姐在方便时要经常给朱颖爸妈打个电话，问候问候。

最后祝你们过一个愉快的春节。

明天有人回北京。今天中午我才从马其顿回来。

杏虎

1999 年 2 月 9 日贝尔格莱德

这是许杏虎 1999 年 2 月 9 日在南联盟首都贝尔格莱德，写给父母和姐姐、姐夫的家书。

在家书中，许杏虎向父母、姐姐、姐夫及家中亲友送去了新春祝福，希望家人能够过一个愉快的春节，并介绍了自己在国外的生活情况。从字里行间可以看出，他虽远离家乡，但却惦念着家中的一切。

当时，许杏虎和妻子朱颖所在的贝尔格莱德局势十分紧张，以美国为首的北约已经做好了轰炸南联盟的准备。家书中的波澜不惊或许是在新春佳节喜庆祥和的氛围里，避免惹亲人担忧。许杏虎和朱颖自北约轰炸南联盟以后，全身心地投入到战地采访和报道工作中，经常前往北约轰炸最为集中的地区进行采访，发回大量报道，揭露北约的罪行。面对险恶环境，他们忠实履行了新闻工作者的使命，忠于职守、不辱使命、不畏艰险、不怕牺牲，许杏虎牺牲后，被中共中央宣传部、人事部授予“人民的好记者”称号。1999 年 12 月，被南联盟授予“南斯拉夫之星”勋章。

97 赵世民致妻子

（2000 年 7 月 9 日）

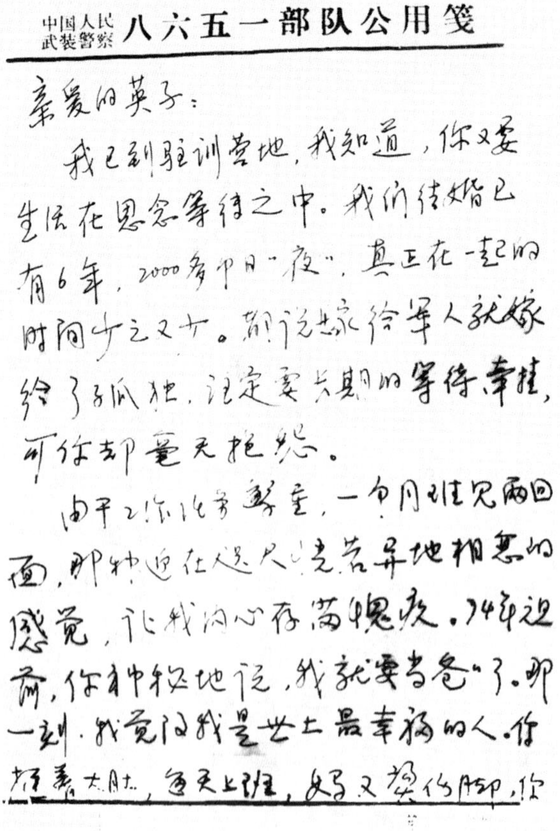

中国人民武装警察八六五一部队公用笺

亲爱的英子：

我已到驻训营地，我知道，你又要生活在思念等待之中。我们结婚已有6年，2000多个日日夜夜，真正在一起的时间少之又少。都说嫁给军人就嫁给了孤独，注定要长期的等待、牵挂，可你却毫无抱怨。

由于工作任务繁重，一个月难见两回面，那种近在咫尺，却苦于异地相思的感觉，让我内心充满愧疚。7个月前，你神秘地说，我就要当爸爸了。那一刻，我觉得我是世上最幸福的人。你挺着大肚，每天上班，妈又[illegible]你脚，你

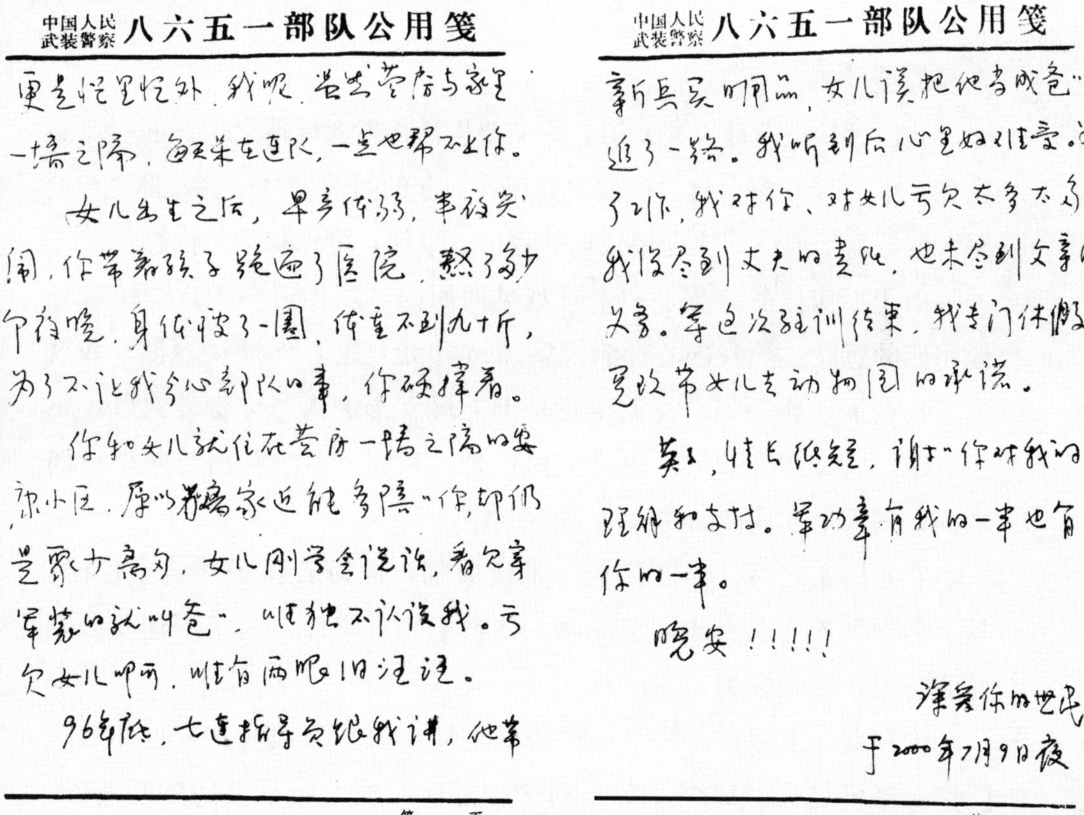

中国人民武装警察八六五一部队公用笺

更是忙里忙外。我们营的营房与家里一墙之隔，每天呆在连队，一点也帮不上你。

女儿出生之后，早产体弱，半夜哭闹，你带着孩子跑遍了医院，熬了多少个夜晚，身体瘦了一圈，体重不到九十斤，为了不让我分心部队的事，你硬撑着。

你和女儿就住在营房一墙之隔的安京小区，虽然离家近能多陪陪你，却仍是聚少离多，女儿刚学会说话，看见穿军装的就叫爸爸，唯独不认识我。亏欠女儿啊，唯有两眼泪汪汪。

96年底，七连指导员跟我讲，他带

第　页

中国人民武装警察八六五一部队公用笺

新兵买用品，女儿误把他当成爸爸，追了一路。我听到后心里好难受。为了工作，我对你、对女儿亏欠太多太多。我没尽到丈夫的责任，也未尽到父亲的义务。等这次强训结束，我专门休假兑现带女儿去动物园的承诺。

英英，情长纸短，谢谢你对我的理解和支持。军功章有我的一半也有你的一半。

晚安！！！！！

深爱你的世民

于2000年7月9日夜

第　页

赵世民（1968—2001）

陕西西安人。1986 年 11 月入伍。1990 年 1 月，加入中国共产党。1992 年从石家庄陆军学院毕业后分配到部队，先后担任排长、连政治指导员等职。获评“优秀带兵干部”“模范指导员”“优秀共产党员”等荣誉称号，荣立三等功两次。2001 年 2 月 4 日因公牺牲，时年 33 岁。

亲爱的英子：

我已到驻训营地，我知道，你又要生活在思念等待之中。我们结婚已有 6 年，2000 多个日日夜夜，真正在一起的时间少之又少。都说嫁给军人就嫁给了孤独，注定要长期的等待、牵挂，可你却毫无抱怨。

由于工作任务繁重，一个月难见两回面，那种近在咫尺、恍若异地相恋的感觉，让我内心存满愧疚。94 年元旦前，你神秘地说，我就要当爸爸了。那一刻，我觉得我是世上最幸福的人。你挺着大肚，每天上班，妈又烫伤脚，你更是忙里忙外。我呢，虽然营房与家里一墙之隔，每天呆在连队，一点也帮不上你。

女儿出生之后，早产体弱，半夜哭闹，你带着孩子跑遍了医院，熬了多少个夜晚，身体瘦了一圈，体重不到九十斤。为了不让我分心部队的事，你硬撑着。

你和女儿就住在营房一墙之隔的安康小区，原以为离家近能多陪陪你，却仍是聚少离多。女儿刚学会说话，看见穿军装的就叫爸爸，唯独不认识我。亏欠女儿啊，唯有两眼泪汪汪。

96 年底，七连指导员跟我讲，他带新兵买日用品，女儿误把他当成爸爸，追了一路。我听到后心里好难受。为了工作，我对你、对女儿亏欠太多太多了。我没尽到丈夫的责任，也未尽到父亲的义务。等这次驻训结束，我专门休假兑现带女儿去动物园的承诺。

英子，情长纸短，谢谢你对我的理解和支持。军功章有我的一半也有你的一半。

晚安!!!!!

深爱你的世民

于2000年7月9日夜

这是赵世民于2000年7月9日夜里，在结束短暂休假、到达驻训营地后写给妻子的一封家书。

赵世民自1992年从学校毕业被分配到部队，在担任基层干部的8年中，把太多的精力放在工作上，放在连队每一名战士身上。他知道，自己是一名军人，职业的性质已决定着离别与守候，意味着牺牲和奉献。同时，他也了解作为军属的付出。他写道："嫁给军人就嫁给了孤独，注定要长期的等待、牵挂。"赵世民也是一位极重感情的人，对妻女充满着爱、感激与亏欠。想到自己妻子在怀孕期间一个人忙里忙外，想到女儿出生之后妻子的彻夜照料，想到一墙之隔却无法与妻子女儿时常相见，想到女儿由于见面机会太少竟然认错爸爸，想到带女儿去动物园的承诺还没有兑现，这一切一切，让这位铮铮铁骨的中国军人，满怀愧疚，不禁泪目。他明白，军人使命重于泰山，军人责任义不容辞。他也明白，军人在外，离不开背后千千万万军属的无私奉献与默默支持，所以他深情地写道："情长纸短，谢谢你对我的理解和支持。军功章有我的一半也有你的一半。"赵世民把大爱融入小家，小家连着大爱，诠释了新时代革命军人的初心与坚守。

赵世民牺牲后，武警部队授予他"献身基层模范政治指导员"荣誉称号，批准其为革命烈士。

98 余旭致父母亲

（2009年8—9月）

余旭（1986—2016）

女，四川崇州人。空军上尉，二级飞行员，曾任空军八一飞行表演队中队长。2005年，考入空军航空大学，成为第八批女飞行学员，中国首批歼击机女飞行员、首位歼—10战斗机女飞行员、空军八一飞行表演队首批女飞行员。2007年12月，加入中国共产党。2009年毕业五天后，参加中华人民共和国国庆60周年阅兵式，担任教—8梯队三中队右二僚机。2012年7月，驾驭中国自主研发的三代战机首次完成单飞。2016年11月12日，在飞行训练中不幸牺牲，时年30岁。

我最最亲爱的爸爸妈妈：

见信好！

此时此刻，我非常非常地想念你们……尽管平时电话联系频繁，但是，平时的言语中我不喜欢说这样那样我自己会感觉矫情的话，只是更愿意用行动去表达。但今天，我特别想对你们说点什么，并把它用文字记录下来。

五年前，第一次远离家门，我便一个人辗转于相隔十万八千里的北方大地。在这几年里，是吃了很多苦，受了不少累，但是，我真实地体会到了飞行成长这个过程带给我的那份特别的乐趣！所以，我在部队生活得很快乐，你们要放心！路虽然坎坷，但是在自己的努力下走到了现在，没有辜负你们的期望，我做到了！每次小小的成绩都是你们大大的开心，也是你们不尽的关怀理解和支持一直在支撑着我勇敢地向前！谢谢！

还有一个月就要参加国庆阅兵了，这是特殊时期的特殊任务，全空军乃至全国都很重视。现在每天的训练也很紧，我给你们打电话问候的时间将越来越少，希望你们多理解，同时也不用担心我，我一切都很好，心情好，身体好，工作顺！我的任务是好好飞行，你们在家的任务就是要好好照顾自己，保重好身体！期待国庆那天，在天安门上空划下的那道最亮丽的色彩，就是我给你们致以的最幸福的笑容！给我加油，为我们所有人加油吧！

女儿：余旭

这是余旭2009年参加国庆60周年阅兵式前一个月左右，写给父母亲的家书。

余旭和千千万万个女儿一样，深爱自己的父母亲，她把这种真挚的爱藏于心中，践于行动，正如她在家书中所说："我非常非常地想念你们……尽管平时电话联系频繁，但是，平时的言语中我不喜欢说这样那样我自己会感觉矫情的话，只是更愿意用行动去表达。"余旭把对父母亲的爱融入献身国家、从军报国的实际行动中，化作自己飞行成长、翱翔蓝天的强大动力。余旭在家书中表示，父母亲不尽的关怀理解和支持是她在部队大家庭中锻炼成长、强军卫国的坚强后盾。军爱民，民拥军，军民团结如一人。在余旭及其父母亲的身上，集中体现了中国人民深厚的家国情怀和军民团结的优良传统。

能够参加国庆阅兵式，是党和军队对自身业务能力的高度认可，也是作为军人的至高荣耀。为了这神圣时刻，余旭刻苦努力，全身心投入飞行训练中。她在家书中对父母亲解释，由于训练紧张，问候家人的时间日渐减少，希望父母亲理解，并表示自己一定完成好国庆阅兵飞行任务。朴实的语言，充分体现出当代军人强烈的使命感、责任感和荣誉感，生动诠释了新时代最可爱的人爱国爱家的优良品质和精武强军的责任担当。

余旭以年仅 30 岁的生命践行了青春梦想。她把最灿烂的生命之花绽放于祖国辽阔的蓝天，把最美好的青春年华献给了强军伟业，把最崇高的责任担当写在了祖国的大地上。

99 文伟红致父母亲

（2018年4月25日）

文伟红（1974—2019）

土家族，贵州铜仁人。中国共产党党员。生前系贵州沿河经开区管委会企业服务中心工作员、沿河县中寨镇大坪村第一书记。2013年开始驻村，先后到淇滩镇和平村、彭华村，团结街道麝香村驻村，所驻村先后顺利脱贫。2018年3月，主动请缨到深度贫困村驻村，被委派到中寨镇大坪村担任第一书记。2019年7月22日在村办公室处理完事务后，赶往烤烟地里察看烤烟生长情况，不幸意外触电身亡，牺牲在脱贫攻坚一线岗位上，时年45岁。

敬爱的爸妈：

你们好！

时光荏苒，转眼驻村工作已进入第六个年头，提笔之时，心中有千言万语想对二老诉说。妈妈，4月21日是您75岁生日，儿子又错过了。5月14日，是爸爸77岁生日，儿子也不一定能赶到，这6年来，儿子总是错过这美好的日子，请二老原谅。当我在村里见到留守老人时，内心百感交集，此时，爸妈在干什么？吃饭了吗？当我在村里见到生病群众时，我想问，爸妈的高血压药吃了吗？妈妈的脸还浮肿不？弟弟远在成都，我作为你们的长子，没有在家陪伴二老，听二老唠叨，你们习惯吗？电话中我常告诉你们，要少干活，多穿衣，你们听了吗？我多想回家，陪在二老身边，尽一份孝心。

单位领导跟我谈过，鉴于我驻村已6个年头，如果想撤回，就安排人接替。但我向领导表明了驻村的决心，要坚持到脱贫攻坚胜利那一天，我想您们也是支持儿子的吧？我很少回家，但每次回家都要大声喊一声爸妈，并给您们一个拥抱。每当此时，爸爸总会说："细的很啊！"我是不小了，四十多岁的人，但我能感受到爸爸的双手是那么有力，妈妈脸上的笑容是多么灿烂。我不想松开我的双手，因为在你们怀里，我才感到我还是你们的孩子。我想让这幸福的画面定格，我时刻享受着这份温暖。我不知道还能送上多少个这样的拥抱，叫多少声爸妈，我只有默默祈祷，愿您们一切安好。

儿时的记忆中，爸爸您常跟我讲中寨镇锯齿山、牛皮塘解放军当年的剿匪故事，我总是听得津津有味。我迷上了锯齿山，当时就在想，如果我是一名解放军，该多好！儿子总是很幸运，我实现了儿时的梦想，今天，我踏上了中寨镇锯齿山这片热土，并在这里开启了另一场战争——脱贫攻坚战，我已经作好了充分的战斗准备。

爸妈，我要向您们汇报一下这一个月来的战斗情况：低保指标核查、民主评议已经完成，土地增减挂钩工作结束，玉米调减工作结束，易地移民搬迁农户意愿调查完成，召开村组各项会议13场，党员思想得到统一，走访各类群众一遍。向联系村副县长温亚洲同志汇报工作1次，向帮扶单位县检察院对接2次，向单位领导汇报工作3次，多次向镇有关领导汇报工作。目前，组组通公路建设正如火如荼，蜜蜂养殖、白芨中药材两个产业正在对接完善，易地搬迁工作正有序推进。接下来将党的政策贯彻好，把群众思想统一好，把2997.3亩无籽金刺梨、136亩花椒两个产业管理好，把一户一档完善好，把矛盾纠纷协调好……

爸妈，上级已经下达了战斗任务，这一场战斗必定胜利，在两年之内全面结束。当前，各项工作已步入正轨，我已经看到了胜利的曙光！我作为一线战斗员，深知驻村工作的艰苦，但你们也要对儿子有信心，我一定不会辜负上级领导期望，坚决完成战斗任务。我知道您们想念儿子，但这场战斗也需要我，您们就忍痛让儿子任性一次吧！

爸妈，我向你们保证，等这场战斗结束，我会经常在你们身边，陪伴二老，尽一份儿子应尽的孝道，并向你们讲述我的战斗故事！

不孝儿：文伟红

2018 年 4 月 25 日

这是文伟红到中寨镇大坪村驻村一个月后，于 2018 年 4 月 25 日写给父母亲的家书。

家书充分表达了文伟红对父母的至孝之心。文伟红一提起笔，千言万语涌上心头，觉得自己欠父母的太多了：驻村工作已进入第六个年头了，自己长期不能陪伴在父母身边孝敬照顾；父母生日自己不能回家看望；二老身体不好又没有儿女在身边，有似留守老人……这一件件、一桩桩的事实怎能不让事亲至孝的文伟红内心充满对父母的思念和愧疚之情？但是，扶贫攻坚战斗方殷，作为一名长期战斗在扶贫一线的战士，他怎能在此时离开“火线”？文伟红已向领导表明决心：“要坚持到脱贫攻坚胜利那一天。”这种先公后私、以国事为重的精神令人感动。

这封家书也包含了文伟红争取父母对自己工作的理解和支持的期望。他让父母相信他正在从事的扶贫攻坚战是一场崇高而伟大的战斗，其意义有如当年解放军在锯齿山剿匪。他向父母详细汇报自己近一个月来扶贫攻坚的战斗情况，以对扶贫攻坚的必胜信念和自己为这场攻坚战的胜利奋战到底的坚强决心来打动父母。他对父母说：“我知道您们想念儿子，但这场战斗也需要我，您们就忍痛让儿子任性一次吧!”最后向父母保证：等这场战斗结束，一定会经常陪伴在父母身边，尽儿子应尽的孝道。有这样的好儿子，文伟红的父母一定会感到无比的骄傲。

100 余永流致女儿

（2018年4月28日）

余永流（1987—2020）

贵州遵义人。2011年7月，从贵州大学毕业。同年12月，到遵义市汇川区农业农村局工作。2018年3月，到汇川区泗渡镇观坝社区开展同步小康驻村工作，任驻村工作组组长。2020年12月1日，牺牲在脱贫攻坚工作一线，时年33岁。

呈公主殿下书

公主殿下：

请饶恕臣今日又不辞而别，殿下尚在襁褓，未成满月，臣本不应早早辞别，留下殿下哇哇作语，臣心实有不忍，惭愧于心，敬其书，以表心志。

臣闻国之大计，系与民生，民强则国强，民富则国富。今国已定脱贫攻坚之策，时至今日，全面小康，决战取胜已在朝夕。臣食民之禄，不敢忘怀，民之所盼，系臣之职责，当不辱使命，攻坚克难。

臣于三月十五日身至汇川区泗渡观坝居，虽其居距离城区不足百里，然臣却不能每日当归伺候殿下，臣之罪。观坝为其母之乡，亦是十里花长廊、大娄山红色文化、现代农业示范园区之旅游胜地，风景尤佳，民风朴实。旬月以来，臣以走访民生、接待八方观光游客、引导产业发展为主，每日所为，均以日记，望殿下予以详查。

天下父母心，臣知父母之为子，则为之计深远，钱财过多之于殿下则为害，臣今日所为，亦是为殿下留下一份精神之食粮，可供殿下爱民、爱国、爱农所用。殿下知臣学农，然起初并非吾所愿，一因幼年家贫，不堪学费之重负，弃工学农，半工半读终完学业；二则择业之时以为农村广阔之天地，可庇臣口粮之需，当无饥寒交迫之忧。然未想，臣学农，今日终有用武之地，实则臣之幸事，亦知农村之广阔天地，农事之于国，如广厦之基石，溪流之源泉，不可偏废，农桑之事尤为关键。如今国之力日益强盛，诸般利好之政策普惠于民，寒门学子不再有无钱就学之惑，疾者不再有就医之难，贫者不再有危房之忧，进出不再有道路之艰，诸如各类就业择业培训如雨后春笋，臣之力亦在其中，臣之乐亦在其中。

臣拜书以闻，愿殿下听之信之，恕臣侥幸，臣感激涕零，不胜惶恐！

愿殿下安好，茁壮成长。

余永流

二零一八年四月二十八日作于泗渡镇观坝居

这是余永流 2018 年 4 月 28 日写给女儿的家书，题为《呈公主殿下书》。2018 年 3 月 15 日，余永流主动申请来到遵义市汇川区泗渡镇观坝社区作驻村干部，开展扶贫攻坚工作。由于工作繁忙，他不能每天都回家陪伴刚出生未满月的女儿。五一劳动节假期前一天，他又要离家工作，于是留给女儿这封家书。

余永流的这封家书，通过文言的句式，“公主殿下”“臣”等称呼，以及临别“涕零”的情感，和为国为民甘愿献身的精神境界，令人想起诸葛亮的千古名篇《出师表》。初为人父的余永流在女儿出生仅仅21天的时候就要与之作别，愧疚之情难以言表。然而，父母对子女的爱，不单单是多陪伴，更重要的是“为之计深远”，要为他们留下一份精神食粮，教会他们“爱民、爱国、爱农”的道理。父母的言传身教、榜样示范，就是留给子女最宝贵的精神财富。在培养教育后代方面，余永流表现出了独特的眼光和更高远的境界。

作为一名共产党员和扶贫英雄，余永流的一生展现了对党的忠诚，以及对国家和人民的热爱。他为国家的发展和人民生活水平的提高感到欣喜，为能在其中作出自己的贡献而感到欣慰，如家书中所言：“臣之力亦在其中，臣之乐亦在其中。”尤其难能可贵的是，他不但自己热爱农业、农村、农民，认为“农村之广阔天地，农事之于国，如广厦之基石，溪流之源泉，不可偏废，农桑之事尤为关键”，而且还希望自己的女儿也爱农。这种认识和追求对于今天的乡村振兴具有重要意义。余永流在扶贫攻坚战斗中，不辱使命，攻坚克难，努力工作，冲锋在前，把自己年轻的生命献给了党的扶贫事业。余永流的奉献精神与责任相当，永远值得后人崇敬和怀念。

后记

参与本书编写的有田哲、杨超、朱婧、杨洋、安东强、林辉锋、李传斌、刘启明、陈志月、黄宝撰、刘东庆、赵琳琳、邸宏霆、张锐滨、方子潇、龚春丽、孙阳、许健柏、黄德辉、牛桂晓等同志。在本书编写过程中，得到了中国国家博物馆、中国人民革命军事博物馆、中国人民抗日战争纪念馆、中国人民大学家书博物馆、晋冀鲁豫烈士陵园、晋察冀边区革命纪念馆、东北烈士纪念馆、上海市龙华烈士陵园、上海市闵行区烈士陵园、南京雨花台烈士纪念馆、浙江省档案馆、贵州省博物馆、甘肃省博物馆、重庆红岩革命历史博物馆、重庆中国三峡博物馆、湖北省博物馆、湖北省恩施土家族苗族自治州博物馆、湖南省望城郭亮纪念园、湖南雷锋纪念馆、长沙杨开慧纪念馆等馆藏单位，以及河北、山西、内蒙古、辽宁、黑龙江、上海、江苏、浙江、福建、江西、湖北、湖南、广东、重庆、四川、贵州、云南、陕西、甘肃等省、市、自治区的宣教部门和部分烈士亲属、原所在部队的大力支持。中共中央党史和文献研究院对书稿提出了意见和建议。常勃、曾建立同志具体负责组织和统稿工作。蒋建国同志审阅全部书稿。

编者

2021 年 8 月